创造经营学

创造经营和创新管理的理论与实践

[日] 徐方启 著

企业管理出版社
ENTERPRISE MANAGEMENT PUBLISHING HOUSE

图书在版编目（CIP）数据

创造经营学：创造经营和创新管理的理论与实践 /
（日）徐方启著. -- 北京：企业管理出版社，2021.9

ISBN 978-7-5164-2334-9

Ⅰ.①创… Ⅱ.①徐… Ⅲ.①企业经营管理 Ⅳ.①F272.3

中国版本图书馆CIP数据核字（2021）第038503号

北京市版权局著作权合同登记图字：01-2021-0323号

书　　名：	创造经营学——创造经营和创新管理的理论与实践
作　　者：	［日］徐方启
责任编辑：	徐金凤
书　　号：	ISBN 978-7-5164-2334-9
出版发行：	企业管理出版社
地　　址：	北京市海淀区紫竹院南路17号　　邮编：100048
网　　址：	http://www.emph.cn
电　　话：	编辑部（010）68701638　发行部（010）68701816
电子信箱：	emph001@163.com
印　　刷：	河北宝昌佳彩印刷有限公司
经　　销：	新华书店
规　　格：	787毫米×1092毫米　　16开本　　22.25印张　　441千字
版　　次：	2021年9月第1版　2021年9月第1次印刷
定　　价：	88.00元

版权所有　翻印必究　·　印装有误　负责调换

前 言

以互联网为代表的现代科学技术的发展速度超出了人们的想象，变化越来越快，越来越复杂，人们在享受现代科学技术带来的福利时，也对越来越不可预测的未来感到一些担忧，生怕自己跟不上时代发展的步伐，过早地落伍。笔者也不例外，也有这样的担忧。当然，担忧说明有危机感，并不是坏事，要紧的是增加自己的知识储备和增强自己的能力，以适应时代的变化。但是，笔者认为，每个人都有自己的爱好和专长，能够储备的知识和能够培养的能力总是有限的，无论储备了多少知识、培养了多少能力，如果不能在此基础上创新的话，知识就会陈旧，能力也会衰退，所以创新就变得尤其重要。

创新不是从真空中冒出来的，不能脱离实际。事实上，几乎所有的创新都是在已有事物的基础上发生的，为了使已有的事物变得更好，更能满足人们的需求，有人进行了改进，结果如愿以偿的话，就是成功的创新，反之就是失败的创新。成功与失败是相辅相成的，有成功就有失败，若能从失败中吸取教训的话，就能提高成功的概率。所以，失败也不可怕，最重要的是培养创造精神，掌握创造性思维的方法，勇于创新，善于创新。

笔者常年研究创造学，深知作为一种方法论，创造学有很大的用武之地，尤其是它与创新密切相关，能够推动创新。同时，笔者又在经营管理学的领域耕耘了几十年，很自然地会把创造学的理论与方法应用到经营管理学的研究中去，两者的结合就产生了"创造经营学"（Creative Management）的概念。但是，仅仅停留在概念上而无内容那是没有任何意义的。为了充实其内容，笔者又努力了十多年，才有了今天的进展。可以说，此书是笔者涉足创造学和经营管理学以来几十年努力的结晶。

第一部分"经营管理学纵横"由十章组成，简单地回顾了经营管理学的历史上具有代表性的理论和实践，并探讨了其发展趋势。第二部分"创造学研究经纬"由九章组成，主要论述了创造学研究的形成过程，企业界、心理学界和教育学界的动向，还介绍了主要国家的研究历史与现状。第三部分"创造经营学初探"由六章组成，主要探讨创造经营学，包括其雏形、研究对象、研究课题和发展方向。第四部分"创造型企业家与创造型企业的实例"由三章组成，分别研究了日本的稻盛和夫与京瓷、中国的张瑞敏与海尔，以及美国的斯蒂夫·乔布斯和苹果。

由此可知，本书适合企业的经营层和管理人员、从事经营管理学教学与研究的人员，以及对创造和创新感兴趣的各界人士阅读。由于每一章的末尾都有详细的注解和国外英、日文的参考文献目录，所以非常适合作为大专院校本科生和研究生的教材。

目 录

第一部分　经营管理学纵横
Part 1: The Outline of Management

第一章　科学管理论（Scientific Management）/ 002
　　一、科学管理法的起源 / 002
　　二、科学管理法实例 / 005
　　三、科学管理法论著 / 007
　　四、科学管理法的意义 / 011

第二章　大量生产论（Fordism）/ 015
　　一、大规模流水线 / 016
　　二、标准化作业 / 016
　　三、规模经济 / 018
　　四、垂直统合的经营模式 / 020
　　五、创造大众化市场 / 020

第三章　企业组织论（Corporate Organization）/ 023

第四章　人际关系论（Humanrelations Management）/ 029
　　一、霍桑实验 / 029
　　二、梅奥和罗特利斯伯格 / 033

第五章　行为科学论（Behavioral Science）/ 037

第六章　质量管理论（Quality Management）/ 045

第七章　即时生产论（Toyota Production System）/ 052

第八章　竞争战略论（Competitive Strategy）/ 059

一、新进入者的威胁 / 061

二、行业内竞争者之间的敌对关系 / 062

三、替代产品的威胁 / 063

四、客户的交涉力和供应商的交涉力 / 064

第九章　知识创造论（Knowledge Creating）/ 068

一、一种新的经营形态 / 071

二、两个关键词 / 072

三、三个基本概念 / 073

四、四种转换过程 / 074

五、五个促进要素 / 075

第十章　经营管理学研究的趋势（The Trend of Management Research）/ 087

第二部分　创造学研究经纬

Part 2: The Outline of Creative Studies

第十一章　创造学研究的理论（Theories of Creative Studies）/ 099

一、创造性 / 099

二、与创造性有关的"4P"理论和"4C"理论 / 101

三、创造过程 / 103

四、创造力 / 105

五、创造思维 / 106

六、研究创造学的意义 / 108

第十二章　创造学研究的发展阶段与研究方法（The Developmental Stages and Research Methods of Creative Studies）/ 114

一、创造学研究的发展阶段 / 114

二、创造学研究的方法 / 119

第十三章　企业界的动向（The Activities in Industry）/ 125

一、最受企业欢迎的创造技法 / 125

二、美国企业的事例 / 130

第十四章　心理学界的动向（Psychological Movements）／ 140

第十五章　教育学界的动向（The Trends in Education Society）／ 151

　　　　　一、开发了创造性解题过程（Creative Problem Solving Process,CPS）／ 152

　　　　　二、提升了创造力研究的学术水准／ 153

　　　　　三、创办了"创造行为杂志"／ 153

第十六章　美国的创造学研究（Creative Studies in USA）／ 163

　　　　　一、学术组织／ 163

　　　　　二、学术会议／ 165

　　　　　三、代表性学者／ 166

第十七章　欧洲的创造学研究（Creative Studies in Europe）／ 176

　　　　　一、概说／ 176

　　　　　二、主要国家的创造学会／ 177

　　　　　三、新的动向／ 182

第十八章　日本的创造学研究（Creative Studies in Japan）／ 185

　　　　　一、概说／ 185

　　　　　二、大正时期的创造教育／ 185

　　　　　三、战后的创造教育／ 192

　　　　　四、企业创造力开发／ 193

　　　　　五、创造技法的研究／ 196

　　　　　六、日本人创造力开发的特征／ 203

第十九章　创造学研究的发展趋势（The Development Trends of Creative Studies）／ 208

第三部分　创造经营学初探

Part 3: A Survey into Creative Management

第二十章　经营与管理的分化（The Differentiation of Management and Administration）／ 219

第二十一章　创造经营学雏形（The Prototype of Creative Management）／ 224

第二十二章　创造经营学的研究对象（The Research Objects of Creative Management）／ 236

　　　　　一、创造型企业／ 236

　　　　　二、创造型企业家／ 244

第二十三章 创造经营学的研究课题（The Research Topics in Creative Management）/ 250

一、创造型企业的生存条件 / 250

二、创造型企业的历史变迁 / 256

三、创造型企业家的经营哲学 / 257

四、创造型企业家的个性特征 / 259

第二十四章 创新管理（Innovative Administration）/ 262

一、创新管理的主体 / 262

二、创新管理主体的外部环境 / 268

三、创新管理的案例 / 270

第二十五章 创造经营学的发展方向（The Development Direction of Creative Management）/ 275

一、创造经营学的学科位置 / 275

二、概念的外延 / 277

三、研究方法 / 278

第四部分 创造型企业家与创造型企业的实例
Part 4: The Cases of Creative Entrepreneur and Creative Enterprise

第二十六章 稻盛和夫与京瓷（Kazuo Inamori and Kyocera）/ 285

一、稻盛和夫其人 / 285

二、稻盛和夫其道 / 296

三、创造型企业家 / 299

第二十七章 张瑞敏与海尔（Zhang Ruimin and Haier）/ 306

一、张瑞敏其人 / 306

二、张瑞敏其道 / 310

三、我们应该向张瑞敏学什么 / 319

第二十八章 斯蒂夫·乔布斯与苹果（Steve Jobs and Apple）/ 322

一、乔布斯其人 / 322

二、苹果公司 / 327

三、如何评价乔布斯 / 338

后 记 / 343

第一部分

经营管理学纵横

Part 1: The Outline of Management

第一章　科学管理论（Scientific Management）

18世纪后半叶兴起的产业革命加快了人类社会发展的步伐，它不仅为人类提供了将自己从繁重的体力劳动中解放出来的动力，还促成了现代大工业的诞生，从而使人类充分享受到了物质文明的优越性。可以想象，如果没有产业革命，人类将无法摆脱繁重的体力劳动，充其量也只能停留在畜力和风力、水力等自然力的阶段，也就无法使美好的理想成为现实。所以，产业革命的意义再怎么强调也不过分。

但是，尽管产业革命诞生在英国，而在解决现代大工业诞生以后遇到的一系列问题上，如企业组织的设立与运营、劳动力的效率与成本、人际关系的影响、资本的投入与回收等，也就是后来称之为经营管理的领域，英国的产业界和学术界少有贡献。与此相比，美国的产业界和学术界却在积极探索，提出了各种理论并形成了多个学派，从而奠定了其在世界上的地位。值得注意的是，美国产业界和学术界对经营管理问题的关注及其地位的形成，恰好与美国的国际地位的上升成正比。换言之，美国产业界和学术界对经营管理问题的关注，与美国的国际地位的上升是分不开的。

本书将按年代顺序对经营管理学的主要学说的形成与影响做一概述，在此基础上，再来考察其与创造学的关系。首先从弗雷德里克·温斯洛·泰勒（Frederick W. Taylor, 1856—1915）的科学管理开始。

一、科学管理法的起源

科学管理（Scientific Management）一词最早出现在1911年出版的《科学管理原理》（*The Principles of Scientific Management*）一书的书名上，作者是弗雷德里克·温斯洛·泰勒。

泰勒出生在费城一个富裕的知识分子家庭，父亲是律师，母亲是奴隶制废除运动活动家和女权运动活动家。由于受父亲的影响，泰勒从小就立志当一名律师，事实上高中毕业以后他也成功地考取了哈佛大学法律系，为实现自己的理想迈出了第一步。不幸的是长时间的阅读严重损害了他的视力，以至父母不得不从健康的角度出发做出令其放弃深造的痛苦决定。在今天的读者看来，因眼疾而放弃哈佛大学简直令人无法想象，但是请别忘记那是140多年前的事情，那时的医疗水准无法保证其不会失明。

尽管失去了在哈佛深造的机会，但泰勒并没有气馁，他先进了费城一家小规模的水泵厂做学徒，在木模车间和机械车间工作了三年。1878年，他进入米德维尔钢铁公司（Midvale Steel Co.），一直干到1890年。在这期间，他从记时工干起，不久改做钳工，以后又历任工段长、车间主任、助理工程师和工程师，1887年晋升为总工程师，那年他才32岁。而他的工程学方面的知识则是1880年至1883年在斯提芬斯工学院函授班学习的。

比起晋升和加薪来，泰勒在米德维尔钢铁公司十二年的最大收获是为撰写《科学管理原理》一书奠定了坚实的基础。

在米德维尔钢铁公司工作期间，泰勒很快注意到一个现象，那就是工人们有组织的怠工（Systematic Soldiering）。怠工一词用我们熟悉的话来说，就是磨洋工。所谓有组织的怠工，就是工人们并非出自自发，而是在工会或类似于工会的团体的组织下进行的降低工作效率的活动。怠工不同于罢工，既没有游行、集会等大造声势的社会活动，也没有放弃工作、破坏机器等激化矛盾的行动，表面上看不出任何问题，但是工作效率却很低。在经营者看来，工人们在工作上的投入还不到应该投入的二分之一甚至三分之一。当然，有组织的怠工不是一家公司的单独现象，而是当时美国企业界普遍存在的现象。

出于尽快掌握各种技术的考虑，泰勒总想多干一些活，但是周围的同事马上会过来提醒他放慢速度。开始泰勒不得其解，通过细心观察和琢磨以后，找到了工人们之所以怠工的原因。那就是：

（1）工人们认为，如果自己使劲干活提高工作效率的话，本来该干这些活的同伴的工作量就会减少甚至遭到解雇；

（2）现行的单纯计件制存在很大的缺陷；

（3）单价和工作量的确定不科学且不公正。

对于第一个问题，泰勒认为那是工人们的误解，可以进行说服，但最具有说服力的还在于行动，如果能够解决后两个问题，那么第一个问题也就迎刃而解了。第二个问题和第三个问题是紧密相关的。当时，公司方面采用的是单纯计件工资制，即每件工作给多少钱，然后按完成的件数来核定工资。开始，工人们还有一点干劲，想多完成几件来增加收入，可是一旦超额完成与公司方面交涉时，不但得不到认可，还被认为原先的指标定得太低必须重定，于是工人们就得付出更大的劳动才能保证和以前相同的收入，前后做一番比较以后，自然就会做出与其多劳少得还不如少劳少得更划算的选择。客观地说，公司方面也不清楚工人们一天究竟能干多少活，只是凭感觉而已。

当然，当时泰勒并没有改变这种状况的地位和权力，仅仅是观察和琢磨而已。但是，由于泰勒喜欢动脑筋、肯钻研，很快掌握了各种机械的操作技术，而且敢负责任，所以进公司不久就当上了工段长。

于是，泰勒开始推行新的方法，但是遇到了很大的阻力甚至面临暴力的威胁。他坚持以理服人，说服工人接受新的方法。工人见难以拒绝，就以各种理由制造机器的故障，以维持原来的速度。泰勒在经营者的支持下，不得不采取索赔、降薪、解雇等强硬措施，才算解决问题。对抗一直持续了三年。在这期间，机械的效率有了明显的提高，大多数场合，都翻了一倍。泰勒也在进公司后第四年被提升为车间主任。

当上车间主任以后，泰勒着手改革以往的管理制度，探索使工人和管理人员的利益相一致的方式，其结果就是现在称之为科学管理法的问世。

经过周密的考虑以后，泰勒开始实施他的计划。他首先通过观察，物色了两个比较能干的工人，承诺给他们两倍的工资，条件是按他的指令干活，让干就干，让休息就休息。他自己则手持秒表（见图1-1）和笔记本（见图1-2），仔细观察有哪些动作，需要多少时间，然后一一记录。这是后来经营管理学界称之为动作研究和时间研究的先驱，对后来出现的工业工程（Industrial Engineering，简称IE）也很有影响。

资料来源：泰勒著/上野阳一编译《科学的管理法》1968, 157-158.

图1-1 进位秒表

资料来源（同图1-1）

图1-2 带秒表的笔记本

在持续观察一段时间以后，泰勒知道有的动作属于多余，有的则需要改进，比如转身的必要性、弯腰的角度、手臂的高度等，然后他要求工人按他所说的去做，果然效率有了明显的提高。像这样的观察和记录做得非常详细，开始是泰勒自己做，后来就让新雇用的大学毕业生来做，有时为了确定合理的时间，前后花了三个月的时间进行观察和记录。泰勒详细研究了一个工人在一天的工作时间内消耗的能量、人力与马力的比较、工作本身对人的疲劳的影响等，在此基础上，又在数学家的帮助下研究了负重与消除疲劳之间的关系，最后得出每隔一段时间休息的做法有利于肌肉恢复功能和持续工作的结论。

对每一工种都进行观察和记录并形成一个基准以后，泰勒就有意在全车间进行推广。开始工人们只是把泰勒的思路简单地理解为加快速度，所以不愿接受，而泰勒则始终强调，这样做的话，只是为了公平合理地干活并获得更高的报酬。有把握不到要领的，他就言传身教。慢慢地，有一些人愿意试试，结果果然如泰勒所说的那样，效率提高了，收入也增加了。在一般情况下，效率能提高一倍多，而收入也能增加35%以上。

在进行上述研究的同时，泰勒还注意到了操作方法和作业环境的问题，即不正确的操作方法会影响标准工作量的核定，同样，不合理的作业环境也会妨碍工作进程。结合这些问题，泰勒就标准工作量的管理制定了以下五条原则。

（1）确定每天的工作量；

（2）为了确保工作量的完成，首先要对工具和作业环境进行标准化；

（3）完成工作量时给高工资；

（4）完不成工作量时要承担损失；

（5）标准作业量的确定必须以一流工人为基准。

这五条原则中，前两条主要与公司有关，而后面的三条则与工人的利益密切相关，尤其是第五条的制定对非一流工人来说是一个很大的压力，必须做出相当的努力才能完成，不然的话就要承担损失，即按较低的比率计算工资。泰勒的本意是将过去的单纯的计件工资制改为弹性计件工资制，让工人通过努力来获得更多的报酬。但是，在工人们看来，要像一流工人那样完成工作量、按较高比率计算工资的话，必须做出相当的努力，而做出相当的努力就意味着增加劳动强度。泰勒则认为，按他的方法去做才是最科学的。

二、科学管理法实例

下面我们来看几个实例。

第一个例子是铣铁作业，那是1899年泰勒在贝斯雷黑姆钢铁公司实施并取得显著成效的一个案例。起初，一个工人平均每天只能搬运12.5吨铣铁（铣铁的重量为每块92磅，约为42公斤），而泰勒根据研究，认为一个工人每天应该能够搬运铣铁47至48吨。那么，怎样来证明呢？他先从全部75个搬运工中选出4个人，然后又仔细核查了这些人过去的工作实绩和性格，最后选出一个工人作为实验的对象。他明确告诉那个工人，无论是搬运还是休息，只要你按要求做，就可以每天拿1.85美元的工资，而不是现行的1.15美元。结果，那个工人实现了一天搬运47.5吨铣铁的目标。其原因是什么呢？根据泰勒的观点，首先是人选，从 75 个工人中挑选出来的，可以说是一流的工人；其次是对此工人进行教育，使之理解新方法的合理性，以及由此带来的高收入，即通过教育而自发地产生积极性。

通过这样的实践，泰勒得出了一个结论，那就是中等智力且性格温和的人适合搬运铣铁这一工作，智力较高的或性格急躁的人则忍受不了单调的工作，想早点干完就容易疲劳，结果达不到一天搬运 47 吨的指标。对此，如果从人力资源开发的角度去看，可以说，泰勒的这些做法，完全符合人力资源开发的原则，即开发人的潜在能力，在原有的基础上发展，而不是去做可望而不可及的事情。

泰勒写道："通过上述事例，可知单纯的作业中也要讲究科学。选择最适合干某件工作的人，研究与此有关的科学原理，然后让其按科学原理去做的话，必定会取得令人吃惊的效果。"[1] 这实际上成了泰勒选拔工人的依据。

第二个是铁铲作业的例子。铁铲作业工人一天应该干多少工作才合理？每一铲的重量是多少？铁铲的大小怎么才合适？这些是泰勒首先考虑的问题。于是，他又挑选了两个工人做实验，从每铲 5 磅开始，不断地改变重量，一直加到 40 磅，连续观察了几个星期以后，发现每铲的重量为 21 磅（约为 9.5 公斤）时，效率最高，即工人能够以一定的速度和强度持续地工作（当然也包括休息时间在内）并得到最高的报酬，而公司也因为降低了生产成本而获益。弄清楚这一点以后，泰勒就知道铲重物时应该用较小的铲子，而铲轻物时应该用较大的铲子，这样才能达到最大的效率。所以，贝斯雷黑姆钢铁公司准备了 10 种规格的铁铲，每天早上都在安排工人干什么工作的同时，指定使用哪一种铲子。例如，铲铁矿石时用小铲子，铲煤灰时用大铲子。除铲子的大小以外，泰勒还研究了使用铲子工作时的每一个动作及其时间，如往上铲或往下铲时的速度和高度，这些看起来很简单的动作，泰勒进行了数千次的测定，从中找出了最合理的动作和时间。今天，对于这些问题，已经作为常识为大家所熟知，但是在一百多年前，如果不是像泰勒这样执着地探索，那就很难说得清楚，只是凭感觉而已。表 1-1 中的一组数据是泰勒的铁铲作业研究所取得的成效。

由此可知，原先需要 400 至 600 人干的工作，现在 140 人就拿了下来，一个人干了三个多人的工作，作业量也是原先的 3.6 倍。按旧的方法计算，一个工人的作业量达到 59 吨时，公司所承担的作业成本是 4.248 美元，而现在只要 1.947 美元，节约了 2.301 美元，从中拿出 0.73 美元付给工人，还有 1.571 的收益，可谓两全其美。贝斯雷黑姆钢铁公司导入泰勒设计的新方法以后，当年就节约成本 36417.69 美元，第二年的效果更明显，节约成本 75000 至 80000 美元。[2]

表 1-1 铁铲作业的对比

	旧方法	新方法
工人总数 / 人	400~600	140
平均每人每天作业量 / 吨	16	59
平均每人每天工资 / 美元	1.15	1.88
平均每吨的作业成本 / 美元	0.072	0.033

资料来源：泰勒著 / 上野阳一编译《科学的管理法》1968：260.

泰勒认为，新方法的最大效果是改造了工人。他经过详细调查以后发现，140人中只有2个人酗酒，绝大多数工人的生活都有了规律，出勤率大大提高，与上级之间的关系也由对立转化为合作，不再出现罢工的现象。而新方法之所以成功，其原因是改变了以往那种团体作业的做法，十几个人一起干活时，看到别人干得并不起劲但却拿一样的工资时，心里就会不平衡，不平衡的结果是自己也慢点干，所以团队作业的效率很低。我们用今天的眼光来看，这完全符合"木桶理论"，即木桶的容量取决于最短的一块板，团队的工作效率取决于效率最低的那个人。那么，如果团队中干得快的人帮助干得慢的人，不是能提高团队的工作效率了吗？没错，在拿月工资或其他薪金制，或是以团队的工作效率决定薪酬的情况下，互相帮助是可能的，而在100多年前的美国产业界，按日计薪，且不能科学地确定每天的工作量的情况下，互相帮助是不现实的。

实行科学管理以后，工人的工作效率有了明显的提高，企业也降低了成本，增加了收益，那么，应该给工人增加多少工资呢？对此，泰勒也做过严谨的实验。例如，他按15%、20%、25%、30%、35%的不同比例，观察用新方法工作的工人的反应，6个月后，得到了结果：只加薪15%的工人，全部反对新方法；加薪20%的工人中，大部分不愿接受新方法；加薪25%的工人中，半数以上表示赞成；加薪30%的工人中，只有一个人持反对意见；而加薪35%的工人则全部赞成采用新方法。所以，泰勒按新方法核定工人的工作量以后，如达到要求，至少加薪35%是有根据的。[3]

三、科学管理法论著

泰勒的科学管理思想主要体现在他为数不多的论著中，这些论著包括《计件制》《工厂管理法》《科学管理原理》《在美国众议院特别委员会上的答辩》。下面分别对这些论著做一简要的介绍。

1. 《计件制》（*A Price Rate System*）

这是泰勒的第一篇学术论文，发表于1895年在底特律召开的美国机械工程师（ASME）年会上，后被收入会刊第16卷。此论文针对当时普遍实行的计件制所存在的问题进行了分析，然后提出了自己的已经实施多年的改进方案。例如，以往的计件制只有一种计算方法，即超出所规定的指标时，可以按多劳多得的原则计算工资。问题是当时经营者对指标的核定并没有科学的依据，只是凭感觉行事。所以，当工人完成的件数超出经营者的想象将为此而支付较多的工资时，经营者就会说原先的指标定得太低了，必须重定。这样，工人们对所谓的多劳多得也就不抱期待，反而慢吞吞地做了。对他们来说，与其多劳少得，还不如少劳少得更有利。

针对这个问题，泰勒的改进方案是，在接受一项工作时，首先对各个要素进行分析，然后从以往的记录中找出与各个要素相似的工作所需要的时间，最后决定整个工作所需要的时间。在此基础上能以最短的时间完成工作，质量上达到要求，也没有出现其他差错，那就按较高的单价计算一天的报酬，如不能在规定的时间内完成工作，或者出现其他差错，那就按较低的单价计酬。泰勒将这种方法称之为"差别式计件制"。

在此论文中，泰勒将"差别式计件制"的好处归纳成以下六点。

（1）在降低生产成本的同时，使工人增加收入；

（2）科学地确定基本工作时间，工人不再通过怠工来欺骗雇主，劳资关系得到缓和；

（3）由于公平地对待工人而使他们产生了责任感；

（4）为了更快、更好地完成工作，工人对与管理人员合作产生了兴趣；

（5）工人以及机器设备的生产效率迅速提高；

（6）短期内就能确认工人之间的能力差异。

泰勒认为，实施"差别式计件制"的最大收获是改善了劳资关系，其根据是米德维尔钢铁公司实施了10年的"差别式计件制"，其间没有发生过任何形式的罢工。

2. 《工厂管理法》（*Shop Management*）

这是1903年泰勒向美国机械工程师协会年会递交的论文，由于受到广泛的关注，同年协会予以单独出版。当时的会长亨利·唐在此书的序言中写道："泰勒在工厂管理法中所强调的结论，奠定了企业管理学这门新学科的基础"，对泰勒的研究做了高度的评价和预测。[4]

在此书中，泰勒首先对当时的工厂管理的现状进行了分析，然后就各种工资制度、工厂的组织、单位时间的研究以及劳资关系和管理方法的中心问题等进行了论述。其中的很多论述都成了后来出版的《科学管理原理》的主要内容。

泰勒认为，管理的首要目标是在提高工资的同时降低成本。这一观点大大突破了常规，因为传统的观点认为两者是对立的，不可能同时实现，而他认为，只要严格实行以下四个原则，这一目标就能够实现。这四个原则是：

（1）明确一天的工作。无论什么工种，一天究竟干多少活必须事先明确。

（2）工作基准。在确定工作量以后，还要明确工作基准，提供必要的工具。

（3）成功者得益。成功地完成工作的话，能得到相应的报酬。

（4）失败者受损。完不成工作的话，得不到所定的报酬。

在确定工作量和基本要求时，泰勒强调要以一流工人为基准，为此他花了相当大的功夫进行测定，但泰勒所说的一流工人，并不是什么都很能干、头脑灵活手又巧的人，而是指诚实不弄虚作假，能按要求去尽最大努力进行工作的人。

在此书中，泰勒首次披露了后来招来国会反对的用秒表记录动作时间的做法。可以说，泰勒开创了社会科学研究中的实验之先河，其意义非常深远。

3. 《科学管理原理》

这也是一篇向美国机械工程师协会年会递交的论文，因受到各界的关注而于1911年单独出版。全书由8章组成，各章的标题分别是："科学管理的基础""科学管理的原则""铣铁作业的案例""铲子作业的研究""砌砖作业的研究""自行车零件检验作业的改进""金属切削作业的研究""科学管理法的研究及其效果"。

在此书的前言中，泰勒首先引用了美国总统罗斯福的一段话，"国家资源的保存只是一个前提，更大的问题是国家效率的提高。"[5]然后一针见血地指出，保存资源的活动已经在全国范围内掀起，而提高国家效率这一更大的问题却没有得到理解，因为物资资源的损失是看得见的，森林采伐了就只剩下树桩，水土流失了就出现沙漠，而低效劳动所造成的损失却是看不见摸不着的，不容易引起人们的关注。所以，泰勒把自己的写作目的归纳为三点。

（1）通过简单的事例来证实日常生活中的低效劳动给国家造成的巨大损失；

（2）消除低效活动的有效途径是有组织的管理，而不是依靠少数名人杰士；

（3）最佳的管理是以明确的法则和原则为基础的真正的科学。

由此可知，科学管理的最初的出发点是消除低效劳动和提高工作效率。

在此书中，泰勒将科学管理的特征归纳为以下四点。

（1）将管理作为一门科学来看待。

在泰勒之前，法国采矿工程师亨利·法约尔（Henri Fayol, 1841—1925）在其担任总经理（1888—1918）的矿业公司中曾推行他自己的经营哲学并总结出14条管理原则，但这些原则还没有在美国的企业界和学术界产生影响。所以，泰勒的科学管理的原则首先在美国受到关注，并成为企业界管理员工及其工作的基础。

（2）对工人的科学选拔。

在确定了标准工作量以后，拿此标准去衡量每一个人的工作进度，就会发现有的人大大落后于其他人，也就是说对不适合干这份工作的人需要调整。而在这之前，却没有比较科学的选拔方法。

（3）工人的科学教育与能力开发。

对大多数工人来说，按规定的动作要求和时间去做并不是件容易的事，但也不是做不到，这就涉及教育训练和能力开发的问题。而在这之前，工人只能通过师徒关系边干边学。有时师傅都不愿教，害怕徒弟学成后自己被解雇。因为在那个时代，有关雇用和失业等社会保障系统还没有建立起来，而生物发展的自然规律和企业所有者追求利润的欲望，又促使公司方面尽可能廉价雇用年轻力壮的工人。在这种情况下，自然不可能对工人进行科学教育和能力开发。

（4）管理者与工人的密切而友好的合作。

管理者在观察工人的动作、记录时间并确定一天的标准工作量的过程中得到了工人的理解和合作。的确，如果没有工人的合作，要想正确地完成以上作业是不可能的。与此同时，工人与雇主之间的关系也会得到改善。泰勒曾经说过，"实行科学管理以后，员工视雇主为世上最好的朋友，从前的管理所带来的强烈的猜疑和敌对心理已经不存在，两者之间的真正的友谊也随之产生。"[6]

4. 《在美国众议院特别委员会上的答辩》

原文非泰勒本人执笔，而是国会工作人员的速记，后被载入1912年发行的《国会纪录》第三卷（第1377–1508页）。

由于泰勒的科学管理消除了操作过程中的不必要的动作，节省了时间，因而提高了工作效率。工作效率的提高所产生的积极影响涉及很多方面，如总生产量的扩大、单位成本的下降、能源的有效利用、销售价格的降低、交货期的缩短、企业信用的提高、公司的利润和工人收入的增加，等等。除上面论及的以外，我们还可以举出很多例子，如水城阿塞纳公司导入科学管理以后，制作马鞍铸件的工人的成本由每天1.1美元降至54美分，制作6英寸长的步枪枪身的成本下降了32%。泰勒离开米德维尔公司后供职的伯利恒钢铁公司，虽然多支付了60%的工资，生产效率却提高了四倍。所以说，泰勒达到了预期的目的，即找出一个既能提高工作效率给公司带来收益又能给工人带来实惠的方法。

但是，随着科学管理的迅速普及，各种各样的问题也相继出现。尽管泰勒认为"所有能节省劳力的工具的问世,都不是为了削减人手,而是为了让更多的人继续工作。"[7]
但有的公司发现生产效率提高以后人浮于事,便大幅度裁员。例如,西蒙斯滑轮公司导
入科学管理后,员工的人数由 120 人减至 35 人。当然,也不能排除以推行科学管理为名
乘机裁员的公司的存在。另外,工人们发现科学管理虽然能给他们增加一点收入,但他
们付出的劳动以及由此而带来的身体和精神上的疲劳也不小,这种不满经过一段时间的
蓄积以后很容易爆发出来。1909 年,US 钢铁公司的 3500 多名工人为抗议公司一味追求
生产效率和无视工作环境恶化的做法而自发地举行暴动。不少以科学管理为信条的企业,
在导入新的流水生产线时都将速度调快了一档,结果工人疲于奔命却往往因这样那样的
差错而被扣工资。

由于与科学管理有关的劳资纠纷越来越多,泰勒也成了众矢之的,美国国会终于开
始过问此事了。众议院设立了科学管理法特别委员会,然后要求泰勒到场举行听证会。
1912 年 1 月 25 日、26 日、27 日和 30 日,美国众议院科学管理法特别委员会举行了 4
次听证会,合计时间长达 11 小时 40 分。

由《在美国众议院特别委员会上的答辩》可知,泰勒的口才未必很好,逻辑性也不强,
但其刚直不阿的秉性、为争取科学管理法的合法地位而奋斗的立场则非常鲜明。尤其是
针对议员们的刁难性提问,能以自己的经验和无私的心态理直气壮地进行答辩,其中的
一些答辩成了后人研究科学管理的重要依据,可谓杰作。

四、科学管理法的意义

科学管理法的本质是什么?当时流传着各种各样的说法,有的说是提高效率、降低
成本的工具,有的说是公司不正当裁员的手段,而泰勒则一贯强调精神革命。下面的一
段话,非常清楚地表达了他的意图:"科学管理不是效率装置,不是新的成本计算,不是
新的工资计算,不是计件工资制,不是时间研究,不是按功能设工长制,也不是一提到
科学管理就浮想联翩的大多数人所想象的那种小把戏……那么,科学管理的本质是什么
呢?那就是在不同岗位上工作的工人心中引起一场彻底的精神革命。工人彻底改变了对
自己的工作、同事、雇主以及自己的义务的看法。与此同时,属于管理方的工段长、车
间主任、雇主和董事也发生一场精神革命,他们也彻底改变了对管理人员、工人、日常
发生的问题以及自己的义务的看法。唯有这种彻底的精神革命才是科学管理的本质。"[8]
经过长时间的辩论,众议院虽然接受了泰勒的某些观点,但还是通过了一项禁止对公务
员使用秒表的法律,这项法律直到 1949 年才废除。这不能不说是对泰勒的一个沉重打击。

那么,我们究竟应该怎样看待泰勒的科学管理呢?难道科学管理就那么不科学吗?

下面就以一分为二的观点来做些探讨。

首先，泰勒最主要的贡献是奠定了管理作为一门科学而问世的基础。在这以前，谁也没有科学地分析过管理工作的性质，任何类似于管理的活动都处于一种自发和毫无规律的状态。而泰勒则通过分析，将精确性和规律应用到了工作现场。除此以外，科学管理还在几乎所有的领域引起了变革。正如泰勒在《科学管理原理》一书中所强调的那样，"科学管理的基本思想可以应用到与人有关的所有领域，从个人的活动到大企业的业务。"[9]《财富》杂志曾有过这样的评价："泰勒的影响到处可见，麦当劳一天烤多少个汉堡包，电话公司预测接线员一天能接多少个电话，其基本思想都源于泰勒。"[10] 彼得·德鲁克（Peter Drucker, 1909—2005）高度评价泰勒，称科学管理是"自美国宪法《独立宪章》颁布以来，美国对西洋思想的最持久的贡献。"[11] 当有人提出亨利·福特是不是贡献更大时，德鲁克坚决否认，他认为流水作业只是科学管理的合乎逻辑的扩张而已。由此可见，泰勒的贡献是非常大的，后人之所以称其为"科学管理之父"的原因就在于此。这也是所有学习经营管理学的人必须阅读《科学管理原理》一书的根本原因。

其次，科学管理造就了一个新的阶层，那就是介于经营者（往往也是所有者）和劳动者之间的中间管理者。在这之前，企业中只有两个阶层，除经营者以外，全是劳动者，工作指令由经营者直接下达。于是，当企业停留在小规模的阶段，这种直接的命令系统还能见效，而当企业的规模扩大以后就难以见效。正如泰勒所供职的米德维尔钢铁公司那样，经营者根本不知道工人一天能干多少工作，当然不可能下达正确的工作指令。科学管理问世以后，需要一些人去观察工人的动作、记录单位时间、确定每天的工作量并进行考核，当然也包括传递和贯彻经营者的工作指令。随着生产效率的提高和企业规模的扩大，这些人的数量也越来越多，从而形成了一个新的阶层。

另外，科学管理的推行大大提高了生产效率。在物质财富不丰富的时代，怎样提高生产效率是社会全体所关心的问题。泰勒急社会所急，想社会所想，顺应了时代发展的需要。早在1910年，成本会计学家哈灵顿·爱默生就认为，美国铁道公司推行科学管理的话，每天可以节省一百万美元。[12] 由于生产过程的问题在当时的美国产业界尚未受到重视，泰勒率先关注这个问题，其效果自然是很明显的。

德鲁克研究了科学管理法以后，认为科学管理法不仅仅是一个基础概念，也是随时能用的工具和技术，其精髓有三点，①对工作进行了系统的研究；②分析了工作中最简单的因素；③针对每一个因素进行了改进。[13]

那么，科学管理的缺陷是什么呢？首先，它过分强调人的动作、时间和效率的关系而忽视人的生理功能和心理功能的变化。对科学管理持否定意见的人称其为泰勒的"经济人假说"。科学管理对工人的要求非常简单，只要按规定的动作和时间将体力发挥到极点就行，而不必去思考其他问题，似乎工人们用不着思考，工作效率就会提高，就能增加收入。简而言之，就是视工人为一部机器，而不是一个有感情、有思想的人。但事实上，由于它忽视了工人在长时间重复简单的劳动时产生的厌烦、焦躁、错觉等心理障碍，长期下去，生产效率不但没有提高，甚至会有所下降。因为当工人视心理障碍为首要问题时，增加收入就失去了以往的魅力。

对此，我们可以在《科学管理原理》中找到泰勒的指导思想。他认为："作为一个固定工，敲打铣铁的人所需要的是比其他人愚蠢和麻木。"还说："这些人非常愚蠢，百分比这个词对他们来说毫无意义。为了使他们有所成功，就必须使他们养成干活的习惯并接受高智力的人的训练。"[14] 就当时美国工人的现状来说，也许泰勒指出了一些客观现象。但是，当我们把这些观点同科学管理一贯无视工人的心理功能的事实结合起来看的话，就不难明白那是泰勒对工人的一种露骨的蔑视。在这样的指导思想下，泰勒所主张的"管理者与工人的密切而友好的合作"是不可能实现的。

但是，正如德鲁克所说的那样，"科学管理法的结论未必妥当，但是其敏锐的洞察对工人也好、劳务管理研究者也好、企业家也好，都不可缺少。"[15]

正是由于存在这样的缺陷，科学管理后来受到美国产业界的广泛抵制，学术界也给予了严厉的批判，其结果是人际关系学派的诞生。

注

[1] テーラー. 科学的管理法 [M]. 上野陽一, 訳ならびに編. 東京：産業能率短期大学出版部, 1968: 252.

[2] 见注 [1] 第 260-261 页。

[3] 见注 [1] 第 488 页。

[4] 见注 [1] 第 50 页。

[5] 见注 [1] 第 213 页。

[6] Frederick W Taylor. The Principles of Scientific Management[M]. New York: Harper Brothers, 1911: 69.

[7] 见注 [6] 第 66 页。

[8] 車戸実. 現代経営管理論 [M]. 東京：八千代出版, 1984:36-37.

[9] Stuart Crainer. マネジメントの世紀 [M]. 嶋口充輝, 監訳. 東京：東洋経済新報社, 2000:17.

[10] Time. Fortune [J]. 1997（7）.

[11] 见注 [9] 第 12 页。

[12] 见注 [9] 第 15 页。

[13] Peter Drucker. 現代の経営 [M]. 現代経営研究会, 訳. 東京：ダイヤモンド社, 1991:119.

[14] Frederick W Taylor. The Principles of Scientific Management[M]. New York: Harper Brothers, 1911: 70.

[15] 见注 [13] 第 120 页。

本章主要参考文献

[1] テーラー. 科学的管理法 [M]. 上野陽一, 訳ならびに編. 東京：産業能率短期大学出版部, 1968.

[2] 菊池敏夫. 現代経営学 [M].（改訂版）. 東京：税務経理協会, 1981.

[3] 車戸実. 現代経営管理論 [M]. 東京：八千代出版, 1984.

[4] Stuart Crainer. マネジメントの世紀 [M]. 嶋口充輝, 監訳. 東京：東洋経済新報社, 2000.

第二章　大量生产论（Fordism）

19世纪末，汽车产业已经在美国初见端倪，但停留在手工制作阶段。当时，汽车只是少数富人们的奢侈品，对一般大众来说，却是望尘莫及的东西。但是，有一个人使大多数美国人的愿望在不太长的时间内变成了现实，他就是亨利·福特（Henry Ford，1863—1947）。

福特出生在一个农民家庭，从小喜欢摆弄机械，16岁时成了一名机械工。由于他刻苦学习各种知识且喜欢将学到的知识应用于实际，所以在1893年他被聘为底特律爱迪生公司的主任技师，那年他才30岁。主任技师的工作比较悠闲，他把多余的时间用来搞发明和革新，没有多久就发明了一台汽油发动机。1896年，福特又制作了第一台用来替代马车的四马力四汽缸汽车。

1899年，福特与他人合伙设立了底特律汽车公司，后来合伙人对福特整天忙于改进汽车的性能而不急于批量生产的做法不满而离去，公司遂更名为亨利·福特公司。1902年，福特将公司卖给了凯迪拉克，打算另起炉灶。在这期间，他先后制作了几台赛车，包括一台创出当时美国最高时速的"999"赛车。

1903年6月16日，以约翰·格雷为总经理、亨利·福特为副总经理的福特汽车公司正式挂牌，开始在底特律制造汽车。最初的产品是A型车，以后又陆续推出B型车和C型车，五年内共生产了八种型号的汽车，生产量为每天100辆。在当时来说，日产100辆是相当了不起的数字，但福特并不满足，他的目标是每天1000辆。1908年10月，当第一辆T型车问世以后，福特就决定今后只生产一种车，他的宣言是"大量生产一种型号的汽车"。T型车非常朴实，既没有玻璃窗，也没有油量计、速度仪和蓄电池，甚至连反射镜也没有，而且只有一种黑色（开始还有一些红色的，后来都统一成了黑色），仅满足供人乘坐这一最基本的功能。尽管有一些股东对此方针表示反对并去法院告状，但拥有公司58%股权的福特照样我行我素，只生产T型车且持续了19年。到1927年，总共在美国销售了1550万辆T型车，这个数字约占当时美国汽车市场的77%，使汽车的普及率迅速提高到每四个半人拥有一辆的程度。此外，福特公司还在加拿大销售了100万辆，在英国销售了25万辆，合计生产的汽车占世界汽车生产总量的一半。[1]

在学术界，人们常用"福特主义"来说明亨利·福特的成功诀窍。那么，什么是福特主义呢？简而言之，就是单品种大量生产。这种生产方式有以下几个特征。

一、大规模流水线

在此之前，美国的汽车生产主要靠手工操作，几个工人在技术人员的指导下，完成从零件到整车的装配，这种生产方式可以培养出技能高超的装配工，但是生产效率不高。福特本人有过这样的体验，很清楚生产效率不高的症结所在，所以在创建福特汽车公司以后，就决心彻底改变这种落后的生产方式。幸运的是，在一次因业务上的事而拜访某食品加工厂时，看到工人们将屠宰后的牛肉分成两半悬挂在铁钩上，然后由架设在上部的传送带将它移动到下一道工序接着处理，每个人都只干一两件特定的工作，但整个效率却很高。这件事给了福特很大的启示，他决定导入这种生产方式并重新设计流水线。

福特公司最初的流水线诞生于1913年，随着新工厂的不断建设，流水线也达到了空前的规模。如1918年建成的高原花园工厂的流水线长2400米、宽1200米，有8万多人在此工作。1923年，他们共生产了200多万辆T型车，创下了有史以来的最高纪录。

与此同时，为了保证流水线的正常运转，福特公司对外部供应商的送货时间也要求非常严格，必须在规定的时间范围内将货送到指定的地点。不然的话，就有承受经济损失甚至停止交易的可能。当时的供应商之一的阿尔弗雷德·斯隆（Alfred P. Sloan Jr., 1875—1966）在回忆向福特公司供货时的情形时说："我们的公司虽小，但得到了福特公司的信任。为了在汽车零件生产的世界生存下去，我们必须与福特公司保持同步，要知道，流水线的停顿将带来致命的打击。如果我们不能按规定的时间供货而使流水线中断的话，亨利·福特和现场的工人都会马上知道，那么下次我就不敢再去底特律了。"[2] 斯隆后来成了通用汽车公司总经理，为通用公司夺得汽车业霸主的地位立下了汗马功劳，而熟知福特公司的经营诀窍，以其人之道还治其人之身的做法，正是他战胜福特的重要法宝之一。

二、标准化作业

以传送带为代表的大规模生产线的导入，改变了以往的作业习惯，它对工人的技术要求大大降低，只要按规定的动作和时间作业，就能生产出合乎要求的产品。亨利·福特认为，流水线作业通过传送带把要做的事送到了工人面前，而不是像过去那样要工人自己去找事干，所以能提高生产效率。从这里我们可以看到泰勒的科学管理的影响，即在导入流水生产线的同时，福特公司已经对工人的动作和时间的要求做了周密的调查，所以福特主义一直被视为是科学管理最成功的体现。事实上，福特把 T 型车的生产过程分解成了 84 道工序[3]，每个工人仅完成其中的一道或二道，标准化作业的程度相当高。

表 2-1 是福特公司维修部门的标准作业时间表。由此可以知道，动作与时间的规定，不仅在新车生产现场存在，也在福特公司的每一个部门存在。其中，对时间的规定非常详细，短的五分钟，长的近两个小时，而这些并非出自管理人员的估计，而是来自对熟练工人的观察和记录。正如泰勒所说，制定标准必须以一流工人为基准。所以，完成同样的工作，非一流工人就得相当努力或承担经济上的损失。另外，在表 2-1 的最下面，我们还可以看到这样的记载，即"除再次拆卸和安装发动机时需要两个人以外，上述作业都由一个人完成。"这句话的意思是说，工人必须按要求独立完成，万一出了差错，需要返工时，工头会指派他人来帮忙，以缩短被耽误的时间。这种时候，出差错的工人当然要承受经济损失了。

福特公司的标准化作业不仅指工人的作业程序、动作和时间，还包括产品和零件以及加工零件的机械，从而保证了 T 型车的质量。工业标准化在福特的时代得到长足的发展，也可视为他对现代大工业生产的贡献之一。

表 2-1　福特汽车维修时的标准作业时间

发动机与变速器分解时间表		
	小时	分
1. 在前部挡泥板、踏板、方向盘和装饰件装上罩子………………………		5
2. 从车身上卸下发动机………………………………………………………		38
3. 清洗发动机…………………………………………………………………		10
4. 拆开发动机并清洗每一个零件……………………………………………		40
5. 镗阀门口和挤压操纵杆……………………………………………………		22
6. 更换汽缸阀门的底座并磨光阀门…………………………………………	1	10
7. 在汽缸上钻孔………………………………………………………………		55
8. 用巴氏合金镶衬……………………………………………………………		35
9. 安装曲轴并在轴承上转动…………………………………………………		45
10. 安装活塞、操纵杆、凸轮轴和传动装置并转动…………………………	1	55
11. 组装阀门和弹簧，检测发动机的转速……………………………………		20
12. 分解变速器，包括检测和更换磁铁………………………………………	1	50
13. 组装线圈、输油管和变速器………………………………………………		18
14. 更换汽缸盖、阀门罩、汽缸前罩和排风扇滑轮…………………………		30

续表

发动机与变速器分解时间表	小时	分
15. 安装曲轴箱、变速器罩并进行各种调试……………………………………	1	
16. 把发动机装入车身……………………………………………………………		42
	12	35
除再次拆卸和安装发动机时需要两个人以外，上述作业都由一个人完成。		

资料来源：大河内晓男《経営史講義》（第2版）东京大学出版会 2001：151.

三、规模经济

福特公司的实践给产业界提供了一个样板，即事业规模越大，所产生的经济效益也越大，即通常所说的"规模的经济"（Economics of Scale）。世界上以研究规模经济而著名的是英国赫尔大学经济学家乔治·马克西（George Maxcy）和剑桥大学圣约翰学院的奥布里·希尔伯斯通（Aubrey Silberston）。1959年，他们合作出版了《汽车工业》一书[4]，书中披露了他们研究汽车的生产成本与产量之间的关系的成果（见表2-2）。他们发现汽车产量由10万辆增加至20万辆时，生产成本降低的幅度最大，由20万辆增至30万辆时，生产成本也能降低，但幅度减小，而从30万辆增至40万辆时，生产成本基本上相同。不仅是整车，规模经济原则也适用于与汽车有关的其他领域，如材料、劳动力成本、可变间接成本、固定开支、总单位成本、单位工厂成本，等等。

表2-2 汽车产量与成本的关系

产量/万辆	10	20	30	40
总固定投资（指数）	100	140（-30%）	180（-14.3%）	240（-0.0%）
单位成本（指数）				
材料	100	96（-45%）	94（-51.1）	92（-26.6%）
劳动力	100	92（-45%）	85（-38.5）	76（-23.0%）
可变间接成本	100	100（-50%）	100（-33.3）	100（-25.5%）
固定开支	100	70（-65%）	60（-42.9）	60（-25.0%）
总单位成本	100	92（-54.0%）	89（-35.6）	87（-26.7%）
单位工厂成本（不包括材料费的总成本）	100	85（-57.5%）	78（-38.9%）	76（-27.0%）

资料来源：G.Maxcy.A. Silberton.《The Motor Industry》1959.88.但号内的数字为笔者所加。

由此可知，当汽车的产量由 10 万辆增加至 20 万辆时，总固定投资可以降低 30%，超过后面两个数字。单位成本方面，除了一个数据，即材料费是 20 万辆增至 30 万辆时降低最多以外，其他所有的数据都是 10 万辆增至 20 万辆时为最优，这就是为什么国际汽车巨头进入中国市场后急于达到年产 20 万辆的原因所在。马克西和希尔伯斯通的发现证实了规模经济的有效性，因而一举成名，他们的理论也被誉为"马克西—希尔伯斯通曲线"。

当我们回过头来再看福特公司时，就可知道"马克西—希尔伯斯通曲线"基本正确。但是由于 T 型车的生产规模已经远远超出 40 万辆，所以成本下降的空间始终很大，对此我们可以从 T 型车的销售价格的变化上察知，因为 1925 年的售价已经降至每辆 290 美元，仅为当初的 34%。假设 1908 年的生产成本为 70% 即 595 美元、1925 年的成本为 250 美元的话，那么，生产成本就下降了 58%。这是一个非常惊人的数字。也就是说，福特公司把规模经济的效果扩大到了极限。表 2-3 是 T 型车的售价与产量的变化一览。

表 2-3　T 型车的售价与产量的变化一览

生产年	标准售价（美元/辆）	生产量（辆）	生产年	标准售价（美元/辆）	生产量（辆）
1908		309	1918	450	642750
1909	850	10607	1919	525	521600
1910	950	18664	1920	525	945850
1911	780	34528	1921	440	989785
1912	690	78440	1922	355	1216792
1913	600	168220	1923	393	2055309
1914	550	248307	1924	380	1991518
1915	490	308213	1925	290	1966099
1916	440	533921	1926	290	1629184
1917	360	751287	1927	（轿车型）495	380741

资料来源：NHK 昭和史记录摄制组编著《昭和史记录 3》角川书店 1986：28.

为了增加直觉印象，让我们再来看下面的图 2-1。其中，生产量上升的同时销售价格下降的倾向非常明显，而在 1918 年和 1919 年，当外部经济条件的变化（如原料价格的提高，经济萧条等）影响到产量时，销售价格则有所上扬。这是按市场的变化及时调整产量和销售价格的市场经济规律的体现。

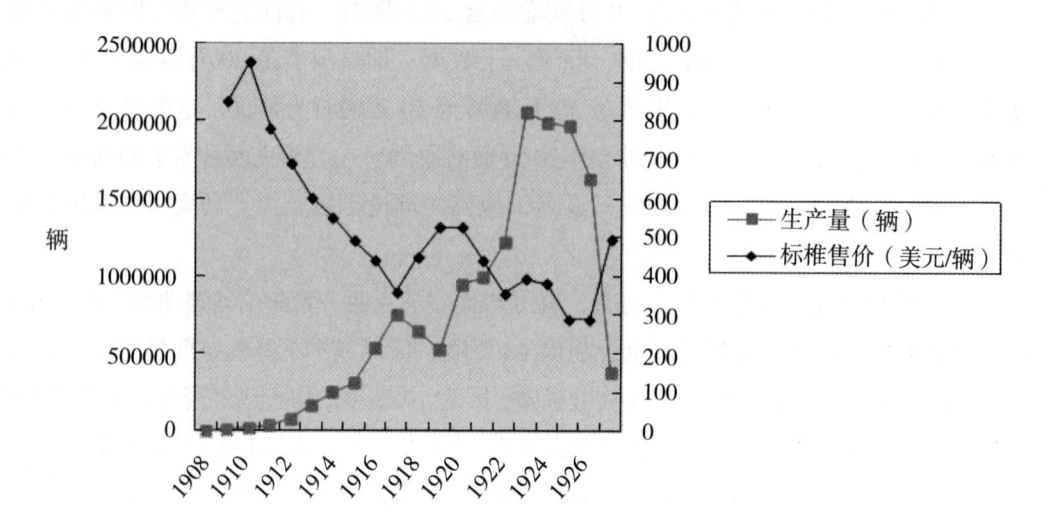

资料来源：根据表 2-2 所示数据绘制。

图 2-1　T 型车产量与售价的推移

四、垂直统合的经营模式

亨利·福特在不断扩大生产规模的同时，还创造了一个新的经营模式，即按生产过程进行上游产业和下游产业的垂直统合。汽车生产涉及的原料非常多，钢铁、木材、橡胶、有色金属、纤维等，几乎关联到当时所有的产业。为了生产钢铁，福特出资建造了钢铁厂；为了保证炼钢所需要的铁矿石和燃料，他买下了矿山和煤矿并修建铁路；为了使轮胎供应保持正常，他投资橡胶园和纤维厂；为了获得木材，他又购买森林、建造轮船和码头。福特的愿望非常强烈，欲使自己完全摆脱受他人控制的困境。1918 年建成的罗杰河岸工厂可以说是实现他的愿望的最好杰作。在那里，星期一往高炉投入铁矿石的话，到了星期三，T 型车就会以每十秒钟一辆的速度开下流水线。关于垂直统合的利弊，学术界一直存在着不同的看法，但至少在福特看来，垂直统合的利是远远大于弊的。当然，垂直统合不是随便哪个人都能实现的，必须有充分的财力作后盾。

五、创造大众化市场

如前所说，在福特汽车公司成立之前，汽车只是少数权贵的奢侈品，是福特使成千上万的普通老百姓都成了有车族。农民出身的福特有一种使农民早日摆脱繁重劳动的使命感，尤其是丰收以后，农民都急于把农产品运出去销售，对运输工具的需求很大，所以他制造的T型车非常朴实，只求结实和无故障，没有多余的装饰。

除了单品种大量生产以降低成本和售价以外，福特的另一个措施是增加工人的工资，使工人们买得起车。一个典型的例子是福特的"每星期工作5天，每天工作8小时，每天工资5美元"的宣言。当时，美国产业工人的平均工资是一天2美元至2.5美元，福特的宣言自然很有魅力。那么，福特大开其口的目的是什么呢？一是减少工人的流动率。在当时的美国产业界，工人因待遇低或劳动强度大等原因而辞职的现象非常普遍，在"每天工资5美元"的宣言公布以前的1913年，福特公司的劳动回转率高达380%，即相对于100个工作岗位，一年之内有380人进进出出，所以福特想以高薪来留住工人。事实上，高薪也确实起到了这个作用，给公司带来了实惠，促进了生产。比起福特所得到的巨大利润，付出去的高薪也就根本算不上什么了。正如福特在自传中所说的那样，"8小时5美元工作日的决定，是我们做出的降低成本的最佳措施之一。"[5] 二是为了创造市场。福特很清楚，如果占人口多数的普通大众买不起车的话，那么生产再多的车也毫无意义。所以，他一开始就把普通大众列为T型车的消费对象。福特的这一市场定位为T型车赢得了成千上万的顾客，同时也为竞争对手通用汽车公司的崛起创造了条件。

总而言之，亨利·福特创造了一个完整的现代化工厂管理系统，为世界各国在追求工业化的道路上提供了一个样板。

但是，和泰勒的科学管理一样，福特主义同样受到社会各界的批判，尤其是福特对人的工作动机的错误理解和过于严格的纪律成了众矢之的。福特曾这么说过："人出于两种理由而工作，一是钱，二是对失业的恐惧。"[6] "我们期待工人按所说的去做。组织已经非常专业化，各个部门都互相关联，所以绝对不允许工人以自己的方法行事。"[7] 此话的意思非常清楚，即要求工人像一台机器似地干活而不能有任何自己的看法。1936年问世的由查理·卓别林（Charlie Chaplin Jr., 1889—1977）编剧、导演和主演的《摩登时代》，就是对福特主义的最大讽刺和批判。影片中有这样一些镜头，在快速运转的生产线旁工作的工人，双手拿着一把大扳手，连续几个小时重复拧螺丝这么一个简单动作，结果就像中了魔似的，无法停止双手的机械性运动，看到类似于螺丝的东西都会去拧几下。作为一部喜剧，其中难免有一些夸张的地方，但是对科学管理和大规模生产线导入期的美国产业界的历史有所研究的话，就可知道影片非常生动地讽刺了那个时代的工厂情景。

注

[1] Stuart Crainer. マネジメントの世紀[M]. 嶋口充輝, 監訳. 東京: 東洋経済新報社, 2000:38.

[2] 见注[1]第40页。

[3] 见注[1]第32页。

[4] George Maxcy, Aubrey Silberston. The Motor Industry[M]. London: George Allen & Unwin Ltd, 1959.

[5] 凯斯·斯华德. 亨利·福特和他的汽车公司[M]. 赵炜征, 常晓洁, 译. 北京: 新华出版社, 1982.

[6] 见注[1]第88页。

[7] 见注[1]第44页。

本章主要参考文献

[1] 大河内暁男. 経営史講義[M]. 2版. 東京: 東京大学出版会, 2001.

[2] Stuart Crainer. マネジメントの世紀[M]. 嶋口充輝, 監訳. 東京: 東洋経済新報社, 2000.

[3] 凯斯·斯华德. 亨利·福特和他的汽车公司[M]. 赵炜征, 常晓洁, 译. 北京: 新华出版社, 1982.

[4] George Maxcy, Aubrey Silberston. The Motor Industry[M]. London: George Allen & Unwin Ltd, 1959.

[5] NHK"ドキュメント昭和"取材班. アメリカ車上陸を阻止せよ[M]. 東京: 角川書店, 1986.

第三章　企业组织论（Corporate Organization）

亨利·福特的竞争者中有一个来自英国苏格兰的人，叫戴维·别克（David Buick，1854—1929）。1902年，别克在召集了一些热心造汽车的人创办了别克汽车公司（Buick Motor Company）。别克充分发挥了他当管道工时积累的经验，制作了新型的发动机和汽车挡风板。但资金短缺的小公司无力与别人竞争，眼看就要破产。不得已，别克只好去求人家出资。他看中了两个出资者，一个很干脆，当场同意出资，另一个却连见都不愿意见。别克派去的助手在此人家门口往返多日，第一天不行第二天再来，第二天不行第三天再来，终于说服了对方。此人叫威廉·杜兰特（William C. Durant, 1861—1947），爱称"比尔"，是一家马车制造公司的老板，尽管他在马车生意上很成功，但不用马的马车业（当时还没有"汽车"这个词，人们只能称它为"不需要用马的马车"）的兴起，使他产生了一种危机感，所以决定进行新的投资。

杜兰特收购别克公司以后，仅在三年之内就将产量由当初的37辆提高到8000辆，表现得相当不错。但是，杜兰特知道只有一个产品的公司是非常危险的，便开始策划组建更大规模的汽车联合企业。他去拜访亨利·福特，谈自己的设想，但是遭到了后者的拒绝。理由很简单，福特正在为实现他的T型车的野心而忙碌，无暇顾及其他。

杜兰特又去拜访兰塞姆·欧尔斯（Ransom Olds, 1864—1950），后者也在经营一家汽车公司——欧尔斯汽车（Olds Motor Works）。经过一番交涉后，杜兰特掌握了欧尔斯公司75%的股权，他把别克公司和欧尔斯公司合在一起，组建了通用汽车公司（General Motors Company，以下简称GM）。1909年，GM收购了奥克兰（Oakland）汽车公司，紧接着，又以450万美元的代价使凯迪拉克汽车公司（Cadillac Company）成为囊中之物。通过一系列的收购，GM拥有6家汽车公司、3家卡车公司和10家零部件公司，一举成为美国汽车业的老大。1910年，GM的汽车总产量已达到39300辆，是福特公司的两倍（详见表3-1）。但是，当福特公司的T型车席卷世界的时候，其他汽车公司都被逼到了绝路，GM也不得不将亏损的子公司卖掉，同时要求杜兰特引咎辞职。

表 3-1　GM 与福特汽车的产量比较

车型 \ 年	1910	1920
别克	20758	112208
凯迪拉克	10039	19790
奥尔斯莫比	1425	33949
蓬提亚克	4049	34839
卡车	656	5137
其他	2373	30627
切夫罗雷特	—	134117
加拿大 GM	—	22408
GM 合计	39300	393075
福特 T 型[1]	19051	996658

资料来源：大河内晓男《経営史講義》（第 2 版）2001：166.

杜兰特并不甘心，离开 GM 后马上收购了一家生产廉价车的雪佛兰汽车公司（Chevrolet Motor Car Company），不久他就使公司的经营走上了正轨。而最令他兴奋的是说服杜邦家族出资，将注册资金一举提高到 8000 万美元，从而增强了公司的竞争力。1916 年，他又成功地将雪佛兰公司的股票和 50% 以上的 GM 股票进行交换，东山再起，重新出任 GM 的总经理。从表面上看，这场交易有些不可思议，一家小公司怎么能吞吃大公司呢？其实不难理解。首先，GM 在撵走杜兰特以后，在债权银行派出的总经理詹姆斯·斯托劳（James J. Storrow）的领导下，正在进行以清理债务为中心的重建工作，GM 的股东们不仅分不到股息，弄得不好手上的股票还会成为废纸，所以都急于转手。第二个原因是雪佛兰公司因杜邦家族的出资而信誉大增，增强了交涉力。第三个原因也是最主要的原因则是杜兰特本人的意志，有一种志在必得以雪前耻的强烈愿望。

杜兰特重掌 GM 大权以后，继续走他的以收购为中心的扩张路线，除新增两家整车公司以外，还收购了轴承、电装、车身、齿轮、刹车等零部件制造公司，使旗下企业发展到了三十多家。但是，好景不长，当第一次世界大战结束以后的经济萧条到来时，GM 也很快陷入了困境，销售情况与日俱下，资金链的断裂迫在眉睫，股票的价格已从最有人气时的 400 美元猛跌至 12 美元。眼看事态将发展到难以收拾的地步，拥有 GM 29% 股权的大股东杜邦家族终于沉不住气了，1921 年他们联合银行家摩根罢免了杜兰特，并委派家族成员中的皮埃尔·杜邦（Pierre S. du Pont, 1870—1954）出任总经理。第二次离开 GM 的杜兰特仍不死心，再次创办杜兰特汽车公司并生产廉价的"星"牌汽车，但终究未能挽回败局，1933 年公司倒闭，两年后个人也破产，最后在密歇根州的富林特市经营保龄球场，以维持生计。

那么，我们应该怎样看待杜兰特的失败呢？对此，学术界有各种各样的看法。笔者认为，杜兰特的失败首先在于缺乏明确的经营目标，因为对于那个时代的企业家，我们不能从经营战略的角度去进行苛求。尽管他有着强烈的创业热情和敏锐的直觉，预料到汽车业将成为 20 世纪的主要产业，但究竟要把公司做到什么程度和怎么做却心中无数，他的经营方针带有很大的随意性。其次，一味追求收购和扩大规模而不重视改善财务状况，造成旗下亏损企业增多，削弱了整个公司的竞争力。最后，不懂也不研究怎样经营现代化企业，是导致他失败的必然原因。通过大量收购而形成一个庞大的企业以后，他的经营手法却依然停留在个人企业的水平，什么事都得由他说了算，造成表面上看是一家公司，实质上却是几十家独立小公司，而且小公司之间互相竞争，内耗大，反而为竞争对手创造了条件。由表 3-1 可知，1910 年至 1920 年之间，GM 的产量增长了 10 倍，但福特公司却增长了 52 倍。这还只是一个方面。若从生产效率上去分析，两者的差距就更大。当然，客观地说，作为一个投资人和创业者，杜兰特没有成功，但作为 GM 的创始人，他的功绩却是不能否定的。

皮埃尔就任 GM 总经理之前是杜邦公司的财务总监，对汽车业知道得很少。他深知自己难以承担重振 GM 的重任，在广泛听取下属的意见后，采纳了副总经理阿尔弗雷德·斯隆的方案，授权他推行改革，而斯隆的改革两年以后初见成效时，皮埃尔又适时地把总经理的位置让给了斯隆。皮埃尔这么评价斯隆："本公司事业的成功也好，强有力的组织建设也好，几乎都是斯隆的功劳，选他担任总经理是顺理成章的事，他的不屈的努力和良好的业绩值得赞赏。"[2] 如果说斯隆是随 GM 的改革而腾飞的一匹骏马的话，皮埃尔就是当之无愧的伯乐。尽管他在职的时间不长且把相当一部分的时间花在暖房里摆弄鲜花，但选择斯隆为 GM 的掌舵人这一正确决断，足以抵消人们对这位优雅的富豪的任何指责。

斯隆早年就读于麻省理工学院（MIT），毕业后进了一家小规模的轴承公司当制图员，由于他才华出众，24 岁时就被提拔为总经理。1918 年，当杜兰特收购他的公司时，斯隆也就成了 GM 众多副总经理中的一个。

斯隆在与杜兰特共事时，就已经注意到后者的弱点，为此他深感不安，曾考虑过辞职，也曾多次进言，遗憾的是杜兰特固执己见，没有采纳他的意见。斯隆后来这么回忆："我对杜兰特有两种看法：他的天赋、想象力、宽容和诚实都非常了不起。但是，作为一个经营管理者却不合格，太随意了。重要的决定必须等到他有空时才能作出，而且经常取决于他的兴致。"[3]

为此，在皮埃尔就任总经理以后，斯隆再次进言，终于获得了支持，从而改写了 GM 的历史。

斯隆的改革方案着眼于以下四个方面：

（1）设立专门委员会以制定政策；

（2）在财务部门的监督和生产部门的独立性之间保持平衡；

（3）中央集权经营和分权管理；

（4）按一定的方针培养干部。

斯隆花了四年的时间对 GM 的组织结构进行了大刀阔斧的改革，改革以后的组织由总部和事业部两大部分组成。总部由总经理、副总经理和咨询、财务两个辅助部门组成，从长期和短期的角度对各事业部的活动进行调整和评价，并就生产计划和定价制定指标，规定其工作范围。而在总经理的上面，增设了经营委员会和财务委员会。前者以推荐全公司范围的投资计划为主要任务，是决策机构，由皮埃尔、斯隆和董事会其他两名成员组成。后者则拥有对全公司的投资计划进行审批的权利。在副总经理这一层，设有六个人，其中四人分管各个事业集团，一人分管咨询，另一人分管财务。

改革后的事业部被归口成整车（包括轿车和卡车）和零件集团、出口集团、关联企业集团以及附属品集团等四个集团，每个集团都由若干个事业部组成，少的为四个，多的则有十四个。

另外，还有一个直属于总经理的事业部联络委员会，由原料、技术、业务和广告部门的经理组成，负责对涉及两个以上事业部的问题进行疏通。

经过这样一番改革，GM 三十六个事业部的积极性明显高涨，生产量也逐步提高，在与福特公司的单品种大量生产竞争时，多品种小量生产的生产方式开始体现优势，公司的业绩也有了长足的发展，市场占有率由 1924 年的 18.8% 上升到 1927 年的 43.3%，名副其实地成了美国汽车业的老大，而福特公司则排名第二。这一事实无可置疑地证明了斯隆的组织改革取得了成功。

斯隆自 1923 年起任总经理兼首席执行官（CEO），直到 1949 年，1937 年至 1956 年又任董事长，退休以后继续担任名誉董事长至 1966 年去世。也就是说，斯隆在 GM 拥有绝对的权力。但是，对于后继人事，他从来不信口开河，而是全权委托人事委员会，因为保持人事工作的透明度和公正性是他当初改革制订的方针之一。

下面我们来考察一下斯隆的组织改革的意义和他之所以成功的原因。

英国经营管理史作家斯图尔特·克莱纳（Stuart Crainer）认为，斯隆的主要贡献有两个：一是培养了一个新的核心领导团队，这个团队不是凭直觉行事，而是以收集到的信息为依据，非常专业且冷静地行事。二是创建了经营和管理大企业的新的组织形态，即集权化经营和分权化管理相结合的组织模式。

经营管理学家德鲁克曾应邀自 1943 年起在 GM 做过长达 18 个月的调查研究，他这样评价斯隆："斯隆的实践证明，干部首先必须是专家，其次是客观、冷静和没有偏见。

他忠于事实，以各种文件为依据，从各个角度去进行思考，而不是固执己见和偏狭。"[4]

斯隆虽然不是GM的创始人，但他创造的是全新的组织结构，正是由于这种组织结构，才使GM获得了新生。所以，称其为"GM之父"决不过分。

GM在实现组织改革以后，核心领导层得以从日常事务中解放出来，而把更多的时间用来考虑涉及公司发展战略的问题。例如，他们在分析当时的汽车市场后制定的竞争战略就非常成功。根据斯隆的观点，汽车市场的第一阶段是"高级化时代"，即少数权贵的奢侈品的时代，它始于19世纪末、终于1907年。其特征是汽车的产量很低且价格昂贵，对生产厂家来说，则是群雄争霸和大浪淘沙的时代，大家都想争一口蛋糕，竞争非常激烈，但这一时代已经过去。汽车市场的第二阶段是"大众化时代"，即一般大众的代步用具的时代，它始于1908年。其特征是汽车的产量猛增且价格低廉，对生产厂家来说，则是福特公司一枝独秀的时代，但这一时代即将结束。第三个阶段将是"高级化和大众化并存的时代"，即大众化时代的单调的车型已经不能满足消费者的多样化需求，而多样化是GM历来的传统，所以这一时代的主角必定是GM。于是，GM提出的口号是"满足一切消费者的不同需求"。在这一方针的推动下，GM相继推出了低档车的"雪佛兰"系列，中档车的"奥尔斯莫比"和"蓬提亚克"系列，中高档车的"别克"系列，以及高档车的"凯迪拉克"系列，覆盖了所有的消费层。可以说斯隆是第一个战略经营家。

斯隆在GM所进行的组织改革，不仅仅为GM，也为整个世界提供了一个经营和管理大企业的样板。学术界给他的评价是"世界上第一个专业经营者"。1950年，"世界500强"中有20%的企业实行中央集权经营和事业部分权管理，而到了1970年，这一比例已经上升到80%，可见其影响。因此，斯隆和GM始终是攻读经营管理学的人的必读教材。

顺便指出，斯隆生前拥有GM的大宗股票，当GM的经营走上正轨时，他也理所当然地成了富翁。但是他的生活十分俭朴，而把资产的绝大部分捐给了母校麻省理工学院。母校为了纪念他，把管理学院的名称改成了"斯隆学院"，这就是"斯隆学院"的来历。今天，当参观访问者踏入位于波士顿市中心的查尔斯河北岸的斯隆商学院的大楼，就能看到悬挂在左侧墙上的巨幅油画，画中的主人就是阿尔弗雷德·斯隆，令人肃然起敬。

但是，分权化事业部制并非是企业竞争致胜的万能药，同样有其局限性，有的企业甚至出现导入分权化事业部制后遇到经营危机的局面。那么，其局限性在哪呢？

根据企业史学家艾尔佛雷德·钱德勒（Alfred D. Chandler，1918—2007）的研究，分权化事业部制有以下几个局限：

一是有的产业（如生产品种较少的非铁金属冶炼业、以连贯生产为特征的钢铁业、造纸业、玻璃业等）不适合采用分权化事业部制。在这些产业，集权化功能组织更有效。

二是由于各事业部拥有生产、销售、采购的权力以及人员和原料的分配权，结果全公司的战略难以机动灵活地执行，重复投资的现象也难以避免。

三是事业部分权管理的前提是中央集权经营，如果中央集权经营不充分的话，就会出现四分五裂的情况。

四是总部的中央集权过强的话，事业部的功能就难以发挥。在20世纪60年代，GM为了加强中央集权以提高经营效率，曾一度收回了事业部的财务权，结果挫伤了事业部的积极性，导致新产品开发能力下降、质量事故多发、组织面临崩溃的危险局面。

除此以外，斯隆的组织革新中几乎没有涉及人的作用也是他受到批评的原因之一。克莱纳说得好，"泰勒发现了工作，福特发现了大规模的工作，斯隆使工作实现了组织化，但是，他们都没有发现从事工作的人。"[5]

笔者认为，任何一种新的理论或新的制度都会存在某些局限，正因为有这样那样的局限，人们才会不断地去探索和创新，从而推动历史的发展。

注

[1] 由于原作者的资料来源不同，T型车的产量与第二章表2-3中的数据有差异。

[2] Stuart Crainer. マネジメントの世紀 [M]. 嶋口充輝，監訳. 東京：東洋経済新報社，2000：68-69.

[3] Maryann Keller. 激突 [M]. 鈴木主税，訳. 東京：草思社，1994：138.

[4] Peter Drucker. Alfred P. Sloan's Role[J]. Fortune, 1964-7.

[5] 见注 [2] 第88页。

本章主要参考文献

[1] 大河内暁男. 経営史講義 [M]. 2版. 東京：東京大学出版会，2001.

[2] Albert Lee. GMの決断 [M]. 風間禎三郎，訳. 東京：ダイヤモンド社，1989.

[3] Stuart Crainer. マネジメントの世紀 [M]. 嶋口充輝，監訳. 東京：東洋経済新報社，2000.

[4] 阪口大和. 痛快！サバイバル経営学 [M]. 東京：集英社インターナショナル，2002.

[5] 鈴木英寿. 経営学総論 [M]. 2版. 東京：成文堂，1989.

第四章 人际关系论（Humanrelations Management）

一、霍桑实验

通过第一章的论述，可知科学管理在经过一段时间的推广以后遇到了不少困难，为了克服这些困难，社会学家和心理学家们进行了各种探索，其中最著名的是对泰勒的"经济人假说"予以否定，证实了比效率更重要的因素的存在并弄清楚其本质的霍桑实验，以及以此为基础进行理论研究的人际关系论。

霍桑实验的开展，得益于洛克菲勒基金会在1926年向哈佛大学工业生理学委员会提供的一项总额为50万美元的资金。该笔资金分五年提供，每年10万美元，以资助哈佛大学开展与产业工人的劳动现状有关的研究。当时，企业界正因科学管理在生产效率和劳动行为的改革上会遇到失败而感到迷茫，因为从理论上来说，科学管理绝对没有错，但实际推行以后，工人们的士气反而出现了下降。

1927年至1932年，一个以哈佛商学院教授乔治·E.梅奥（George E. Mayo, 1880—1949）为组长、佛里茨·J.罗特利斯伯格（Fritz J. Roethlisberger, 1898—1974）和迪克森（W.J. Dickson）为成员的研究小组，在位于伊利诺伊州西塞罗市的威斯汀电气公司霍桑（Hawthorne）工厂进行了一系列的实验。罗特利斯伯格是梅奥的同事，迪克森则是该公司研究处长。在实验过程中，他们采访了许多员工和管理人员，合计多达两万多人次，留下了大量的书面记录，并出版了多部专著，如梅奥的《产业文明中的人的问题》，罗特利斯伯格和迪克森的《经营管理与工人》，罗特利斯伯格的《经营管理与士气》等。[1]

霍桑实验由四部分组成，即照明实验、继电器装配实验、不满调查和社会关系调查。

照明实验共进行了三次，以观察照明的亮度与工作效率之间的关系。研究人员把参加实验的工人分成了两组，给一个组所在的车间增加照明的亮度，另一个组所在的车间则保持原样，结果两个组的生产效率都提高了，看不出差别来。研究人员对照明的亮度保持原样的情况下生产效率得到提高的现象感到纳闷，便降低照明的亮度，可是生产效率还是提高了。最后，一直降到最低限的照明，生产效率却依然维持原状和小幅度的提高。研究人员设计这一实验时曾假设照明亮度的提高能提高生产效率，照明亮度降低生产效率则会下降。但事实却不是这样。因此他们得出了两者之间没有必然的关系的结论。

其实，照明实验始于1924年，当时梅奥教授尚未参与其中。但是，当照明实验失败后罗特利斯伯格寻求他的帮助时，他欣然接受，并领衔向洛克菲勒基金会申请了研究资金。于是，霍桑实验进入了第二阶段。即通过仔细观察工人的作业过程和日常的活动来发现提高工作效率的途径。

第二个实验的对象是五名装配继电器的女工，地点也改为与其他人分离的房间，先后共进行了十三次观察。其间，对工作时间的长短、休息时间的有无、照明的强度、是否提供食物等实验条件做了各种设计，以观察各种条件的变化对生产效率的影响。可是，无论怎么改变，生产效率都是只升不降。那就只能认为生产效率的提高是由于在同一个实验室里工作的女工们的团队意识的变化。

产生这样的团队意识的原因有三个：一是负责监督女工的工头对实验小组的态度有所转变，女工们可以在比以前自由的气氛下工作。二是实验中导入了"员工参与管理"的条件，即改变工作条件时，事先都和女工们协商并听取她们的意见，然后再实施，女工们觉得受到了尊重而产生自豪感，而这种自豪感以前从未有过。三是女工们强烈地意识到自己在参与重要的决定，互相之间产生了一体感，这种一体感甚至包括各成员家庭之间的友好往来。通过这项实验，研究人员发现工作效率的决定因素并非改变工作条件，而是工作现场的人际关系。梅奥说："想在自己的同伴中保持优越的位置是团队中的人的本能，这种本能的作用远远超过对个人的关心和各种烦琐的经营理论所强调的大道理。"[2]

1928年9月，为了改进工头的监督方法和获得培训工头的基础数据，研究人员设计了第三种实验，试图调查工人们对工厂的物理环境和人的环境的不满情况，但也没有得到实验人员所期待的结果。其原因是，与物理环境有关的情况可以比较客观地观察，而与人有关的情况则相当复杂，涉及个人的情感和社会关系，无法客观地把握。

为了弄清楚团队的组织形态和组织行为的背后所存在的社会关系，研究人员又设计了第四种实验。这次他们选择的是线圈车间，该车间有十四名男工，分别为卷线工九人，电焊工三人和检验工二人。除此以外，还有一名工头。工作的程序为先卷线，然后焊接，最后是检验。

这个车间并不大，按理说比较容易观察，但是有许多现象还是让研究人员花了很大的努力才搞清楚。开始，团队内的各种社会关系在起作用，卷线工的地位较高，但不如检验工，电焊工的地位最低，所以总是被派去买午饭。不过，与到车间送原料的搬运工相比，电焊工还算幸运，因为他们也可以对搬运工指手画脚。当一个新工人进来时，他的处境也与搬运工相同。这样的情况在车间的工作规章上并无记载，是一种自然形成的现象，即地位的高低由工作的性质和工龄的长短所决定。这是团队行为的第一个特征。

团队行为的第二个特征体现在工人们的娱乐活动中。当他们在打扑克、赌博或开玩笑时，就会按干活时的程序分成两组，即前工程的卷线工对后工程的电焊工和检验工。这样的分组方法可以理解为工作上的距离决定了感情上的距离。

团队行为的第三个特征是个人之间的关系。有的人不合群，经常是一个人行动，有的人则很有人气，总有人会帮他干活。与此同时，也存在帮派。帮派成员的行为有一些共同性，即①不紧不慢地干活，以避免工资计算方法的变化；②不精益求精，过得去则可；③不如实向工头报告，以避免损害自己或他人的利益；④不像检验工那么认真。

从组织的观点来看，线圈车间的实验非常有益，从而证实了非正式组织（Informal Organization）的存在。所谓非正式组织，指的是工人们以共同的情感为中心，自然地形成的一个社会组织，在此发挥主要作用的是独自的价值观和劳动纪律。与工厂里设立的车间、实验室、工会等正式组织相比，非正式组织的情况很难把握，经营者甚至不知道它们的存在，而当企业的方针与工人的利益不一致时，非正式组织就会成为强烈的对抗势力。所以，梅奥向经营者们发出了这样的警告："与同事一起合作并持续工作是人的强烈愿望，经营者若无视这种愿望并试图瓦解它的话，一定会导致失败。"[3] 通过上述实验，梅奥得出了一个结论："对任何一个产业来说，如果在制订企业方针时不考虑人的特性和社会动机的话，那么，罢工和怠工就难以避免。"[4]

霍桑实验以后，企业是一个社会系统的观点得到强化并发展成人际关系论，给经营管理思想带来了根本的转变。下面来看看人际关系论的理论结构。

首先，霍桑实验的结果说明，作为一个社会人，工人把各种各样的欲望、感情、生活习惯等带进了工厂，在与他人倾吐欲望、交流感情和共同保持生活习惯的过程中得到满足，从而提高了工作热情。于是，泰勒的科学管理中的"经济人假说"被否定，取而代之的是"社会人假说"，重视工作现场人际关系的人际关系论就是在这样的基础上发展起来的。社会人假说不把工人视为孤立的个人，而是作为集体中的一员，是一种社会存在，企业不仅是他们的经济收入的来源，也是他们追求友情和归属感等社会化欲望的地方。尤其是在现场工作的个人，为了满足对车间里形成的非正规组织的归属感，非常严格地按非正规组织的规范和行为准则行事。

其次，泰勒的科学管理法认为作业条件和生产效率之间存在一种直接的因果关系，即作业条件规范生产效率就高，作业条件不规范生产效率就低。但是在霍桑实验中，生产效率却持续上升，与作业条件的变化毫无关系。对此，人际关系论从士气的角度去做了说明。士气是一种团队心理活动，具体表现在团队的成员通过互相协作而使社会化欲望得到满足，以自己属于团队中的一员为自豪，并为实现共同的目标而努力。

人际关系论有一个重要的假说，即"士气是作业者共同的社会化欲望满足程度的函数，作业者的社会化欲望的满足程度越高，士气就越旺盛，而士气越旺盛，生产效率就越高。"[5] 与此同时，人际关系论还认为，士气与作业者个人的情况和作业现场的情况密切相关，个人的情况意味着作业者的工作态度会受遗传和家庭环境的影响，还会影响到在一起干活的其他人的工作态度，作业者的工作态度则会受到工作现场与同事和上司之间形成的人际关系的影响，由于工作现场的人际关系可以管理，要提高生产效率的话，就必须改善工作现场的人际关系，提高大家的士气。

最后一点是经营组织的结构。根据罗特利斯伯格的研究，经营组织由技术组织和人的组织所构成。其中，技术组织包含与生产有关的原料、工具、机械、产品等物的要素，人的组织则包含个人以及人与人之间的社会关系。人际关系论视技术组织为实现经营目的的物质手段，成本理论和效率理论是在其中发挥作用的价值基准。这一点与传统的经营管理理论并无实质上的区别，只是提法不同而已。但有关人的组织的部分则是人际关系论的独特理论，即在工作现场的人都具有独自的情感和价值观，社会组织则是工作现场存在的经营者、管理者、工头、技术人员以及工人的相互作用，包括为实现目标而形成的组织和自然而然地形成的组织。前者称之为正式组织（Formal Organization），后者则称之为非正式组织（Informal Organization）。

正式组织是由合理制定的规则、程序、方针等所决定的相互作用的人群集合体，旨在有效地实现组织的目的。作为决定行为和结果的评价基准，起主要作用的是费用理论和效率理论。非正式组织则是一个通过工作现场的人的接触和相互作用而自然形成的集团。与正式组织不同，非正式组织内成员之间并没有共同的目的和明确的关系。但是，通过成员之间的相互作用，自然而然地产生了共同的工作态度、生活习惯、思维方式和价值观。由于这些共同因素的存在而产生了非正式组织，同时也成了个人的行为规范。非正式组织以人与人之间的感情为纽带，带有明显的非理性的特征。所以，当正式组织的规则和价值基准不能被其接受时，两者之间就会出现公开或非公开的对立。

综上所述，人际关系论的经营组织结构可以用图 4-1 简洁地表示。

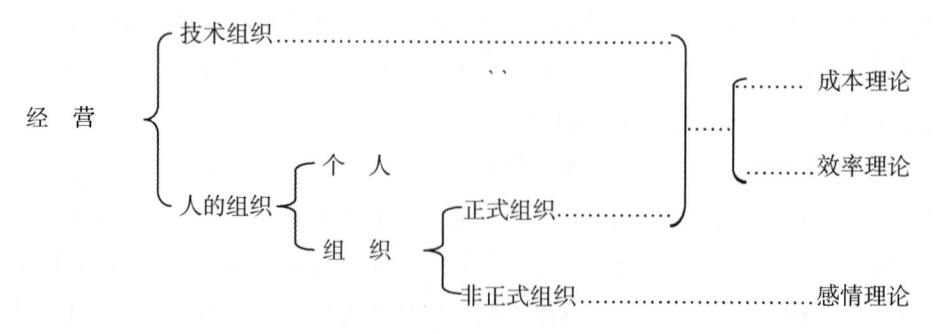

```
         ┌ 技术组织 ················································· ┐ ┌······ 成本理论
         │                                                          │ │
经 营 ┤                                                          ├······
         │          ┌ 个 人                                        │ │
         │          │                                              │ └······ 效率理论
         └ 人的组织 ┤      ┌ 正式组织 ·····························┘
                    └ 组 织┤
                          └ 非正式组织 ······························· 感情理论
```

资料来源：车户实编著《现代经营管理理论》八千代出版 1984：50.

图 4-1 经营组织的结构

德鲁克在评价人际关系论时指出了三个长处和三个短处。三个长处是：①明确指出了人都具有劳动意识；②强调了人的管理不仅是人事部门的工作，也是所有管理人员的工作；③排除了机械论的观点，指出人的管理需要明确的态度和方法。三个短处则是：①只是从自然的动机上去探索人的工作动机，没有积极地激励人的动机的方法；②认为劳动者的态度、行为和工作效率可以通过人与人之间的关系来进行调整，而不是通过积极地激励；③对现实问题的经济的侧面缺乏理解。[6]

二、梅奥和罗特利斯伯格

梅奥1880年出生在澳大利亚南澳州阿德莱德市一个土木工程师家庭，祖父是当地著名的执业医生。梅奥在阿德莱德大学以第一名的成绩完成了本科学业并取得工艺学学士学位以后，于1901年赴英国留学，先后在爱丁堡和伦敦的医学院学医，但两年后改变了主意，改做杂志撰稿人，或是在工人大学教英语，不是很顺利。

1905年，梅奥回到故乡，在对自己的社会经历做了反省之后，终于明白了自己真正想做的事。两年以后，他又进入母校阿德莱德大学，在威廉·米切尔爵士的指导下攻读哲学与心理学学位，1910年获得学士学位。[7] 1911年至1922年，梅奥在昆士兰大学任讲师，讲授《产业心理学》《社会心理学》《哲学》和《经营管理学》等课程。与此同时，作为心理学家，他还服务于学校的战时委员会，为那些从第一次世界大战的战场上回来并患了战争神经症的退伍军人进行心理治疗。1926年，梅奥应聘来到美国的宾夕法尼亚大学，但不久就跳槽到哈佛大学商学院，作为产业研究教授一直干到1947年。

梅奥的知识面很广，而且善于倾听他人的意见，所以很适合做与人的心理有关的研究工作。他虽然不是霍桑实验的发起人，但是，自从他领导这项实验以后，效果就不一样了，给参加实验的研究人员带来了乐趣和信心。笔者在阅读梅奥的著作时，发现有一句话很值得评价，那就是，"我认为，每个人无论在什么地方，都有发展的机会，只是这种发展可能是不平衡的。"[8] 为什么值得评价呢？因为它使笔者联想到我们对人的创造力的评价，即"每个人都有创造力，只是程度不同而已"。这里，把"创造力"和梅奥所说的"发展的机会"交换一下，不是也能通用吗？笔者认为，梅奥虽然没有研究创造性，但是如果他晚出生20年，那就会对创造性感兴趣并从事创造力开发的研究与实践。

此外，笔者发现梅奥似乎并不擅长在某一领域做深入研究。笔者在阅读梅奥的《产业文明中的人的问题》时，始终有一个疑问，那就是学术界都把他视为人际关系论的开拓者、霍桑实验的大功臣，按理他应该在自己的代表作中对此做一番详细的论述，奇怪的是没有，书中虽然有两章论及霍桑实验，即第三章"威斯汀电气公司霍桑工厂的实验"

和第四章"威斯汀电气公司霍桑工厂的调查"，但通篇找不到与霍桑实验最大的成果，即发现正式组织中存在非正式组织有关的字眼。这是为什么呢？笔者百思不得其解。最后，在读到罗特利斯伯格对梅奥的评价时才有所领悟。在为梅奥《产业文明中的人的问题》第4版所写的"序"中，罗特利斯伯格这样评价梅奥："我在改变话题之前，想说清楚一件事，那就是梅奥并不是一个对事物进行系统思考的人。他会清楚地阐述自己的想法，但不很严密。他的著作之所以杰出，是因为他把各种事物都联系在了一起。对于受梅奥的想法的影响并受到启发的读者来说，这是梅奥献给他们的最大的礼物。"[9] 另外一个可能性就是，"非正式组织的存在"不是梅奥发现的，而他又不愿意明说。

不言而喻，梅奥不说的话，对非正式组织进行阐述的使命就落在了罗特利斯伯格身上。

罗特利斯伯格1898年出生在纽约的一个欧洲移民的家庭，父亲来自德国，做干酪的生意，外祖父来自法国，经营一家带食堂的民宿，生活都不算富裕。由于罗特利斯伯格6岁时父亲就去世了，他只好在德国老家叔叔的援助下完成中等教育。高中毕业以后，他考入哥伦比亚大学。但是他对数理化不感兴趣，大三的时候，又到麻省理工学院旁听了两年与经济学和工程学有关的课程。之后他进入得克萨斯州的一家矿业公司工作，也做过图书推销员。1924年，罗特利斯伯格考入哈佛大学读研，攻读哲学学位，但因神经衰弱而辍学。好在经导师的推荐，1927年，他在哈佛商学院觅得一个职位，主要的工作是为学生提供心理咨询。1946年，罗特利斯伯格晋升为教授，4年后又成为冠名教授，直到1965年退休。他在哈佛商学院干了38年，1974年去世。

如前所述，霍桑实验的第一阶段即与照明有关的实验失败以后，威斯汀电气公司找到梅奥，希望他提供帮助，梅奥欣然接受并于1928年4月首次访问霍桑工厂，从而开始了一项富有历史意义的工作。也是从那个时候开始，罗特利斯伯格成了梅奥的助手，尤其是在对上万名员工实施面谈的阶段，梅奥采用了罗特利斯伯格设计的"非指示面谈"法，为后者提供了施展才能的机会。所谓非指示面谈，是针对以往的"指示面谈"而言的，如提出一个问题"你是欧洲移民吗？"以后，对方只能从"是"或"不是"中选项回答，没有其他选择，也用不着多说话，所以面谈的效果不好。而非指示面谈则不同，没有指示性语言，只是引出一个话题，让对方自由地回答，如"你怎么看待现在的工作环境？""你认为下午的工作效率低于上午的原因是什么？"等，对方会有各种各样的回答，而这正是研究人员想要知道的，所以面谈的效果很好。

自此以后，罗特利斯伯格经常去霍桑工厂，与工厂方面负责实验的研究处长迪克森一起收集和分析实验数据，交流看法，为霍桑实验的实施做了大量的工作。如果说梅奥是霍桑实验的指挥者的话，罗特利斯伯格就是霍桑实验的执行者。因为这些关系，罗特利斯伯格对霍桑实验的实施过程以及遇到的问题也比梅奥更清楚，所以，他能够在自己的专著以及与迪克森的合著中详细地论述霍桑实验。

关于"非正式组织",罗特利斯伯格做了这样的论述:"人的组织中,存在既无明确规定也没有被明确认识的部分。个人之间形成了亲密的关系,即他们形成了一个社会化集体,具有一定的行为规范、日常行为的模式、以及共同的思维方式。他们在企业的正式组织的框架内组建了非正式的社会集体。"[10] 这种社会集体就是非正式组织。罗特利斯伯格还明确指出了非正式组织在企业组织中的位置[11],即:

1. 技术组织
2. 人的组织
  2.1 个人
  2.2 社会组织
    2.2.1 正式组织
      2.2.1.1 相互作用的形式
      2.2.1.2 设想与信念体系(意识形态组织)
        2.2.1.2.1 成本逻辑
        2.2.1.2.2 效率逻辑
    2.2.2 非正式组织
      2.2.2.1 相互作用的形式
      2.2.2.2 设想与信念体系(意识形态组织)
        2.2.2.2.1 情感逻辑

由此我们可以看到,罗特利斯伯格对非正式组织的研究很深入,他指出了正式组织与非正式组织的异同,前者强调成本逻辑和效率逻辑,而后者强调情感逻辑。另外,从他与迪克森合著的长达 600 多页的巨著《经营管理与工人》,也可知道他在霍桑实验的投入与产出多于梅奥。所以,我们在论述人际关系论时,应该把他视为与梅奥齐名的开拓者。

注

[1] Elton Mayo. The Human Problems of an Industrial Civilization[M]. New York: The Macmilan Company, 1933; Fritz J. Roethlisberger, William J. Dickson. Management and the Worker[M]. Cambridge: Harvard University Press, 1939;Fritz J. Roethlisberger. Management and Moral[M]. Cambridge: Harvard University Press, 1941.

[2] Stuart Crainer. マネジメントの世紀[M]. 嶋口充輝, 監訳. 東京: 東洋経済新報社, 2000: 87.

[3] 见注[2]第17页。

[4] 见注[2]第17页。

[5] 車戸実. 現代経営管理論[M]. 東京: 八千代出版, 1984: 49.

[6] Peter Drucker. 現代の経営(下)[M]. 現代経営研究会, 訳. 東京: ダイヤモンド社, 1987: 129-132.

[7] 1926年, 阿德莱德大学授予梅奥名誉硕士学位。

[8] エルトン・メイヨー. 新訳 産業文明における人間問題[M]. 村本栄一, 訳. 東京: 日本能率協会, 1967: 10.

[9] 见注[8]第4页。

[10] F J レスリスバーガー. 経営と勤労意欲[M]. 野田一夫, 川村欣也, 訳. 東京: ダイヤモンド社, 1969: 143.

[11] F J Roethlisberger, William J Dickson. Management and the Worker[M]. Cambridge: Harvard University Press, 1939: 565.

本章主要参考文献

[1] Stuart Crainer. マネジメントの世紀[M]. 嶋口充輝, 監訳. 東京: 東洋経済新報社, 2000.

[2] 車戸実. 現代経営管理論[M]. 東京: 八千代出版, 1984.

[3] Peter Drucker. 現代の経営(下)[M]. 現代経営研究会, 訳. 東京: ダイヤモンド社, 1987.

[4] エルトン・メイヨー. 新訳 産業文明における人間問題[M]. 村本栄一, 訳. 東京: 日本能率協会, 1967.

[5] 吉原正彦. メイヨー=レスリスバーガー[M]. 高崎: 文眞堂, 2013.

[6] F J. レスリスバーガー. 経営と勤労意欲[M]. 野田一夫, 川村欣也, 訳. 東京: ダイヤモンド社, 1969.

[7] F J Roethlisberger, William J Dickson. Management and the Worker[M]. Cambridge: Harvard University Press, 1939.

第五章　行为科学论（Behavioral Science）

梅奥和罗特利斯伯格的人际关系论问世以后，企业界开始重视人的问题，劳资关系也有所缓和。与此同时，从事这方面研究的学者也越来越多，其中有一批从人的行为上去研究人的工作动机的学者，包括道格拉斯·麦戈雷格（Douglas McGregor, 1906—1964）、亚伯拉罕·马斯洛（Abraham H. Maslow, 1908—1970）、克里斯·阿吉里斯（Chris Argyris, 1923—2013）和弗雷德里克·哈斯伯格（Frederick Herzberg, 1923—2000）等人。这些人开始也被视为人际关系学派，但后来又被称为行为科学学派。笔者从发展的观点出发，视其为行为科学论学者。下面就以马斯洛和麦戈雷格为代表，概述一下这个学派的主要观点。

马斯洛出生于波士顿郊外的布鲁克林，在威斯康星大学就读八年，先后取得了学士、硕士和博士学位。1930年至1935年在该大学心理系任助教，然后在哥伦比亚大学当了两年研究员，1937年至1951年任布鲁克林大学副教授，这以后的十年任布朗迪斯大学教授兼心理系主任。1968年退休以后，又出任劳林基金会特聘研究员，直至去世。

马斯洛的心理学研究范围很广，从动物心理学、实验心理学、比较心理学、精神分析到异常心理学。1950年，以论文《自我实现的人——对心理健康的研究》为标志，研究兴趣转向成长与发展并形成了自己的学说。

马斯洛对行为科学论的主要贡献在于他的"需求层次说"。根据他的研究，人有以下七种共同的需求：

（1）生理需求——例如，肚子饿了想吃东西，口渴了想喝水，困了想睡觉，这些都属于生理需求。人在这些最基本的欲求得到满足之前，不会也不可能去追求其他需求。

（2）安全需求——例如，想远离天灾人祸的需求，求生的需求。

（3）所属和爱的需求——例如，想有朋友、有恋人的需求，想作为某个集体中的一员被大家所接受的需求。

（4）受尊重的需求——例如，对自己有较高的自我评价，同时想让他人也予以承认的需求。

（5）自我实现的需求——例如，想发挥自己生来就有的潜力使自己的生活更充实的需求。

（6）知情的需求——例如，想了解现实的需求，对事物进行分析和系统把握的需求。

（7）美的需求——例如，想避丑求美的需求。

马斯洛认为，当人的某种需求尚未得到充分满足的时候，为了满足这种需求就会唤起某种行动，而当这种需求得到满足以后，又会产生新的需求，如生理需求得到满足以后，安全的需求就会变得强烈起来，安全得到保障以后，所属和爱的需求就会成为首要的需求，依此类推，最后是自我实现的需求，这样从生理需求到自我实现的需求就有五个层次，由低级向高级发展。而知情的需求和美的需求则与较高层次的需求有关，后来马斯洛在修改它的理论时也不再强调。所以，在经营管理学领域，主要也是研究前五种需求。下面的图5-1是笔者根据马斯洛的理论绘制的"需求层次图"。

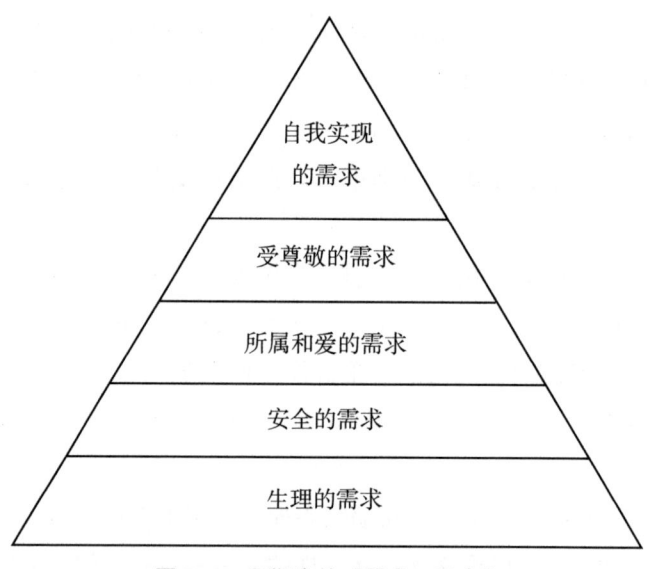

图5-1 马斯洛的"需求五层次"

当人们在研究人的工作动机时，马斯洛的"需求层次说"提供了很好的理论根据。举个例子来说，当某人已经达到丰衣足食的经济地步但因感到孤独而在一家公司打工时，对此人来说，最大的需求是结识一些人，交几个朋友。如果公司方面不了解这一点，安排此人在一个不与他人接触的工作岗位上，那么，此人的工作热情自然上不去，也就谈不上质量和效率。与此相反，如果公司的人事部门在面试时通过交谈得知此人有此需求，然后安排他到人员较多的岗位工作，那么他的工作热情马上就会焕发出来。从劳动力成本的投入与产出的关系上来说，这是以较小的投入换取较大的产出，当然受到欢迎。而之所以说人事部门与降低成本有着直接的关系的原因也在于此。由于这个原因，马斯洛的理论受到企业界的欢迎。

当然，马斯洛的需求层次说也有不完美的地方，因为各种需求互相交错或同时并存的情况是很多的。但是他首先指出了被人们忽视的问题并形成自己的理论，作为一个心理学家，他对经营管理学理论的发展已经作了相当大的贡献。同时，他的理论对行为科学论的其他学者也有很大的影响，例如在麦戈雷格的《企业的人的侧面》中，我们就可以看到这种影响。

麦戈雷格出生在底特律的一个牧师家庭，20岁时曾就职于一家石油制品销售公司，1932年毕业于底特律市立大学，1935年在哈佛大学取得博士学位以后留校担任社会心理学讲师，1943年任麻省理工学院心理学教授，1948年被聘为安提奥克大学校长，六年的任期结束以后，又回到麻省理工学院在经营管理系当教授，1962年被授予斯隆特聘教授称号。

1954年，阿尔弗雷德·斯隆基金会向以麦戈雷格为首的研究小组提供了一笔研究经费，以资助他们开展有关怎样培养经营管理专家的研究。研究小组以历年的斯隆奖学金获得者为对象，包括他们所在的企业在内，对各种理论、各个公司的惯例及其与培养方法之间的关系进行了详细的调查。

在这过程中，麦戈雷格发现科学管理以来的经营管理理论之所以越来越失去效率，其根本的原因在于经营管理层对员工的本性的认识不正确，即把员工当作生来喜欢偷懒、自私和不求上进的群体。他把这些传统的观念归纳成三点，然后命名为"X理论"。[1]

（1）人生来不喜欢工作，只要有可能，就不想工作。

（2）由于人都有一种讨厌工作的特性，所以对大多数人来说，不强制、控制、命令和威胁要作处罚的话，就不会为实现企业的目标而全力以赴。

（3）人喜欢接受命令，回避责任，不具野心，首先考虑的是安全。

下面我们来看看"X理论"对当时的经营管理的影响。

中国古代的《三字经》开篇伊始就是"人之初，性本善"，这是教育儿童时的出发点，即人的本性都是好的，所以要从正面去加以引导和培养，使之增长知识和技能，为家庭和社会做贡献。如果没有这个前提，教育的事就无从谈起。笔者称之为"性善说"。可是，"X理论"的出发点显然是"性恶说"，即人生来就是懒惰的，不想工作，想不劳而获。对经营管理者来说，这里所说的人就是除自己以外的员工。这个前提在现在看来过于极端是很显然的，而在一个世纪前的经营管理者看来，则是理所当然的。因为在他们眼里，所雇的员工都是冲着钱来的，不给钱就不干活，钱给少了就少干活。我们不能否定世界上确实有这样的人，不要说在一个世纪以前，即便现在，同样存在这样的人。也就是说，你可以认为所雇的员工中有一些这样的人，而把所有的员工都视为生性懒惰，不想工作，想不劳而获，那就大错特错了。

由于看待员工的出发点错了，经营管理者在看待员工消极怠工时就不会去考虑其他原因，而只会从教训和惩罚的角度去行事。他们认为员工不具有上进心且甘愿受罚，所以必须采取某种惩罚性措施。在他们看来，惩罚性措施是唯一有效的手段。"X理论"在当时之所以盛行，就是因为它为经营管理者的方法简单、态度粗暴的管理行为提供了理论根据。同样，"X理论"把员工看得非常自私，毫无责任心，只求明哲保身，所以，经营管理者不能对员工有过多的期待。总而言之，"X理论"看待员工的观点是消极的和否定的。

尽管在麦戈雷格阐述他的理论之前，产业界也好、学术界也好，并没有与"X理论"相似的文献，但是，我们可以在泰勒的科学管理和福特主义中看到"X理论"的具体表现。例如，当泰勒发现工人消极怠工和效率低的问题时，只是从计件工资的计算法、操作的规范化和标准时间上去找原因，因而采取了观察动作、用秒表记录时间和改进计件工资算法等一系列措施，却没有采取任何与人的心理活动有关的措施。亨利·福特解决工人消极怠工和效率低的问题时的方法更为简单，那就是"胡萝卜加大棒"：按我所规定的要求去做就给高工资，不然的话就当场解雇，没有任何交涉的余地。在产业工人尚未组织起来的时代，像这样简单粗暴的经营管理法可以维持一段时间，而当工会组织普遍建立起来以后，那就很难实行了。亨利·福特一再反对建立工会的原因也在于此，但最后也不得不同意。

当明确了"X理论"的问题所在以后，麦戈雷格提出了新的理论，即"Y理论"[2]。"Y理论"认为：

（1）把精力花在工作上是极其自然的事，与游玩和休息没什么两样。

（2）外部的控制和威胁并非实现企业目标的手段，人只会为自愿献身的目标而鞭策自己。

（3）是否为实现目标而献身，取决于目标实现后的报酬。

（4）人不仅会视条件而承担责任，还会主动承担责任。

（5）大多数人都具有为解决企业内的问题而发挥想象力并有所创新的能力，而不是少数人。

（6）现代企业中员工的智力仅发挥了很小的一部分。

非常明显，麦戈雷格的出发点是"性善说"，即人不仅喜欢游玩，喜欢休息，同样喜欢工作，把工作看成是生活的一部分，正如人们在游玩时会随心所欲，在休息时会乐而忘餐那样，在工作上也会全力以赴。正因为如此，外部的控制也好，惩罚性措施也好，都不会起多大的作用，人只会在自己感到有必要时才会主动献身。而且，在考虑是否献身于企业的目标时，首先考虑的是自我价值的体现，即自己的人格是否得到尊重，技能能否得到施展，成果能否得到肯定；其次才是物质上的回报。在这种情况下，大多数人都会主动承担责任，为解决实际问题而出谋划策，而现实的情况却远远没有达到这种程度，所以员工的智力和创造力还有很大的潜力可以挖掘。

如果说"X理论"是站在经营管理者的立场戴着有色眼镜看待员工的话，"Y理论"则是站在员工的立场比较客观地看待员工。这一视点的变化，大大改变了对待问题的看法。例如，同样是效率低的问题，"X理论"者会说那是工人的习性，把责任都推到工人身上，而"Y理论"者则会想到有没有妨碍工人发挥积极性的因素，从经营管理层去找原因，因而容易得到工人的理解，缓解现场的矛盾。

麦戈雷格指出："企业里的人之所以不能良好地协作，并非人的本性不好，而是经营者没有能力使他们做到这一点。根据'X理论'的观点，企业的业绩上不去的话，经营者就会强词夺理地说那是一起干活的人的本性所决定的。而'Y理论'则会把问题归结到经营者身上。假如员工倦怠、冷漠、不负责任、固执、无创意、非协作的话，那么，根据'Y理论'的观点，其原因就在经营者的组织建设和控制方法上。"[3]

麦戈雷格在调查研究中发现了这么一个事例。

某大公司在选拔新设立的企划办公室主任时，看中了一位在远离总部的一个生产现场任职的管理人员。在公司上层看来，这次提拔对本人来说一定是件大好事，既可以离开边远地区到大城市工作，还可以提高在公司里的地位，当然还有丰厚的薪金在等着他。不料此人在得知这一调动时大吃一惊，说自己只想当一个全公司最悠然自在的现场管理者，与现场的员工在一起非常愉快。而且他本人也好、他妻子也好，都觉得在小城市生活的乐趣远远超过大城市，遗憾的是他的意愿没有受到公司高层的尊重。两年以后，又有风声传出说他有可能成为副总经理，而本人"如能回到两年前的状态干什么都行"的意愿丝毫没变。

这个事例告诉我们，即便是提拔这种看上去人人都喜欢的事，如果事先不取得本人的理解，也未必是好事，尽管他服从了公司的命令，内心（包括他的妻子在内）却非常痛苦，那就不能说是好事。根据"Y理论"的观点，人只会为自愿献身的目标而鞭策自己。

把"X理论"和"Y理论"放在一起比较的话，两者的不同就一目了然。详见表5-1。总而言之，"Y理论"看待员工的态度是积极的和肯定的。

表 5-1　X 理论和 Y 理论的比较

X 理论	Y 理论
1. 人生来不喜欢工作，只要有可能，就不想工作。 2. 由于人都有一种讨厌工作的特性，所以对大多数人来说，不强制、控制、命令和威胁要作处罚的话，就不会为实现企业的目标而全力以赴。 3. 人喜欢接受命令，回避责任，不具野心，首先考虑的是安全。	1. 把精力花在工作上是极其自然的事，与游玩和休息没什么两样。 2. 外部的控制和威胁并非实现企业目标的手段，人只会为自愿献身的目标而鞭策自己。 3. 是否为实现目标而献身，取决于目标实现后的报酬。 4. 人不仅会视条件而承担责任，还会主动承担责任。 5. 为解决企业内的问题而发挥想象力并有所创新的能力大多数人都具有，而不是少数人。 6. 现代企业中员工的智力仅发挥了很小的一部分。

资料来源：根据 Douglas McGregor《企业的人的侧面》（高桥达男译，产业能率短期大学出版部 1970.）一书中的论点而制作。

麦戈雷格的"X 理论"和"Y 理论"一经发表，马上引起产业界和学术界的关注，有支持的，有怀疑的，也有反对的。为了在实践中加以验证，麦戈雷格曾在宝洁公司的新工厂建设中，导入了基于"Y 理论"的自我管理小组，取得了明显的效果。但是，持反对意见的人则认为，麦戈雷格把"X 理论"和"Y 理论"视为互相排斥的两极，而现实情况则未必如此。针对这种批评，麦戈雷格又提出了"Z 理论"的概念，试图将"X 理论"和"Y 理论"调和起来，但没来得及理论化便离开了人世。

"Z 理论"的概念后来由美籍日本学者威廉·大内（William G. Ouchi，）继承了下来，并在 1981 年出版的同名专著中进行了阐述。

大内出生在夏威夷，1965 年从威廉学院毕业以后，又先后在斯坦福大学和芝加哥大学获得工商管理硕士（MBA）和博士学位。1972 年任斯坦福大学商学院副教授，1980 年起任洛杉矶加利福尼亚州立大学商学院教授。

20 世纪 70 年代，随着日本企业竞争力的增强，很多美国学者开始研究日本，但他们比较关注的是日本企业的大环境，如政府的保护政策、封闭的社会结构、企业的交易习惯和雇用制度等，研究的观点比较抽象，结论也缺乏说服力。而大内注重的是日本企业的经营管理的传统，强调这种传统与竞争力的内在关系，为此还对不少日本企业做了极为周密的调查研究，所以他的观点比较具体，研究结论也很有说服力。

大内的研究成果集中反映在 1981 年出版的《Z 理论——美国企业如何面对日本企业的挑战》[4] 一书中。此书出版后 5 个月，就被《纽约时报》评为"最佳畅销书"。正如此书副标题所显示的那样，大内试图在弄清楚日本企业的实力后为美国企业的应战出谋划策。

他把典型的美国企业视为"A型企业",典型的日本企业视为"J型企业",并对两者的特征进行了归纳(详见表5-2)。同时,通过调查研究和现场采访,他发现美国的优良企业,如IBM、宝洁、惠普、英特尔等,也出于自发而非模仿地具有日本企业的不少特征,于是就将这样的企业命名为"Z型企业"。如"A型企业"都实行短期雇用,员工的平均离职率为50%,"Z型企业"虽然不公开主张终身雇用,但相对稳定的长期雇用与终身雇用并无多大差别,所以离职率很低。再如,"A型企业"的人事考评和晋升都很快,行者上,不行者下,"Z型企业"则大多采取"平行换岗"的方法,即正式晋升之前多次换岗,以熟悉公司内各方面的业务,而这样的做法无疑是日本企业的传统。大内对"Z型企业"的研究以及由此而进行的理论上的归纳,就成了"Z理论"的主要内容。简而言之,"Z理论"的主要思想就是将日本企业"全员参与""团队意识""集体决策"等强调人的因素的人性化管理移植到美国企业中去。正如大内所强调的那样,"'Z理论'告诉我们,人的劳动条件不仅能提高企业的生产性和利润,也能提高员工的自尊心,气氛融洽的话,谁都会变得更有人性。至今为止,美国的经营者一直认为技术能提高生产性,但是,'Z理论'将改变他们对企业里的人际关系的看法。"[5]

表5-2 日美企业特征的比较

〈日本企业〉	〈美国企业〉
终身雇用	短期雇用
人事考评和晋升慢	人事考核和晋升快
非专业化晋升路线	专业化晋升路线
非明确的管理机构	明确的管理机构
集体决策	个人决策
集体责任	个人责任
对人的全面干预	对人的部分干预

资料来源:威廉·G·大内《Z理论》(德山二郎监译)CBS索尼出版 1981:88.

注

[1] Douglas McGregor. 企業の人間の側面(新版)[M]. 高橋達男,訳. 東京:産業能率短期大学出版部,1970: 38-39.

[2] 见注 [1] 第54-55页。

[3] 见注 [1] 第55-56页。

[4] William G Ouchi. Theory Z: How American Business Can Meet the Japanese Challenge[M]. New York: Basic Books, 1981.

[5] William G Ouchi. Z理论 日本に学び、にほんを越える[M]. 德山二郎, 監訳. 東京: CBS ソニー出版, 1981: 261.

本章主要参考文献

[1] Douglas McGregor. 企業の人間的側面（新版）[M]. 高橋達男, 訳. 東京: 産業能率短期大学出版部, 1970.

[2] Abraham H Maslow. 人間性の心理学[M]. 小口忠彦, 監訳. 東京: 産業能率短期大学出版部, 1971.

[3] William G Ouchi. Z理论 日本に学び、日本を越える[M]. 德山二郎, 監訳. 東京: CBS ソニー出版, 1981.

[4] Abraham H Maslow. 創造的人間[M]. 佐藤三郎, 佐藤全弘, 訳. 東京: 誠信書房, 1981.

[5] Abraham H Maslow. 完全なる経営[M]. 金井壽宏, 監訳. 東京: 日本経済新聞社, 2001.

第六章 质量管理论（Quality Management）

1932 年，威斯汀电气公司贝尔试验室的物理学家沃尔特·舒赫特（Walter A. Shewhart，1891—1923）首创质量管理理论，并以此为基础开发了一种借助统计学的质量管理方法。这种方法在追求产量的时代没有受到应有的重视。但是，第二次世界大战爆发以后，美国国防部在大力推动军工生产提高效率的同时，对产品的质量也提出了更高的要求，他们委托贝尔实验室研究怎样控制产品质量，于是，舒赫特的质量管理理论和方法有了用武之地，而且取得了明显的效果。

1945 年 8 月 15 日，日本无条件投降以后，处在名为联合国军最高司令官总司令部（General Headquarters of the Supreme Commander for the Allied Power, 简称 GHQ）实质是美军的占领之下。GHQ 为了使自己的施政方针迅速传递到日本的每一个角落，占领以后即把恢复通讯放在粮食和煤炭之后的重要位置。例如，1945 年 11 月 13 日，GHQ 就给日本政府发出了指令，要求在 12 月 1 日以前提出 1946 年家用收音机、零件以及真空管的生产和流通计划，以便实现每两户人家拥有一台收音机的目标。但是，令 GHQ 恼火的是电话经常接不通，收音机也不能正常接收。究其原因，发现有的属于被战争破坏的结果，有的却是由于通讯所需要的真空管等元器件得不到更换的缘故，于是就命令与通讯有关的企业立即恢复生产。可是，接下来发生的问题更使 GHQ 感到吃惊，不仅生产效率很低，而且生产出来的产品次品率高达 80%[1]。其实仔细想想也情有可原，当时的日本可谓一片废墟，虽说工厂被允许开工，可生产所需要的能源、设备、材料都难以保证，而且人人都在为吃了上顿没下顿的生活犯愁，哪有心思安心工作呢？深感事态的严重性以后，GHQ 决定从美国搬救兵，聘请美国的质量管理专家来日本进行指导。

1946 年 5 月，GHQ 民用通讯局从威斯汀电气公司聘请了质量管理专家麦吉尔来日本进行指导。麦吉尔上任伊始，就点名与威斯汀电气公司有业务往来的日本电气公司（NEC）为试点企业，然后在那里传授以统计学为基础的质量管理方法。NEC 导入麦吉尔的质量管理方法后，很快就使电子放大管的寿命由平均 3000 小时提高到 20000 小时，从而证实了这种方法的有效性。于是，在 GHQ 民用通讯局和经济政策局的推动下，以统计学为基础的质量管理方法开始在日本企业界普及开来。这期间，日本政府的有关部门和民间社团主办了各种层次的学习班，除麦吉尔以外，还邀请了多名质量管理专家讲学，如运用美国陆军质量管理规格（ZI）进行指导的萨拉森、样本分析专家戴明博士、《质量手册》一书的作者杜朗博士等。这些专家不仅改变了日本企业对质量管理的认识，还使质量管理成为日本企业竞争力的一个重要因素，其中对日本企业界影响最大的是戴明博士。

戴明（William E. Deming，1900—1993）出生在美国的艾奥瓦州，1921年毕业于怀俄明大学电子工程系，1925年在科罗拉多大学获得数学硕士学位，1928年在耶鲁大学获得数学物理学博士学位。

1950年7月，时任纽约大学统计学教授的戴明应日本科学技术联盟（以下简称日本科技联）的邀请访日，并担任该联盟主办的"质量统计管理学习班"的讲师。该学习班为期八天，参加对象为企业的经营管理干部和技术人员。接着，又在箱根举办了为期一天的"质量管理学习班"，参加对象为企业的总经理。前后两期学习班的人数超过260人，这些人犹如戴明博士在质量管理领域播下的第一批种子，他们如饥似渴地学习，并回到所在的企业积极实践，迅速在全国掀起了一股质量管理的热潮。

戴明博士的质量管理的要点可以归结为以下十四个方面：

（1）为了改进产品和服务的质量而确立一个长期稳定的目标；

（2）要有新的思维方式；

（3）不要把检测作为提高质量的手段；

（4）不要以价格为基准选择供应商，而是选定一家能降低交易费用的供应商；

（5）反复检点计划、生产、服务的全过程并不断改进；

（6）建立在工作中接受训练的OJT（On-the-Job Training）制度；

（7）要学习和掌握领导艺术；

（8）为员工排除心理上的不安；

（9）消除部门之间的障碍；

（10）不要以语调强烈的口号给员工增加心理压力和定质量指标；

（11）不要将质量指标分解到个人；

（12）不要以落后的评价方式剥夺员工在工作中获得的乐趣；

（13）为每一个员工设计教育培训计划和自学计划；

（14）使每一个员工都参与改革。

这十四个要点中，直接谈质量管理的并不多，更多的是谈改变思路，消除心理障碍和改善环境，由此可知戴明博士在日本传授的不仅仅是以统计学为基础的质量管理方法，还包括了更重要的质量管理的新思想。这种思想首先立足于改变思路，创造一种使每个人都能安心工作的环境。当新的思路和良好的工作环境的结果反映在产品上时，产品的质量才会提高。正如他一再强调的那样，组织的问题中有90%与制度有关，只有10%才与个人有关。用现在的语言来说，那就是戴明博士的质量管理思想更具人性。由于这种富有人性的质量管理思想与日本传统的企业文化非常吻合，因而受到普遍的欢迎。这种思想对后来诞生于日本的全面质量管理（Total Quality Control, 简称TQC）有着重要的影响。

需要指出的是，在日本，"Quality Control"被译成"品质管理"，而非"质量管理"，这是因为在日语中，"质量"一词包括两个概念，即"品质"和"数量"，两者不能混为一谈。

日本的企业文化具有以下几个主要的特征：一是员工以公司为家，自觉地把公司的利益放在首位，哪怕牺牲个人利益也在所不惜；二是强调团队的作用，互学互帮蔚然成风；三是员工的平均受教育的年限较长，掌握一定的科学文化知识，有条件开展各种活动。当这样的企业文化与先进的质量管理方法相结合以后，很快就显示出强大的威力，从而形成了日本独特的质量管理体系，即以全员参加为前提、QC 小组活动为主要活动形式、改善（日语称为"Kaizen"，这一单词已被视为英语外来语收入英语辞典）为着眼点的全面质量管理（Total Quality Control, 简称TQC）。

日本科技联成立于 1946 年 5 月，1962 年 4 月被认定为公益法人，归科学技术厅（现在的文部科学省）管辖。在邀请戴明博士讲学之前，已经组织过一些质量管理学习班，如为期一年的"质量管理基础课程学习班"（由下属质量管理研究会主办，1949 年 9 月—1950 年 8 月，每月 3 天，第二届开始改为为期半年，每月 6 天），并于 1950 年 3 月创办了月刊《品质管理》，这是继美国以后世界上创办的第二份与质量管理有关的专业刊物。科技联是日本开展质量管理教育的主要学术机关。

由于戴明博士的课讲得好，所以其名声很快在企业界传播开来，没有参加学习班的企业纷纷向主办方索取资料，于是，日本科技联就把通过速记记录下来的讲课内容以《戴明博士的统计品质管理讲义》为名印刷出版。戴明博士为了推动日本企业的质量管理活动，将此书的版税全部捐给了日本科技联，而后者为了表示纪念，同时也是为了奖励那些为推动日本企业的质量管理活动而做出杰出贡献的人和组织，遂以此为基金设立了"戴明奖"。

"戴明奖"设立之初为两种类型，即"本奖"（对象是个人或团队）和"实施奖"（对象是企业），1973 年起增设了"部门奖"（对象是企业中的某一部门），所以现在已经面向所有的层次。"戴明奖"从 1951 年开始每年评选一次，截至 2019 年 5 月，已有 81 人获得"本奖"，252 家公司（其中包括 55 家外国公司）获得"实施奖"，20 个企业部门获得"部门奖"（2010 年起，"部门奖"并入"实施奖"[2]）。由于获得"戴明奖"的个人中，除部分学者以外，大多数是企业的总经理，而他们看中的与其说是"本奖"，不如说是"实施奖"和"部门奖"。因为在日本，"戴明奖"已经成了优质企业和优质产品的代名词，企业获此荣誉后，都会在其广告中大力宣传。需要补充的是，55 家获得

"实施奖"的外国公司中，有3家来自中国，其中2家是日资企业，1家是中资企业，即2018年获奖的海洋王照明科技有限公司。[3]

全面质量管理的推广，迅速改变了日本产品在国际上的形象，由从前的"劣质、便宜"的代名词转变成高级品的象征，大大增强了日本企业的竞争力。

戴明博士一生中曾多次访问日本，在企业界和学术界从事质量管理的指导和交流，为日本经济的复兴做出了巨大的贡献。由此，日本政府曾授予他"瑞宝勋章"，这是对外国人的最高表彰。

可是，尽管戴明博士在日本赫赫有名，在他自己的国家却长期没有受到应有的重视。可能是由于美国的独创性理论太多，高手如林，无暇顾及像戴明博士这样比较低调和性格内向的学者。可以说，忘记了戴明，是美国企业在20世纪70年代和80年代与日本企业竞争中败北的主要原因之一。因为质量管理的理论和方法虽然源于美国，但应用这些理论和方法并取得成效的美国企业却很少。根据日本著名科学家、"戴明奖"获得者西堀荣三郎博士（Eizaburou Nishibori，1903—1989）的回忆，当年GHQ民用通讯局向东京电气（后更名为东芝）订货时，因担心质量问题，曾专门派人去监督。交涉中，来人一直强调质量管理的重要性，并说美军的兵工厂都是因为开展质量管理才生产出高质量的武器弹药的。时任公司质量管理负责人的西堀博士听了以后笑着说："战争期间，美军在我家院子里投下了六颗燃烧弹，幸亏一颗都没有爆炸。托这些次品炸弹的福，我们一家人才活到现在。"[4] 这个例子很能说明问题，即美国社会过强的个人主义和竞争意识，阻碍了需要互相协作的全面质量管理的推行。不仅仅是质量管理领域，在科学技术和经济建设领域，像这样美国出概念日本把它具体化的例子有很多。例如，贝尔试验室的肖克莱（William B. Shckley，1910—1989）博士发明了半导体，而利用这一发明生产出半导体收音机并实现批量生产的是索尼公司；福特汽车公司创造了流水生产线，但是没能解决多品种小批量生产的问题，而丰田汽车公司给流水线加入人的因素以后解决了这个问题并迅速进入了美国市场。

1973年发生的石油危机，给各国的经济都带来很大的冲击，大批企业倒闭，幸存下来的也陷于利润大幅度下降或赤字的困境。但是，很多日本企业却借助全面质量管理不断降低成本，迅速摆脱困境并乘机打入国际市场。惊呼"狼来了"的美国社会的上上下下不得不认真地研究日本企业的竞争力。

1979年，美国三大电视网之一的NBC为了制作一套旨在给美国人敲警钟的专题节目而四处寻找题材，当他们听说戴明博士的事迹以后，就派了女记者克劳福德·梅森去进行采访。梅森后来说她在一间堆满书籍和文件夹、黑板上写满数学公式的地下室里见到了这位礼仪端正的老绅士。戴明博士所说的在日本的经历引起电视台的关注，半信半疑的他们马上派了摄制组去日本调查和采访，而结果真让他们感到震惊，所到之处人们都提到并感谢戴明博士。在丰田公司的总经理办公室里，墙上挂着的照片中除了历代总经理以外，竟然还有一张戴明博士的照片，可见丰田公司对戴明博士的尊重。摄制组真没想到这个几乎被美国社会所遗忘的老人竟然是帮助日本企业提高竞争力的关键人物。

1980年6月26日，NBC的专题节目——"日本能做到，为什么我们不能做到？"给整个美国社会带来了很大的冲击，观众纷纷打电话给电视台，有的要求重播，有的要求拜访戴明博士本人，还有的想请戴明博士讲课，汽车公司则想聘请戴明博士当顾问。戴明博士受冷落的状况在一夜之中宣告结束，但这时戴明博士已经80岁。一时间，反省和向日本学习成了美国社会的主要话题。对此，戴明博士警告说："也许人们在期待出现奇迹，美国的经营者觉得能够模仿日本，但他们不知道该模仿什么。"[5] 他通过电视向观众传递的以下信息与他30年前在日本讲学时的内容完全相同：

（1）经营者在将来的计划和预测上的失败，会造成人力、原料和机械工作时间的浪费，同时使生产成本和消费者支付的价格上升。对于这样的浪费，消费者是不愿意长期掏钱的，其结果就是失去市场。质量管理应在总经理的领导下开展，仅仅强调好好干是无济于事的。

（2）顾客是上帝，是首席执行官（CEO），是独裁者，也是生产线的最重要的一部分，质量是由顾客来定义的。

（3）理解整个生产过程发生的变化并使它减少到最低程度，过程比产品更重要。

（4）不要半途而废。对所有的事物都要追求质量。变化和改进会影响到与组织有关的每一个人（包括供应商），必须使他们参与进来并坚持不懈地进行下去。

（5）要训练员工。

戴明博士又有了大批的追随者。电视节目一播出，福特汽车公司就聘他为顾问。只要有戴明出场，"世界500强"的老总们就认真地坐在电视机前倾听。1980年，美国质量管理学会也开始颁发"戴明奖"。除此以外，有15所大学授予他名誉博士学位，还有无数的获奖证书和荣誉头衔向他飞来，其中包括1988年由里根总统授予的"杰出科学贡献奖"；1991年，《美国新闻和世界报告》甚至将戴明博士列为改变世界的九个最有影响的人物之一。但是，这一切似乎都来得太晚，如果早30年觉悟的话，美国就不会在20世纪70年代和80年代为日本企业的进入而大开方便之门了。

由于时代已经前进了30年，美国社会对于质量一词有了更加广泛的认识，当日本的全面质量管理（Total Quality Control，简称TQC）的概念被引进以后，美国人使用的词是TQM（Total Quality Management）。其实，QC这个概念就是美国人介绍到日本去的，按理应该译成"质量控制"，但是日本人觉得控制的含义过于狭窄，才基于实际情况译成"质量管理"，在此基础上，又发展成"全面质量管理"。所以，我们可以说是日本人正本清源，使东西方关于全面质量管理的术语统一起来的，现在日本也接受了TQM这个词。从术语的变化上,可以看到人们对质量管理的认识有了新的发展。

与此同时,美国企业界为了重整旗鼓,对产品质量也有了新的要求,其结果是"Six Sigma"(6σ,念成6西格玛)的问世。"6西格玛"是摩托罗拉公司政府用户部门的麦克尔·哈里(Mikel J. Harry)博士及其同事运用统计学的知识在1980年前后开发的质量管理方法。"σ"是表示标准偏差的一个统计学术语,即某种事象出现的概率。按一百万次计,如果差错出现的次数在6210次,那就是"4西格玛";出现了233次的话,是"5西格玛";只出现3.4次的话,才是"6西格玛"。由此可知,如果一个企业生产的产品达到"6西格玛"的话,也就意味着一百万个产品中只有3.4个为次品,或者说正品率为99.9999998%。我们知道,如果金的含量达到99.99%的话,通常就称其为纯金。所以,99.9999998%的正品率,就是纯正品了。

哈里博士将"6西格玛"的方法应用到产品的质量管理上以后,摩托罗拉公司的手机质量有了明显的提高。20世纪90年代以后,哈里博士等人有的跳槽去了别的公司,有的独立创办以普及"6西格玛"为主要任务的咨询公司,从而将这种管理方法介绍到了公司外部。这以后,德州仪器、ABB、GE、索尼等公司也开始实施"6西格玛"方法。现在,世界500强的大企业中,已有很多在运用这种管理方法。由于"6西格玛"的标准高于"ISO"系列,所以迄今为止还没有哪家公司完全达到这个标准。但以此为目标而努力,却大大唤醒了员工的质量意识,从而增强了产品竞争力。

当然,美国人对质量的认识已经不局限于具体的产品和服务,而是把它扩大到所有的组织的运营与效果上,即追求广义的质量,其结果是《马尔科姆·波多里奇法》的诞生。该法的全称是《1987年马尔科姆·波多里奇国家质量促进法——公法100—107号》,以刚因意外事故不幸去世的商务部长马尔科姆·波多里奇(Malcolm Baldrige,1922—1987)命名,简称"MB法",因为波多里奇是这项法律的最积极的推动者。伴随这项法律的生效,"马尔科姆·波多里奇奖"也同时设立,旨在奖励那些在此领域做出杰出贡献的组织。"马尔科姆·波多里奇奖"设6个部门,即制造业、服务业、中小企业、教育、公共卫生和非营利组织。自1988年首次颁布以来,截至2018年年底,已有122个组织获得这项由总统和商务部长共同署名、代表美国最高质量水准的荣誉,包括33家大企业、17家服务性企业、26家中小企业、12所学校、25所医疗卫生机构和9个非营利组织。[6]

在"马尔科姆·波多里奇奖"的带动下,现在世界上已有六十多个国家设立了国家质量奖,如欧洲的"欧洲质量奖"、日本的"日本经营质量奖"等。我国也有"全国质量奖",由中国质量协会于2001年创办,面向在质量、经济和社会效益等方面取得显著成绩的组织,2005年起又增设了"质量技术奖",以奖励那些在质量技术方面取得突出成效的企业和组织。[7]

注

[1] 後藤俊夫. 忘れ去られた経営の原点 [M]. 東京：生産性出版, 1999: 37.

[2] 获奖数据都源自日本科学技术联盟官网。

[3] 注见 [2] 及该公司官网。

[4] 西堀栄三郎. 創造力——自然と技術の視点から [M]. 東京：講談社, 1990: 86.

[5] Stuart Crainer. マネジメントの世紀 [M]. 嶋口充輝, 監訳. 東京：東洋経済新報社, 2000:216.

[6] 获奖数据都源自美国国立标准研究所官网。

[7] 参见中国质量协会官网。

本章主要参考文献

[1] 青木保彦, 三田昌弘, 安藤紫. シックスシグマ [M]. 東京：ダイヤモンド社, 1998.

[2] 後藤俊夫. 忘れ去られた経営の原点 [M]. 東京：生産性出版, 1999.

[3] 西堀栄三郎. 創造力——自然と技術の視点から [M]. 東京：講談社, 1990.

[4] 西堀栄三郎. 技術の創造力と品質管理 [M]. 東京：悠々社, 1991.

[5] 社会経済生産性本部. 日本経営品質賞とは何か [M]. 東京：生産性出版, 2003.

[6] Stuart Crainer. マネジメントの世紀 [M]. 嶋口充輝, 監訳. 東京：東洋経済新報社, 2000.

第七章　即时生产论（Toyota Production System）

与 TQC 同步发展并自成体系的是丰田汽车公司的"即时生产"（Just in Time）体系，简称"丰田生产方式"。"丰田生产方式"的缔造者是大野耐一（Taiichi Ohno，1912—1990），他出生于中国的大连，1932 年从名古屋高等工业学校（现为名古屋工业大学）机械系毕业后就职于丰田纺织公司，1943 年调入丰田汽车公司，先后担任车间主任、厂长、董事和副总经理。

根据大野的定义，"丰田生产方式是多品种小批量和低成本的方法"[1]。其基本思想是彻底消灭无效劳动，而"即时生产"和"带自动停止装置的生产线"则是其两个支柱。"即时生产"要求各种零部件在需要的时候按规定的数量送达指定的地点。在这之前，生产是按计划进行的，公司高层先根据上一年的实际产量和对市场变化的估计制定年度计划，然后再将年度计划分解成季度计划和月度计划，各个工厂则按此计划生产，至于生产出来的东西是否卖得出去则与工厂无关。大野因为当过车间主任和厂长，看到自己所生产的汽车躺在仓库里睡大觉总不是个滋味，于是就下决心改变这种状况。

大野首先想到的是消灭库存。他注意到以往是前道工序生产多少套零件，后道工序也生产多少套零件，直至装配成整车，一旦整车卖不出去，各道工序的工作都成了无效劳动，即后道工序受前道工序的限制，无法控制产量。于是他把生产程序换了个方向，由后往前，即销售部门接到多少辆车的订单，最后一道工序就向前道工序要多少个零件，依此类推。这样生产出来的车全都销售出去，库存也就消灭了。即时生产能否施行涉及两个方面：一是公司内部的操作规程。在丰田公司，大野采取的方法是每道工序之间的衔接都以作业指示票为依据，这种 A4 规格的作业指示票称为"看板"，上面写明了零件的名称、代号和数量，从而避免了差错，所以有时人们会错误地认为"看板方式"就是"丰田方式"。另一个是外部供应商的协调体制，即必须按时按量送货上门。少了给总装车间带来影响，多了又没地方放，所以刚开始推行即时生产方式时遇到很大的阻力，尤其是来自中小供应商的阻力，他们都认为那是大公司的霸道行为。但是，经过十几年的努力，大野终于以事实为根据说服了供应商，让他们看到了即时生产的好处，从而做到了整个供应链的同步生产。不用说，如果丰田公司日子不好过的话，中小供应商的日子就会更难过。所以，配合丰田公司搞革新还是利大于弊。

大野还注意到一个问题，即流水线虽然可以按一定的速度进行生产，但是当某种偶然因素的出现而影响到工作的进程或产品的质量时，工人却没法使流水线停下来，也就是说只能眼看着不合格产品的出现。因为在那个时代，保证流水线的正常运转是首要的任务，一旦中断就意味着发生了重大事故。于是就需要加强检验，一旦发现不合格产品，就重新返工。为此，大野在每个作业位置都增设了一个控制开关和暂停指示灯，一旦出现来不及作业或质量的问题，马上可以让流水线暂停，而暂停时，工段长就会立即到场，在最短的时间内协助解决问题。控制开关的增设，表面上看会给流水线带来一些混乱，但是避免了不合格产品，而且，与事后的检验相比，可以及时发现问题并予以解决，从而保证了产品的质量。由于暂停指示灯明确显示了暂停的位置，如果是前道工序的问题，会受到表扬；如果是动作慢或差错造成的话，则会受到批评。所以，虽然人人都有让流水线暂停的权力，但谁也不会轻易使用这种权力，而是更加认真地工作，增强了责任心。

"丰田生产方式"原来属于丰田公司内部的生产管理诀窍，并不外传。1973年的"石油危机"发生以后，欧美的汽车公司都出现了巨额的赤字，与此相比，丰田公司的业绩虽然也受到影响，却依然做到了盈利。深感惊讶的美国汽车公司纷纷把目光转向丰田公司并接二连三地到访，试图了解丰田的奥秘，这样，"丰田生产方式"才被逐渐揭开了面纱。其中，以麻省理工学院的詹姆斯·沃马克（James P. Womack）和丹尼尔·琼斯（Daniel T. Jones）两位教授所作的研究影响最大。他们对GM的弗雷明翰工厂和丰田公司的高岗工厂做了详细的比较，发现前者依然采用的是福特时代的大量生产方式，后者采用的则是适合多品种小批量的生产方式，而且外部供应商也能按时按量送货，形成了一个完整的生产系统。他们回去以后出版了《改变世界的机器》[2]一书，对丰田生产方式大加赞扬。但是，出于美国人特有的幽默感，或者说出于对竞争对手的既崇拜又排斥的复杂心情，他们没有直接采用"丰田生产方式"的说法，而是用自己的语言将它表述为"无赘肉的生产方式"（Lean Product System，简称LPS）。所以，在美国有很多人知道"LPS"，却不知道"LPS"的实质就是"丰田生产方式"。

差不多同样的时期，不少日本企业也以丰田公司为榜样，开始导入"丰田生产方式"，但几乎都没有成功，一时间"丰田生产方式"没法学的意见占了上风。为了扭转这种情况，大野开始在外部推广"丰田生产方式"。他不辞辛劳地在各地讲学，强调"丰田生产方式"的意义，陪同来访者参观并亲自担任解说，还著书立说，培养接班人，逐步扭转了局面。

大野的粉丝中有一个人叫山田日登志（Hitoshi Yamada），他毕业于南山大学法语系，先后担任过中部经济新闻社记者和歧阜县生产性本部经营咨询师，1978年创办PEC产业教育中心至今。

1971年9月，在歧阜县生产性本部主办的一个会议上，担任会议秘书长的山田第一次见到大野并聆听了大野的讲演以后，萌发了学习"丰田生产方式"的愿望。在大野的支持下，他每星期都去丰田公司参加内部的研究会，去车间考察"看板"和带停止装置的生产线的运转情况，遇到问题时就去找大野求解，前后七年，完整地学习了"丰田生产方式"和大野的生产管理思想。可以说，即便在丰田公司内部，也没有人像山田这样认真地学习过。这一经历奠定了山田作为大野思想的继承人的地位。

但是，山田对日本经济的最大贡献并不是因为推广"丰田生产方式"，而是因为他结合日本经济的现状在"丰田生产方式"的基础上发展了自己的理论和生产方式——"个人屋台"生产方式。这种生产方式以其独特性和有效性而受到全世界的瞩目。

众所周知，自亨利·福特以来，生产线始终是现代大工业生产的象征，伴随着生产规模的扩大，生产线的距离也越来越长。大规模生产线得以生存的前提是供给不足，生产出来的东西马上就脱销即卖方市场的存在。但是，当发达国家已经进入供给过剩和消费不足的时代，即出现买方市场时，大规模生产线就只能起相反的作用，生产越多库存也越多，其结果是资金积压大，经营出现危机。这样的道理其实很明白，因为花巨额投资建设的生产线决定了生产的规模，要么不开工，一旦开工就必然生产出那么多的量，而投资与效率的理论又告诉人们，生产越多成本就越低，投资回收也越快。这两个因素加在一起，驱使经营者选择了继续生产的道路并将希望寄托在经济的恢复上。遗憾的是，这种把希望寄托在外部条件的变化而不是自身努力的经营是很难成功的，尤其在日本这样长期处于经济低迷的国家，等待市场变化的消极经营的结果除了破产以外，别无他路。

山田在充分研究了生产线以后，指出了以下三个问题：

（1）生产与销售脱钩而造成生产过剩。

山田在一家著名的电气公司进行经营诊断时，发现仓库里堆满的产品中，有的已在那里躺了六年。不用说，这些产品已经过时，不可能销售出去。这是生产过剩的最好佐证。生产过剩就是浪费经营资源，甚至会带来环境问题。

（2）按工序分工而造成半成品的积压。

除汽车、摩托车等大型产品以外，大多数产业的流水线都按装配的前后工序设置岗位，如装配一台手机需要五十七道工序，于是就在流水线上配置五十七名工人，每人干一种活，即每个人都是单能工。从理论上来说，每个人只干一种工作，能产生熟能生巧的效果。但是，这种效果只可能在每个人的作业速度都相同时出现，而个人之间事实上存在的能力差异否定了这样的可能性。所以，干得快的人和干得慢的人之间就出现了半成品的积压，而最终完成的成品量却是由速度最慢的人所决定，于是干得快的人多干的工作就成了多余的劳动。

单能工的另一个弊端是一个人都不能缺少，少一个的话，临时从其他部门抽调过来帮忙的人因不熟悉工作而会影响流水线的速度，甚至影响到产品的质量。

（3）工人难以从工作中获得乐趣。

按工序分工的流水线作业给工人带来的心理上的不满是很明显的。一是工作单调，简单的重复劳动容易产生疲劳和反应迟钝；二是干多干少都一个样，提不起劲来；三是看不到自己的劳动成果，体会不到工作的乐趣。

针对以上问题，山田开出的处方是：①彻底消灭过剩生产；②培养多能工；③独立组装整个产品。这三个处方是渐进和互相联动的，即首先避免过剩生产，干得快的人也不要多干，时间富余时可以去帮助干得慢的人，或整理工作环境。在此基础上，每个人都要掌握相邻两道工序的操作要领，成为多能工。当每个人都成为多能工以后，就逐步减少工人的数量。在山田直接指导过的企业中，有的一天就从流水线上撤下七十多人，有的从几百人减至几十人，都取得了明显的效果。当以上两步做到以后，就可以进入第三步了，即独立组装整个产品。

独立组装就是一个人完成所有的工序。以手机为例，必须完成五十七道工序，但不是工人随流水线的运转而移动位置，而是将所需的零件和工具都秩序井然地放在作业台上，然后把几个作业台围成一圈，工人站在中间作业，伸手就可以拿到所需要的东西。在开始阶段，工人会因不习惯而放不开手脚，进而影响到生产进度。但是，实践证明，大约三天左右，工人就会适应并且体会到亲手组装一台手机的乐趣，而这以后速度就会加快，一直可以达到比流水线作业时快一至两倍的程度。例如，鸟取三洋电机在接受山田的指导以后，流水线上的工人已经减到六人，一天生产800台手机，平均生产一台手机的时间为三分二十七秒。那么，一个人独立组装的话，要花多少时间呢？图7-1是鸟取三洋电机第一个进行独立组装试验的女工堀村美保子的时间纪录。前三天的纪录分别是五分三十五秒、四分三十五秒和四分，而到了第四天，就已经达到三分二十秒，超过了流水线作业的速度。按照这一速度，一小时可以组装18台，乘以八小时的话，就是144台，比流水线作业时平均每人133台多出11台[3]。而且这仅仅是在四天内达到的纪录，如果再持续下去的话，肯定还会有所提高。实验成功以后，鸟取三洋电机采纳了山田的建议，全面采用独立组装的方式并拆除了流水生产线。在日本，逢年过节时，商人们会在人流的中心地开设许多露天店铺，这种店铺只有一个店主，但经营的商品却不少，通常效益都很好。由于这样的露天店铺称作"屋台"，所以山田将他发明的生产方式命名为"屋台生产方式"。

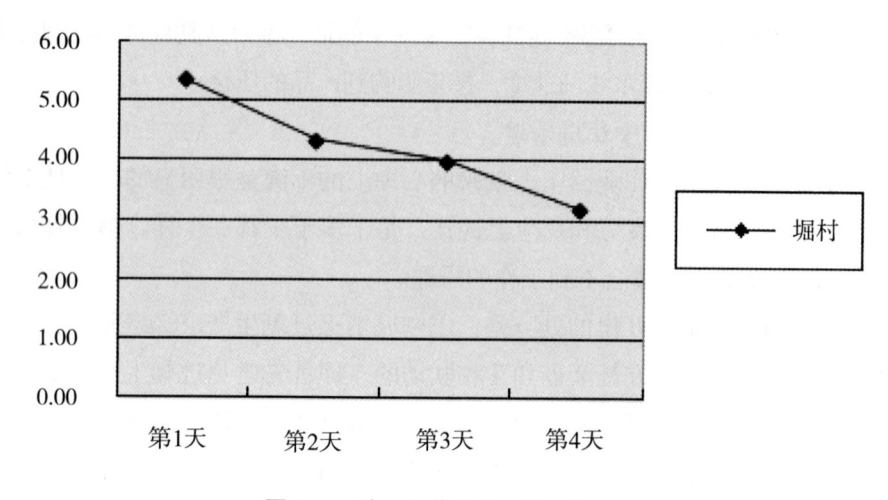

图 7-1　独立组装工的速度变化

"屋台生产方式"是在"丰田生产方式"的基础上发展起来的，所以它满足"即时生产"的要求，也不需要仓库，或者说将仓库减少到最低限度。其次，生产过程的合理化带来的人员调整降低了工资总额，在平均工资为世界前列的日本，这是一个关系到企业竞争力的一个非常重要的因素。而且，拆除流水生产线以后，腾出了很多厂房，这些空出来的厂房可用来开拓新的事业，也可以出租或出售，经济效益十分可观。此外，减少了电力消费，降低了生产成本。

在普及"屋台生产方式"的过程中，山田又发现有些产品不适合一个人做，于是又构思了一种以五六个人为一组的生产方式，每个小组都像是工厂里的一个细胞，自我完结和自我增值，于是就命名为"细胞生产方式"（Cell Product System）。图 7-2 为流水生产线、"细胞生产方式"和"屋台生产方式"的人员配置的示意图。

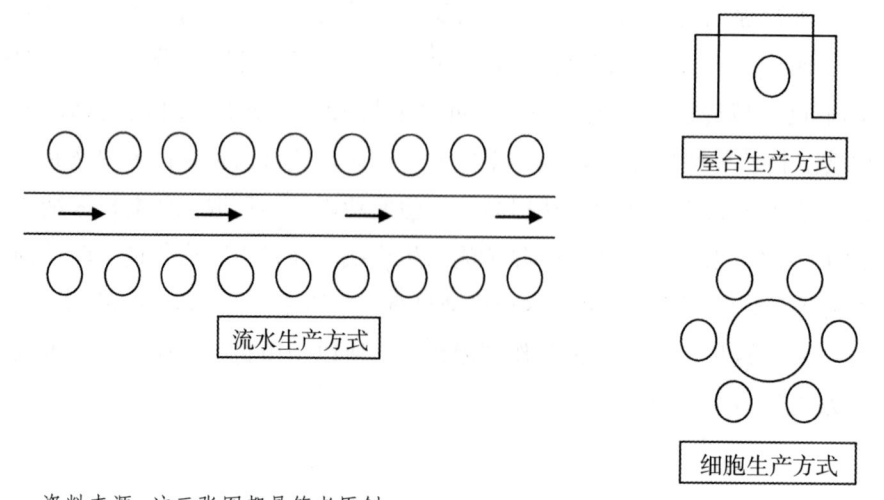

资料来源：这三张图都是笔者原创。

图 7-2　三种生产方式的人员配置图

表 7-1 是佳能公司导入"细胞生产方式"和"屋台生产方式"五年后的效益。

表 7-1　佳能公司的生产方式革新后的效益

	导入前	导入后
流水线总长度		净减 20 千米
半成品库存	20 天	5 天
员工人数		净减 1 万人
工资总额		净减 220 亿日元
零件库存	4 天	6 小时
仓库总数	34 间	14 间
仓库承租费		净减 15 亿日元
生产成本		下降 5.4%
设备保全费	1.5 亿日元	500 万日元

资料来源：〈一橋ビジネスレビュー〉2002 年夏季号、〈日経ビジネス〉2002 年 1 月 7 日号。

"屋台生产方式"为什么会产生那么好的效益呢？最主要的原因是它彻底克服了流水生产所带来的弊端，充分挖掘了工人们的潜在能力，调动了积极性。当工人组装完一件产品以后在生产证上签名时，都有一种强烈的自豪感。鸟取三洋电机传真机装配工路过电器店时，会特地跑进去看看有没有自己生产的产品。

独立组装是对流水线的全盘否定，初期的导入相当困难，但是，凡是导入这种生产方式的企业都取得了惊人的效果。例如，KOA 公司在连续三年亏损以后请山田去指导，一年就扭亏为盈，三美电机也是这样，甚至像索尼、NEC、佳能这样的著名大公司，都相继导入并取得了良好的效益。"细胞生产方式"和"屋台生产方式"现在已经成了日本企业界的主流生产方式。

注

[1] 大野耐一. トヨタ生産方式 [M]. 東京：ダイヤモンド社, 1978: 5.

[2] Daniel Roos, James P Womack, Daniel Jones. The Machine that Changed the World[M]. London: Macmillan Publishing Company, 1990.

[3] 这里的数据都源自山田日登志与片冈利文的著作『常識破りのものづくり』（NHK

出版）中的第四章。

本章主要参考文献

[1] 大野耐一. トヨタ生産方式 [M]. 東京：ダイヤモンド社, 1978.

[2] 山田日登志, 片岡利文. 常識破りのものづくり [M]. 東京：NHK 出版, 2001.

[3] 米倉誠一郎. 経営革命の構造 [M]. 東京：岩波书店, 1999.

[4] 米倉誠一郎, 御手洗冨士夫. キヤノン流経営の本質は終身雇用のもとでの実力主義 [J]. 一橋ビジネスレビュー. 2002, 50（1）: 206-219.

第八章　竞争战略论（Competitive Strategy）

1980年，哈佛大学商学院教授迈克尔·波特（Michael E. Porter）出版了他的第一部专著《竞争战略》，立即引起了学术界的关注。就战略而言，在波特之前，已经有艾尔弗雷德·D.钱德勒（Alfred D. Chandler Jr., 1918—2007）的《战略与组织》（1964）、伊戈尔·安索夫（H.igor Ansoff, 1918—2002）的《战略经营》（1978）等名著问世，所以波特称不上是战略研究的鼻祖。但是，将竞争与战略联系在一起并做了深入研究的，要说谁首创的话则非他莫属。《竞争战略》出版之后，波特又相继出版了十多部与此有关的专著，由此确立了他作为竞争战略研究大师的地位。所以此书的奠基作用也就不言而喻。可以说，现在世界上没有哪一所工商管理学院不在讲授竞争战略，而其源泉又无不出自波特。事实上，此书已经成了研究和应用竞争战略的人的必读书。

下面我们就以此书为中心，来探讨一下波特理论的主要内容。

首先，我们得搞清楚竞争的含义。波特说，"所谓竞争，就是为了在行业内确保能进行防御的地位，机动灵活地运用五种竞争要素，扩大企业的投资收益而进行的攻击或防御。"[1]根据这一定义，可知竞争是确保在行业中的地位而采取的行动，是一种积极的企业行为。那么，波特为什么强调能进行防御的地位而不是攻击的地位呢？这是因为任何一个工商企业都是以营利为主要目的，而市场的总需求又有限，这样就势必造成在有限的总需求下追求最大的市场份额和利润的局面。在这种情况下，暂时处于优势的企业，自然成为主要的被攻击的对象，而暂时处于劣势的企业，又急于摆脱困境，以免在同行的攻击下被淘汰出局。这就是说，无论是处于优势还是劣势的企业，都面临来自同行的攻击，所以都得进行防御。防御是竞争中的一个基本概念，但并非消极含义上的概念，只有能防御同行攻击的企业，才能在此基础上发动攻击，连现有的地位都守不住的话，也就谈不上攻击了。按照中国传统的军事谋略，即"以守为攻"。同一个行业中的企业越多，竞争就越激烈。竞争是客观存在的，非企业的意志所决定，只要企业存在，就面临竞争，而且必须参与竞争，否则就会被淘汰出局。

其次，我们得搞清楚战略的含义。战略这个词，本来是一个军事用语，第二次世界大战结束以后，商场上的竞争犹如战场那样越来越激烈，所以才被导入到非军事领域的研究之中。日本的《大辞泉》上对战略一词有两种解释，一个是"为赢得战争而制定的综合的、长期的计划"，另一个是"开展政治、社会活动的长期计划"[2]，前者指的是军事领域，后者指的是非军事领域。但无论哪种解释，都强调长期的计划，所以笔者这样定义企业研究中的战略，即"为赢得企业的持续的发展而制订的长期计划"。

在搞清楚竞争和战略的含义以后再来看什么是竞争战略，就不难理解了。在《竞争战略》一书中，波特曾多次论及竞争战略的定义。"所谓竞争战略，就是企业为强化自己的市场地位而对竞争方法所做的探求。"[3]"竞争战略就是企业努力的目标和实现目标的手段的集大成。"[4]"竞争战略就是为了使自己的长处发扬光大并产生最大的价值而给事业定位。"[5]由于这些定义出于不同的视点，多少会有一些差异，但应该说基本的概念是相同的。为了更加明了地加以理解，笔者给竞争战略所作的定义是"企业为赢得竞争而制订的长期计划"。

从波特对竞争的定义中我们还可以知道，竞争的手段是机动灵活地运用五种竞争要素。那么，具体是哪些要素呢？在《竞争战略——产业和竞争者分析的技巧》一书中，波特告诉我们，这五种要素是新进入者、行业内的竞争者、替代产品、客户以及供应商。这五种要素中，行业内的竞争者处于中心，属于众矢之的，当其他四种要素都对其施加影响时，竞争就趋于激化（见图8-1）。

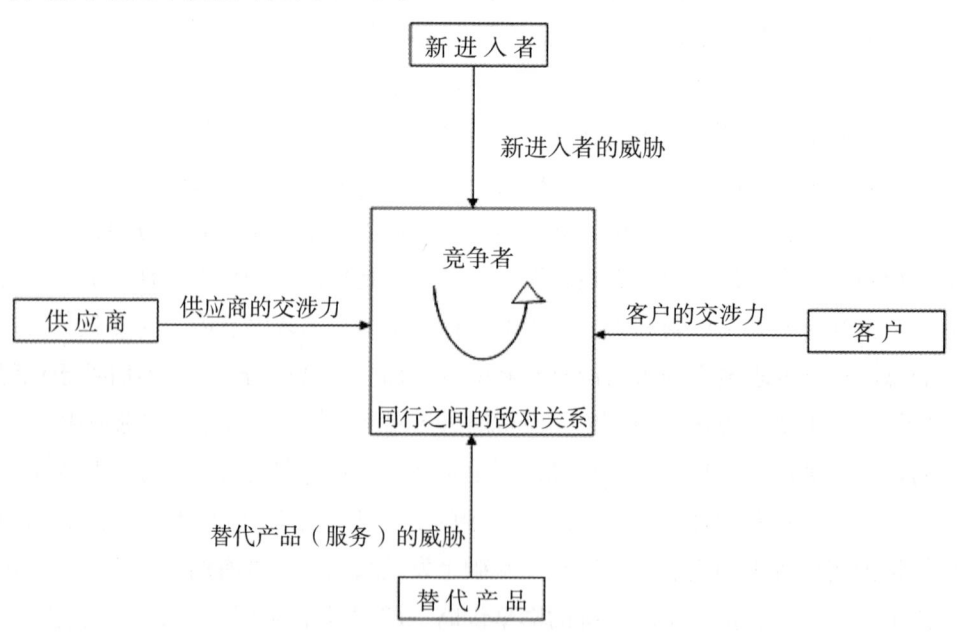

资料来源：M.E.波特《竞争战略》（日文版）第18页。

英文资料来源：Michael E. Porter. Competitive Advamtage[M].New York: The Free Press, 1985: 5.

图8-1 竞争的五种要素

下面就针对这五种要素来分别进行解读。

一、新进入者的威胁

当某个属于朝阳产业的行业步入成长期以后，也就是说经过一段时间的市场洗礼（导入期），证明某产品可以被消费者所接受以后，新进入者就会不断出现。从产品的生命周期理论与利润的关系上来说，导入期是最艰苦的阶段，为了让消费者了解新产品的功能并予以接受，先行者必须投入相当多的人力、物力、财力和时间去进行宣传，所以是投入高于产出，无利润可言。过了导入期，产品可以在市场上站住脚的倾向已经出现，进入大批量生产和投放市场的发展期，企业开始扭亏为盈，但由于大批量生产的效果即规模的经济性和经验曲线的效果尚未体现，生产成本还比较高，所以盈利还不多。只有在进入成熟期以后，规模的经济性、经验曲线的效果以及通过生产过程的创新而实现的降低成本等一并出现，才会获得丰厚的盈利。到了产品的衰退期，企业面临的是要么重新投入人力、物力、财力和时间去促销，以减缓衰退期的到来；要么投入性价比更好的后续产品，继续刺激消费需求；要么清仓降价销售，以消减库存。但无论哪一种情况，都是入不敷出或微利的结果。

有鉴于此，就进入者的进入时机而言，只有两种可能性，一是在产品的成长期，另一个是产品的成熟期。如果在产品成熟期进入，消费者已经对先行者的产品有所钟爱，即先行者的品牌效应开始出现，会成为强大的阻力，所以，新进入者选择在产品的成长期进入，从理论上来说是最佳的时机，既不用冒风险去进行大量的初期投资，又可在基本同步的条件下与先行者竞争。与先行者相比，新进入者用不着花很多的人力、物力、财力和时间去摸市场的行情、去开辟新的市场，可以将这些经营资源投入到产品的开发和生产中去，所以往往以较低的价格进入市场，从而对先行者构成了很大的危险。

在先行者眼里，新进入者往往是搭便车的贪便宜者、可耻的模仿者，有的嗤之以鼻，不屑一顾；有的则开始调查对方是否侵犯自己的知识产权，以置对方于死地。但是，新进入者是有准备而来的，不会轻易退阵。例如，在日本的家电行业，A 和 B 都是行业巨头，但这两家公司在产品开发和进入市场方面的传统却截然不同。A 崇尚独创，鼓励科技人员走他人没走过的路，从上到下形成了一种浓厚的创造氛围。B 则始终比 A 慢半步，如果 A 不抛头露脸，B 绝对按兵不动，当 A 的新产品一亮相，B 的科研队伍则开足马力，夜以继日地研究 A 的产品，然后以他们的智慧巧妙地避开知识产权的部分，迅速开发出既具备类似功能，又有着独特造型设计的产品，有时还增加了一些 A 产品所没有的新功能，然后在全国性的媒体和公共场所一举投放大量的广告，同时通过其分布全国的两万多家经销店开始销售，其结果是 A 相当无奈地眼看 B 获得比自己更多的利润。十分恼火的 A 公司的员工鄙称 B 公司为"模仿公司"，而 B 的员工也不示弱，戏称 A 为"本公司的东京实验室"。海尔集团的发展过程中也经常遇到产品遭新进入者模仿的事，开始张瑞敏也采取打官司的方法，以捍卫自己的权益，后来发现这样做的效果并不理想，取证、收集资料、聘请律师、诉讼，折腾了一通以后，原以为可以杀一儆百，哪知道这里刚打赢一家，那里又冒出一家，没完没了。于是就改变策略，走不断自我否定、不断创新的路，拉开了与后来者的距离，使后来者想模仿也模仿不完，这样反而取得了良好的效果。所以，要杜绝新进入者的模仿事实上是不可能的，唯有增强自己的产品的附加价值，才是最有效的防御。

当然，一个竞争的市场不会偏爱新进入者，如果是那样的话，像索尼公司这样的独创型企业就不存在了。也就是说，存在对新进入者不利的进入障碍。这些障碍主要有：

（1）规模的经济性——即达不到一定的生产规模，生产成本就降不下来，而除了像松下这样的行业巨头以外，一般的企业一开始都难以做到。

（2）产品的差别化——即新进入者必须以具有某种特色的产品开路，否则会被视为单纯的模仿者而受到法律、社会或消费者的制裁。

（3）巨额的投资——新进入者为了把握时机，恰到好处地把自己的产品投放市场，需要在原料、零件、机器设备、销售渠道、售后服务等方面有充分的准备，这些都需要资金。

（4）改变进货渠道的成本——新进入者更改产品以后，原有的进货渠道会不起作用，需要重新开拓新的渠道，而开拓新的渠道将涉及信用调查、员工培训、更新或购入辅助设备等一系列活动，从而增加成本。

（5）流通渠道的确保——新进入者不可能利用同行的流通渠道，只能自己开拓，而流通渠道的竞争相当激烈，为此而投入的成本也很高。

（6）与规模无关的成本方面的劣势——由于先行者占据了技术、原料、土地、政府补贴、经验曲线、优惠政策等方面的优势，所以新进入者在与规模无关的成本方面自然处于劣势。

所以，对新进入者来说，既有有利条件，也有不利条件，能否成功，全在于自己的创造力，如能否扬长避短，能否变不利条件为有利条件，能否利用外部的经营资源，等等。

二、行业内竞争者之间的敌对关系

俗话说，同行是冤家。波特则用行业内的敌对关系来加以表述，而且，这种敌对关系会随着竞争的加剧而恶化。敌对关系恶化的主要原因包括以下几个方面：

（1）同行多且规模不相上下——这是说行业内缺少龙头企业，在群龙无首的情况下，有的企业为了眼前的利益会无视市场规则，有的则会为夺得市场份额而不顾成本如何打价格战，这样就容易出现无序竞争的情况。

（2）行业发展慢——行业发展慢说明该行业尚未成熟，如果行业本身发展快的话，其中的大多数企业都会不同程度地受益，即蛋糕做大以后，每个人能得到的蛋糕也会随之增多，从而减缓竞争的强度。

（3）固定成本或库存成本高——固定成本或库存成本高时，企业为了压缩成本就会在市场上寻找机会，从而恶化原有的敌对关系。

（4）产品雷同或改变客户无需成本——如果产品之间看不出差别，消费者就会以价格来决定购买行为，这就等于在怂恿企业打价格战。与此相反，产品之间有差别，消费者已有品牌意识，为了打破这种品牌意识，处于劣势的企业会不择手段地打价格战，从而加剧敌对关系，而改变客户不需要成本，即自己的产品尚未在消费者心理形成品牌意识，不存在成本的问题。

（5）生产能力的扩大——追求规模的经济性效果的最好方法是扩大生产能力。但是，同行业的多数企业都进行设备投资的话，马上就会出现生产过剩的情况，为了早期收回投资，竞争就容易白热化。

（6）竞争者的战略不同——由于行业内的企业各自所处的地位不同，所制定的战略自然也不会相同，有的企业在该行业竞争只是为了给母公司创造利润，而有的企业则是面临生死存亡的问题，所以竞争的战术也难以琢磨，从而恶化敌对关系。

（7）战略正确的话成果大——如果企业制定的战略正确，成功后的成果就大，企业高层得到的报酬也高，这就会刺激经营者向同行发动攻击，从而导致竞争激烈和敌对关系恶化。

（8）撤退障碍大——如果某行业的撤退基本上没有障碍，那么，一些企业在参与了一段时间的竞争以后发现无利可图，就会主动撤出该行业。如果企业在设备投资、员工的招聘与培训、销售渠道的开拓等方面已经有相当多的投入，一旦撤出，就会面临巨大的亏损，这就形成了巨大的撤退障碍，逼得企业只能向前走，不能往后退。在这样的情况下，敌对关系恶化就不难想象了。

三、替代产品的威胁

替代产品指的是与被替代产品具有相同或更好的功能和品质，但成本更低的产品。如用天然气代替石油，用合成橡胶代替天然橡胶，用塑料代替皮革，碳素纤维代替金属，等等。由于替代产品满足了被替代产品的基本功能且成本更低,能以低于被替代产品的价格销售,消费者也乐意购买,因而会对生产被替代产品的企业形成很大的威胁。只要某个产品畅销,利润空间大,或者成本高,原料紧缺,替代产品就可能出现。所以,要想让替代产品杜绝是不可能的。比较可行的办法是在替代产品出现之前,自己先开发替代产品,这就需要有否定自我的勇气和雄厚的开发实力。当然,资金充足的企业,也可考虑收购生产替代产品的企业。

四、客户的交涉力和供应商的交涉力

波特认为,出现以下情况时客户的交涉力就会增强:
(1)客户相对集中,交易量占总交易量的比例大;
(2)客户购入的产品,在客户的成本或购入物中所占的比例大;
(3)改变交易方的成本低;
(4)客户开始对上游产业进行统合;
(5)自己的产品与客户的产品和服务的质量几乎没有关系;
(6)客户掌握了充分的信息。

与此相反,当出现以下情况时供应商的交涉力就会增强:
(1)供应商所在的行业被少数企业所控制,集约程度比客户所在的行业高;
(2)没有必要和替代产品交战;
(3)对供应商来说自己并非重要的客户;
(4)对自己来说,供应商的产品是重要的货源;
(5)供应商的产品是实现差别化的特殊产品,如选择其他产品则会增加成本;
(6)供应商已打算对下游产业进行统合。

由此可以知道,客户也好,供应商也好,只要是相对集中的企业,即我们通常所说的行业中的龙头企业,在与品质、价格、数量、交货期、保修、退货等有关的各种交涉中都处于有利的地位。对任何一个企业来说,都同时具备了客户和供应商两种性质,对上游产业而言,自己是客户,而对下游产业来说,自己又是供应商,因此不能专注于提高客户的交涉力,也不能专注于提高供应商的交涉力。同时,不能利用自己的有利地位来迫使对方成交,这才是应有的商业道德。退一步讲,即便利用有利的地位迫使对方成交以后,对方也难以成为回头客,一次交易以后就断绝关系了。这样的话,原先的有利条件反而成了不利的条件。

在论及竞争的基本战略时,波特根据多年的研究将它归结为三点,即成本优势战略、差别化战略和集中战略。

成本优势是经验曲线的概念普及以后在 20 世纪 70 年代受到重视的战略，旨在通过实行一系列的务实政策来确保成本上的优势。

当行业内出现强烈的竞争要素时，实现成本优势的企业能获得平均以上的利润，建立抵抗来自同行攻击的防御体制，有力量拒绝实力雄厚的买方的降价要求或卖方的提价要求，还能缓解替代产品的威胁。当然，要想保持成本优势，没有较大的市场份额和廉价的原料是不行的。也就是说，要想实施成本优势战略，就得购买先进的设备，采取攻击性的价格政策，为确保市场份额而作出必要的牺牲。当市场份额确保以后，就能以优惠价格大批量地购入原料，从而降低生产成本，一旦成本降下来以后，利润率就会提高，能以更快的速度收回投资和扩大再生产，实现良性循环。在笔者看来，成本优势战略是以规模的经济性为前提的。但是，如果竞争对手也实施同样的战略，在产品进入市场的同时就会爆发激烈的价格战，其结果往往是各方都受重创，难以实现预定的目标。另外，如果生产开始前就投入巨资用于购买先进设备，资金回收的压力本来就很大，再加上为争夺市场份额而低价销售，扭亏为盈的时期更为遥远。所以，除少数实力雄厚的大企业以外，一般的企业不宜一开始就实施成本优势战略。

差别化战略是将自己的产品做得不同于行业内其他产品以形成一种独特的存在的竞争战略。产品差别化的方法有很多，不同的设计和品牌形象，不同的技术，不同的功能，不同的服务，不同的经销网等，都能够带来差别化。根据笔者的调查，日本企业在这方面是很擅长的，啤酒公司每三个月就推出一批适合季节的新产品，仔细品尝，味道都差不多，当然在生产技术和质量管理方面也不会有什么变化，不同的是品牌和包装，给消费者以新鲜感，从而激起购买欲望。家电企业更是变化多样，A 公司的数码相机刚上市，B 公司就刊登广告宣布他们已经开发出世界上最薄的数码相机，而当消费者正在试用 B 公司的样机时，C 公司又召开记者招待会说他们生产出了世界上最轻的数码相机，这样的差别化战略一浪接着一浪出现，在激化竞争的同时，通过持续的创新而提高了数码相机整体的水平，扩大了市场，最后各家企业都从中受益。产品的差别化可以体现在色彩、造型、大小、厚度、重量、外壳等外在因素上，也可能体现在像素、成像技术、储存容量、转换技术、打印后的品质等内在因素上。必须指出的是，差别化战略以创造和创新为前提，如不能发挥创造性去进行创新，那就只能被竞争对手牵着鼻子走，不可能赢得消费者的信任和赢得市场。另外，"必须指出的是，差别化战略并非无视成本，而是强调成本不是首要的战略目标。"[6] 这是波特所强调的。

集中战略指的是将企业的经营资源集中到特定的买方集团、特定的生产品目或特定的地域市场的竞争战略。任何一个企业，在经营资源方面都有长处和短处，当这些经营资源被不分长短地投入到竞争中去时，势必造成有的领域出现资源浪费，有的领域又出现资源不足的现象，也就达不到应有的效果。所以，实施集中战略就很有必要。集中往往和选择并用，即首先要对买方、生产品目、地域市场等做一番选择，在此基础上才能进行集中。集中是将自己的经营资源中的优质资源整合，然后在竞争中形成一种优势。在这一方面，美国通用电气公司前首席执政官杰克·韦尔奇（Jack Welch，1935—2020）是做得很出色的，他的"做不到同行业前三名的事业一律卖掉"的方针真是太著名了。可以说，韦尔奇是选择和集中做得最成功的经营者。其实，集中战略的思想在中国古代军事思想中已经体现，"伤其十指不如断其一指"，就是集中战略的一个形象化的表现。

概括起来说，波特的《竞争战略》包括三个部分，即①决定行业内竞争特性的基本原理；②影响竞争者的行为方式的各种因素；③企业制订有效的竞争战略的方法。[7]限于篇幅，本书只能对其主要思想进行概述，但这并不影响将波特的竞争战略思想视为经营管理理论发展史上的一个里程碑的评价。

在这之后，波特还将他的竞争战略理论应用于产业集结地、区域以及国家的竞争中，进一步发展了这一理论，奠定了他作为竞争战略论大师的地位。受波特的影响，日本的一桥大学研究生院于2001年创设了世界上第一个以"国际企业战略学院"命名的工商管理学院，一年后该学院又设立了"波特奖"，以奖励那些在应用波特理论方面做出优异成绩的企业。但是，有一个事实笔者需提醒读者，尽管波特在竞争战略的研究上是世界权威，但是以他为主的哈佛商学院的教授们于1983年创办的咨询公司Monitor Group（中文名摩立特集团）却因经营不善而于2013年1月倒闭，其剩余资源都打包卖给了德勤会计师事务所，这是颇具讽刺性的。[8]

注

[1] Michael E Porter. 新訂 競争の戦略 [M]. 土岐坤，中辻萬治，服部照夫，訳. 東京：ダイヤモンド社，1995.

[2] 松村明. 大辞泉 [M]. 東京：小学館，1995.

[3] 见注 [1] 第 vi 页。

[4] 见注 [1] 第 7 页。

[5] 见注 [1] 第 73 页。

[6] 见注 [1] 第 59-60 页。

[7] 见注 [1] 第 i 页。

[8] 见美国《财富杂志》2012年11月20日载文。

本章主要参考文献

[1] Michael E Porter. Competitive Advamtage[M]. New York: The Free Press, 1985.

[2] Michael E Porter. 新訂 競争の戰略 [M]. 土岐坤，中辻萬治，服部照夫，訳. 東京：ダイヤモンド社, 1995.

[3] Michael E Porter. 競争戰略論Ⅰ [M]. 竹内弘高，訳. 東京：ダイヤモンド社，1999.

[4] Michael E Porter. 競争戰略論Ⅱ [M]. 竹内弘高，訳. 東京：ダイヤモンド社，1999.

第九章　知识创造论（Knowledge Creating）

在波特以后，经营管理学界出现了一段五彩缤纷的时期，各种学说相继问世，如哈默（Michael Hammer）和钱皮（James Champy）的"再造"（Reengineering）理论（1993），哈梅尔（Gary Hamel）和普拉哈拉德（C.K.Prahalad）的"核心竞争力"（Core Competence）的研究（1994），柯林斯（James C. Collins）和波拉斯（Jerry I.Porras）的"企业文化论"（Corporate Culture）(1994)，还有"水准企业"（Bench Marking）理论（1995），"外部资源利用论"（Out Sourcing），"附加价值论"（Added Value），"学习理论"（Learning），等等，一个接着一个，像走马灯似地亮相，令人目不暇接，而真正成为丰碑的理论却很少。但是，日本一桥大学教授野中郁次郎（Ikujiro Nonaka）的有组织的知识创造理论（以下简称野中理论）问世以后，这种局面终于得到了改观。

第二次世界大战结束以后，日本以惊人的速度完成了从恢复生产、高速成长到全民中产阶级的三级跳，成为仅次于美国的世界经济强国，而其主角无疑是日本企业。20世纪70年代后期开始，一些有识之士率先对日本的灼灼逼人的竞争力敲起了警钟，最具有代表性的是哈佛大学费正清东亚研究所所长埃兹拉·沃格尔（Ezra F. Vogel 中文名为傅高义）教授的风靡全球的《日本名列第一》。作为一个社会学家，沃格尔把日本成功的主要原因归结为日本独特的组织能力、政策和计划。与此同时，他呼吁美国人丢掉不必要的面子，认真地研究一下日本，不然的话，就会受到内梅希斯（希腊神话中主宰惩罚的女神）的惩罚[1]。越来越感觉到日本的威胁的美国政府开始意识到这个问题的重要性并投入了相当大的人力、物力和财力研究日本企业的竞争力。这以后，各种研究报告相继问世，其中不乏很有价值的观点。

例如，1988年，包括诺贝尔奖获得者罗伯特·索罗（Robert M. Solow）在内的由17位教授组成的麻省理工学院（MIT）工业生产性调查委员会完成了一项长达两年的研究。在翌年出版的题为《美国制造》的研究报告中，他们认为日本企业的竞争力的源泉是：①企业之间的协调；②政府和企业界的相互支援；③政府采购中的传统行为；④制造、销售和流通业之间的联系网络。[2]

美国经济学家、世界产业技术发展公司（DEWIT）总经理兼研究主管巴兰松（Jack

Baranson）将日本企业的竞争力归结为以下五点：①产品的设计能力和制造能力以及生产管理能力；②劳动力的素质和生产性；③生产设备的合理化和现代化；④有利于企业做决策的经济和金融环境；⑤政府的支持和援助。[3]

经营管理学家德鲁克从资本成本的观点考察了日本企业成功的原因。他认为，无论是短期借款、发行债券，还是发行股票，欧美企业都要投入10%~15%的资本成本，而日本企业最多只投入5%。[4]

除此以外，还有将日本企业的竞争力的源泉归结为朝鲜战争、政府的倾斜政策（如贸易立国、技术立国、电子立国等）、教育、勤劳等各种各样的观点和学说。可以说，无论哪一种观点和学说都有一定的合理性，但都没有能做到使大多数人尤其是日本人所能接受的地步。原因很简单，即不了解日本人的思维方式和民族特性的欧美人，要悟出一些连日本人都说不清楚的道理来几乎是不可能的。所以，一些花了九牛二虎之力也没能悟出一些名堂的欧美人，干脆以一个不可思议的"经济动物"的鄙称来为自己的草草收场解围。

由于欧美学者的喧嚷，刺激了一些日本学者对本国企业的成功原因、经营管理的特征以及竞争力的源泉等进行研究。庆应大学经营管理学院教授奥村昭博在论及日本企业的经营特征时强调了战略行为、组织特征、经营制度和人力资源。学习院大学经济学院新宅纯二郎副教授（现为东京大学经济学院教授）在《日本企业的竞争战略》一书中，花了五个篇幅论述了日本企业的竞争力。他认为："日本企业在赶超美国企业以后，通过开发新技术来实现原有产业的更新换代，是保持竞争力优势的一个主要原因。"[5]

以上的观点虽然涉及了一些问题的实质，但并没有对改变欧美学者的观点产生多大的影响，因为他们的研究成果是在日本发表的，几乎不为欧美学者所知道。

作为一个组织论专家和战略学家，野中郁次郎教授长期研究日本企业的组织形态和竞争战略，他并不满意欧美学者对日本企业的竞争力的源泉所作的分析和推断，也不赞同日本学者的比较肤浅的结论，决定发现和归纳出一种既反映日本企业的真实情况又能为国内外学者所接受的具有普遍意义的理论。为此，他深入到十多家国际上著名的企业（GM、GE、3M、国民钢铁、富豪、菲亚特、松下、佳能、富士通、NEC、花王、本田、日产、马自达）中进行调查研究，尤其是围绕新产品开发的过程采访了上百位当事人，在此基础上，于1990年在日本出版了《知识创造的经营》一书。[6] 这以后，野中又花了几年时间在一些企业（夏普、新卡特比勒三菱、富士施乐、7-11日本、朝日啤酒）对其理论进行了验证，然后和同事竹内弘高（Hirotaka Takeuchi）教授合作在美国出版了《知识创造企业》一书。[7]

在书中，作者明确指出，"所谓有组织的知识创造，就是创出新的知识并推广到整个组织，使之成为一个具体的产品、服务或业务体系的组织能力，这是日本企业成功的根本原因。"[8] "通过多年的努力，我们确信有组织的知识创造是日本企业的国际竞争力的最重要的源泉。"[9] "有组织的知识创造是日本型创新的关键，日本企业之所以能连续地、渐进地、螺旋状地进行创新，其背景就是有组织的知识创新能力。"[10] 由此可以看出，与前面提到的各种观点相比，野中的理论确实更加高瞻远瞩，更加入木三分。

此书出版以后，引起了学术界的广泛关注，并获得由全美出版协会颁发的"最佳畅销书"（经营管理部门）奖，哈佛商学院教授波特对此书的评价是"由日本向世界发出的真正领先的经营理论"，《经济学家》杂志以"超越德鲁克的'知识是唯一资源'的论断的知识创造理论"为题发表了评论并作了相关报道。确实，在德鲁克于1993年出版的《后资本主义社会》一书中，我们可以找到这样的论述，"今天，实际具有支配力的资源即具有最终决定权的生产要素，已经不是资本、土地和劳动力，而是知识。后资本主义社会中的支配阶级也将由知识劳动者和服务劳动者来取代资本家和无产阶级。"[11] 必须承认，德鲁克对于知识社会的到来及其特征预测得非常准确，但没有像野中那样形成一种完整的理论。比如，相对于德鲁克的"知识劳动者"的概念，野中理论中有一个概念是"知识创造者"，还就两者的不同做了明确的说明。"这些知识创造者应该有别于德鲁克的所说的知识劳动者。根据他的观点，正如资本主义社会资本家掌握生产手段（资本、土地和劳动力）那样，后资本主义社会的知识劳动者只要带上自己的知识，就可以走遍天下。对知识业务和知识劳动者的生产性感兴趣的德鲁克视知识为资源，而我们则视知识为资源和生产对象，对由知识创造者所进行的知识创造感兴趣。"[12] 在此基础上，为了促进知识创造的过程，野中还建议设立由知识实践者、知识工程师和知识执政官组成的知识创造梯队。三者的构成如表9-1所示。由此可知，野中对于知识社会的知识创造主体的研究，已经远远超过德鲁克。所以，德鲁克对《知识创造企业》的评价是"这将是一部现代名著。"[13]

表 9-1　知识创造梯队

知识实践者	第一线的员工和中层管理人员
知识工程师	中层管理人员
知识执政官	最高经营者

资料来源：野中・竹内著（梅本译）《知识创造企业》东洋经济新报社第228页。

登录世界最大的虚拟书店亚马逊的网站，在"美国最受欢迎的MBA教授"的栏目中，列有麦克尔·波特、菲利浦·科特勒、皮特·德鲁克、汤姆·皮特斯等21位赫赫有名的经营管理大师的名字，其中也包括野中郁次郎。

此书出版以后，"知识创造"以及由此派生的"知识工作者""知识工程师""知识执政官""知识经营""知识科学"等词也成了学术界的流行语，野中郁次郎也成了这一领域被引用率最高的学者。[14] 1995 年，日本的北陆尖端科技大学首创世界上第一个知识科学学院，由野中教授担任院长。1999 年，美国伯克莱加利福尼亚州立大学商学院任命野中郁次郎为施乐知识科学冠名教授。同年，"财富 500"中，有 30 多家公司增设了"最高知识执政官"（CKO, Chief Knowledge Officer）的职位。这一切都有力地说明了野中教授作为知识科学创始人的地位。

笔者有幸在野中教授门下做了为期半年的博士课程副课题研究和两年的博士后研究，在他的直接指导下，对野中理论有了比较深刻的认识，下面就以笔者的理解来对野中理论作一浓缩性的介绍。

一、一种新的经营形态

在野中理论问世以前，"自上而下的经营"（Top-down Management）和"自下而上的经营"（Bottom up Management）是两种为人们所熟悉的经营形态。前者以企业的最高决策者为中心，通过各个管理层，自上而下地贯彻企业的方针和策略，是一种基于古典的阶层组织的经营形态。在大多数情况下，都是最高决策者提出一个基本的概念，然后由下属的组织成员去实施，即通过分工来处理信息。自上而下的经营形态的特点是决策过程短，贯彻过程快，有利于竞争，尤其当时间为竞争的一个主要因素时，这种经营形态的优越性就更加明显。但是，这种经营形态对最高经营者的素质和能力有很高的要求，即最高经营者的指导能力和权威性是实施这种经营形态的前提。自上而下的经营形态的典型是原通用电气公司（GE）首席执政官杰克·韦尔奇，在他二十一年的执政生涯中，GE 的每一个大手笔（如巨额的设备投资、收购其他企业、撤退或出售等）无不都是他的经营思想——即将经营资源集中到能成为同行业中第一和第二的事业上——的直接体现。

相对于前者，后者是一种自下而上的经营形态，取代阶层和分工的是自主性，由员工自己而不是由最高经营者提出概念并进行控制。这种经营形态对员工的素质要求较高，如具有强烈的参与意识、创造欲望、不屈不挠的精神和实施技能，对最高经营者的要求则是为员工创造有利于发挥创造性的环境，如尊重员工的创造发明欲望，从制度上保证员工有实施其发明或创新的机会，为员工的发明创造提供必要的最低限的帮助，等等。在这种经营形态下，最高经营者与其说是统帅和命令者，不如说是庇护人、教练和赞助者。自下而上的经营形态的典型是 3M，该公司每年的销售额中，约 30% 来自新产品，而创造这种奇迹的背景是著名的"15% 的原则"，即该公司的员工可以将工作时间的 15% 用于从事自己喜欢的发明和创新，而且可以动用公司的设备和原材料。当某个员工有了一个设想并想使其转化成产品时,会去找上司商量并寻求支持,由于从设想到产品是一个漫长而复杂的过程,通常上司不会马上点头。但是,根据公司内部的规定,上司不能对员工的热情泼冷水,而应给予积极评价和鼓励。这时,如果该员工仍坚持自己的主张,认为其设想有可能实现的话,他可以按"15%的原则"开展活动,即每星期中抽出一天的时间用于发明或创新。即便他的发明或创新没有成功,公司也不会追究,而一旦成功,则会给公司带来丰厚的利润,其本人也会从公司获得经济上的报酬,如现在被广泛使用的"便利贴"(Post-it),就是一个著名的成功事例。当然,自下而上的经营形态主要体现在产品开发或创新活动等方面,而非战略决策、生产运营或人事管理。

野中教授经过周密的调查以后,发现日本企业竞争力的源泉在于有组织的知识创造,而在有组织的知识创造的过程中,中层管理人员发挥了重要的作用,通过他们献身性的努力,最高决策者的模糊的概念才得以渗透到第一线员工的思路中并逐渐转换成一个具体的产品或服务。他在比较了欧美和日本企业对待中层管理人员的态度后指出,"在欧美,中层管理人员是一种累赘,是裁员的对象,我们则认为唯有富有能力的中层管理人员才能发挥有组织的知识创造的放大功能."[15]"在欧美,他们(中层管理人员)被视为'癌'或'正在消亡的种族',而在知识创造企业,他们被视为'铰链''吊桥'或'知识工程师'而受到重视."[16]

最后,野中教授将这种经营形态命名为"承上启下的经营形态"(Middle-up-down Management),以区别于已有的经营形态,并且认为"强调中层管理人员的动态化作用的承上启下的经营管理模式,才是我们的理论区别于其他经营管理理论的关键."[17]

二、两个关键词

野中理论中有两个关键词,即"隐性知识"(Tacit Knowledge)和"显性知识"(Explicit Knowledge)。

隐性知识一词最早出现在匈牙利哲学家麦克尔·波兰尼(M.Polanyi)的《隐性知识》一书[18]中,意为与某种特定的状况有关的个人的知识,难以显性化或向他人传授,而显性知识则是可以用形式语言和逻辑语言来进行传授的语言。

在欧美企业,说到知识,主要是指显性知识,即可以用文字、数字和符号来明确地加以表述的知识,如各种产品的使用说明书、数学公式、化学式等。而在日本,与其说占主导地位的是显性知识,还不如说是隐性知识。其典型是日本刀匠人的技术传承,师傅既不用图纸,也不做过多的口头说明,徒弟只能通过观察、琢磨、体验,逐步掌握其中的要领。如果徒弟弄不明白去问师傅的话,就会碰一鼻子的灰,因为师傅也说不清楚,他也是以同样的方法从他的师傅那里学来的。但是，日本刀的制作水平之高是世界公认的，既锋利又坚韧。不仅是刀具制作，在其他领域，同样存在隐性知识。如野中在讲课中经常会以著名棒球队"巨人"的教练长岛茂雄为例，来说明隐性知识的普遍性。他说长岛在指导队员或接受采访时，总是使用很多拟声词和动作，可是听的人却一点也听不出名堂来，只好自己去琢磨。像这样的隐性知识有其历史的原因，日积月累就形成了一种共同的商业文化和传统，或者说潜规则。很显然，这样的隐性知识有其积极的一面，也有其消极的一面。

隐性知识和显性知识看起来好像是对立的，其实不然，应该视其为一个事物的两个方面。野中教授指出："在我们看来，隐性知识和显性知识不是完全分离的，而是相辅相成的，在人的创造活动中，二者互相作用和发展，我们的动态化知识创造模型就是基于这样一个重要的前提，即人的知识通过隐性知识和显性知识的社会化相互作用而得到创造和扩大。"[19]

三、三个基本概念

野中教授在论文"有组织的知识创造的新发展"中，提出了三个新的概念，即"场""知识资产"和"知识领导人"。

这里所说的场不仅仅指物理上的场所，也表示特定的时间和空间或某种关系。野中认为："知识创造过程不是在单个个体内，而是在个人与个人、个人与环境即作为一种文脉或状况的场中发生的。"[20]

同一个车间，同一个实验室，或者同一个团队，都可以视为场。但是，当信息化社会越来越发达以后，物理上的场的概念将变得越来越模糊，而抽象的场的概念则变得越来越广泛，事实上，有许多创造活动是在虚拟空间而不是在实在的空间中完成的。

知识创造的四个循环过程（后述）及其支持这种循环的四种场中所产生的是"经验性知识资产"（如个人的能力、诀窍、友爱、信赖等）、"概念性知识资产"（如产品概念、设计、品牌等）和"系统性知识资产"（文件、说明书、设计图、专利等）。知识资产一词是野中从"固定资产""流动资产"等会计术语中得到启发后创造的术语，其目的是将知识作为一种资产加入企业价值的评价之中。

有组织的知识创造是在起承上启下作用的中间管理人员的领导下开展的，这些中间管理人员不一定直接从事创造活动，但他们在其中发挥了关键的作用，所以野中教授称他们为"知识领导人"。

四、四种转换过程

根据野中教授的观点，有组织的知识创造的源泉在于隐性知识和显性知识的相互补充的循环运动之中。那么，这些循环运动是怎么进行的呢？这就涉及四种转换过程。

（1）从隐性向隐形过渡的"共同化"（Socialization）——即通过分享某人的经验使个人的隐性知识成为集体的隐性知识。主要是通过观察和体验，从实践中获得领悟。这种由共同化而获得的知识称之为同感知识。

（2）从隐性向显性过渡的"表象化"（Externalization）——即将个人的隐性知识转换成语言使其成为参加者共同具有的知识。这是用明确的语言来表现隐性知识的过程，也是有组织的知识创造中最关键的部分。这种由表象化而获得的知识称之为概念知识。

（3）从显性向显性过渡的"连结化"（Combination）——即通过连结使一个团队中形成的显性知识转换成整个组织的显性知识。这种由连结化而获得的知识称之为体系知识。

（4）从显性向隐性转换的"内在化"（Internalization）——即当知识真正被个人所掌握以后，又会成为一种隐性知识而蓄积下来。这种由内在化而获得的知识称之为操作知识。

为了说明这四种转换过程，让我们来看一个具体的例子。

1984年4月，松下公司将家用全自动面包机列为一个开发课题并组建了一个团队。开发团队经过市场调查后，得知大阪国际饭店的面包最受消费者的欢迎，于是就去该饭店拜访面包师，想取得一些真经。可是，尽管面包师费了九牛二虎之力加以说明，工程师们也没有听出个所以然。这是由隐性知识的性质所决定的，即本人有此体验和经验，但难以用语言来明确地表达。回到公司后，大家按面包师所说的去做，也没有得到好结果。最后，开发团队决定派软件技术人员田中郁子去该饭店，在面包师手下当学徒，通过观察和体验来直接感受面包师的隐性知识。这是知识转换的第一阶段。

田中郁子拜师以后，每天都将观察到的事情，如面粉的品种和质量、一次的使用量、添加物的投入时间与数量、面包师和面时的动作和力度及其次数、发酵的时间、面包炉的温度、烤制时间等一一记录或绘成草图并向开发团队汇报，开发团队则根据这些信息进行研制。田中除了观察和记录以外，还每天跟着面包师学习和实践，可是不管她怎么依样画葫芦，烤出来的面包就是不如面包师所做的。苦思不得其解的田中越加细心地观察面包师的每一个动作，终于发现面包师在拉面团时是边拉边旋转，而自己却做不到，也许差异就在这里。她把这一发现告诉开发团队以后，团队就在边拉边旋转上做文章，结果果然大为改善。这是知识转换的第二个阶段。

在边拉边旋转这一点上获得突破以后，松下公司的开发团队便集中力量将其具体化，在克服了小型化、便利性和低成本等一个个难关以后，终于在 1985 年 11 月开发出了家用全自动面包机。消费者只要在晚上按要求放入原料，第二天早上就能吃到香喷喷的面包，而且其味道可与一流面包师所作的媲美。这样，田中一个人的形式知就成了开发团队共同的形式知，从而完成了开发课题。这是知识转换的第三个阶段。

家用全自动面包机一上市，就吸引了消费者的眼球，大量的订单纷至沓来，迅速成为松下公司家用电化事业部的一个新的增长亮点，连续好几年其销售额占了该事业部销售总额的三分之一以上。这个产品的开发成功所带来的经验则成了开发团队每个成员的共同的隐性知识而得到蓄积，在以后的研发活动中还将直接或间接地发挥作用。这是知识转换的第四个阶段。类似这样的例子不仅在松下，在本田、佳能和日产等公司也都存在。在了解到这些事实以后，野中教授建立了一个知识转换模型，并取四种转换过程的英语名的第一个字母将它命名为"SECI 模型"（图 9-1）。由于"SECI 模型"集中体现了有组织的知识创造的过程，因而成了野中理论的核心。

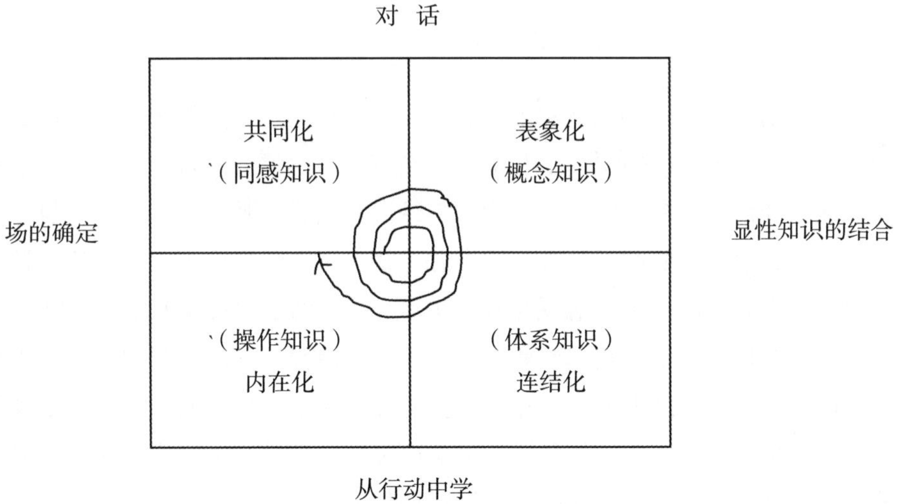

资料来源：野中・竹内（梅本译）《知识创造企业》东洋经济新报社第 106 页。

图 9-1 知识转换模型（SECI 模型）

五、五个促进要素

野中认为，以下五个要素能促进有组织的知识创造活动。

（1）意图——组织的意图是判断知识的真实性的最重要的基准。在组织的水准上，意图表现为组织的规范和使命，被用来评价所创造的指示并使其正当化。

（2）自律性——这是指个人水准上的自由的行动。这是因为只有能自由行动的人才能产生独自的设想，然后在团队中推广开来，最后成为整个组织的设想。

（3）不安定与创造性混沌——这是指组织和外部环境之间的相互作用时的不安定状态，并非完全无序，是最初难以预测其形态的有序。而创造性混沌则是提高组织内的紧张感，使组织成员的注意力面向危机状态并寻求解决方案，是人为造成的混沌状态。

（4）冗长性——这是指组织的成员重复拥有与当前的工作无多大关系的信息。但是，这种冗长性所带来的好处是多数人都拥有某一部分的知识，有助于隐性知识向显性知识的转换。

（5）最小有效多样性——组织内部具有相同程度的多样性的话，组织的成员就能以各种方式灵活地组合各种信息，平等地利用信息。

以上对野中理论的最主要的部分以一种新的经营形态、两个关键词、三个基本概念、四种转换过程和五个促进要素作了浓缩性的介绍，下面将论述一下笔者对野中理论的研究。

1. 关于隐性知识和显性知识的转换

隐性知识有个人水准和团队水准之分，个人水准的隐性知识来自个人的成功或失败的经验。之所以成为隐性知识，主要是因为经济的、感情的、言语的、历史的原因而没能转换成显性知识。如果是成功的经验，与经济利益或名誉无关的话，将自己的诀窍毫无保留地传授给他人的所谓无私奉献的人恐怕很少。如果想用语言来表达的话，也会以文章、书籍的形式，或以讲演、接受采访的方式，即借助某种载体来加以实现，不然的话，是不会不厌其烦地做笔记或制作录音带的。当然，纯粹出于语言问题而不能表达的情况也不可否认，但与其他因素相比，并不是决定性的因素。如前面提到的松下公司开发家用全自动面包机的事例，面包师和面时边拉边旋转的动作成了将隐性知识向显性知识转换的关键，应该说面包师要把这一过程解释清楚不是很难，但出于笔者在前面论及的理由，可以说既没有显性化的必要，也没有显性化的想法。从失败的经验中产生的隐性知识，带有强烈的感情色彩和历史色彩。就前者而言，如不是自己的继承人，向他人如实陈述自己的失败的话会有什么好处呢？就后者而言，如果自己的失败与周围的环境（如上级、同事、银行、客户、家属等）有某种联系的话，那就更不会提及了。总而言之，个人水准的隐性知识与其说是自然蓄积的，不如说是靠自己的努力蓄积的。换言之，主观因素强于客观因素。

另一方面，团队水准的隐性知识是在相同文化圈里生活的人形成的共同的认识和智慧。这里所说的相同文化圈,可以是同一家庭、村庄、省市区等具有共同的地理特征的地方,也可以是同一企业、消费层、团体等具有共同的经济特征的地方,或者是盆景、诗歌、编织等具有共同的文化特征的地方。在这里,团队成员通过交流而知道他人成功的经验或失败的教训并形成共同的认识。对个人而言,团队的隐性知识是间接的知识,客观因素强于主观因素。

野中理论的杰出点在于从个人、团队、组织三个层次上挖掘出隐性知识和显性知识的相互转换的价值,然后将它定位成有组织的知识创造所不可缺少的条件。

必须指出的是,从创造性思维的角度来看,团队的隐性知识未必都有利于有组织的知识创造,有时这种隐性知识成了一种先入之见而阻碍扩散思维的进行。例如,日本的大和运输公司在开拓命名为"宅急便"的快递业务时就出现了这样的情况。由于卡车运输市场的竞争越来越激烈,历来以百货公司为主要客户的大和运输公司的经营业绩日趋恶化,已面临赤字的危险。深感不安的总经理小仓昌男在考察了美国市场以后,决定摒弃过去的经营模式,改为以家庭、商店等小宗客户为主要对象的快递经营模式。出乎意料的是,他的设想在董事会上遭到了全盘否定。大家认为,连从大企业集中装货后到大百货公司集中卸货这种最经济实惠的方法也无利可图的话,那么,挨家挨户地去收货再一家一户地去送货的方法是不可能行得通的。从理论上来说,董事们的意见并没有错,这是运输行业的隐性知识。但是,小仓总经理认为时代在变,客户的需求也在变,企业如果不能随形势的变化而变化的话,那就除破产以外别无他路,改变经营模式后,会出现暂时的困难,但过了困难期以后,企业发展的前景就很广。为了能说服董事会,他做了周密的调查和预测,并获得了工会的支持。最后的实践证明他是对的。大和运输公司仅用五年的时间就扭亏为盈。现在,大和运输公司成了日本最大的运输公司,2019 财年拥有员工 183315 人,共发送包裹 180300 万个,销售额超过 16253 亿日元,并已将"宅急便"这种户对户的快递业务拓宽到了包括中国在内的十多个国家。

2. 关于知识创造

在论述知识创造以前,先要明确知识一词的定义。让我们先来看看野中教授的观点。在 1990 年出版的《知识创造的经营》一书中,他做了这样的论述,"知识不仅包括记忆信息,还包括概念、理论、价值观和世界观等抽象性和广泛性信息,是一个跨越各种层次被广泛使用的词,难以简单地下一个定义。"[21] 在五年以后出版的《知识创造企业》中,可以看到这样的论述,"在我们的有组织的知识创造理论中,根据柏拉图以来的西方哲学的传统,将知识定义为'实现正当化了的真的信念'。"[22] 到了 1999 年,野中教授又将知识定义为"在个人和组织之间的社会化相互作用中创造出来的充满活力的东西。"[23]

连知识科学的创始人野中郁次郎教授对知识一词的认识也经历了从无法定义到转用他人的定义，最后自创定义的三个阶段，而且前后延续了十年。由此可知，要给知识下一个定义绝不是一件容易的事。所以本书基本上沿用野中教授的定义。

但是，正如东洋大学教授恩田彰在给创造性下定义时所强调的那样，笔者想给野中教授的定义中加入"有社会价值"几个字，即"知识是在个人和组织之间的社会化相互作用中创造出来的具有社会价值且充满活力的东西。"其理由是，"知识"也和"创造性"那样，是一个中性词，动动坏脑筋即侵入他人的网页的方法，对黑客来说是一种知识，而对网站的所有者来说，就是一种犯罪行为。对企业来说，新开发出来的商品是知识，但是，如果给使用这种商品的消费者带来伤害的话，这种知识的价值就值得怀疑。例如，几年前，日本的一家公司开发出一种气垫健身用具，开始还挺有人气的，后来连续发生使用者窒息死亡的事故，于是这种知识的社会价值就遭到了否定。

3. 关于有组织的知识创造

这里首先需要讨论的是组织能不能进行知识创造。组织研究的先驱切斯特·巴纳德（Chester Barnard, 1886—1961）所下的定义是，组织是"两个以上的人有意识地进行调整的各种活动和能力所构成的体系。"[24] 这就是说，与规模无关，任何组织都是由人所组成，而知识这个东西归根结底是人脑的产物，所以能进行创造的当然只能是人。但是，个人的知识创造是不是顺利，则与组织的环境有着密切的关系。良好的环境能促进个人的创造性，加快知识创造的速度。相反，恶劣的环境则会抑制个人的创造性，减缓知识创造的速度，甚至扼杀知识创造。野中也很清楚个人与组织的关系，他说："尽管我们强调有组织的知识创造，但是，如果没有个人的自发的行为和团队水准的相互作用，那么，组织本身并不能创造知识。"[25]

现任美国圣巴巴拉加利福尼亚州立大学教授的中村修二是蓝色发光二极管的发明人，2014年诺贝尔物理学奖获得者，在应邀赴美之前，他在位于日本德岛县的日亚化学公司工作了20年。中村从德岛大学硕士毕业后到日亚化学公司就业时，该公司还是一家既无资金又无技术的中小企业，什么事都得自己干，工作环境绝对谈不上良好。中村成功以后，对于当时的工作环境仍时有怨言。但是，笔者注意到一个事实，那就是尽管客观条件很差，当他向老板说明开发项目的重要性并寻求资金援助时，老板一次就拿出了几亿日元给予其援助。应该说这是良好的工作环境了。对技术人员来说，什么都得自己干未必是坏事，在某种意义上来说甚至是好事，因为不仅是理论知识，从制作设备到试制样品都亲自体验过的话，对产品的开发肯定有好处，如果自己想干什么事而不让干，那才是最糟糕的工作环境。

中村修二是一个富有创造性的人才，由于在创造成果的所有权问题上与公司的意见有分歧而受到排挤，最后远走美国并与公司对簿公堂，所以在日亚化学公司工作期间的创造环境确实不能说好。在日本这样一个重视团队创造和组织创造的社会，像中村这样的个人创造始终被视为异端。相反，像岛津制作所工程师、2002年诺贝尔化学奖获得者田中耕一那样始终以团队的一员的立场看待自己的成果的姿态则大受赞赏。田中的团队共有五个成员，在研制高精度蛋白质分析仪时分别承担了不同的任务，唯有不同的是在一个关键问题上田中提出了一个与众不同的看法，而结果证明他是正确的。所以，当收到获奖通知以后，他始终坚持是团队的成果而不是个人的成果，甚至去瑞典参加颁奖仪式时，也执着地要求团队的全体成员都去，结果组织委员会只能破例接受了他的要求，但费用由岛津制作所承担。

从这两个事例中我们能不能作这样的假设呢？即，如果中村修二也能像田中耕一那样有一个较好的工作环境，他的知识创造会不会更大和更快？相反，如果田中耕一失去他的团队，会不会终生默默无闻？正如诺贝尔奖的通知抵达日本时，日本的媒体竟然不知道是谁。不用说，客观的历史是不会改变的，但我们可以这样推测，如果是那样的话，前者将变得更接近诺贝尔奖，而后者则将与诺贝尔奖无缘。正如野中所说，"严密地说，知识只能透过个人而被创造，离开个人的话，组织就不能创造知识。因此，组织支持和刺激个人的知识创造活动，提供适合开展这样的活动的环境，是极为重要的。应该这样理解有组织的知识创造，即，有组织地扩充由个人所创造的知识，并通过对话、讨论、经验的共有或互相观察，使之形成团队水准的形式知的过程。"[26] 他还说："个人是知识的'创造者'，组织是知识的'放大器'。"[27] 也就是说，个人创造的知识可以在组织的帮助下上升到一个新的水平。

因此，组织虽然不能直接从事创造，但可以通过健全组织的创造环境而间接地从事创造，如尊重员工的个性；即便觉得幼稚的设想也不要轻易否定，承认其潜在的价值；改革不合理的规章制度（如提高职务发明的奖励比例）；根据工作的性质实施弹性工作制；当上下级关系不融洽时，及时进行人事调整；按能力发奖金；实施购股权；等等。正如野中教授在《知识创造的经营》一书中所指出的那样，"本书所着眼的就是组织和人的这个侧面，即通过有组织地发挥个人的创造性，来建立一种新的立足于组织可以能动地、主体地影响环境的观点的组织理论。"[28]

这里还要强调一点，即健全创造环境不能因企业高层的变动而中断，这是因为创造环境的健全不是短时间所能做到的，必须作长期的努力。

4. 关于野中理论的基础

野中理论是在对日本企业的长期研究后建立起来的，因此，其基础是日本式经营和日本的企业文化。尤其是他对日本企业作仔细调查的时期主要是泡沫经济崩溃前的1980年代，即日本企业的全盛期。当时，以美国为首的发达国家正在拼命地研究日本企业的成功原因，但发表的成果都比较肤浅，最后，给日本人取个"经济动物"的绰号，以日本异质论来给自己找个台阶的学者也大有人在。其原因在于欧美人的研究仅仅停留在日本式经营和日本文化的表层而没能深入其中的缘故。

在这样的情况下，由研究日本企业的日本学者自己揭开日本企业竞争力的全貌并向世界公开，对欧美的学者来说，那就太求之不得了。所以，《知识创造企业》一出版，立即受到关注并给予很高的评价，而作为此书的母本的《知识创造的经营》在日本出版后，却没有获得足够的评价。这是很有象征性的，即同样的观点和事例，得到的评价则因读者不同而不同。对日本的读者来说，《知识创造的经营》中提出的理论和事例与自己公司平时所做的非常相近，没有特别的新鲜感，换而言之，是隐性知识在起作用。而欧美的读者并没有这样的隐性知识，《知识创造企业》给他们带来了丰富的显性知识，因而对其大加赞赏。

但是，日本社会有一种迅速把握美国市场的动向并全面接受的风气。当《知识创造企业》在美国一畅销，日本就出版了日文版并给予高度的评价。在笔者看来，这是本末倒置，按理象知识创造理论这样杰出的理论，应该是先在日本开花，然后再被译成外文出版的。这也是日本社会对本国学者的理论研究往往采取过低评价的一个典型事例。

另一方面，泡沫经济崩溃以后，日本经济因长达十几年的萧条而变得软弱，曾经得到全世界赞扬的日本式经营也面临着重新评价的局面，人们都在思考：迄今为止的日本式经营究竟是货真价实的东西，还是不堪一击的赘品？在这种情况下，野中理论也将在新的经济环境中接受洗礼。

总之，有组织的知识创造理论是野中教授花了十多年的时间对富有竞争力的日本企业进行研究后提出来的，尤其是阐明了对欧美企业来说简直就是一团谜的日本企业的知识创造的特质，因而被视为从日本向世界发出的真正的经营理论。不仅如此，这一理论的另一个杰出点是如实地反映了世界越来越向知识社会迈进的时代潮流，并开创了知识科学之先河。

5. 关于野中理论的国际化

在《知识创造企业》一书中，野中教授列举了日产和三菱重工的例子，在当时来说是很有说服力的，但现在读起来多少感到有些不足，尤其是日产的实例，无视成本的新产品开发手段不能说与后来的经营危机毫无关系，所以有必要在更大的范围内探讨野中理论的国际化。笔者认为，在国际上应用野中理论时要注意以下三个问题：

（1）异文化的问题。

异文化就是不同的文化，由于各种文化都存在固有的隐性知识，所以异文化之间的融合绝不是一件容易的事。如团队的隐性知识在日本社会受到重视，是日本文化的组成部分，对日本人来说是不言自明的。与其说将其显性化，还不如说在隐性中更容易感到满足。相反，对外国人来说，却是最难以理解的日本文化之一。下面来举两个例子。

在日本企业工作的人，如果没有特殊的理由，是不会按时下班的。这时，加班这一共同的隐性知识在起作用。但是，在那里工作的外国人，尤其是看重个人的时间和空间的欧美人并不具有这样的隐性知识，时间一到就会下班，结果双方之间的隔阂就会加深。

再比如，下班以后，日本人有邀几个同事去喝一杯的习惯。这时，邀请人并不在乎自己的钱包里是否有足够的钱，因为大家都具有平均买单的隐性知识。可是在中国，邀请人买单是一种共同的隐性知识，所以不会随意邀请别人。于是，当不同的文化生成的两种不同的隐性知识相遇时，就会遇到一些意想不到的矛盾。去日本不久的中国人被同学或同事邀请时，以为是对方的好意就欣然接受，没想到买单时被要求均等支付而扫兴而归。相反，站在日本人的立场上来看，中国人怎么不邀请别人，是不是太冷淡。

除此以外，作为异文化的问题而容易被忽视的还有一种现象，如果比较一下进入日本的外资企业和进入国外的日资企业的总经理，就会发现前者大多是日本人，而后者几乎不用外国人。外资企业在大胆起用日本人，而日资企业却只相信自己的同胞。为什么不能重用外国人呢？恐怕是担忧如果让外国人当总经理的话会脱离母公司的方针这一共同的隐性知识在起作用。

这就是说，由于文化不同，隐性知识所产生的效果也不同。所以，在国外应用野中理论的话，恐怕得从显性知识开始。

（2）个人主义的问题。

欧美各国自不用说，连中国也基本上属于个人主义的社会。个人主义是将个人的利益优先于他人、团队和组织的利益的理念和价值观，当个人的利益与外部的利益发生冲突时，就会牺牲外部的利益。

例如，美国的学者也好，工薪人士也好，当上级发出"明天去出差"之类的命令而恰逢自己的亲属过生日时，就会理直气壮地表示拒绝，"对不起，明天是我太太（孩子）生日。"于是，上级也会认为情有可原而改变日程。这种做法为什么行得通呢？原因当然在于维护个人的利益，如果连这样的理由也不能容忍的话，那么，这所大学或这家公司就会因缺乏人性而受到抨击，而当事人则会一怒之下辞职离去。但是，这样的事情在日本是难以想象的，只要是公司的命令，都会当即表示同意，谁也不会去找什么理由来做挡箭牌。由于这个原因，外国企业要像日本企业那样频繁地集中入住一家酒店开会，或自发地召开研究会，确实很难。

但是，完全无视个人利益的日本式经营已经出现制度上的疲劳，即这样的做法也是有限度的，尤其是现在的年轻人，与他们的父辈相比，为公司利益而自愿牺牲个人利益的意识大大降低。所以，有组织的知识创造也得考虑多种多样的方法。

（3）无视中层管理人员的问题。

我们已经知道"承上启下的经营"是野中理论中的一个关键部分。在日本企业中，中层管理人员确实是在有组织的知识创造中发挥了重要的作用，这是以无视个人利益的集体主义为基础的日本式经营的特征，即众多的中层管理人员支撑了有组织的知识创造。

但是，欧美企业已经习惯于GE那样的自上而下的经营或3M那样的自下而上的经营，中层管理人员的存在价值很低，其结果是中层管理人员被视为多余人员，权限也大为缩小，难以发挥应有的作用。这是日美企业之间的主要差异。

中国企业的情况也与美国企业类似。笔者曾经在某制药厂主讲过为期一星期的《创造工程与创造力开发》学习班，大约30名参加者中一半是中层管理人员，还有一半是生产第一线的工人。几个月以后，笔者再次去该工厂调查学习班的效果，得知有十几项创造发明被评为该年度的合理化建议奖，便去与每个发明人见面，了解其创造发明的过程。结果发现除一个项目以外，其余都是由一个人独立完成的，看不出中层管理人员积极参与其中的迹象，当然也可能是现场的工人有意识地避开中层管理人员的干预。而且，在诱发创造性思维的阶段，大家所应用的也都是个人技法。

以此为契机，笔者在其他企业从事创造力开发时，也注意观察创造技法的应用情况，同样发现缺点列举法、希望点列举法等个人技法的应用率最高，而像智力激励法、KJ法之类的集体技法则用得很少。由此可以推断，中国企业的知识创造活动在脱离中层管理人员的个人水准上展开的可能性很大。

在日本留学期间，笔者曾与福井工业大学教授大鹿让、大阪工业大学教授帆足辰雄一起，以500家日本公司为对象，就创造技法的实施情况做过一次问卷调查，有89家公司做了回答，回收率为17.4%。结果发现，智力激励法、KJ法等集体技法的应用率非常高，前者为86.6%，后者为73.0%，而个人技法的应用率则很低。集体技法的特征是主持人发挥着关键的作用，而这个主持人往往由中层管理人员所担任。

对二者作一比较的话，就可知道中国企业是脱离中层管理人员的个人型知识创造，而日本企业则是依靠中层管理人员的组织型知识创造。与野中理论相比，虽然研究的角度和方法都不一样，但却得到了同样的结果。从某种角度上看，笔者的实践也是对野中理论的一种确认。

6. 关于批判地吸收野中理论

笔者认为，像美国企业那样无视中间管理人员的做法和日本企业那样重视中间管理人员的做法都过于极端。例如，像安伦、世界通讯那样无视中间管理层的美国企业，一旦最高经营层出现问题，整个企业就会失去控制而骤然倒下。而像日本企业那样重视中间管理层的话，又会造成中间管理层肥大和降低生产效率的问题[29]，更大的问题是长期习惯于来自上级的指示和下级的报告的结果，不再独立思考的人大大增加，当然也谈不上创业精神。所以，景气萧条中的20世纪90年代中后期，有很多中层管理人员加入了失业大军。他们想去其他公司谋职，但被对方问到能干些什么时却回答不出来，有的干脆说"我能当处长"，结果可想而知，不但当不上处长，连饭碗也没拿到。所以，笔者认为，日本企业有必要改进过分依赖中层管理人员的传统做法，而中层管理人员本身也要加强学习，掌握某一方面的专门技能，才能适应企业的发展。

对此，野中教授在论述日本型知识创造的长处和短处时就已经敲过警钟，"同质人才之间的相互作用，会引发优秀的人才被平庸化的危险。"[30] 遗憾的是这种现象实际上大量存在，还看不出发生根本转变的迹象。

无论哪个企业，都有上层经营者、中层管理人员和下层工作人员之分。从创造力开发的理论上来说，与职务无关，每个人都具有创造力，如果不能发挥每个人的创造力，组织的创造力就不能最大限度地得到体现。换言之，只要打造一种使每个人的创造性都能得到发挥的环境，任何一种经营形态都能够找到最优的组合。

此外，对于日本企业组织的隐性知识，野中教授主要论述了其长处，没有涉及其短处。但笔者认为，隐性知识是一种自明的道理，但也会成为一种思维的障碍，如何克服其短处，同样是摆在我们面前的一个课题。由于日本企业知觉或不知不觉地懒于将隐性知识转换成显性知识，无形之中就埋没了许多知识财富。如果能克服这一点，就能在隐性知识和显性知识之间发现创新的机会。事实上，野中教授已经看到了这个问题，只是没有作正面强调而已。

最后，正如野中教授所指出的那样，"在经营管理领域，企业以创新先行，而学者则将其理论化。"[31] 野中理论正是在这种思想指导下对日本企业的有组织的知识创新做出了良好的理论总结。对此，笔者也表示赞同。但是笔者认为不能仅仅停留在理论化的阶段。为了验证理论的正确与否，还得重新回到企业去进行实践，如有错误，可对理论进行修改，如证明是正确的话，又能充实理论，也就是说无论正确与否，对理论的发展都是有益的。这种从实践到理论，再从理论到实践的方法最符合事物发展的规律。

注

[1] エズラ・F・ヴォーゲル. ジャパンアズナンバーワン [M]. 広中和歌子, 木本彰子, 訳. 東京: TBSブリタニカ, 1979: 10.

[2] M L ダートウゾス, R K レスター, R M ソロー. Made in Amarica——アメリカ再生のための米日欧産業比較 [M]. 依田直也, 訳. 東京: 草思社 1990: 5.

[3] Jack Baranson. 日本の競争力 [M]. 牧野昇, 訳. 東京: ダイヤモンド社, 1982:6-7.

[4] Peter F Drucker. 未来企業——組織生存の条件 [M]. 上田惇生, 佐々木実智男, 田代正美, 訳. 東京: ダイヤモンド社, 1992:81.

[5] 新宅純二郎. 日本企業の競争戦略 [M]. 東京: 有斐閣, 1999:34.

[6] 野中郁次郎. 知識創造の経営 [M]. 東京: 日本経済新聞社, 1990.

[7] Ikujiro Nonaka, Takahiro Takeuchi. The Knowledge Creation Company[M]. New York: Oxford University Press, 1995.

[8] 野中郁次郎, 竹内弘高. 知識創造企業 [M]. 梅本勝博, 訳. 東京: 東洋経済新報社, 1996: ii.

[9] 见注 [8] 第 iii 页。

[10] 见注 [8] 第 1 页。

[11] Peter F Drucker. ポスト資本主義社会 [M]. 上田惇生, 佐々木実智男, 田代正美, 訳. 東京: ダイヤモンド社, 1993:29.

[12] 见注 [8] 第 228-229 页。

[13] 见注 [8] 封面绶带。

[14] Alexander Serenko, Nick Bontis. Meta-Review of Knowledge Management and Intellectual Capital Literature: Citation Impact and Research Productivity Rankings[J]. Knowledge and Process Management, 2004, 11（3）: 196.

[15] 见注 [8] 第 372 页。

[16] 见注 [8] 第 348 页。

[17] 见注 [8] 第 189 页。

[18] Michael Polanyi. The Tacit Dimension[M]. London: Routledge & Kegan Paul, 1966.

[19] 见注 [8] 第 90 页。

[20] 野中郁次郎. 知識創造企業 [J]. ダイヤモンド・ハーバード・ビジネス・レビュー. 1999:9,43.

[21] 见注 [6] 第 46 页。

[22] 见注 [8] 第 85 页。

[23] 见注 [20] 第 40 页。

[24] Bernard, C I 新訳・経営者の役割 [M]. 山本安次郎, 田杉竟, 飯田春樹, 訳. 東京: ダイヤモンド社, 1988:75.

[25] 见注 [8] 第 17 页。

[26] 见注 [8] 第 358 页。

[27] 见注 [8] 第 359 页。

[28] 见注 [6] 第 41 页。

[29] 1980 年 7 月, 日本能率协会曾专门组织过"白领的生产性"的专题研究。

[30] 见注 [6] 第 227 页。

[31] 见注 [6] 第 2 页。

本章主要参考文献

[1] エズラ・F・ヴォーゲル. ジャパンアズナンバーワン [M]. 広中和歌子, 木本彰子, 訳. 東京: TBSブリタニカ, 1979.

[2] M L, ダートウゾス, R K 等. Made in America——アメリカ再生のための米日欧産業比較 [M]. 依田直也, 訳. 東京: 草思社, 1990.

[3] Jack Baranson. 日本の競争力 [M]. 牧野昇, 訳. 東京: ダイヤモンド社, 1982.

[4] Peter F Drucker. 未来企業——組織生存の条件 [M]. 上田惇生, 佐々木実智男, 田代正美, 訳. 東京: ダイヤモンド社, 1992.

[5] 奥村昭博. 企業イノベーションへの挑戦 [M]. 東京: 日本経済新聞社, 1986.

[6] 新宅純二郎. 日本企業の競争戦略 [M]. 東京: 有斐閣, 1994.

[7] 野中郁次郎. 知識創造の経営 [M]. 東京: 日本経済新聞社, 1990.

[8] 野中郁次郎, 竹内弘高. 知識創造企業 [M]. 梅本勝博, 訳. 東京: 東洋経済新報社, 1996.

[9] 野中郁次郎, 清澤達夫. 3Мの挑戦 [M]. 東京: 日本経済新聞社, 1987.

[10] 野中郁次郎. 知識創造企業 [J]. ダイヤモンド・ハーバード・ビジネス・レビュー. 1999:9.

[11] 野中郁次郎. 企業の知識ベース理論の構想 [J]. 知識科学, 2002, 36 (1): 4-13.

[12] Ikujiro Nonaka. A Dynamic Theory of Organizational Knowledge Creation[J].

Organization Science, 1994, 5（1）:14-37.

[13] Ikujiro Nonaka, Noboru Konno. The Concept of 'Ba': Building A Foundation for Knowledge Creation[J]. California Management Review, 1998, 40（3）: 40-54.

[14] Rudy Ruggles，Dan Holtshouse. 知識創造力 [M]. 木川田一栄，訳. 東京：ダイヤモンド社, 2001.

[15] Robert Slater. ウェルチ [M]. 宮本喜一，訳. 東京：日経 BP, 1999.

[16] Jack Welch ,John A Byrne. ジャック・ウェルチ わが経営（上・下）[M]. 宮本喜一，訳. 東京：日本経済新聞社, 2001.

[17] アーネスト・ガンドリング，賀川洋. 3M・未来を拓くイノベーション [M]. 東京：講談社, 1999.

[18] 小倉昌男. 経営学 [M]. 東京：日経 BP, 1999.

[19] Bernard, C I 新訳・経営者の役割 [M]. 山本安次郎，田杉竟，飯田春樹，訳. 東京：ダイヤモンド社, 1988.

[20] 中村修二. 考える力 やり抜く力 私の方法 [M]. 東京：三笠書房, 2001.

[21] 中村修二. Wild Dream——反逆、闘い、そして語ろう [M]. 東京：ビジネス社, 2002.

[22] 黒田龍彦. 田中耕一という生き方 [M]. 東京：大和書房, 2003.

[23] 徐方啓. 日本企業競争力の源泉 [C]. 袁張度. 国際創造学学術討論会論文集. 北京：经济科学出版社，2004:225-242.

第十章　经营管理学研究的趋势（The Trend of Management Research）

当我们对经营管理学大系做一回顾以后，自然就会想到一些问题，今后会有什么理论问世呢？也就是说经营管理学的研究会朝哪个方向发展呢？可以想象出，国内外的学术界会有很多人思考这个问题。在此，笔者将自己多年来的构思做一整理并公开，希望能起到一个抛砖引玉的作用。

2005 年前后，笔者开始在国内外的学术界倡导"创造经营学"并相继发表了几篇论文，其中 2007 年 9 月发表在欧洲 *Creativity and Innovation Management* 杂志上的论文还曾荣获"丘道尔·理查兹最佳论文奖"，成为该杂志创刊 16 年年来第一位获此殊荣的中国学者。[1] 这对笔者来说无疑是一个很大的鼓舞和鞭策，因为虽然英语"Creative Management"一词早在 1972 年就由外国学者 W.F. Saalbach 所提倡[2]，之后在美国和英国也出版了一些著作，但他们的研究基本上停留在创造经营的层面，没有上升到创造经营学的层面。拙文之所以获奖，或许就是因为笔者试图将二者紧密地结合起来，并开拓一个新的研究领域的尝试而受到了关注的缘故。关于国外学者在"Creative Management"领域的研究，将在本书第二部中详细论述。

2008 年 12 月，笔者曾在日本创造学会主办的研究会上做了题为"关于知识创造理论和创造经营学的构思"的讲演。在此次讲演中，笔者首次披露了与创造经营学的形成有关的一些设想，其中有一张图，现引用如下（见图 10-1）。

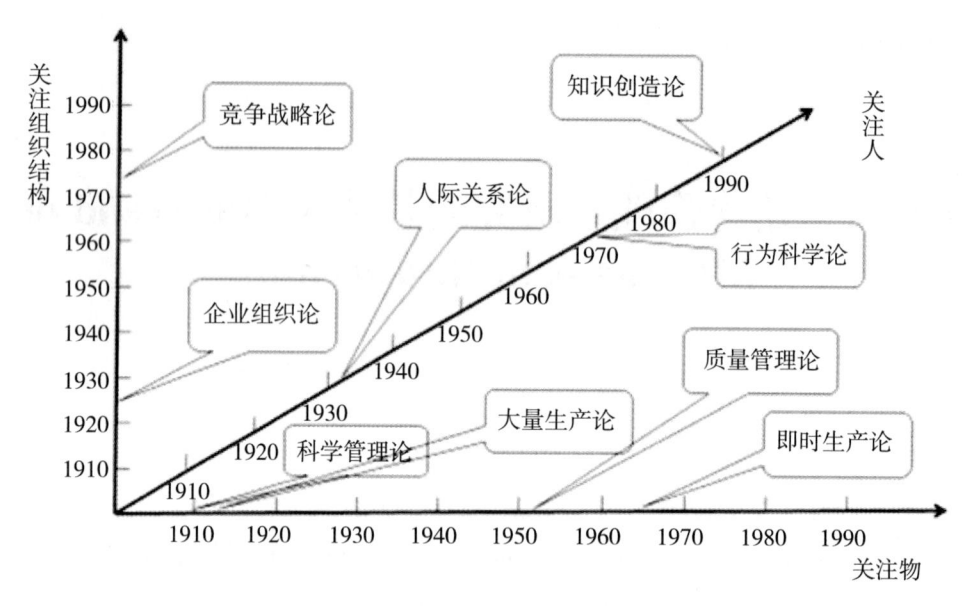

图 10-1　经营管理学研究的发展

在图 10-1 中，x 轴表示"对物的关注"，y 轴表示"对组织结构的关注"，z 轴表示"对人的关注"。图中显示了与经营管理有关的 9 种代表性理论的位置。其中，科学管理论、大量生产论、质量管理论和即时生产论都以提高生产效率和改进产品质量为中心，所以定位在 x 轴上；企业组织论和竞争战略论强调组织结构在竞争中的重要性，所以定位在 y 轴上；而人际关系论、行为科学论和知识创造论则强调人的作用，所以定位在 z 轴上。由此可知，在过去的一个世纪中，世界上的经营管理学研究已经从早期对物的关注，经过对企业组织的关注后，向对人的关注发展。

这里有必要指出的是，戴明博士提倡的质量管理中，也包含对人的关注的内容，丰田公司的"丰田生产方式"中，也强调发挥人的主动性。但是，相对而言，他们对人的关注的目的是为了生产更多更好的产品，所以定位在 z 轴上比较合适。波特的竞争战略论也涉及与人有关的内容，但这里所说的人，与其说指的是自然人，不如说是法人，也就是企业更合适，所以定位在 y 轴上。另外，知识创造论乍看起来像是关注企业组织，其实与人更密切，因为知识创造论中的两个重要概念，即"隐性知识"和"显性知识"的创造都是由人来完成的，企业组织则是发挥了催化剂的作用，为人提供了创造知识的"场"，所以定位在 z 轴更合适。

20 世纪 90 年代以后，国际经营学界涌现出了各种新的理论，如"学习型组织"（Lerning Organization, 1990）、"再造工程"（Reengineering, 1993）、"核心竞争力"（Core Cpmpetence, 1994）、"蓝海战略"（Blue Ocean Strategy, 2005），等等，但生命力都不强，学习型组织相对来说还比较看好，至少在 2015 年，西班牙的 ESADE 商学院召开国际会议时，还在邀请皮特·圣吉（Peter M. Senge）做主题讲演[3]。但圣吉本人则因未能晋升教授而离开麻省理工学院斯隆商学院，自立门户，经营一家小规模的咨询公司。再造工程因企业实施以后看不到效果而自行消失，蓝海战略也因企业家的反对而失去市场。[4]

与此同时，有两位学者的研究备受关注，一位是哈佛大学商学院的克莱顿·克里斯滕森（Clayton M. Christensen，1952—2020）教授，另一位是加州大学伯克利分校哈斯商学院的亨利·切斯布朗（Henry Chesbrough）教授，两人的共同项是都以研究创新而闻名。克里斯滕森在研究了世界上许多大公司被自己的持续创新所击败的事例以后，于1997年出版了《创新的怪圈》一书。[5] 书中提出了创新怪圈的概念，在全世界引起关注，一时间出现"洛阳纸贵"的现象。

克里斯滕森在哈佛商学院拿到MBA学位以后，先是在波士顿咨询公司担任咨询师，然后与麻省理工学院的教授一起创办了一家咨询公司，历任总经理和董事长，1992年辞去工作后再次进入哈佛商学院深造，两年后以优异的成绩取得博士学位，其学位论文公开后获得了多个奖项。由于他既懂理论，又富有实践经验，所以他的研究理论联系实际，论点深入浅出，非常受读者尤其是经营管理学家、企业家、咨询师和研究生的欢迎。

那么，为什么说大公司往往被自己的持续创新所击败呢？在此笔者根据克里斯滕森教授的理论来对此做些解读。

一家公司在推出一个新产品并获得成功以后，若只是停留在这个产品上享受先行者利益，那是很危险的，因为竞争对手不会眼睁睁地看着你挣钱而无动于衷，他们会随时挤进来分一杯羹。面对这种情况，这家公司就会对产品进行持续的创新，即开发后续产品。开发后续产品时主要有两种方法，一是往高端走，如增加或升级已有的功能，采用更好的材料、增加色彩和外观方面的选项等，强调更高级更时尚，以获取更高的利润。另一种往低端走，如减去某些相对次要的功能，或采用更便宜的材料，以降低成本。但是，已经成功的企业通常都会采取第一种方法，即走高端路线，将人才、资金、技术、品牌等各种资源投放到更高级的后续产品中去。这样，就给竞争对手创造了开发低端产品的机会。由于竞争者大都采用模仿先行者的方法，研发成本低，会以较快的速度达到批量生产的规模。当他们的产品进入市场时，通常都是功能单一，性能也不是很好，但价格低廉，面向数量有限的消费者。在初期阶段，成功企业对此都不太介意，一心扑在高端后续产品的开发上。可是，当少数在竞争中脱颖而出的竞争者在市场上站住脚，积累了一定的实力以后，就会向高一级的后续产品进军，这时就开始侵蚀成功企业的市场。到了这个阶段，成功企业再想反击就为时已晚。因为他们的资源都集中在高端产品，不可能放弃，即便动用部分资源开发低端产品，也会因商业模式不同而失败。那么，成功企业能否一开始就两头作战，同时开发高端和低端产品呢？从理论上来说是可能的，但实际的运作却很难，因为无论多么大的公司，经营资源都是有限的，不可能全面展开。

这就是所谓创新的怪圈的基本逻辑，即一家公司通过创新获得成功以后，又在进行持续的创新，可最后却被自己的创新捆住手脚。

这么说，还是不创新模仿别人更好吗？那也不是克里斯滕森教授的本意。他之所以提出创新的怪圈的概念，是想告诫成功企业不要光在高端产品上做文章，而应同时想到低端产品这一危险领域。为此，他也给出了摆脱创新的怪圈的五项原则。[6]

（1）把破坏性技术及其商业化的开发项目带入到拥有顾客的组织中去。

（2）把破坏性技术的开发项目交给对小小的机会和成功也能容忍的小组织。

（3）制定一个在寻找破坏性技术的市场的过程中以较小的代价将失败控制在早期的计划。

（4）在开发破坏性技术时可以利用核心组织的部分经营资源，但不要影响组织的运营过程和价值基准。

（5）在破坏性技术的商业化过程中，不要将破坏性产品作为主流市场的后续产品销售，而是发现和开拓一个使破坏性产品的特征得到评价的新市场。

这以后，克里斯滕森教授又相继出版了一系列研究创新的专著，从而奠定了他在国际经营学界的地位，在英国权威部门评选的"Thinkers50"中，他曾连续2届名列榜首。[7]

2003年，切斯布朗教授出版了《开放式创新》一书[8]，他试图说明在网络时代企业怎样通过开放式创新来产生和利用新的市场需求，而这个问题恰恰在困扰着众多CEO，所以此书立即成为畅销书，"开放式创新"一词也成了学术界的流行语。在2017年"Thinkers50"的排名中，切斯布朗教授的名次处在第42位，估计今后的名次还会上升。

下面，笔者就开放式创新的内容做些解读。

由于"开放"一词的反义词是"封闭"，那有没有封闭式创新（Closed Innovation）的说法呢？有。也是切斯布朗教授为了说明开放式创新而提出的概念。

在网络社会到来之前，欧美也好，日本也好，大企业的创新基本上都是以中央研究所为中心而展开的，因为那里集中了公司里最优秀的技术人才，如美国通用电气公司的爱迪生研究所、日本索尼公司的中央研究所，都是世界著名的企业研究所。中央研究所直接受总经理领导，可以优先动用公司的经营资源，所递交的研究计划和预算方案也容易被董事会所接受，所以中央研究所的规格很高，其所长往往是董事会成员或副总经理级的高管兼任。如日本的本田汽车公司，除创始人本田宗一郎以外，担任过本田技术研究所（中央研究所）所长的高管，后一个职务几乎都是总公司的总经理。[9]

中央研究所所从事的研究是企业的最高机密，从初期的调研到人员的配置，课题的形成，经费安排，进程表以及预期成果（论文、专利等）等，所有的工作都在秘密状态下展开。在研发过程中，企业不会透露任何信息，如成功，则转交给生产部门投入生产，然后作为一个新产品投放市场，从而形成一个自我完结的创新过程。如失败，则撤销课题，解散课题组，不留任何痕迹。由于这是在几乎与世隔绝的状态下进行的，所以称为"封闭式创新"。造成这种情况的原因很多，笔者将它归纳成以下三点：

（1）信息闭塞。

企业为了保持自己的竞争优势，在研发成功之前不会公开任何技术信息，如公开的话，也仅限于不公开发行的内部资料，这样就只能依靠少数公开发行的专业杂志，如要查找外国的资料那就更困难。而且，从前去大型图书馆查资料，只能靠手工检索，既费时又低效，还要支付复制资料的费用。

（2）人才不足与终身雇用。

从前企业要想招聘与研究课题关系紧密的高级人才很难，这是因为企业所开展的研发专业性很强，而大学还没有开设这样的专业，人才匮乏，一旦招聘成功，则如获至宝。

美国企业不提倡终身雇用，但对于高级人才则有许多优惠政策，是事实上的终身雇用。大公司中央研究所的技术人员几乎都是高级人才，企业为了留住他们，除了高薪以外，还有奖金、股权、专利收益的提成等各种激励措施，甚至还有类似大学里的"终身教授"那样的头衔。日本企业则一贯实行终身雇用，无论哪一个级别，都一视同仁。最近几年，有些想吃第一只螃蟹的企业试图废除终身雇用，但阻力很大，政府的政策和社会环境也没有跟上，所以基本上都没有成功。人才不流动，对单个企业来说并非坏事，这有利于知识和技术的积累传承。但是，对于整个行业乃至科学技术的发展来说则未必是好事，因为只有流动，才能出现知识和能力的互补，产生 1＋1 大于 2 的共振效应。当然，在信息闭塞的情况下，即使人员要跳槽也不容易，不仅机会少，还面临各种风险，跳槽的成本高，这就让大多数人放弃了跳槽的想法。

（3）研发成本高。

大企业推崇原创型创新，即以研制国内或国际首创的产品为目的，由于没有先例，一切要从零开始，所以研发成本高，在研发的过程中企业必然会采取自我保护的措施，同时期待成功后尽快收回投资和获得独占性的先行者利润。如索尼公司创立以后，长期奉行"开发没有人在做的产品"的原则，当研发人员向公司递交研发计划时，首先被问到"是否有别的公司在开发？"如果有的话，就不会受理。正是因为这种坚持原创的方针，使索尼公司取得了令世界瞩目的成就。

但是，网络社会的到来，彻底改变了这种封闭式创新的局面。无论在世界的哪个角落，人们既能及时获取网上公开的信息，又能自由地发布自己的设想或创意，并吸引具有共同兴趣的人搭建交流平台（用野中郁次郎教授的理论来解释，就是创建一个"场"），从而形成更加完整的创意并付诸实施。这是不是创新呢？当然是，不同于过去的封闭式创新，这就是开放式创新。在当今世界，我们可以找到很多这样的例子，如网络 Linux

的网络技术，小米的手机，等等。

在这种情况下，大企业的中央研究所的作用就日益消退，原先的一元化管理也失去了效力，人才也在频繁地流动，有出去的，也有进来的。而人才一旦流出去，即便企业与个人之间签过保密合同（即离职后若干年内不能透露企业的技术秘密，违反的话将受到起诉），也无法保证信息不会被泄露。另一方面，信息多又容易获取，就会出现一种现象，即几乎同时有多个人发现了商业机会，这就产生了竞争，抢时间，谁果断决策并付诸行动，谁就控制了制高点，掌握了主导权。所以，昨天还在工作的研发人员，今天突然辞职的事时有发生。

切斯布朗在实地考察并研究了施乐、IBM、英特尔、贝尔实验室等美国著名企业以后，发现了从封闭型创新向开放型创新发展的共同特征，从而推出了开放型创新的理论与方法。对于促进企业由封闭型创新向开放型创新转变的原因，他列举了以下四点：[10]

（1）优秀人才的增加与流动。

他认为，优秀员工的增加与流动促进了知识的流动，从前只有企业的研究所才拥有的知识，现在供应商、顾客、大学、创业企业、咨询师等都拥有。在这种情况下，优秀人才就会选择对自己评价最好的企业，从而促进了人才市场的流动，而人才流出去的话，知识也就随之外流。

（2）风投市场的形成。

他认为，20世纪80年代以后，美国的风险投资迅速发展，这对投资建设企业内研究所的大企业来说是一种威胁，而对在职的研发人员来说则是一种诱惑，不管大企业的工资福利有多好，也不能和风投企业开出的股权等条件相比。

（3）被冻结的内部设想的外流。

他认为，由于研究部门与开发部门的意见不同而搁置的设想，会随着研发人员的跳槽而外流。当提出的设想被搁置以后，研发人员会感到失望，就会想到利用风投来实现自己的愿望，而一旦获得风投的支持，就会另起炉灶，进行商品化生产，而生产出来的东西大都面向大企业尚未开拓的新市场。

（4）外部供应商的增加。

他认为，随着人才的增加和风投市场的形成，外部供应商就会增加，而且所提供的商品的质量也不亚于甚至优于自家生产的商品。

切斯布朗的学历很高，本科毕业于耶鲁大学，硕士（MBA）学位是在斯坦福大学商学院取得的，而且以最优秀的成绩毕业，然后又去了加州大学伯克利分校并获得博士学位。在就任哈佛大学商学院副教授之前，他是某咨询公司的咨询师，自己也创办过企业。当他在开放型创新的研究上出版一系列著作，引起学术界和产业界的关注以后，母校加州大学伯克利分校马上将他召回并任命为教授。所以，他是当今经营管理学界最受关注的学者之一。

由此可知，国际经营管理学界越来越关注创新，而关注创新，必然会关联到创造，因为再也没有别的什么话题能比创造更密切了，两者相辅相成，缺一不可。事实上，现在将创造与创新并列为主题的国际会议每年都在增加，除了每两年举办一届的历史悠久的"欧洲创造与创新会议"（The European Conference on Creativity and Innovation）以外，IEF、欧洲创新与创业会议（The European Conference on Innovation and Entrepreneurship,CIE）、ICIE 等，都举办了与此类似的会议。2018 年 9 月，笔者也在日本大阪举办了一届"国际创造与创新会议"（International Conference on Creativity and Innnovation 2018）。[11]

近几年，由于大数据（Big Data）和人工智能（Artificial Intelligence，简称 AI）研究取得长足的进步，围绕它们的应用研究也在不断地扩展，在经营管理方面同样存在很大的发展空间。例如，在高速公路的收费站、火车站／地铁站的检票口设置的电子仪器所收集的大数据，不仅能为城市的交通决策部门提供可靠的数据，还能在企业的物流管理方面发挥提高效率和降低成本的作用。再比如，电子商务中消费者的个人信息和消费记录，都是电商、广告商、市场调查公司、咨询公司、金融公司和银行等制定经营战略时的重要依据。而有了大数据，人工智能就能发挥重要的作用，代替人力做人工做不到的事。例如，现在有不少企业的客服部门已经做到了电话的自动应对，当顾客打电话来时，人工智能就能通过简单的对话后从存储的解题方案中找到最佳答案，如果顾客还不满意，才转到人工窗口。所以，今后大数据和人工智能方面的学习对经营管理专业的学生来说也必不可少。因为，只要有社会需求，经营管理学的研究也会向其靠拢，这是包括经营管理学在内的所有社会科学研究的基本路径。

人工智能还促进了机器人产业的发展，从前的机器人（与其说是机器人，不如说是机械手）以重复几个简单的动作为主，如焊接机械手，开始由工人操作，每按一次按钮，机械手就焊接一个零件，后来发展到不需要人工，每隔几秒钟，自动焊接一次。到了现在，则能连续做几个动作，如旋转、上升或下降、前进或后退，然后焊接，而且可以同时焊接多个零件。我们只要参观汽车公司的焊接车间，就可知道机械手的功能越来越发达，越来越精巧，将来如果还能解决突发事件（如停电、被风刮进异物、因地震而引起的零件错位等），那就成了名副其实的机器人。

那么，结合本章开头的部分所揭示的图来看，人工智能在经营管理中的应用应该放在那个轴上合适呢？由于人工智能是对人的智力的发展和衍生，所以放在 z 轴上比较合适。

注

[1] Fangqi Xu, Tudor Richards. Creative Management：A Predicted Development from Research into Creativity and Management[J]. Creativity and Innovation Management，2007,16（3）：216-228.

[2] Albert Rothenberg, Bette Greenberg. The Index of Scientific Writings on Creativity[J]. [S.I.]: The American Journal of Psychology, 1976（2）.

[3] 2014年4月23~25日，在ESADE商学院主办的国际会议上，邀请圣吉做主题讲演，他没有去，但以网络直播的方式回答了主持人的提问。

[4] 例如，在2006年6月2日至4日召开"2006浙商大会暨首届浙商投资博览会"上，娃哈哈集团总经理宗庆后就直言不讳地对蓝海战略的倡导者、法国INSEAD（英士国际商学院）W. 钱·金教授说他不认可蓝海战略。

[5] Clayton M Christensen. The Innovator's Dilemma[M]. Boston: Harvard Business School Press, 1997.

[6] 本节参照此书第4章。

[7] "Thinkers50"由英国两位资深媒体人迪斯·第厄洛夫（Des Dearlove）和斯特阿特·克莱纳（Stuart Crainer）共同创办，旨在认定和分享世界上最优秀的经营管理思想，2001年首次在《金融时报》公布入围名单，之后每两年公布一次。由于"Thinkers50"的公正性和权威性，已经获得"经营管理思想界的奥斯卡"之美誉。

[8] Henry Chesbrough. Open Innovation: The New Imperative for Creating and Profiting from Technology[M]. Boston: Harvard Business School Press, 2003.

[9] 本田公司历任总经理和中央研究所长的关系，见下表。

姓 名	中央研究所长任职时期	总经理任职时期
河岛喜好	1971—1977	1973—1983
久米是志	1977—1981	1983—1990
川本信彦	1986—1994	1990—1998
吉野浩行	1994—1998	1998—2003
福井威夫	1998—2003	2003—2009
伊東孝紳	2003—2009	2009—2015
八乡隆弘	无	2015—

资料来源：本田公司的历年年报。

[10] Henry Chesbroough. Open Innovation: The New Imperative for Creating and Profiting from Technology[M]. Boston: Harvard Business School Press, 2003: 34-40.

[11] 该会议由日本创造学会和近畿大学创造经营与创新研究所共同主办，约100名国内外学者和研究生参加了会议，发表论文41篇，日本一桥大学名誉教授野中郁次郎，美国天普大学名誉教授小田部正明，英国曼彻斯特大学名誉教授丘道尔·理查兹，德国格什卡研究所所长霍尔斯特·格什卡博士，以及美国纽约州立大学（Buffalo State）国际创造力研究中心主任杰勒德·普奇奥教授做主旨讲演。详细请阅览会议官网。

本章主要参考资料

[1] Clayton M Christensen. The Innovator's Dilemma[M]. Boston: Harvard Business School Press, 1997.

[2] Henry Chesbrough. Open Innovation: The New Imperative for Creating and Profiting from Technology[M]. Boston: Harvard Business School Press, 2003.

[3] 日刊工業新聞社. ホンダの大常識[M]. 東京：日刊工業新聞社, 2002.

[4] Thinkers50官网。

第二部分

创造学研究经纬

Part 2: The Outline of Creative Studies

第十一章 创造学研究的理论（Theories of Creative Studies）

一、创造性

创造学的研究对象是人的创造性（Creativity），英语"Creativity"，既可以译成"创造性"，也可以译成"创造力"。那么该怎样区别使用呢？在对其做一明确的阐述之前，让我们先来看看国外学者的见解。

明尼苏达大学教授[1]保罗·托伦斯（E.Paul Torrance, 1915—2003）认为，创造性就是"孵化创意或假说，验证假说并将其结果传递给他人的过程。"[2]

哈佛大学教授霍华德·伽德纳（Howard Gardner, 1943— ）强调，"创造性就是对个人在某一领域解决问题的能力以及结果的最佳描述，这种能力以新为始，最后又被他人所承认。"[3]

纽约大学名誉教授莫里斯·斯坦因（Morris I. Stein, 1921—2006）主张，"创造性就是获得新的研究成果的过程，并且其有效性和持续性得到了专家的认可。"[4]

以需求理论而著名的心理学家马斯洛（A.H.Maslow, 1908—1970）在论述创造性时一向重视成果，他曾经说过，"一流的菜汤胜过二流的绘画"。[5] 在 1964 年出版的书中，他这样写道："至今为止，我和其他人一样，视创造性为创造的成果，而且无意识地将创造性局限在传统领域，即我无意识地认为画家、诗人、作曲家都过着富有创造性的生活。"[6]但是，几年以后，他发现"所谓创造，与人的关联远胜于创造成果和创造行为。"[7]

纽约州立大学布法罗学院名誉教授、创造学家西德尼·帕内斯（Sidney J. Parnes, 1922—2013）在回答笔者的提问时这样说："从前我将创造性定义为产生新的创意并加以发展，但现在我将它定义为包含有目的的创新的创造性解题。"[8]这说明，创造学研究的大师们也会随着研究的深入而不断修改自己的观点。

以上是美国著名学者对创造性的定义。下面我们来看看企业界人士对创造性的理解。

美国工业研究会原会长、杜邦公司顾问诺林博士（Parry M. Norling）认为，"创造性就是突破固定观念，进而把我们向更高的水平推进的动力。"[9]

宝洁公司的海富尔（John W. Haefele）在其著作中写道，"所谓创造性，就是从头脑中已有的两个或两个以上的概念中产生新的组合的能力。"[10]

本田公司原总经理久米是志则认为，"创造性就是产生对人类有价值的事物的能力。"[11]

从上面提及的情况来看，学者们倾向于比较抽象的解释，而企业界人士则看好具体的能力。进一步探讨的话，又可知道差异主要集中在三个关键词上，即过程、能力和成果。由于能力与过程和成果都有关，人们可以根据重视创造活动的过程还是重视创造成果上去区别研究者的观点。关于创造活动的过程和成果，诺贝尔物理学奖获得者汤川秀树有过这样的论述："在艺术创作方面，创造性通过作品来表现，在这之前，创造性看不见，难以成为评价的对象。但是在其他领域就未必是那样，尤其是科学和技术领域，成果出来之前或者说成果以外体现出来的创造性往往占了很大的比重。"[12] 此话说得很有道理，所以，笔者自然想到对创造性的定义中应该包括过程和成果的内容。

由于创造活动的成果是看得到或听得见的，比如一项具体的发明，一个前所未有的发现，一幅画，一本小说，一首歌曲，一篇科学论文，等等，无须多花笔墨，读者也能理解。当然，从影响力上来说，可以从社会水准和个人水准去看待创造成果。前面提到的发明、发现、创作等都是具有社会影响力的创造成果，影响越大评价也越高，如国际上的诺贝尔奖、奥斯卡奖，国内的国家科技进步奖、百花奖、茅盾文学奖等。除了这样的大创造以外，日常生活中更多的是小创造。比如，小学生在游戏的过程中发现了"勾股定理"，这是不是创造活动的成果呢？当然是，这是个人水准的创造成果，尽管对社会并没有带来新的价值，但是对其个人来说，发现"勾股定理"时的喜悦是终生难忘的。

在日本，创造学研究者们引用最多的是东洋大学教授恩田彰所下的定义，即"创造性就是为达到某个目的或解决某个问题而产生新的设想的能力，或者说是产生新的社会、文化（包括个人水准）价值的事物的能力以及以此为基础的人格特征。"[13]

从这一定义出发，可知创造性包含两个基本的要素，一是创造能力即创造力，另一个是创造人格。就人的能力而言，记忆能力、理解能力、思考能力、表现能力、综合能力等有很多种类，它们都是创造力得以发挥的基础能力。创造人格一词包含两个因素，一是个性，这是个体所具有的心理特征。恩田彰教授列举的心理特征有八个：

①自主性——即主动地做什么事，也叫主体自律性。

②冲动性——即心理能量的强度达到最大的状态。

③固执性——即想把一件事做实的韧性。

④好奇心——即对未知事物的追求。
⑤开放性——即开放的胸怀。
⑥内省倾向——即通过反观自己来提高对自己以及外界事物的感受性。
⑦自控倾向——即客观地对待自我和现实的健康心理。
⑧纯粹心——即无暇清净的心理。

创造人格一词包含的另一个因素是欲求（Motivation），即想做什么的心理冲动。在创造学研究中，将具称之为创造欲求。创造欲求是个体开展创造活动的心理基础，如果本人没有创造欲求，仅靠外部的力量是不可能有创造成果的。

综上所述，笔者对创造性所做的定义是："产生具有新的社会价值或个人价值的事物的过程与成果，以及以此为基础的创造人格。"

二、与创造性有关的"4P"理论和"4C"理论

通过前面的论述，我们知道关于创造性的定义存在各种各样的解释，学术界和产业界的侧重点不一样，不可能有统一的见解，有一个大致的共同的方向即可。与此同时，经过长期的研究，笔者发现在英语文献中，比"创造性"（Creativity）一词出现频率更高的是"创造性的"（Creative），即把创造当作形容词来用，如"创造过程""创造心理""创造教育"等，也就是说，这方面的研究远远多于对"创造性"的研究，这是非常重要的发现。换言之，在创造学的研究队伍中，只有极少数人在做与创造性有关的基础研究，而大多数人都在做应用研究，笔者也不例外。

根据笔者的研究，与形容词"创造性的"（Craetive）相关的研究多于"创造性"（creativity）。其代表性观点是"4P 理论"。

最初提出"4P 理论"的是美国俄亥俄州立大学的罗斯·穆尼（Ross L. Mooney）教授。他在 1957 年召开的"犹他会议"[14]上递交了一篇题为"4 种鉴定综合创造才能方法的概念模式"的论文[15]。在这篇论文中，他首次提出了"4P 理论"，即"创造成果"（Creative Product）、"创造过程"（Creative Process）、"创造人格"（Creative Personality）和"创造环境"（Creative Places）。之后，关于"4P 理论"，学术界也有不少议论，广为人知的是耶鲁大学教授罗伯特·斯滕伯格的见解，即"创造过程"（Creative Process）、"创造性人才"（Creative Persons）、"创造成果"（Creative Product）和"创造环境"（Creative Places）。[16]

关于"4P 理论"，笔者认为，将研究的视角对准创造过程、创造的主体、创造成果和创造环境，显示了创造学研究的主要领域，在引导人们开展研究方面发挥了重要的作用。

但是,"4P 理论"强调单个领域,对各领域之间的相互作用不够重视,因为,如果撇开创造性人才和创造环境,就很难论及创造过程和创造成果。强调一个侧面,就容易忽视另一个侧面和相互之间的作用。所以,笔者认为"4P 理论"只是创造学发展过程中的一个产物,不必拘泥于此。

进入 21 世纪以后,美国心理学界出现了新的观点,通常称为"4C"理论。

"4C"理论的主要倡导者是美国心理学家詹姆斯·考夫曼(James C. Kaufman, 1974—)。考夫曼现任康涅狄格大学教育心理学教授,早在 2007 年,他就产生了一些关于"4C"的想法并发表了论文。两年后,"4C"理论基本成熟,论文"超越2C:创造性的4C模型"发表在《普通心理学评论》[17]上,从而奠定了他在创造学的理论研究领域的学术地位。

从前,创造学界关于创造力的共同认识是,根据对社会影响力的大小,可以将创造力分为杰出的创造力和个人范围的创造力,前者指的是科学家、艺术家的创造力,即天才的创造力(Big-C),后者指的是日常生活中体现出来的创造力,即普通人的创造力(Little-c)。但是,考夫曼认为,Big-C 和 Little-c 的分法不能涵盖所有的创造力。于是,他在此基础上增加了两种创造力,一种是限于个人的学习过程中体现出来的创造力,如小学生在学习算术的时候,自己发现了一种老师没有教过的解题方法,这种解题方法对高年级的学生来说没有新意,但是对这个小学生看来说却是创造力的体现,可能这个发现成了他/她爱好数学的一个转机。考夫曼称这样的创造力为"微小的创造力"(Mini-c)。他还认为,在"托伦斯创造力测验"中得高分的人,也属于这种类型。通过上面的介绍,我们知道"托伦斯创造力测验"得高分的,都是百里挑一的富有创意的回答。

另一种创造力是"专业创造力"(Pro-c),即在某一专业领域所体现出来的创造力,如厨师、裁缝、木匠等具有一技之长的专业人员,这样的专业人员在社会上有很多,尽管他们的一技之长尚未达到艺术家的水平,却是社会不可缺少的人才。

考夫曼在其论文中论证了"4C 模型",即每个人从小都具有微小的创造力,这种创造力通过两种途径而得到发展,一种是在专业人才的手下学习,也就是做学徒,学得好就会具有专业的创造力。另一种途径是自我思索,从而就有日常的创造力。而日常的创造力也可能经过各种努力而发展成专业的创造力,由于没有经过专业训练,所以称之为非正规的学徒。相反,如果日常的创造力得不到发展,结果就只有反省了。另一方面,专业的创造力如果得不到发展,就会退化,如果进一步得到发展,则会成为杰出的创造力。图 11-1 是考夫曼的"4C 模型"。

最近 20 年间,国际创造学界在理论研究方面少有突破,所以可以说,"4C 理论"的诞生,让我们对创造力有了更多的理解。

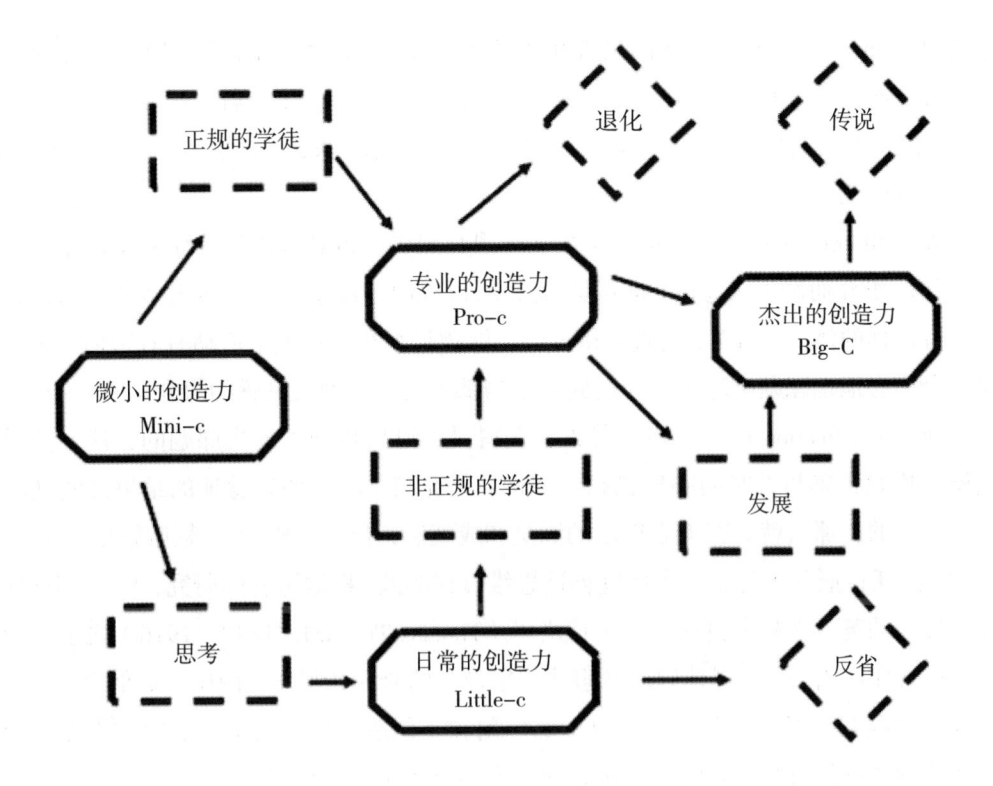

资料来源：考夫曼论文第7页（见[17]），中文翻译由笔者所为。

图 11-1　考夫曼的"4C 模型"

三、创造过程

创造学研究中，对创造成果的研究不是为了了解其成果是什么东西，具有什么意义，而是希望从众多创造成果中找出与创造思维有关的共性的东西，所以很费时间，且涉及各种科学知识，单个个体难以承担。这样，创造过程就成了创造学的主要研究对象。下面我们来对此做出些考察。

对创造过程的研究，最著名的是英国学者格雷汉姆·沃拉斯（Graham Wallas, 1858—1932）。沃拉斯是英国政治学家和社会学家，1926 年他出版了《思维的艺术》一书。[18] 此书主要研究人的创造性思维的过程，尤其是对创造过程划分了四个阶段，对后人的研究有很大的启示。下文是笔者对这四个阶段的解读。

准备（Preparation）——指的是人想运用自己的知识和能力从事某个创造活动时的心理状态，即创造欲求的萌发。其特征是心情比较轻松，没有明确目的地浏览文献，试图获得一些线索。

酝酿（Incubation）——指的是人在萌发创造欲求并形成一个课题却苦于找不到解决课题的方法时的心理状态。其特征是焦躁不安，难于集中思考，于是就干脆放下，换换环境。当然，无论是外出散步或郊游，还是看看电影，听听音乐，课题始终在人的潜意识中活动，似乎在等待时机。

顿悟（Illumination）——指的是人在苦思冥想仍不得其解以后去做做别的事，却因某个事物的媒介而触发灵感时的心理状态，所以也叫"灵感期"。对大多数人来说，或许都有过这样的体验。当然，能否获得灵感与课题是否在潜意识中活动有着密切的关联，如果完全彻底地把课题给忘了，任何偶发事物都不会成为触发灵感的媒介。

验证（Verification）——指的是人在获得灵感以后找到了解决课题的方法，然后通过实施来检验正确与否时的心理状态。其特征是充满信心，如果验证的结果证实其解决方法是正确的，那么就会获得心理上的满足和成就感，反之，则会继续挑战或放弃。

当然，沃拉斯并不是第一个研究创造思维过程的人。根据笔者的研究，与"创造过程"有关的最初的英文文献出自托马斯·特洛华（Thomas Troward，1847—1916）之手。特洛华原在英属印度当法官，退休以后从事比较宗教学的研究和写作。1910年，他出版了《个人的创造过程》一书[19]，从而使自己的名字留在了创造学研究的历史之中。当然，特洛华虽然开创造过程研究之先河，但研究的深度不及沃拉斯也是事实。

沃拉斯的"创造过程四阶段论"对后人有很大的启发。在这以后，有不少学者就创造过程提出了自己的观点，少的分为"三阶段论"，多的分为"八个阶段"。下面来介绍美日两国最具代表性的观点。

头脑风暴法的发明人阿列克斯·奥斯本（Alex F. Osborn,1888—1966）和其合作者西德尼·帕内斯（Sidney J.Parnes, 1922—2013）提出了"七阶段论"：即"定方向""准备""分析""设想""酝酿""综合""评价"。[20]

日本创造学家、KJ法发明人川喜田二郎（Jiro Kawakita, 1920—2009）则提出了"八阶段论"：即"定题目""信息的数据化""数据的卡片化""给卡片定小标题""给卡片群定标题""分类""关联图""成文化"。这也是KJ法的实施程序。[21]

笔者将以上两种观点和沃拉斯的观点做一比较后，发现了一些相似点和不同点（详见表11-1）。即奥斯本和帕内斯以及川喜田都认为，在准备之前，应该明确方向，也就是定课题。奥斯本和帕内斯把酝酿放在分析和设想之后，那就是说，他们所指的酝酿，是对所提出的设想进行判断时遇到了阻碍，一时拿不定主意，是为了做出正确的判断而设计的间隙期。而川喜田则不设酝酿期，那是因为KJ法的实施过程是一个连续的过程，中间没有休息的缘故。此外，沃拉斯"四阶段论"中最重要的顿悟期在其他两种观点中看不到，这可以理解为其他两种观点基于操作性较强的创造技法。换言之，也许奥斯本、帕内斯和川喜田都相信，只要按他们设计的程序展开，类似于灵感的东西自然会出现。

最后，相对于沃拉斯的"验证"，奥斯本、帕内斯的观点是"评价"，这可以说没有本质上的差异。而川喜田的观点则是"关联图"和"成文化"，也就是说，在KJ法中，能画出关联图并将整个过程用文章表现出来的话，那么目的就已经达到，而不需要重新验证。

表 11-1　与创造过程有关的观点比较

沃拉斯	奥斯本、帕内斯	川喜田二郎
①准备	①定方向	①定课题
	②准备	②信息的数据化
②酝酿	③分析	③数据的卡片化
	④设想	④给卡片定小标题
③顿悟	⑤酝酿	⑤给卡片群定标题
	⑥综合	⑥分类
④验证	⑦评价	⑦关联图
		⑧成文化

世界上第一个开设"创造过程"讲座的是美国犹他大学的英语教授布鲁斯特·基瑟林（Brewster Ghiselin，1903—2002）。早在1940年代中叶，他就开始讲授这门课，还在1953年举办了以"创造过程"为主题的学术讨论会。[22]

四、创造力

就创造力来说，其实也是不太容易理解的，有必要分解成具体的能力。根据笔者的研究，创造力主要包括五种能力，即设想能力、想象能力、企划能力、设计能力和表现能力。各种能力的含义如下：

设想能力——即产生各种创意的能力。

想象能力——即在心中推测未知事物的能力，或者是在心中描述现实生活中不存在的事物的能力。

企划能力——即为开展某一活动而做出周密的安排的能力。

设计能力——即从实用出发完成某个造型作品的能力。

表现能力——即将心理、感情、精神层面的东西外在化，使其可视化的能力。

当然，对于从事某个特定工作的人来说，创造力就不局限于以上五种能力。例如，对于公司的高级管理人员来说，其创造力就更多地通过领导力来加以体现；对采购员来说，交涉力就成了创造力的代名词；而企业在评价一个安保员的创造力时，显然重视其应对突发事件时的判断力和行动力。所以，创造力不会是某一种单独的能力，而是各种能力的综合，上述五种能力只是其中具有代表性的能力。

现实生活中，像达·芬奇、爱因斯坦那样各种能力都很出色的人才（俗称天才）固然有，但非常稀少。根据美国心理学家吉尔福特（Joy Paul Guilford, 1897—1987）的研究，这样的人才全世界只有全人口的百万分之二[23]。也就是说，每一百万人口中只有两个这样优秀的人才，而几乎所有的人都是某些能力相对较强，其他的能力则相对较弱。正是因为相对较弱的方面的存在，就有必要通过教育或培训来加以发展，这是创造力开发的理论依据。

五、创造思维

无论哪种能力，是否能形成创造过程产生创造成果，都与创造思维有关。下面对此做些探讨。

1950年以前，关于创造思维的研究基本上停留在个人的水准。根据笔者的研究，世界上第一个提出"创造思维"这一概念的是美国罗切斯特大学的俄廖特·哈廷森（Eliot Dole Hutchinson）。1931年，他在《心理学纪要》上发表的论文"创造思维研究的素材"成了世界上第一篇有关创造思维研究的文献[24]。但是，或许是因为领先于时代的缘故，哈廷森的研究深度毕竟有限。

1950年以后，以吉尔福特为代表的美国心理学界出现了研究创造性的热潮。吉尔福特本人一直在研究人的智力因素，关注创造性以后，就在研究与创造性关系密切的智力因素，其结果就是发散思维（Divergent Thinking）和收敛思维（Convergent Thinking）这些概念的问世。

所谓发散思维（也称扩散思维），指的是当遇到某个问题时，不是追求唯一的解，而是尽可能多地寻求各种可能性的思维方式。这种思维方式未必马上解决问题，但能为最终解决问题提供各种线索。与此相对，当面对众多的可能性时，通过层层收敛，排除不完善的方案并导出最佳解决方案的思维方式就是收敛思维（也称集中思维）。运用收敛思维导出最佳解决方案的可能性大，但是费时，而且，万一弄错方向，就容易陷入死胡同。

与发散思维关系密切的是直觉思维。直觉思维指的是通过人的五感来思考，其结果未必合理，但是有可能在短时间内找到问题的要点。与此相对，运用自然法则、原理、社会常识等思考问题的就是逻辑思维。逻辑思维具有严密性，一旦获得解决方法，其结果必然是科学的，可以信赖的。但是，对于现实生活中遇到的许多不合逻辑的现象，逻辑思维往往难以发挥作用。

对创造思维做出科学解释的另一个依据是大脑半球理论。人的大脑分为左半球和右半球，左半球掌控人的语言、计算等功能，通常称为优势半球；右半球掌控人的音乐、图像识别等功能，通常称为劣势半球。但是，日本脑科学家角田忠信教授通过研究发现，对于外部刺激，脑半球的功能因人而异。例如，对于哭声、笑声、叹气声等感情声，动物的鸣叫声和日本乐器的声音，日本人是左半球掌控的，而西欧人是右半球掌控的。在语言方面，日本人对元音和辅音的掌控都在左半球，而西欧人则是含有辅音的音节由左半球掌控，持续元音则由右半球掌控。如图 11-2 所示。

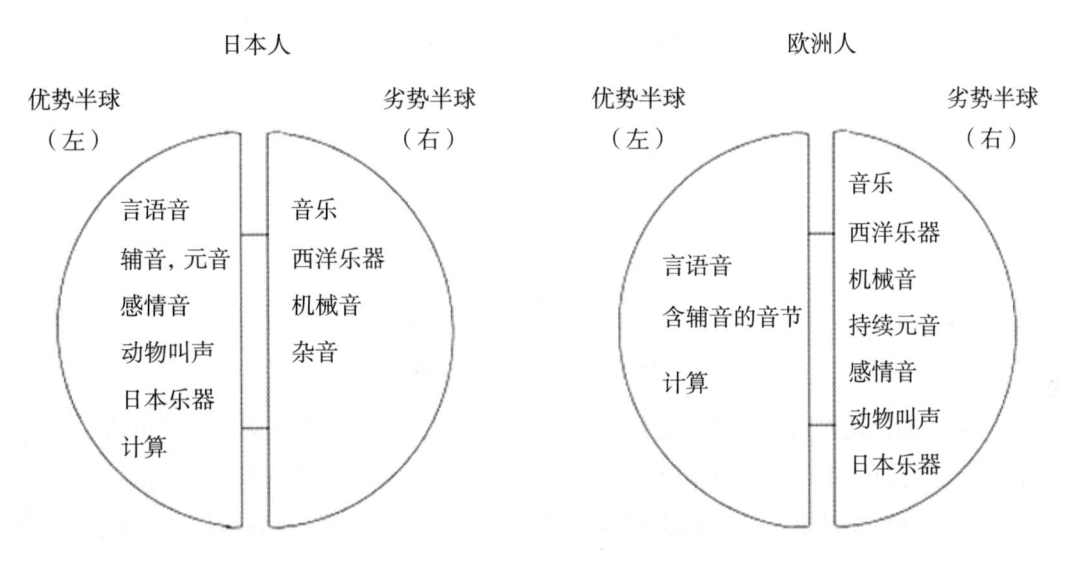

资料来源：日本创造学会编（1983）：《创造性研究 1》，共立出版第 69 页.

图 11-2　日本人与欧洲人的脑功能的比较

角田教授的主要研究对象是日本人，所以我们无法得知中国人的脑功能是否也是这样。但是，从脑科学理论中笔者学到了两点知识：一是称左半球为逻辑脑、右半球为感情脑的说法是可信的；另一个是人的思维活动有时集中在左脑，有时集中在右脑。由此可以得出一个推论，既然创造思维是逻辑思维和直觉思维的综合，偏向某一方都会成为半脑思维，所以必须发挥两个半球的作用。也就是说，创造思维是全脑思维的结晶。

需要指出的是，由于传统的智力测验期待的是正确的回答，而且往往只有一种正解，所以只能测试人的收敛思维和逻辑思维的能力，而不能测试人的发散思维和直觉思维的能力。关于创造力测验，将在后面进行论述。

六、研究创造学的意义

以上我们探讨了创造性、创造力、创造人格、创造思维等与创造学研究有关的一系列概念,笔者将他们之间的关系进行了一番梳理并作了图示(见图11-3),也许有利于读者理解。

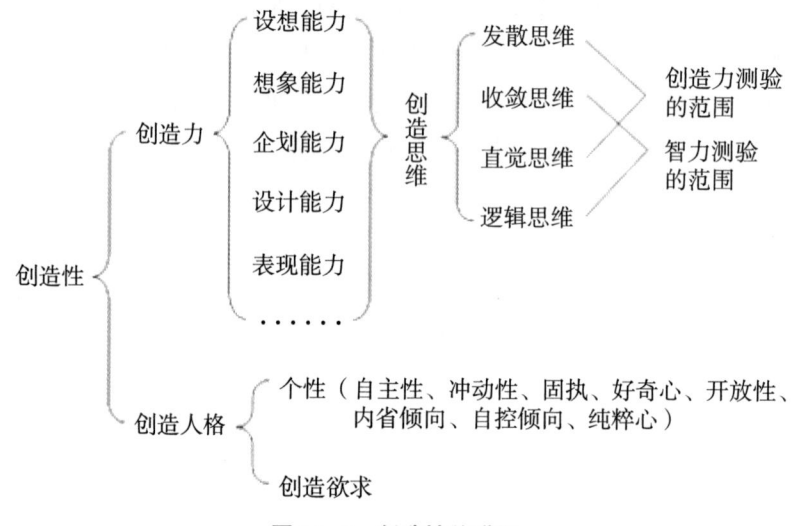

```
                     ┌ 设想能力 ┐      ┌ 发散思维 ┐
                     │ 想象能力 │      │ 收敛思维 │── 创造力测验
              ┌ 创造力┤ 企划能力 ├ 创造思维┤          ╳   的范围
              │      │ 设计能力 │      │ 直觉思维 │── 智力测验
              │      │ 表现能力 │      └ 逻辑思维 ┘   的范围
      创造性 ─┤      └ ……     ┘
              │
              │       ┌ 个性(自主性、冲动性、固执、好奇心、开放性、
              └ 创造人格┤       内省倾向、自控倾向、纯粹心)
                      └ 创造欲求
```

图11-3 创造性关联图

从上面的论述得知,创造学是研究人的创造性的学问,属于人文科学的范畴。但是,人的创造性与所在的环境密切相关,这种环境包括家庭环境、学校环境、组织环境和社会环境,这就涉及社会,属于社会科学的范畴。如果把创造思维与脑科学的研究,尤其是近年来国内外对人工智能的研究也考虑在内,那么,又属于自然科学的范畴。所以,说创造学是一门跨学科的学问一点也没错。

那么,创造学能给我们带来什么?也就是说研究创造学有什么意义?对此,笔者的回答是"无论从社会水准还是个人水准上来说都很有意义"。

首先,从社会水准上来说,大到国家,小到家庭,都可以视为社会水准。如果中国人民的创造性得到充分的发挥,就会诞生更多更好的创造成果,有助于提高国家的竞争力。如果一个企业的员工的创造性得到充分的发挥,就会开发出更多更好的新产品,提供更好的服务,为社会创造更多的财富,实现可持续的发展。如果一个家庭的成员的创造性得到充分发挥,就会减少矛盾,增加乐趣,过上幸福美满的生活。

其次,从个人的水准上来说,当自己的创造性得到发挥时,就会消除自卑感,增强自信心,勇于挑战,使自己的潜在能力得以发展。如果自己的创造性被周围的人认可的话，更会产生成就感和自豪感。这种成就感和自豪感对个人的发展来说极为重要。一个小学生第一次举手回答老师的问题后，如得到老师的鼓励或表扬，下次就会积极地举手。一个尚未走出校园的大学生，拿到一个社会调研的课题后不知所措，这时导师如及时指导并帮助学生迈出第一步的话，毕业以后，这个学生就不会对社会调研感到恐惧。下面来举一个例子。

笔者在国内的大学任教时，曾要求选修我的课程的全体学生分组去调研一家外资企业，每个小组的成员不能超过4人，而且不能走马看花，要与所调研外企的高管面谈并合影留念，以此作为调研的依据，三个星期以后在班上汇报。课题一宣布，顿时引来嘘声一片，大家都说太难了，做不到。我说是有点难的，但正因为一个人难做到，所以才让你们分小组，4个人的力量合在一起，那就一定能做到。然后，指导学生如何自我介绍，如何让对方认识到接受学生访谈的价值。结果如何呢？三星期以后，每个小组都完成了课题，有的去了家乐福的超市，有的去了麦当劳的门店，还有的去了东芝的合资企业，而且都和高管（如店长、部门经理、人事部长、总经理）进行了面谈和留影。汇报时，个个都像生龙活虎似的，神采奕奕，脸上充满自信。很显然，这是学生们的成就感和自豪感的体现。而对笔者来说，则是又一次验证了创造教育的效果，因为我深知创造力开发的各种原则。

第一个原则——创造性的普遍性原则。

从前，谈到创造性，都有一种神秘感，认为那是天才们的专利，与己无关。但是，经过创造学家们的大声疾呼，这种神秘感已经被打消。但是，对于普通人是否具有创造性还是存在不同的看法。例如，笔者在为通用电气公司亚洲区的高管们做创造学讲座时，曾问他们是否认为每一个员工都具有创造性，大约30个人的会场中有二三个人明确持否定的意见，即不认为每一个员工都具有创造性。这是不正确的。国内外的创造学研究者都有一个共同的认识，那就是"人人都有创造性"，这是前提，是一个普遍性的原理。我国近代教育家陶行知（1891—1946）先生曾说过，"人人是创造之人"[25]。当然，根据对社会的影响程度，创造性会有不同的层次。所以，正如本章开头所说的那样，在美国，就有不少学者把社会水准的创造性命名为"Big Creativity"（大C），而把个人水准的创造性命名为"Littele creativity"（小c）[26]。用中国话来说，就是"大创造"与"小创造"。这种分法未必严谨，但还是有一定的道理的。

第二个原则——创造性的可开发原则。

在明确人人都有创造性以后，就要考虑这种创造性能否发扬光大，虽然我们说人人都有创造性，只是程度不同而已。但是，创造性又因人而异，有的已经通过各种方式表现出来，有的则尚未表现出来，即潜在的创造性。那么，我们该如何对待呢？

美国创造教育家托伦斯教授曾经向学者们提出一个尖锐的问题，"创造性能否培养？"[27] 因为学术界也有这样的认识，认为创造性是天生的，不能培养只能发现。作为一位教育家，托伦斯教授始终认为创造性可以培养，他几十年如一日，在创造教育领域开展研究和实践，取得了辉煌的成就。

创造性开发的途径有两个：一是他人开发，即在他人的指导下学习和工作。在学校接受教育和在工作单位接受培训，都是他人开发。除了这些有组织的活动以外，小孩在家长的指导下或是通过家教、校外的培训班等学习知识和特技，也都属于他人开发。第二个途径是自我开发，即对自己的知识和能力有充分的认识，有意识地去学习、锻炼、实践、挑战，掌握更多的知识并使某种能力得以发展，所谓自学就是典型的自我开发。相对于他人开发，自我开发是一个漫长的过程，需要很大的毅力，有时还是很痛苦的，对心理素质有很高的要求。

第三个原则——创造性的环境原则。

每个人都处在一定的环境之中，环境有自然环境、社会环境、人文环境之分。自然环境与人的身体健康密切相关，如生活在空气新鲜、水质良好、无公害污染的地方，人们的心情会感觉舒畅，也就容易产生创造欲求。与此相反，雾霾、废气、噪音频繁的地方，人们的心情会变得烦恼，也就容易压抑创造欲求。

社会环境包括家庭环境、学校环境、工作环境、社区环境等多个方面。一个生活在尊老爱幼、充满关爱的和睦家庭中的人，从事创造活动并取得成就的可能性就要比生活在整天吵吵闹闹的非和睦家庭的人来得大。学校环境的好坏对一个人的发展来说极为重要，在具有良好的教学设备和优秀的师资的学校中接受教育的人，从事高水平的创造活动的可能性要比不具备这些条件的学校来得大。这也是人们为什么千方百计想让自己的孩子从小就在当地最好的幼儿园、小学、中学接受教育，长大以后又能进入全县（区）、全省（市）乃至全国最好的学校接受教育的原因。工作环境是对社会人而言的，良好的工作环境有多个方面，例如，工作单位有发展前途，激励制度公平透明，报酬体系合理，领导人开明，人性化管理，人际关系融洽，硬件设施充足，等等。社区环境包括整洁、卫生、绿化、安全、互助、便民、公共设施、物管、生活成本等多个方面。上述各种环境中的每一个方面，都会影响到人的创造性的发挥。

但是，由于我们不是生活在真空中，每时每刻都会受到来自外部环境的各种各样的影响，要想使外部环境都达到极致化是不可能的，所以就需要努力。对个人来说，能通过个人的努力加以改善的，就应该积极地去做，如家庭中的互敬互爱、工作单位里的人际关系、周围环境的清扫和保持整洁，等等。而对于个人无法改变的环境，那就只能调整心态去适应，只有尽快适应环境的人，才会比别人有更多的创造机会和获得成功的可能性。

注

[1] 本书中所涉及的学者的头衔均以论文或著作出版时为准。

[2] E P Torrance. Developing Creative Thinking Through School Expetiences[M]//Sidney J. Parnes, Harold F. Harding. A Source Book for Creative Thinking. New York: Charles Scribner's Sons, 1962: 32.

[3] H Gardner. To Open Minds[M]. New York: Basic, 1989: 14.

[4] Morris Stein. Stimulating Creativity[M]. Cambridge: Academic Press, 1975: xi.

[5] ＡＨマズロー．創造の人間[M]．佐藤三郎，佐藤全弘，訳．東京：誠信書房，1972: 159.

[6] 见注[5]第158-159页．

[7] A H Maslow. A Holistic Approach to Creativity[M]//Calvin W. Taylor. Clomate for Creativity. Oxford: Pergaman Press, 1972: 288.

[8] 摘自2003年10月14日怕内斯教授给笔者的邮件。

[9] Perry M Norling．デュポン社：創造性とイノベーションセンターでの教訓[J]．技術と経済，2001（08）：11.

[10] ＪＷエーフ．創造性と新技術の開発[M]．片方善治，監訳．東京：ラテイス1969：6.

[11] 久米是志．昨日の私に今日は克つ[J]．未来教育，2003，1（1）：14.

[12] 湯川秀樹．創造の人間[M]．東京：筑摩書房，1966: 177.

[13] 恩田彰．創造性開発の研究[M]．東京：恒星社厚生閣，1980: 3.

[14] "犹他会议"的全称是"全国创造性科学能力鉴定会议"，由美国科学基金会提供赞助，始于1955年，其召集人是犹他大学教授卡尔文·泰勒（Calvin W. Taylor）。由于最初的三次会议都在犹他大学召开，通称"犹他会议"。至1975年，"犹他会议"共召开过10次，是美国创造学历史上的盛会。

[15] カルビン・Ｗ・テイラー，フランク・バロン．創造性の能力と規準[M]．佐藤矩方，訳．東京：ラテイス，1969: 403-415.

[16] T Z Tardif, R J Sternberg. What do Know About Creativity?[M]//R.J. Sternberg. The Nature of Creativity. Cambridge: Cambridge University Press, 1988: 429-440.

[17] Kaufman, J C, Beghetto, R A. Beyongd Big and Little: The Four C Model of Creativity[J]. Review of General Psychology, 2009，13（1）．1-12.

[18] Graham Wallas. The Art of Thought[M]. New York: Harcourt, Brace and Company. 1926.

[19] Thomas Troward. The Creative Process in the Individual[M]. London, Stead, Danby,and co. 1910.

[20] Sidney J. Parnes. Source Book for Creative Problem-Solving[M]. New York: Creative Education Foundation Press, 1992: 64.

[21] 高橋誠. 新編創造力事典[M]. 東京：日科技連, 2002: 348-349.

[22] 见 [15], ⅲ.

[23] J P Guilford. Creativity[J]. The American Psychologist, 1950:.5, 444.

[24] Elot Dole Hutchinson. Materials for the Study of Creative Thinking[J], Psychological Bulletin, 1931:28, 392-400.

[25] 华中师范学院教育科学研究所. 陶行知全集·第三卷[M]. 长沙：湖南教育出版社，1985:484.

[26] 如 Runco, M.A. Big C,Little c" Creativity as a False Dichotomy: Reality is not Categorical[J]. Creativity Recearch Journal, 2014: 26（1）, 131-132.

[27] E P Torrance. Can we teach children to think creativily?[J]. Journal of Creatuve Behavior, 1972: 6（2）, 114-143.

本章主要参考文献

[1] E P Torrance. Developing creative thinking through school expetiences[M]//Sidney J. Parnes, Harold F. Harding. A Source Book for Creative Thinking. New York: Charles Scribner's Sons, 1962.

[2] Sidney J Parnes, Harold F Harding. A Source Book for Creative Thinking[M]. New York: Charles Scribner's Sons, 1962.

[3] H Gardner. To open minds[M]. New York: Basic, 1989.

[4] Morris Stein. Stimulating Creativity[M]. Cambridge: Academic Press, 1975.

[5] A H Maslow. A Holistic Approach to Creativity[M]//Calvin W. Taylor. Clomate for Creativity. Oxford: Pergaman Press, 1972.

[6] Perry M Norling. デュポン社：創造性とイノベーションセンターでの教訓[J]. 技術と経済, 2001-8.

[7] J W エーフ. 創造性と新技術の開発[M]. 片方善治, 監訳. 東京：ラテイス

1969.

[8] 久米是志. 昨日の私に今日は克つ [J]. 未来教育, 2003: 1（1）.

[9] 湯川秀樹. 創造的人間 [M]. 東京：筑摩書房 1966.

[10] 恩田彰. 創造性開発の研究 [M]. 東京：恒星社厚生閣, 1980.

[11] カルビン W テイラー，フランク バロン. 創造性の能力と規準 [M]. 佐藤矩方, 訳. 東京：ラテイス, 1969.

[12] R J Sternberg. The Nature of Creativity[M]. Cambridge: Cambridge University Press, 1988.

[13] Kaufman, J C, Beghetto, et al. Beyongd Big and Little: The Four C Model of Creativity[J]. Review of General Psychology, 2009, 13（1）：1-12.

[14] Graham Wallas. The Art of Thought[M]. New York: Harcourt, Brace and Company, 1926.

[15] Thomas Troward. The Creative Process in the Individual[M]. London, Stead, Danby,and co, 1910.

[16] Sidney J. Parnes. Source Book for Creative Problem-Solving[M]. New York: Creative Education Foundation Press, 1992.

[17] 高橋誠. 新編創造力事典 [M]. 東京：日科技連, 2002.

[18] J P Guilford. Creativity[J]. The American Psychologist, 1950（5）：444-454.

[19] Elot Dole Hutchinson. Materials for the Study of Creative Thinking[J], Psychological Bulletin, 1931（28）：392-400.

[20] 华中师范学院教育科学研究所. 陶行知全集·第三卷 [M]. 长沙：湖南教育出版社, 1985.

[21] Runco, M A. "Big C, Little c" Creativity as a False Dichotomy: Reality is not Categorical[J]. Creativity Recearch Journal, 2014, 26（1）：131-132.

[22] E P Torrance. Can We Teach Children to Think Creativily?[J]. Journal of Creatuve Behavior, 1972, 6（2）：114-143.

[23] 日本創造学会. 創造性研究 1 [M]. 東京：共立出版, 1983.

第十二章　创造学研究的发展阶段与研究方法
（The Developmental Stages and Research Methods of Creative Studies）

一、创造学研究的发展阶段

　　一门学科的诞生是在已有学科的基础上逐渐发展而成的，需要漫长的时间，正如心理学、逻辑学、伦理学等很多学科源自哲学那样，开始都属于哲学的研究范畴，当某个研究领域受到关注，具有相同志向的研究者越来越多以后，就容易派生出新的学科。这一点，我们可以从西方国家的博士学位中得到印证。无论是欧洲还是北美，博士通常都称之为"Ph.D."，它是"Philosopy of Doctor"的简称，即"哲学博士"。但是我们知道，在中国和日本，博士学位都按学科划分，如"法学博士""医学博士""文学博士"，等等。

　　那么，创造学始于什么时候呢？对此国际创造学界并无定论，尤其在欧洲，存在各种观点，有的以英国遗传学家弗朗西斯·高尔顿（Francis Galton, 1822—1911）为始祖；有的崇尚达·芬奇（Leonardo da Vinci, 1452—1519）并建议将每年的4月15日定为欧洲的"创造日"，因为这天是达·芬奇的诞生日；更有甚者，将研究的起源追溯到古希腊的亚里士多德（Aristotélēs，公元前384—前322）时代，认为亚里士多德对逻辑思维的研究是人类史上与创造有关的最古老的研究。对于这样的观点，笔者总觉得太牵强附会，缺乏说服力。不然的话，中国学者也完全可以拿老子的《道德经》为例，主张中国的创造学源于老子了，因为《道德经》的语言实在精辟，包罗万象，无论从天地自然，还是人生哲理上去评价，都可以视为绝无仅有的伟大创造。

　　在美国，比较多的观点倾向于高尔顿。如1999年出版的《创造性百科全书》[1]的附录1"创造性主要思想与文献年表"中，就将高尔顿的《遗传的天才》列为第一部与创造学研究有关的重要著作。[2]但是，如果我们把创造学视为遗传学的一个分支的话，这样的说法还有一定的道理，不然的话，那就毫无意义。因为高尔顿对遗传学的贡献已是不容否认的事实。所以，笔者一贯认为创造学始于高尔顿的说法不合适。那么，有没有更可靠的事实依据呢？这是笔者一直在探究的问题。

下面我们先来看看创造学历史上最著名的一篇论文，即 1950 年 10 月发表在《美国心理学家》杂志上的"创造性"一文[3]，作者是南加利福尼亚大学教授吉尔福特（J.P.Guilford，1897—1987），当时他还是美国心理学会会长，此文以 1950 年 9 月 5 日于芝加哥大学召开的年会上的会长讲演为基础。

在此文中，吉尔福特指出：

"心理学家对这个主题的忽视令人惊讶，这是一个毋庸置疑的事实。但是，直到最近，我并不清楚被忽视到什么程度。为了获得更准确的数据，我查阅了《心理学文摘》自创刊以来的所有文献索引，发现在过去 23 年中，大约有 121000 个文献被列入其中，而与'创造性'有关的文献，包括创造性、想象力、独特性、思维以及与此有关的测验在内，总共只有 186 个。换言之，在过去大约四分之一的世纪中，被《心理学文摘》所收入的与创造性有关的著作和论文的总数还不到万分之十六，而且其中能提高我们对创造活动的理解或控制的也很少。在这一时期中，出版了大量的普通心理学教科书，而设一个章节论述创造性的却只有两种。"[4]

由此可知，1950 年以前，美国心理学界对创造性这个主题确实不太关注，有价值的文献也非常少，被后人所引用的就更少。在吉尔福特教授的论文中，被列入"参考文献"的有 15 种，包括 6 部著作、8 篇论文和 1 部学学术会议论文集。在对这些文献进行检索后，笔者发现年代最古老且与创造力关系最密切的是 1931 年发表在《心理学纪要》第 28 卷上的"创造性思维研究的素材"一文[5]，作者是美国罗切斯特大学的俄廖特·哈廷森（Eliot Dole Hutchinson）。于是，笔者又从大学的书库中找出这篇论文来阅读，发现它很有历史价值，能帮助我们进一步了解 20 世纪 30 年代以前的研究。

在这篇论文中，哈廷森从哲学、文学创作、直觉、科学与发明、天才、艺术、想象与分离、其他等八个方面考察了与创造性有关的研究，总共考察了 152 篇文献，最早的英语文献始于 1906 年，是法国心理学家忒阿杜勒·利博（Théodule Ribot，1839—1916）"创造性想象"一文的英译版，而法文版原著则发表于 1900 年。但是，笔者仔细阅读以后发现，哈廷森论文所涉及的所有文献的题目中都不包含"创造性"（Creativity）这个关键词，而只有"创造的"或"创造性的"（Creative）一词，如"创造性想象力"（Creative Imagination）、"创造的进化"（Creative Evolution）、"创造的大脑"（Creative Mind）、"创造性智力"（Creative Intelligence），等等，由此表明当时的研究停留在外围阶段，还没有就"创造性"这个主题开展正面研究。在"天才"这一节中，哈廷森也没有涉及高尔顿的研究，间接地印证了笔者的观点。

哈廷森论文给笔者的启示是利博的研究，即 1900 年前后，法国心理学界开始研究创造性想象力。这以后，笔者通过其他文献的检索，证实了利博是世界上第一个关注创造性想象力的学者。这就是说，创造学研究的起源，不会早于20世纪。有了这样一个假说以后，笔者就将注意力集中在1900年至1949年之间，并视其为创造学研究的萌芽阶段。为什么没有将时间分到1950年呢？ 如上所说，由于美国心理学会会长吉尔福特的大声呼吁，心理学界、教育界、企业界开展创造力的理论研究和实践的人越来越多，对整个学术界产生了重要的影响，所以笔者将1950年至1967年视为创造学研究的发展阶段。1968年，纽约州立大学布法罗学院任命西德尼·帕内斯为创造学教授（Professor of Creative Studies），以此为标志，创造学研究开始进入专业化的轨道，所以笔者将1968年以后称之为专业化阶段。20世纪90年代以后，创造学研究更接近社会改革创新、环境保护、经营管理等众多领域，所以笔者称之为多样化阶段。必须指出的是，各个阶段的划分是以某个重大事件为标志，并不能包含全部，而且各个阶段之间的边界也是相对而言的，不能作精确划分。

1976年，美国休·斯普林公司出版了一本由康涅狄格大学医学院精神医学教授阿尔伯特·罗森博格（Albert Rothenberg）和耶鲁大学医学图书馆馆长贝特·格林伯格（Bette Greenberg）合编的书，书名叫《创造性科学文献索引：综合篇1566—1874》（以下简称《创造性文献索引》）[6]。全书收录了400多年间全世界出版的西语文献中与创造性有关的文献索引，共6,823条，按"一般性解释""创造性与心理学""发展研究：儿童、学龄与学年、生命周期、老年""美术创造性""科学创造性""工业与商业中的创造性""女性的创造性""教育促进创造性"等8个领域分类，对创造学研究者来说是非常有价值的历史文献。

其中，最古老的文献是1566年在西班牙出版的《关于天才的科学研究》一书，作者是西班牙物理学家和心理学家圣胡安（J. Huarte de San Juan，1529—1588）。[7]但是，由书名可知，这是对天才人物的研究，没有直接论述创造性。

1608年，与"想象力"有关的文献问世，即托马斯·费奴斯（Thomas Fienus）的拉丁文著作《想象力研究》[8]，这是世界上第一部研究想象力的书，按理它对后来的研究者应很有参考价值。但是根据笔者的研究，20世纪以来几乎没有人提及这一文献，也许是因为原版为拉丁文的缘故。但是，大约300年以后，当法国心理学家忒阿杜勒·利博于1900年出版了《漫谈创造性想象》[9]以后，情况发生了很大的变化，可谓拉开了创造学研究的序幕。利博是法国哲学家和心理学家、巴黎大学教授（1888—1901），1876年创办《哲学评论》杂志并长期担任主编，被誉为法国心理学的鼻祖。他的书被译成了多种文字出版，除了上面提到的英文以外，在日本的国会图书馆，也能找到7种译本。

1708年，伦敦的约翰·怀亚特出版社出版了一本书，书名叫《灵感随笔》[10]，作者是本杰明·贝利（Benjamin Bayly，1671—1720）牧师，这是关于"灵感"的最早的著作。

在《创造性文献索引》中，与创造学研究关系密切的"关键词"，1900年以前出现的只有4个，除了前面提到的"天才"（1566年）、"想象力"（1608年）、"灵感"（1708年）以外，还有一个是"个性"，也是由法国心理学家利博首先提出，最早出现在他于1885年出版的《个性疾病》[11]一书中。在这以后，现代创造学研究中的核心概念，如"独创性"（Originality），（1910年首次出现在法文版杂志《心理学文档》[12]，作者是Pierre Bovet）、"创造性"（1909年首次出现在德文《美学杂志》[13]中，作者是J.K. Kreibig）、"创造过程"（1910年首次出现在托马斯·特罗华的《个人的创造过程》[14]一书中）、"创造性思维"（Craetive Thinking）（1931年首次出现在英文《心理学公报》[15]中，作者是E.D. Hutchinson）等，都是在1900年以后问世的，所以，将1900年视为创造学研究的起点是有根据的。

表12-1是笔者根据《创造性文献索引》绘制的与创造学研究关系密切的"关键词"的问世年表。迄今为止，笔者没有见过任何类似的研究。有必要指出的是，笔者不认为此书的索引绝对准确，因为笔者曾在其他文献中发现了否定此书观点的证据。例如，对于"个性（Personality）"一词，《创造力文献索引》收录的最早的文献是1902年意大利的Manicomio出版社出版的 Invention and personality（《发明与个性》）一书，作者是弗朗切斯科·格雷科。但是，笔者在考证利博的生平时发现他的关于个性的著作更早，所以就以后者为依据。同样，关于"Creative Education"（创造教育）一词，《创造性文献索引》收录的最早的文献是1936年英国教育家和心理学家奥利弗·惠勒（Olive A. Wheeler, 1886—1963）的《创造教育及其未来》[16]。但是，笔者通过大英图书馆的数据库以及日本国立情报学研究所的相互利用检索系统发现，美国生物学家和地质学家亨利·奥斯本（Henry F. Osborn, 1857—1935）的《大中学校和博物馆的创造教育》一书更早，出版于1927年[17]，可见《创造性文献索引》并不全面。但是，从总体上来说，《创造性文献索引》还是很有价值的。不过，这还仅限于西语文献，如扩大至东方文献，又是另一种情况。因为根据笔者的研究，日本教育家千叶命吉（Meikichi Chiba, 1887—1959）于1919年出版的《创造教育的理论与实际》[18]才是世界上第一本创造教育专著，详细内容将在第18章中论及。

美国创造学家西德尼·帕内斯曾对创造学研究的历史做了五个阶段的划分[19]。

第一阶段：20世纪40年代——黑暗中呐喊期；
第二阶段：20世纪50年代——希望和预感期；
第三阶段：20世纪60年代——研究和报告期；
第四阶段：20世纪70年代——广范围应用期；
第五阶段：20世纪80年代——主流层应用期。

表 12-1　创造学研究关键词年表

关键词	问世年	著者
天才（Genius）	1566	Juan Huarte de San Juan
想象（Imagination）	1608	Thomas Fienus
灵感（Inspiration）	1708	Benjamin Bayly
个性（Personality）*	1885	Théodule Ribot
创造性想象（Creative Imagination）	1900	Théodule Ribot
能力（Talent）	1907	Otto Weininger
创造性（Creativity）	1909	J. K. Kreibig
独特性（Originality）	1910	Pierre Bovet
创造过程（Creative Process）	1910	Thomas Troward
创造才能（Creative Ability）	1920	C. H. Young
创造精神（Creative Mentality）	1920	Teresa Labriola
创造功能（Creative Function）	1921	J.K. Von Hösslin
创造幻想（Creative Fantasy）	1922	Richard Müller-Freienfels
创造欲望（Creative Desire）	1922	Cavendish Moxon
创造元素（Creative Element）	1923	Gregor Paulsson
创造教育（Creative Education）*	1927	Henry F. Osborn
直觉（Intuition）	1928	J. H. Leuba
创造头脑（Creative Mind）	1930	Charles E. Spearman
创造思维（Creative Thinking）	1931	E. D. Hatchinson
创造人格（Creative Personality）	1934	H. Vorwahl-Quakenbrück
创造工程（Creative Engineering）	1944	Igor Sikorsky
创造力测验（Creativity Test）	1959	L. W. Mosing
创造能力（Creative Talent）	1962	E. P Torrance
创造潜能（Creative Potential）	1963	E. P Torrance
创造经营（Creative Management）	1972	W. F. Saalbach

注：带 * 的出自其他文献。

帕内斯教授认为，黑暗中呐喊期的代表人物是头脑风暴法的发明人阿列克斯·奥斯本。当时，奥斯本已经认识到创造力的重要性并在积极地探索中，但是由于处在第二次世界大战的前期，研究的环境很差，充其量也就是在各种场合呐喊呐喊而已。

同时，帕内斯教授也指出，20世纪80年代的美国，有关创造力的研究已经在几乎所有的领域，如经营管理、产业、教育、政府部门以及日常生活中生根。

由于帕内斯教授经历了所有阶段，完全有资格对创造学研究的历史阶段进行划分。但是，帕内斯教授没有对20世纪50年代至20世纪70年代的特征做出说明，或许是因为他认为50年代以后的发展已经为大家所知而不必赘言的缘故。事实上，如上所述，自从1950年J.P.吉尔福特做了以"创造性"为主题的讲演以后，学术界和产业界都以极大的热情开展研究，人们勇敢地去揭开创造性的神秘面纱，希望对创造性有更多的了解，对其潜在的可能性充满期待，同时也预料到会有意想不到的结果。所以，称20世纪50年代为"希望和预感期"确实也有道理。

进入20世纪60年代以后，经过一段时间的研究，学者们都急于披露自己的研究成果并与同行们进行交流，于是，学术会议明显增多。学术会议多，发表的论文也就多，在此基础上，创造学专著的出版也逐渐增多，而专著的大量问世，又为在大学开设创造学课程创造了条件。所以，帕内斯教授将60年代概括为"研究和报告期"还是比较贴切的。

笔者认为，帕内斯教授称70年代为"广范围应用期"是基于这样的事实，即美国的创造学研究开始进入众多领域，除传统的心理学、教育学、经营管理学领域以外，还进入了脑科学、计算机科学、人工智能等自然科学领域。当时，尽管几乎所有的创造学家都不在其著作中涉及美国军队开展创造学的应用研究的情况，但笔者在研究中发现，美国空军很早就关注创造力开发的研究，并聘请著名的学者去进行指导，如约翰·阿诺德（John E. Arnold, 1913—1963）、吉尔福特、托伦斯等。由此可知，70年代的美国，创造学研究与应用已经涉及很大的范围。

二、创造学研究的方法

耶鲁大学教授罗伯特·斯滕伯格（Robert J. Sternberg）教授纵观创造学的历史以后，将创造学的研究方法归纳为七种，即神秘主义的研究方法、实用主义的研究方法、精神动力学的研究方法、计量心理学的研究方法、认知科学的研究方法、社会人格的研究方法和综合化研究方法。[20] 以下就此来做些解读。

神秘主义的研究方法来源于对上帝的信念，显然受到上帝创造世界的基督教教义的影响。运用这一方法研究创造学的人主张人的创造性由上帝所赐，是天生的，不可能开发。

基于这种观点的学者只研究达·芬奇、达尔文、莫扎特、牛顿等所谓的天才。其代表性学者是英国遗传学家高尔顿。在《遗传的天才》一书中，高尔顿写道："我确信如不具有极为出色的才能，谁都不可能博得非常高的声誉。长期以来，我有了一个信念，那就是具有这样出色的能力的人，为博得名声而失败的概率非常低。"[21] 在创造学的萌芽期，这样的主张很流行，但现在已经不适用。

实用主义的研究方法以美国应用心理学家阿列克斯·奥斯本的"头脑风暴法"、美国机械工程师威廉·高顿（William J. Gordon,1918—2009）的"综摄法"（Synectics）、英国医学家迪·博诺（Edward de Bono）的"水平思维"（Lateral Thinking）为代表，源自对创造技法的研究。采用这一方法的学者注重激发创造思维的创造技法的实用性，但疏于心理学的解释，因而遭到理论心理学的批评。尽管如此，由于关于创造性的理论心理学研究迟迟不见成果，实用主义的研究方法为多数学者和实践者所接受，现已形成最大的势力。也就是说，从事创造性开发的教育工作者和咨询业者已经不能忍受因为理论性解释不足而止步不前的局面。关于这一点，我们只要看看每年6月在美国召开的"创造性解题讲习会"（Creative Problem Solving Institute，以下简称CPSI）时，都有数百名爱好者从世界各地蜂拥而至的盛况就可以明白。CPSI始于1955年，由奥斯本创设的创造教育基金会主办，是世界最大的创造学研修场所。迪·博诺从70年代起在世界各地推广他首创的"水平思维"及其关联方法。1933年出生的迪·博诺虽然年事已高，但其影响力依然很大，2009年，德国创造学会曾授予他"创造奖"（CREO）。[22]

精神动力学的研究方法源自"创造性产生于意识和无意识之间的紧张"这一认识，其代表性学者是奥地利心理学家弗洛伊德（Sigmund Freud,1856—1939）。精神动力学的研究方法对某个时期的心理学研究有很大的影响，也给创造学研究带来了一些启示，但不是研究的主流。

计量心理学的研究方法源自美国心理学家吉尔福特的研究。他在心理学的因素分析研究中发现了两个与创造思维关系密切的因素，即发散思维（Divergent Thinking）和收敛思维（Convergent Tinking），而且，以测定人的智商为目的的传统的智力测验并不能测定发散思维能力，于是他开发了"创造力测验"。从吉尔福特的研究中得到启示的美国教育心理学家托伦斯进而开发了以自己的姓氏命名的"托伦斯创造思维测验"（Torrance Test of Creative Thinking, TTCT），推动了创造力测验的研究。

认知科学的研究方法是伴随计算机的普及而发展起来的，试图理解作为创造思维的基础的大脑的功能和活动过程。研究包括人的行为与计算机模拟，也包括与创造设想支持系统有关的研究。由于对大脑的研究还没有根本性的突破，认知科学的研究方法也存在很大的局限性。但是，最近对脑功能的研究尤其是人工智能（AI）的研究非常活跃，可望在不久的将来获得大的进展。代表性学者是提倡"生成探索模型"（Geneplore

Model）的芬克、瓦德和斯密斯（R.A. Finke，T.B.Ward & S.M. Smith），他们因 1996 年出版《创造认知》而受到关注。[23]

社会人格的研究方法源自以个性、动机、社会环境和文化环境为创造性的源泉的研究，其历史可以追溯到 20 世纪 50 年代。代表性学者包括马斯洛（Abraham H. Maslow, 1908—1970）、加州大学伯克利分校教授拜伦（Frank Barron, 1922—2002）、芝加哥大学教授契克森特米哈伊（Mihaly Csikszentmihalyi）、哈佛大学教授艾玛比尔（Teresa M. Amabile）等人，出版了很多论著。其中，艾玛比尔的观点已经成为一个共识，即"当人们不是从外部压力，而是从兴趣、乐趣、满足及挑战中产生动机时，就最具有创造性。"[24]

综合化研究方法是在其他研究手法遇到困境时出现的。由于其他研究方法侧重创造性的某一侧面，容易受挫，所以运用多种研究方法从各个侧面去研究的必要性由此产生。代表性学者是耶鲁大学教授斯滕伯格、哈佛大学教授伽德纳（Howard Gardner）。例如，20 世纪 90 年代后期，斯滕伯格和法国学者鲁巴特（Todd Lubart）倡导"创造性的投资理论"（Investment theory of Creativity），他们认为创造性源自六个要素，即智力、知识、思维方式、个性、动机和环境。[25] 这六个要素相异但又互相影响。至于创造性的投资理论，其主要观点是：创造型人才的行为与股票投资相似，他们买入一般人不看好的设想（低价购入），等到他人承认其价值时脱手（高价卖出），然后又对他人不认可的设想进行投资。

综上所述，笔者的研究最接近于综合化研究方法。多年来，笔者从企业创造力开发的研究，发展到创造经营论乃至创造经营学的研究，都与斯滕伯格和鲁巴特所说的六个要素密切相关。

虽然创造学诞生的初期，心理学家是主要的研究群体，但随着创造性的重要性被社会各界所认识，越来越多的学者和实践工作者加入了研究的队伍，这样就促进了创造学的发展，也使创造学逐渐成为一门交叉学科。

在上面提到的日本创造学会主办的研究会的讲演中，笔者还出示了一张图，简洁地概括了创造学研究的发展轨迹，现引用如下（见图 12-1）。在这张图中，x 轴表示对创造技法的关注，y 轴表示对人的心理和教育的关注，而 z 轴则表示对经营的关注。由此可知，创造学研究始于 20 世纪初的欧洲心理学界，由于心理学与教育学密切相关，很快就波及教育界，二者相辅相成，密不可分。与此同时，社会心理学家和应用心理学家则关注创造性思维并开发了许多旨在激发创造性设想的方法即创造技法，关注创造技法也是创造学研究的一大特色。另一方面，随着市场竞争的加剧，要想在激烈的竞争中求得生存与发展，企业创造力开发已经从过去向一般员工和研发人员普及创造技法的层面，上升到经营管理尤其是最高经营的层面，也就是创造经营的阶段，所以 20 世纪 80 年代以后，无论在欧洲，美国，还是在日本，都出现了倡导创造经营的动向。

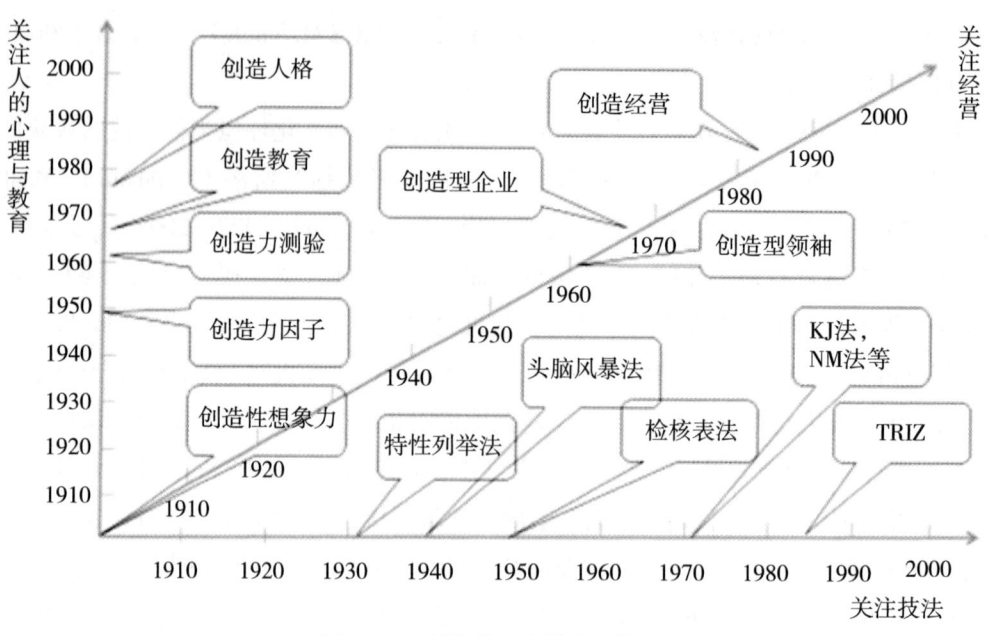

图 12-1　创造学研究的发展轨迹

注

[1] Mark A Runco, Steven R Pritzker. Encyclopedia of Creativity[M]. San Diego: Academic Press，1999.

[2] 见注 [1]，Volume 2, 第 751 页。

[3] J P Guilford . Creativity[J]. The American Psychologist. 1950（5）：444-454.

[4] 见注 [3] 第 445 页。

[5] Eliot Dole Hutchinson. Materials for the Study of Creative Thinking[J]. Psychological Bulletin，1931（28）：392-410.

[6] Albert Rothenberg, Bette Greenberg.Thr Index of Scientific Writings on Creativity, Genera: 1566-1974[M]. [S.I.]: The Shoe String, 1976.

[7] 见注 [6] 第 40 页。

[8] 见注 [6] 第 48 页。原文为 De viribus imaginationis tractatus。

[9] 见注 [6] 第 27 页。即 Théodule Ribot. Essai Sur l'Imagination CréAtrice[M]. Paris: Alcan，1900.

[10] 见注 [6] 第 3 页。Benjamin Bayly. Essay on Inspiration[M]. London: John Wyat，1708.

[11] Théodule Ribot. Las Maladies de la Personnalité [M[. [S.I.]:The Open Court Publishing Company，1885.

[12] 见注 [6] 第 51 页。Pierre Bovet. Originality and Banality in Collective Associative Experiences[J]. Archives De Psychologie, 1910（10）：79-83.

[13] 见注 [6] 第 17 页。J.K. Kreibig.A Contribution to the Psychology of Artistic Creativity[J]. Zeitschrift Für Asthetik, 1909（4）：532-558.

[14] Thomas Troward. The Creative Process in the Individual[M]. Londoa: Stead Danby, 1910.

[15] 见注 [5].

[16] Olive A Wheeler. Creative Education and the Future[M]. London: University of London Press，1936.

[17] Henry F Osborn. Creative Education in School, College, University, and Museum[M]. New York: Charles Scribner's Sons，1927.

[18] 千葉命吉. 創造教育の理論及實際 [M]. 東京：株式会社同文館, 1919.

[19] Sidney J Parnes.Creativite Problem Solving — How it Developed, Where We Stand and Where it Proceeds[M]//H.Geschka, S.Moger, T.Rickards. Creativity and Innovation : The Power of Synergy. Darmstadt: Geschka & Partner Unternehmensberatung, 1993: 115-116.

[20] Robert J Sternberg. Handbook of Creativity[M].Cambridge: Cambridge University Press, 1999: 3-15.

[21] M I Stein, S J Heinze. A Summary of Galton's Hereditary Genius[M]//P. E. Vernon. Creativity. London: Penguin Book, 1970: 20.

[22] 详见德国创造学会官网。

[23] Ronald A Finke, Thomas B Ward, Steven M Smith. Creative Congnition: Theory, Research, and Application[M]. Cambridge: MIT Press，1996.

[24] Beth A Hennessey, Teresa M Amabile. The Conditions of Creativity[M]//Robert J. Sternberg.The Nature of Creativity. Cambridge: Cambridge University Press, 1988: 11.

[25] Robert J Sternberg, Todd I Lubart. The Concept of Creativity: Prospects and Paradigms[M]//Robert J. Sternberg. Handbook of Creativity, Cambridge: Cambridge University Press, 1999:11.

本章主要参考文献

[1] Mark A Runco, Steven R Pritzker. Encyclopedia of Creativity[M]. San Diego: Academic Press，1999.

[2] J P Guilford . Creativity[J]. The American Psychologist，1950（5）：444-454.

[3] Eliot Dole Hutchinson. Materials for the Study of Creative Thinking[J]. Psychological Bulletin，1931（28）：392-410.

[4] Albert Rothenberg, Bette Greenberg.Thr Index of Scientific Writings on Creativity, GENERAL: 1566-1974[M]. [S.I.]: The Shoe String, 1976.

[5] Olive A Wheeler. Creative Education and the Future[M]. London: University of London Press，1936.

[6] Henry F Osborn. Creative Education in School, College, University, and Museum[M]. New York: Charles Scribner's Sons. 1927.

[7] 千葉命吉．創造教育の理論及實際 [M]．東京：株式会社同文館，1919．

[8] H Geschka, S Moger, T Rickards. Creativity and Innovation：The Power of Synergy[M]. Darmstadt: Geschka & Partner Unternehmensberatung, 1993.

[9] Robert J Sternberg. Handbook of Creativity[M].Cambridge: Cambridge University Press, 1999.

[10] Robert J Sternberg.The Nature of Creativity[M]. Cambridge: Cambridge University Press, 1988.

[11] P E Vernon. Creativity[M]. London: Penguin Book, 1970.

[12] Ronald A Finke, Thomas B Ward, Steven M Smith. Creative Congnition: Theory, Research, and Application[M]. Cambridge: MIT Press，1996.

[13]徐方啓．日中企業における創造性開発の比較研究 [D]．能美：北陸尖端科技大学，2004．

[14]徐方啓．欧米日中における創造教育の文献に関する歴史的考察 [J]．日本創造学会論文誌，2014（18）：23-34．

第十三章　企业界的动向（The Activities in Industry）

一、最受企业欢迎的创造技法

企业界的动向与创造技法的研究密不可分，换言之，创造技法诞生以后就受到企业的关注，积极引进和实践，结果大大推动了企业创造力开发。本章先按时间顺序回顾一下创造技法的历史，然后看一些具体的例子。

中文"创造技法"一词来自日语，所以笔者去日本留学以后，曾研究过它的来龙去脉，结果发现其语源在美国，于是又追根寻源查找英语文献，才总算理出了一个头绪。下面就来做一叙述。

按字面翻译，"创造技法"似乎应该译成"Creative Technique"。笔者通过美国国会图书馆和亚马逊网上书店查询得知，这个词最早出现在1921年，即乔治·伍德豪斯的《创造技法：为艺术家和钢琴家而作》[1]一书。但是，笔者研究创造学几十年，从未见过这个译名，也没见哪个学者引用过这个文献，从书名上可以推测这是关于艺术和钢琴演奏技巧的书，与我们所关心的创造学领域的研究相差甚远，所以并非我们想查找的文献。不仅如此，即便扩大查询范围，也没有出现多少文献。这就引发了笔者的思索，即美国的创造学研究者是否真的在用这个词？经过长期的调查得知，结果是否定的。这是为什么呢？这就有必要搞清楚创造技法的发展历史。

1. 技法一：特性列举法（Attributes Listing）

根据笔者在创造学领域所做的将近四十年的探索，发现最早在大学里讲授创造性课程的是美国的罗伯特·克劳福特（Robert P Crawford，1893—1961）教授。早在1931年，他就在内布拉斯加大学开设了"创造性思维"课程，给学生们讲授激发创造性思维的方法。在这之前，人们对一个事物的特征只能做一些笼统的描述，而新闻学出身的克劳福特教授则将它分解成名词特性、形容词特性和动词特性，为进一步的思考提供了线索。如以手推车为例，其名词特性有车轮、车把、车体、支架等，形容词特性有轻巧、不稳定、缓慢等，动词特性则包括装载、移动、停止等。

1937年，克劳福特教授出版了《为你自己思考》[2]一书，此书是克劳福特研究与创造性思维有关的一系列著作中的第一本。1954年，他又出版了《创造思维的技巧》[3]一书，这时他的思路更为清晰，对自己总结出来的方法也更有信心，但依然没有给这种方法命名。1957年，《创造思维的技巧》一书被译成日文在日本出版以后，产能大学创始人、心理学家上野阳一（Yoichi Ueno,1883—1957）在其著作中首次将克劳福特的研究方法译成"属性列举法"（Attributes Listing,[4]还有人译成"属性记录法"。[5] 1981年，高桥诚（Makoto Takahashi）编辑出版《创造技法实用手册》时，沿用了上野阳一的译名。这样，我们从高桥诚那里获得此书以后，就将它译成了"特性列举法"。

在《创造思维的技巧》中，克劳福特并没有按名词特性、形容词特性、动词特性的记载，而是强调列举所有的特性，例如，对一辆汽车来说，可以从车型、加速装置、颜色、马力、经济性、内装、修理、修理费用、刹车、方向盘、电源、轮胎等各种角度去列举，少的话几十种，多的可列出几百种特性。将其归纳分类为名词特性、形容词特性、动词特性，是上野阳一研究这一方法后整理而成的。1959，上野阳一的儿子上野一郎（产能大学第2任校长）在其著作《经营的智慧》中，进一步将它具体化，从而形成了现在的样式。[6]如以烧开水用的茶壶为例，可以列出以下特性：

（1）名词特性。

整体——茶壶

部分——把手、壶盖芯、壶盖、排气孔、壶身、壶底

材料——铜、铁、铝合金

制造方式——冲压、焊接

（2）形容词特性。

性质——轻、重

形状——圆的、脏

（3）动词特性。

功能——盛水、烧水

在列举出所有的特性以后，就进行分析，可以在原有的功能的基础上，通过改变材料、形状、颜色、制造方法来达到提高效率和降低成本的效果，也可以通过增加功能来扩大产品线或对产品更新换代。特性列举法在实施20世纪70年代问世的价值工程时也很派用场。

2. 技法二：头脑风暴法（Brainstorming）

1938年，美国BBDO广告公司副董事长阿列克斯·奥斯本首次将他设计的集体思维的方法在公司内部实施，由于方法新颖独特，取得了良好的效果，与会者们感觉自己的头脑和平时不一样，俨然遇到了暴风般的刺激，于是就将这种方法命名为"Brainstorming"（头脑风暴法）[7]。出于竞争的考虑，此方法一直限公司内部使用，不能外传，直到1953年才正式公开。

头脑风暴法以小组方式展开，通常以8~11人的小组为宜，其中一人为主持人，主持人也可参与提设想，但最主要的任务是维持会议的秩序，使这一方法的四条基本规则得到实施。这些规则如下：

（1）严禁批评（Criticism is Ruled out）。

和一般的会议相比，头脑风暴法的最大特点是会议期间不能对他人提出的设想进行批评，因为批评不但会影响对方的情绪，还会破坏会议的气氛，达不到预期的效果。

（2）自由奔放（Freewheeling is Welcome）。

由于不用担心受到批评，参加者可以不受拘束地发言。强调这一规则，就是为了鼓励参加者打破常规地提设想，新奇可笑、不合常理的设想都没关系。

（3）以量求质（Go for Quantity）。

当设想的数量有限时，产生高质量的创意的概率就小，如果有大量的设想，那么产生高质量的设想的概率就大。在日本的企业界，流传着一个关于新产品开发的原则，叫做"千分之三原则"，意思是说如果有1000个设想的话，其中有100个设想值得进一步探讨，探讨之后选出10个制作样品，而最后实现商品化的只有3个。可见设想的数量的重要性。

（4）结合改进（Hitchhike on Ideas）。

对于他人提出的设想不能批评，但可以改进，提出更好的设想。对于自己提出的设想，在听了人家的设想以后可能得到启发，那就可以提出新的设想，这样，在思维的共振中，设想就越来越成熟。

小组中有一个人专门负责把大家的设想记录下来，从前都是写在黑板上，让大家都能看见。以后有了录音机和录像机，那就先记录下来，然后再探讨。而现在，通常都使用便利贴，那就更方便了，每个人都把自己的设想写在一张便利贴上，然后贴在黑板上，互相交流。

头脑风暴法通常以一小时为宜。当然，时间的长短和主持人有关，主持人把握得好，新的设想还在产生时，可以适当延长。所谓把握得好，除了保证四条规则的执行以外，要让每个人都发言，积极地提设想。头脑风暴法以获得大量的设想为目的，所以实施时不能评价。但是，由于缺少深思熟虑，所产生的设想的质量一般都不太高。怎么改进呢？

通常的办法是，实施以后由专家进行筛选，如果筛选出来的设想仍不够完善，那就把筛选出来的设想列为课题，再次实施头脑风暴法。

由于头脑风暴法在激发员工的创造思维方面发挥了很大的作用，BBDO公司的广告比竞争对手更有创意，成了公司竞争力的组成部分，所以长期以来不对外公开。但是，时间一长，自然会通过各种途径被外界所知。于是，奥斯本就在1953年公开出版了"*Applied Imagination*"（《应用想象力》）一书[8]，书中详细介绍了"头脑风暴法"的来龙去脉及其效果，很快就成了畅销书。不仅在当时，即便60多年过去后的今天，此书仍是开设创造力开发培训课程的首选教材。

3. 技法三：形态分析法（Morphological Analysis）

1942年，加利福尼亚理工大学天体物理学家兹维基（Fritz Zwicky，1898—1974）教授开发了一种新的创造技法，命名为"形态分析法"（Morphological Analysis）。兹维基以前在喷气发动机公司工作，在承担军用喷气发动机的改进课题中，逐渐形成了技法的主要概念和程序。他的一个著名的观点是，"无论做什么事，只要没有被证明绝对不可能，那就应该认为是有可能的。"[9] 在这一思想指导下，他习惯于从各种角度去探索解决问题的可能性。"形态分析法"就是在这样的思路中产生的。他把需要解决的问题先分成三个层次，以形成x、y、z三个基轴，与每个基轴有关的因素则列为一个基点（x_0,y_0,z_0），如果有n个基点，就形成一个有n个变量的立方体，于是，解决问题的方案（P）就是各个基轴上的变量的函数，即，$P=f(x,y,z)$。如果x轴上有8个变量，y轴上有4个变量，z轴上有7个变量，那么，根据排列组合的原理，可知整个立方体由224个小立方体所组成，而每一个小立方体就表示一个可能的解决方案。到了这一步，再通过比较，从中找出最理想的解决方案。

例如，如果课题是"新型快餐业态的开发"。x轴为各国风味，包括中国、意大利、日本三个变量；y轴为食品分类，包括米饭、面条、面包、寿司、面饼五个变量；z轴为烹饪方法，包括炒、烤、蒸、炸四个变量。这样，理论上可以产生60个设想，如"中国式清蒸寿司""意大利式油炸面包""日本式炒面"，等等。

4. 技法四：综摄法（Synectics）

1944年美国人威廉·戈登（William J. Gordon, 1919—2003）开始研究发明和产品开发过程中的心理过程，这项研究得到哈佛大学水下声学研究所和理特（Arthur D. Little）咨询公司的支持与合作，1956年，洛克菲勒基金会还向哈佛大学水下声学研究所提供了资助。

戈登在研究之初提出了三个假说,即:①人的创造过程可以明确表述;②艺术和科学上的知识创造现象有其相似的地方,其特征在相同的基础心理过程中得到发展;③个人在创造活动中所经过的历程,可以直接与团队的创造活动进行类比[10]。为此,以他为首的研究团队经过十几年的努力,终于在理论上有所突破,他们将这种理论及其方法命名为"Synectics"。由于受到关注,戈登和他的合作伙伴乔治·普林斯(George M. Prince, 1918—2009)共同创办了"Synectics Inc"。那是一家以 Synectics 为核心竞争资源,帮助企业有效地开发新产品和人才培训的咨询公司。遗憾的是几年以后,戈登与普林斯两人之间出现了矛盾并分道扬镳,他另起炉灶,创立了 Synectics Education Systems 公司。

1961 年,戈登出版了《综摄法:创造能力的开发》一书[11],完整地披露了 Synectices 的历史与发展。此书很快成为畅销书并被译成多种文字。日文版译者之一的大鹿让(Yuzuru Oshika, 1925—2011[12])对此书做了如下评价:"此书不同于社会上流传的创意手法,而是对如何有效地进行创造所作的解说,作者以人的心理机制为中心,通过具体的事例,对如何建立和培训创造活动小组以及小组的活动方法作了系统的说明。"[13]。

根据戈登的解释,"Synectics"一词出自希腊文,意为"将各种看起来无关的要素联系起来",所以,将它译成"综摄法"确实很贴切。[14]

5. 技法五:书写式头脑风暴法(Brainwriting)

"头脑风暴法"在 20 世纪 60 年代传入欧洲以后,德国人在实施这一技法的过程中发现了一些问题,即"头脑风暴法"要求每一个参加者都能够积极地发言,这样才能得到预期的效果。与美国人相比,德国人更喜欢用书面的方式提设想。1969 年一个叫贝恩德·罗尔巴赫(B.Rohrbach)的人对此做了改进,于是就出现了"书写式头脑风暴法"。书写式头脑风暴法使用下面的表格(见表 13-1)。

表 13-1 635 法设想表

课题:_____

	A	B	C
Ⅰ			
Ⅱ			
Ⅲ			
ⅳ			
Ⅴ			
Ⅵ			

表13-1中的罗马数字表示6位参加者，A、B、C表示3个设想。不设主持人，有一个计时器就可以。一开始，每个人围绕课题写3个设想，5分钟以后，按顺时针方向把自己的表格交给旁边的人并阅读前一个人写的设想，然后在第二栏里写3个新的设想。新的设想可以是在前一个人的设想的基础上改进，也可以是全新的设想。5分钟以后，同样按顺时针方向把设想表交给下一个人，然后又阅读前面两个人写的6个设想并写下3个新的设想，依次类推。30分钟以后，6张设想表都写满了，总共可以产生108个设想。因为是6个人参加，每次写3个设想，5分钟以后轮换，所以也称"635法"。但是，笔者在应用635法的时候注意到一个问题，那就是从第二轮开始，应该每转一次增加一分钟的阅读时间，因为阅读和理解他人的设想需要一定的时间。

与创造技法意思最接近的词是"创造工程"（Creative Engineering），最早出现在1944年美国机械工程学会主办的年会主题上[15]。但是，创造工程一词除首倡者阿诺德以外，在美国几乎没人使用，而且，阿诺德本人也没有对其下过明确的定义，所以，有关创造工程的英语文献少得可怜。但是，创造工程一词被引入日本以后，很快就被日本的学术界和企业界所接受，出版了很多冠以"创造工程"的书籍，还有人创办了创造工程研究所，最近，更是出现了创办创造工程院系和研究生专业的动向。根据笔者的统计，已有十几所大学创办了冠以"创造工程"之名的教学或研究机构，如东北大学、名古屋大学、大阪大学都在研究生院建立了创造工程中心，京都大学的研究生院中有社会基础创造工程方向，香川大学设有创造工程学院，等等。

什么是创造工程呢？根据日本教育心理学家和创造学家东京工业大学教授秾山贞登（Takanori Akiyama, 1929—2001）所做的定义，那就是"创造过程的技术体系"。[16]这一定义并非完美，但是，笔者至今没见过关于创造工程的第二种定义。

1970年代起，随着"特性列举法""头脑风暴法""综摄法"等创造技法被介绍到日本，日本的企业界掀起了应用创造技法的热潮，这一热潮与已经在日本企业中得到普及的"合理化建议活动"结合在一起，如虎添翼，效果十分明显。受此影响，日本学者也开始研究适合自己的创造技法，如"KJ法""NM法"等，详细内容将在第十六章中介绍。

二、美国企业的事例

1. 事例一：通用电气公司

从世界范围来说，最先有组织地开发员工的创造力的是美国通用电气公司（以下简称GE）。1937年，为了鉴定和开发青年科技人员的创造力，在斯蒂文森（A.R.Stevenson）博士的指导下，GE公司开设了创造力培训课程。[17] 该课程致力于提高参加者的提出设想、实施设想直至实现商品化的能力。斯蒂芬森博士在科技人员培训方面有着丰富的经验，之前曾在公司内开发和指导了"尖端工程大纲"。

至1947年为止，创造力培训课程为期一年，在这以后，由于增加了创造工程的内容，同时也为了增强参加者的人文和社会科学知识方面的涵养，延长至二年。这样，第一年就主要学习与激发创造性设想有关的创造技法及其理论背景，第二年则以实施设想为主。

以1955年的培训课程为例，共分为三个部分。

第一部分：授课。

每星期一次集中授课，每次4小时，都在工作时间内进行。授课形式以讲授为主，辅以学员之间的讨论。授课内容包括创造哲学、最新的技术、创造性解题的各种方法（创造技法），以及如何实施设想等。除了创造哲学的讲授邀请外部专家以外，其他内容都是公司内部的专家讲授，所使用的教材也由他们自己编写。例如，主要教材《科技人员的创造性》[18] 由冯·范杰编写，他曾经参加过培训，之后又被聘为讲师，能从学与教两个立场理解学员的需求，所以此教材被长期使用，还被译成了日文在日本出版。[19]

学员们必须学习物理学理论与应用。在学了一次以后，15个人的班就要分成若干个小组，每组三四个人。然后被要求应用一个物理学的法则去构建一个模型，三个星期以后在班上演示。学员们还被要求每周递交一次记载着在课堂上或工作中获得的启示、草图等的笔记本。在第一年的开始阶段，每个星期都要递交笔记本，经复印后发送所有的学员，目的是了解别人在关心什么，有什么好设想，能否改进他人的设想，或者是能否给自己的设想带来启示，这样有助于在短期内取得创造成果。

第二部分：作业。

学员每周需要投入20小时左右的时间用来完成作业。作业的内容都与GE公司内部的工程技术和设计有关。这些具有实际意义的作业，大大地刺激了学员的创造思维，所以他们在作业中提出的设想或解决方案往往被制造部门所采纳。

第一年的上半年，每个学员每周都会被要求完成一个作业，下半年则要求学员从已经完成的作业中选择一个作业作为研究课题深入展开。课题确定以后，公司将为每个学员提供各种方便，以利于完成课题。例如，如需要开磨具，公司会要求磨具车间提供帮助，如需要使用工厂材料和设备，制造部门也会大开方便之门。研究课题完成以后，每个学员都要在公司的高管参加的会议上演示，以便鉴定作为一项发明的可能性。

第二年的上半年，为了验证所提出的解决方案的可行性，提高分析问题的能力，学员们被要求完成与动力、热转换等技术问题有关的作业。

最后的半年又是小组活动，每个小组都选择一个课题，这一做法与第一年下半年的做法类似，不同的是以小组形式展开，实施的可能性大。为此，小组必须考虑作为产品立项时的所有问题，如功能设计、材料、成本、制造技术、外观、市场规模等等，最后在高管面前演示。

第三阶段：实习。

创造培训课程是 GE 公司"工程与科学大纲"中的一部分，因此，学员还要去制造车间的工程部门，在创造能力强、经验丰富的工程师或研究员的指导下进行实习。导师会通过交谈了解学员的技术水准，然后出一些与学员的研究课题有关的实践课题去练习。当学员的技术水准达到一定的高度时，导师就会让学员去单独设计或完成一件产品。这样的实习二年中共有 6 次。

由于创造培训课程理论联系实际，效果非常好。根据 GE 公司的统计，参加过创造培训课程的学员的专利申请件数是没有参加过培训的科技人员的 3 倍[20]，完成了这一课程的学员都成了公司内部各个部门的争抢对象。

笔者尤为感叹的是，GE 公司的"创造培训课程"不仅是世界上第一个企业创造力开发的课程，至今还在实施中。改革开放以后，当时的国家经委曾经组织过大中型国有企业的厂长（经理）去 GE 公司进修半年，回国以后，他们出版了介绍进修成果的书籍，其中就有参观创造培训课程后的感想。2007 年，笔者自己就曾应 GE（亚洲）公司的邀请，在位于上海浦东的 GE（中国）技术中心为来自亚洲区的最高市场运营官（CMO）们进行过创造与创新的培训。

2. 事例二：BBDO 公司

BBDO 是一家广告公司，它由 3 家公司合并而成，公司的名称中包含了 4 个合伙人的姓名的首字母，最后一个代表的是阿列克斯·奥斯本（Alex F. Osborn）。

奥斯本出生在纽约，1909 年毕业于汉密尔顿学院心理学系。大学毕业后，奥斯本当过教师、报社的报道员、杂志撰稿人、银行职员等多种工作。有一次在去一家报社应聘时，人事考官对他的应聘作品的评价是"文笔平平，但很有创意"，所以录用了他。这件事对奥斯本的触动很大，使他认识到了创意的重要性，从此萌发了研究创意的热情。

1919 年，奥斯本参股 B&D 广告公司，公司更名为 BD&O。1928 年该公司又与另一家广告公司合并，组建了 BBD&O，奥斯本也成为该公司的副总经理，这就是当今世界最大的广告公司 BBDO 的前身。1939 年以后，奥斯本相继担任公司的总经理、副董事长和董事长，直至 1960 年退休。

奥斯本的名字之所以留在创造学的历史上，并非因为他是世界著名广告公司的老总，而是因为他发明了一种激发创意的、并以此为动力推动了世界的创造教育。

如前所述，长期以来，奥斯本一直在研究创意，他想弄清楚创意从哪来、有没有激发创意的方法等问题。进入广告公司以后，他更是深切地体会到创意是广告公司的生命，唯有好的创意，才能赢得客户的信任，才能打开市场，而一个糟糕的创意则会一瞬间砸掉公司的品牌。所以，他不断地构思，也不断地实践，其结果就是头脑风暴法的问世。

根据笔者所做的文献检索和问卷调查，"头脑风暴法"在日本企业界和德国企业界的普及率分别为90%左右（详见表13-2）。

表13-2 头脑风暴法在日本和德国的普及率

日 本			德 国	
1973年[1]	1983年[2]	1991年[3]	1973年[4]	1980年
71.3%	57.1%	86.6%	80.0%	92.0%

1. [日] 产业能力短期大学经营管理研究所实施。

2. [日] 创造开发研究所实施。

3. 笔者实施。

4. [德] 巴特尔研究所实施。

BBDO公司以开发员工的创造力为目标以后迅速摆脱了困境，业务也越做越大，现已发展成为世界最大的广告公司，在全球81个国家开设了289家事务所。[21] 而奥斯本本人则在退休以后以更大的热情投入到创造教育的事业之中，具体将在后面展开。

3. 事例三：通用汽车公司

1953年，通用汽车公司（以下简称GM）AC火花塞事业部的管理层认识到了创造力的重要性，同时也对一些问题感到困惑，即"我们的组织里存在多少创造力？""具有创造力的人是否得到合理的安排？""各个部门是否都有创造人才？""为什么有的部门的创造性设想比其他部门多？""员工的创造力能否得到提高？"为了弄清楚这些问题，他们请来了专家学者，其中包括芝加哥大学教授、心理学家路易斯·瑟斯顿（Louis L. Thurstone, 1887—1955）和麻省理工学院教授约翰·阿诺德，帮助实施一项极具挑战性的创造力培训计划。关于瑟斯顿和阿诺德，将在第十四章和十五章中介绍，这里不多展开。

下面详细介绍这个创造力培训计划。

首先是确定培训对象，即什么人需要接受创造力培训。经过排选，确定了培训对象为从事要求发挥创造力的工作的人，如技术、人力资源、营销以及各部门的主管。但培训时间则有不同（见表13-3）。

表 13-3　GM 的创造力培训计划

培训内容	培训对象	培训时间
创造力基础课程	工程师、部门主管	20 小时
创造力与解决问题	工程师、部门主管	6 小时
创造力课程	部门主管	8 小时
创造力课程	秘书	10 小时
创造力课程	一线小时工	10 小时

培训伊始，参加者首先要接受一项由瑟斯顿教授开发的"创造力测验"。据笔者所知，这是世界上第一个创造力测验，也是在大企业中的第一次应用。该测验的详细内容没有公开，但我们可以通过测验所使用的几张图以及相关文献，得知该测验的主要内容。该测验一共使用了 5 张漫画，这里引用其中的 2 张来进行说明（见图 13-1）。

资料来源：Walter J. Friess（1959:183-185）.[22]

图 13-1　创造力测验题

一张图表示一道题目，在向被试者出示以后，要求在规定的时间里（5 分钟或 10 分钟）尽可能多地提出各种问题。左图没有文字，只能凭想象，例如，也许这道题的题目是"孤岛上有一位美女，男士想去见她但没有渡海手段，那该怎么办？"然后来回答，"看样子那男士不会游泳，那么能否骑在大鱼身上过去呢？""能否利用大树的弹力飞过去呢？"等等，很显然，这是在测试被试者的想象力。因为每个被试者的回答，无论从数量上还是质量上都不会相同，数量的多少就说明了思维的速度，而质量则说明了思维的独特性，即是不是别人没想到的问题，如回答"游过去"，那就是人人都会想到的，独特性不够。

右图中有三个人，两个伐木工在费劲地锯一棵大树，而第三个人则另辟捷径，在树身上绑上炸药试图利用爆炸手段来推倒一棵大树，还配有两个简洁的词语，如"怎样才能更富有创造""小心爆炸"。如果说前面一道题属于"问题想象"的话，这道题就属于"结果预测"，即根据图示，预测接下来可能发生的事情。然后也是从数量和质量上去进行评价。

以上叙述只是说明一个历史事实，即通用汽车公司早在1953年就在员工的创造力培训上应用了创造力测验。至于创造力测验本身是否科学，那是另一个问题，因为瑟斯顿教授是创造力测验的创始人，在当时的情况下，他能开辟出这个研究领域是非常了不起的，给后人尤其是吉尔福特的创造力测验性研究以很大的影响。关于创造力测验，将在第十四章中详细介绍。

因为实施创造力测验，通用汽车公司AC火花塞事业部的人力资源部门在评价员工的创造力时，就有了一个手段，所以他们把创造力测验应用到每一个新招聘的员工身上，以评价其潜在的创造力。

除了接受创造力测验以外，参加者将接受创造技法的培训，包括"检核表法""头脑风暴法""问题分析法"和"假说设定法"等。

检核表法是针对课题从各种角度去进行提问，然后一一对照，如"能否扩大或缩小""能否增加或减少某一功能""能否逆向""能否改变颜色""能否改变材料""能否加快速度或减慢速度""能否将物理手段改为化学手段"等。在创造技法的分类上，检核表法属于强制联想的技法。因为人的思维活动受习惯的影响，会有思维盲区，即在通常的情况下不会去想的地方，而实施检核表法，就有可能克服这一弱点，强迫自己从各种角度去思考解决方案。当然，检核表的项目可以根据课题的需要而设定。如果课题不是产品而是服务，那么可以设定这样的项目："能否增加或减少某项服务""能否改变服务地区""能否改变服务对象""能否改变服务时间""能否提供无偿服务""能否提高或降低服务费""能否做到24小时提供服务"等。

前面已对头脑风暴法做了详细介绍，这里不再赘述。

问题分析法是通用汽车公司内部实施的技法，分为"给问题下定义""收集数据""分析数据"等几个步骤，要求参加者结合公司内部的课题深入探究解决方案，例如"怎样才能以最小的成本实施一项专利目录中的发明？"

最后一个技法叫"假说设定法"，所采用的是阿诺德教授开发的方法。[23] 阿诺德教授假设宇宙中有一个叫Arcturus IV的星球，距离地球32光年，全年的气温是华氏零下122到零下230度，大气中充满了甲烷，重力为地球的11倍，上面居住着的美塔尼安人有三只眼睛，其中一只眼睛能感知放射线，嘴像鸟，全身长羽毛，卵生，一年（相当于地球上的50年）后成人，但是骨头很脆弱，心跳很快，每秒跳五次，手上只有三个手指，像鸡爪子，中间连在一起，所以计数法为六进制。当给出这些假设条件以后，就要求参加者为美塔尼安人设计生活用具。这是完全没有先例的假想空间、时间和地点，对参加者来说极具挑战性，同时，因为大家都是相同的条件，所以能够观测到参加者的想象力之差异。

通用汽车公司AC火花塞事业部通过培训，发现参加过培训的员工的创造力（具体体现在提出创意的数量）与没有接受过培训的员工相比，平均提高了40%，所以他们就将培训对象扩大到所有的员工，包括新招聘员工时都要实施创造力测验。

4. 事例四：陶氏化学公司

该公司原来就在研究如何客观地鉴定科技人员的创造力并与雇用、报酬相结合，通用电气公司的创造力培训课程公开以后，自然受到他们的关注，也在公司内部开设了类似的培训课程。

早在1955年，作为企业界的代表，该公司的个性研究与发展部总监麦克弗森（J.H. McPherson）就应邀出席了首届"犹他会议"，在会上，他发表了题为"关于创造成果鉴定基准的方案"的论文，受到与会者的关注。[24]

针对通用电气公司对科技人员的创造成果的评价主要是看专利，麦克弗森在实际的工作中发现专利只是评价基准之一，而很多创造成果并不与专利直接挂钩。例如：有的创造成果很有价值，但无法申请专利；有的科技人员热衷于发明与发现，对专利却不太感兴趣；有的科技人员短时间内就申请了多项专利，而有的则在研究中遇到难题，申请一项都很困难；有的科技人员以追求科学真理为目的，即便研究成果可以申请专利也不申请；从长远看，专利授权数与社会环境和专利法的修订有关。所以，陶氏化学公司对科技人员创造力的评价基准包括以下11个方面：

①专利；②专利公报；③公开出版物；④发表研究报告；⑤出版的演讲稿；⑥作业过程的改进；⑦新型器具；⑧新的分析方法；⑨创意；⑩新产品；⑪新的合成。

我们可以看到，陶氏化学公司的评价基准更客观，有助于激发科技人员的创造性。

除此以外，陶氏化学公司还出版了内部刊物 *The Creativity Review*。

以上介绍的是在创造力开发的研究与实践上领先的美国企业的事例，笔者相信在欧洲的著名企业如西门子、雀巢、联合利华等，也在开展类似的活动，只是因为相对来说影响力较小而不被人们所重视而已，或者说没有公开而已。

注

[1] George Woodhouse. Creative Technique: for Artists in General and Pianists in

Particular[M]. [S.I.] Facsimile，1921.

[2] Robert P Crawford. Think for Yourself[M]. Burlington: Fraser Publishing Company，1937.

[3] Robert P Crawford. The Techniques of Creative Thinking[M]. Burlington: Fraser Publisjing Company, 1954.

[4] 上野陽一. 独創性ノ開発トソノ技法 [M]. 東京：技報堂, 1957:118.

[5] 如車戸実翻译、日本ダイヤモンド社于1963年出版的《企業創造力開発と活用》（原著是 Charles S. Whiting 于1958年在美国出版的 Creative Thinking）中，就将克劳福德的技法译成"属性记录法"。

[6] 上野一郎. 経営の知恵——ブレイン　ストーミング ABC[M]. 東京：六興出版, 1959.

[7] 20世纪80年代初，笔者开始翻译日语的创造学文献，其中最感到困惑的是"Brainstorming"一词的译法。奥斯本的书被译成日文时，译者上野阳一也不知所措，就按发音翻译并用片假名表示，即"ブレインストーミング"。这是日本学者在遇到类似困难时的常用做法。可是，在中文中就不行了，如果我们按发音译成"布雷因斯托明"，那就没人知道是什么意思。百思不得其解以后，想到了意译，即将"brain"和"storm"分开，前者有"脑、头脑、智能"等意思，后者则有"风暴、风浪、强攻"等意思，然后一一组合，看哪一种译法容易被人接受。当时觉得"头脑风暴法"有些夸张，译法也太生硬，没有把握，但又没有更合适的译法，作为一种权宜之计，先用用看吧。可结果并不理想，记得有一次投寄给某报刊的译稿就是因为使用这个词而被废弃。不得已，几个人凑在一起议论以后，想出了一个文绉绉的词，即"智力激励法"。值得庆幸的是这回被媒体接受了，所以这以后，国内创造学界都沿用这个词。有趣的是，2007年，笔者时隔16年回到国内任教，有一次在某汽车集团公司的干部培训班讲课时，刚开口说到"智力激励法"时，就被一位主办单位的年轻人（估计是80后）所纠正，"徐老师，那个词应该译成'头脑风暴法'"。真的吗？笔者非常吃惊，也非常兴奋，因为其中的甘苦只有自己知道。原来，20世纪90年代以后，由于大量的外国企业进入国内，他们在工作中自然会实施各种激发创造性思维的方法，即我们所说的创造技法，而"Brainstoming"就是国外普及率最高的创造技法，不了解中国创造学历史的年轻的翻译们，自然不会想到"智力激励法"。当然，现在看来，"智力激励法"确实不是很好的译名，尤其是与人力资源管理中的"激励"联系起来的话，那就更容易混淆。所以，恢复"头脑风暴法"的译名，实在是一件好事。

[8] Alexe F Osborn. Applied Imagination: Priciple and Procedures of Creative Problem-solving[M]. New York: Charles Scribner's Sons，1953.

[9] 高橋誠. 新編創造力事典[M]. 東京：日科技連, 2002: 302.

[10] Ｗ Ｊ Ｊ ゴードン. シネクティクス—創造工学への道—[M]. 大鹿譲, 金野正, 訳. 東京：ラテイス、1964: 序.

[11] 见注 [10].

[12] 大鹿让是日本著名的化学家和创造学家，曾历任日本创造学会理事长，会长和名誉会长，生前曾在多所大学任教授，也是笔者赴日留学后的第一位导师。

[13] 见注 [10].

[14] 将"Synectics"译成"综摄法"的是原东北工学院教授谢燮正为首的研究团队。

[15] J P Guilford. Creativity[J]. The American Psychologist, 1950（5）: 446.

[16] 穂山貞登，堀洋道，古賀俊恵. 創造性研究ハンドブック[M]. 東京：誠信書房，1968:205.

[17] George I Samstad. General Electric's Creative Course[M]//Sidney J. Parnes, Harold F. Harding. A Source Book for Creative Thinking. New York: Cahrles Scribner's Sons, 1962: 334.

[18] Eugene Von Fange. Professional Creativity: A New and Timely Analysis of Creative Thinking[M]. Englewood Cliffs: Prentice Hall, 1964.

[19] ヴァン・ファンジェ. 創造性の開発[M]. 加藤八千代，岡村和子，訳. 東京：岩波書店，1963.

[20] 见注 [19] 第 ⅲ 页。

[21] BBDO 公司官网。

[22] Walter J Friss. A Case History on Creativity in Industry[M]//Paul Smith. Creativity: An Examination of the Creativi Process. New York: Hasting Hoise Publishers, 1959: 179-192.

[23] 穂山貞登. 創造の心理[M]. 東京：誠信書房，1962:250-251.

[24] 此论文被收入该会议的论文集，即以下文献中：Calvin W. Taylor, Frank Barron. Scientific Creativity: Its Recognitions and Development[M]. Hoboken: John Wiley & Sons, Inc. 1963.

本章主要参考文献

[1] Robert P Crawford. Think for Yourself[M]. Burlington: Fraser Publishing Company，1937.

[2] Robert P Crawford. The Techniques of Creative Thinking[M]. Burlington: Fraser

Publisjing Company, 1954.

[3] 上野陽一. 独創性ノ開発トソノ技法 [M]. 東京：技報堂, 1957.

[4] Ｃ Ｓ Whiting. 企業における創造力開発と活用 [M]. 車戸実，訳. 東京：ダイヤモンド社, 1963.

[5] 上野一郎. 経営の知恵——ブレイン・ストーミング ABC[M]. 東京：六興出版, 1959.

[6] Alexe F Osborn. Applied Imagination: Priciple and Procedures of Creative Problem-solving[M]. New York: Charles Scribner's Sons, 1953.

[7] 高橋誠. 新編創造力事典 [M]. 東京：日科技連, 2002.

[8] Ｗ Ｊ Ｊ ゴードン. シネクティクス—創造工学への道—[M]. 大鹿譲，金野正，訳. 東京：ラテイス，1964.

[9] J P Guilford. Creativity[J]. The American Psychologist, 1950（5）：444-454.

[10] 穐山貞登，堀洋道，古賀俊恵. 創造性研究ハンドブック [M]. 東京：誠信書房,1968.

[11] Sidney J Parnes, Harold F. Harding. A Source Book for Creative Thinking[M]. New York: Cahrles Scribner's Sons, 1962.

[12] Eugene Von Fange. Professional Creativity: A New and Timely Analysis of Creative Thinking[M]. Englewood Cliffs: Prentice Hall, 1964.

[13] ヴァン・ファンジェ. 創造性の開発 [M]. 加藤八千代，岡村和子，訳. 東京：岩波書店, 1963.

[14] Ｃ Ｓ ホワイティング. 企業における創造性の開発と活用 [M]. 車戸実，訳. 東京：ダイヤモンド社, 1963.

[15] 穐山貞登. 創造の心理 [M]. 東京：誠信書房, 1962.

[16] 徐方啓. 日中企業における創造性開発の比較研究 [D]. 能美：北陸先端科学技術大学院大学，2004.

第十四章　心理学界的动向（Psychological Movements）

如前所述，1950年是创造学历史上的一个转折点，由于时任美国心理学会会长的吉尔福特教授的大声疾呼，心理学家们终于行动起来。当时，最关心的问题包括，"什么是创造性？""与智力有什么不同？""能否像智力测验那样进行测定？"于是，与创造力测验有关的研究首先受到关注。

在对创造力测验的话题做深入探讨之前，让我们先来简单地回顾一下与此相关的智力测验的历史。

在20世纪初的法国，随着初等教育的普及而带来的问题是如何鉴别学习困难的儿童。于是，在教育行政部门的推动下，法国心理学界开始研究人的智力，其结果是智力测验量表的问世。1905年，心理学家阿尔弗雷德·比奈（Alfred Binet，1857—1911）在精神科医生西奥多·西蒙（Théodore Simon，1873—1961）的帮助下，开发了世界上第一个智力量表，即"比奈—西蒙智力量表"。由于1905年版面向智力落后的儿童，1908年，比奈和西蒙又开发了面向所有儿童的量表，此量表经过几年的实施和改进后，在1911年推出了最终版本。可以说，现在世界上使用的各种智力测验量表都是以1911年版的"比奈—西蒙智力测验量表"为母本而开发出来的。

"比奈—西蒙智力测验量表"被译成各种文字出版以后，各国的心理学家都结合自己国家的现状进行修订，如美国的"斯坦福—比奈智力量表"，日本的"田中—比奈智力量表"等，同样，在我国也有过修订版。但是，与法国不同的是，英国心理学界由于受到高尔顿的遗传研究的影响，关注智力的组成因素。美国心理学界更关注优秀儿童的鉴别，希望通过科学的鉴定来发现具有天赋的儿童并开展英才教育，所以美国心理学界也致力于智力组成因素的研究并取得了一系列成果。

以下分别介绍几位代表性学者以及相关的研究。

查尔斯·斯皮尔曼（Charles E. Spearman，1863—1945）是英国心理学家，他在伦敦学院大学读了本科学业以后进入军队，退役后继续学业，1906年毕业于德国莱比锡大学，并在实验心理学创始人威廉·冯特（Wilhelm Wundt, 1832—1920）教授的指导下获得博士学位。在这之前的1904年，斯皮尔曼已经因为在《美国心理学杂志》上发表了有关智力因素分析的论文而受到学术界的关注。[1] 他将数学方法应用到心理学研究中，倡导"二因素学说"，即人的智能包含两种因素，一种与一般能力有关（g因素），另一种与特殊能力有关（s因素）。这一研究开因素研究之先河，他于1930年出版的《创造的心灵》成了众多研究者的参考书。[2] 1911年，斯皮尔曼成为母校伦敦学院大学的逻辑学教授和心理学教授，直至1931年退休。他的门生中有不少人后来都成了心理学家，其中包括因编制"韦氏智力量表"而著名的美国心理学家大卫·韦克斯勒（David Wechsler, 1896—1981）。斯皮尔曼还曾担任过英国心理学会会长（1923—1926），并于1924年当选为皇家学会资深会员（Fellow）。由于斯皮尔曼具有如此高的学术地位，他的研究自然会对其他学者以很大的影响，事实上，后面将要介绍的美国心理学家瑟斯顿和吉尔福特的研究都深受其影响。

1912年，路易斯·瑟斯顿（Louis L. Thurstone, 1887—1955）从康奈尔大学研究生院毕业时，他的学位是机械工程系硕士。由于在学期间就获得过发明专利，所以顺利地进入通用电气公司并成为托马斯·爱迪生（Thomas Edison, 1847—1931）的助手。但是，在爱迪生实验室从事各种研究的过程中，瑟斯顿发现自己对人的心理更感兴趣，于是仅工作了两年，就辞职并考入芝加哥大学攻读心理学，1917年获得博士学位。同年，他就职于卡内基理工学院，1920年晋升为教授，同时担任心理学系主任。1924年，瑟斯顿回到母校芝加哥大学任教，1928年至1952年退休，他一直担任心理学教授。在这期间，他还曾担任过美国心理学会会长（1932—1933）。他的生涯的最后三年是在北卡罗来纳大学度过的，在那里，他担任研究教授和心理测量实验室主任。

瑟斯顿很早就注意到当时的心理测验缺乏理论基础，所以他决定从心理学和统计学两个方面去进行研究。在他开发的各种以统计理论为基础的智力测验中，被学术界所铭记的是因素理论和因素分析。针对斯皮尔曼的"二因素学说"，瑟斯顿提倡"多因素学说"。他认为，智能由多个互为独立的普通因素和特殊因素所构成，特殊因素有7个，即数字、语言的流畅性、理解、记忆、推理、空间和知觉的速度。特殊因素是智能的基础，普通因素则是从特殊因素中抽出的二次因素。多因素学说对吉尔福特的影响很大，我们可以从吉尔福特开发的由120个因素组成的"智力结构模型"中看到这种影响。瑟斯顿关于因素理论和因素分析方法的主要著作有《精神向量》[3]和《多因素分析》。[4]

乔伊·P·吉尔福特（Joy Paul Guilford, 1897—1987）在故乡内布拉斯加大学取得学士和硕士学位以后，于1924年考入康奈尔大学研究生院，在著名心理学家爱德华·铁钦纳（E.B, Titchner, 1867—1927）的指导下攻读心理学并于1927年取得博士学位。铁钦纳出生在英国，在牛津大学读本科期间就将试验心理学创始人威廉·冯特的德文版代表作

《Principles of Physiological Psychology》译成了英文，毕业后赴德国留学，和查尔斯·斯皮尔曼一样，他也进入莱比锡大学，师从冯特并于 1892 年获得博士学位。之后，他应康奈尔大学之聘赴美任教，直至 1927 年去世。期间，他培养了几十位心理学博士，其中包括吉尔福特和亚伯拉罕·马斯洛。铁钦纳对心理学发展的主要贡献包括，发展了冯特的实验心理学并将它引入美国，他试图从化学的角度去阐述心理活动和心灵结构，从而创立了构造心理学。

1928 年，吉尔福特回到母校内布拉斯加大学任心理学教授，1940 年又转入南加州大学任教直至 1970 年退休。

吉尔福特的心理学研究显然受到铁钦纳的影响，他也始终关注人的心灵（Mind）和对心理活动产生重要影响的各种因素。为此，他一直在探寻对人的智力产生影响的各种因素。他的早期研究主要集中在因素分析和精神测定等领域。为此，他编制过"Nebraska Personality Inventory"（内布拉斯加个性量表）。

1934 年出版的瑟斯顿的《精神向量》激发了吉尔福特研究个性的兴趣，为了通过因素分析测量那些普遍认为代表外倾和内倾的属性，他和夫人露丝曾经应用瑟斯顿的方法编制了一份由 35 个项目组成的问卷调查表。而 1936 年出版的《精神测定法》一书奠定了他在心理学界的地位。[5]

吉尔福特在内布拉斯加大学任教时，曾被该校新闻系的罗伯特·克劳福特问及创造性思维的问题。克劳福特自 1931 年以来一直在该校教授创造性思维的课，但他不是心理学家，所以见到已经出名的吉尔福特教授以后，就想听听心理学家对创造性思维的看法，但是，他没有得到满意的回答。此事对吉尔福特的触动很大，作为心理学家，他为自己竟然对人的创造性了解得很少而感到惭愧，遂下决心研究这个问题。出乎意料的是，不研究不知道，一研究却发现这个领域的水很深，几乎无人敢涉及。所以，他当选为美国心理学会会长以后，在 1950 年的年会上做会长演讲时，就大声呼吁心理学家关注这个领域并投入研究。这以后，创造性思维就成了他的研究中的一个重要组成部分。

1955 年，吉尔福特在巴黎召开的国际因素分析会议上，首次披露了"Structure of Intellect Model)"（智力结构模型，简称"SOI 模型"），从此，SOI 模型就成了他研究与论著的关键词。SOI 模型由 x 轴"内容"（包括形体、象征、语义、行为 4 个元素）、y 轴"产物"（包括内含、变换、体系、关系、阶层、单位 6 个元素）和 z 轴"操作"（包括认识、记忆、发散思维、收敛思维、评价 5 个元素）的立方体所构成，这样，从理论上来说，每一个立体坐标表示一个智力因素，总共 120 个因素（4×6×5）。图 14-1 是笔者根据吉尔福特 1959 年发表的论文绘制的"智力结构模型"。

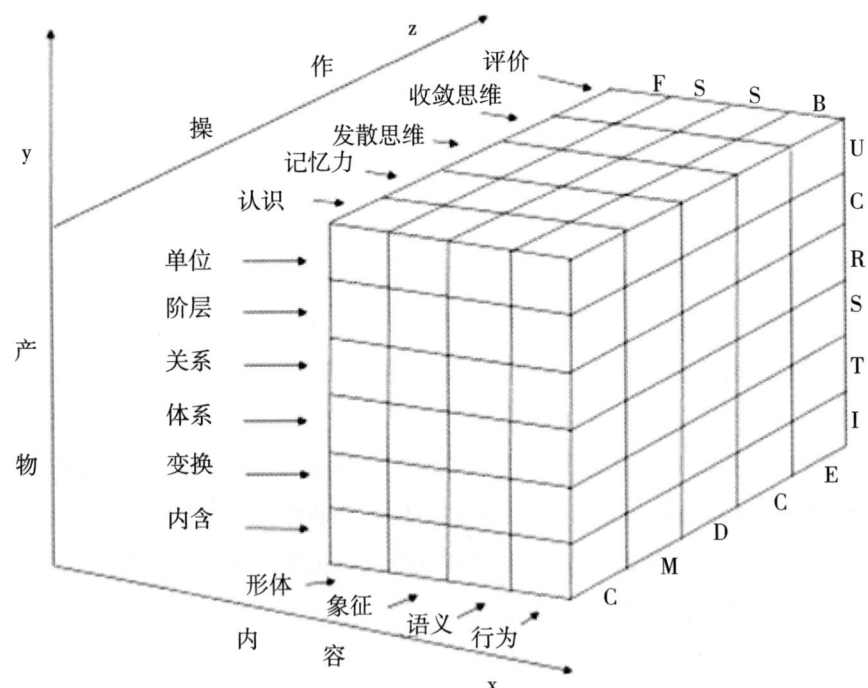

来源：根据吉尔福德的论文绘制，x、y、z 轴由笔者所加。

图 14-1　智力结构模型

建立了这个模型以后，吉尔福特投入了很大的精力去论证各个智力因素的存在，并用 3 个大写的英文字母来加以命名，而这些字母则来自 3 个轴上的 15 个元素（详见表 14-1）。例如，CST 表示"对象征性变换的认识"，DMU 表示"在相对宽松的环境下产生各种设想"，EMR 表示"运用逻辑关系来验证解决问题的方法"，等等。

表 14-1　智力结构模型中的元素名称

x 轴—内容（CONTENTS）	y 轴—产物（PRODUCTS）	z 轴—操作（OPERATIONS）
形体（Figural,F）	单位（Units,U）	认识（Cognition,C）
象征（Symbolic,S）	阶层（Classes,C）	记忆力（Memory,M）
语义（Semantic,S）	关系（Relations,R）	发散思维（Divergent Production,D）
行为（Behavioral,B）	体系（Systems,S）	收敛思维（Convergent Production,C）
	变换（Transformations,T）	评价（Evaluation,E）
	内含（Implications,I）	

"SOI模型"的最新版在吉尔福特去世后出版，其中，内容轴的元素为"视觉"（Visual）、"听觉"（Auditory）、"象征""语义"和"行为"，操作轴的元素为"认识""记录""记忆力""收敛思维""扩散思维"和"评价"，也就是说分别增加了一个元素，这样整个智力结构模型就由180个（5×6×6）智力因素所构成，吉尔福特生前证实了其中的100个。

值得注意的是，在这个模型中，吉尔福特首次提出了"发散思维"的概念，并认为这是与创造性思维关系最密切的智力因素。自从1950年他在美国心理学会年会上做了以"创造性"为题的讲演以后，就将研究的中心转到了这个方面。正是由于吉尔福特的大声呼吁和研究，才有了创造学的今天。所以有不少学者都愿意将1950年视为创造学研究的起始点。

由于吉尔福特在智力因素方面的造诣很深，很快就发现传统的智力测验只能测定对已有的知识和社会常识的理解和记忆，即逻辑思维和收敛思维的能力，而不能测定需要突破已有的知识和社会常识的发散思维和直觉思维的能力，于是就开发了专门用来测试发散思维和直觉思维能力的创造力测验。

吉尔福特的创造力测验测试个体的以下能力。[6]

（1）思维的流畅性（Fluency）。也称思维的速度。具体而言，包括四个方面的流畅性：

① 语言的流畅性（Word Fluency）——利用所出示的一个字母或一个单词，在规定的时间内尽可能多地造句的能力。

② 联想的流畅性（Associational Fluency）——针对所出示的一个单词，在规定的时间内写出尽可能多的同义词的能力。

③ 表现的流畅性（Expressional Fluency）——将数个独立的单词迅速组成有意义的句子的能力。

④ 设想的流畅性（Conceptual Fluency）——在规定的时间内尽可能多地提出满足条件的设想的能力。

（2）思维的灵活性（Flexibility）。也称思维的广度。即能从多少种角度去考虑同一个问题。思维的灵活性具体体现在两个方面：

① 自发的灵活性（Spontaneous Flexibility）——这是指产生不同类型的设想的能力。

② 适应的灵活性（Adaptive Flexibility）——这是指使解决问题变得容易的能力。

（3）思维的独特性（Originality）。这是评价创造力时的最重要的指标，旨在测试能否提出与众不同的设想的能力。独特性具有三个特征：

① 非凡而稀少的回答。

② 乍看起来似乎没有关联。

③ 众多回答中的最巧妙的回答。

（4）思维的具体性（Elaboration）。也称思维的深度，即思维的完成度，旨在测试所回答的内容的完整性。

吉尔福特所确认的与创造思维有关的另一个因素是收敛思维。如果说发散思维是为了尽可能多地产生设想，那么，收敛思维则是为了寻求最佳设想。

吉尔福特开发的创造力测验有三种类型的试题。

一是"新用途测验"。旨在测试被试者能否从不同的角度去看待熟悉的事物的能力。例如，"报纸除了阅读以外还有什么用途？""啤酒瓶除了用来装啤酒以外还有什么用途？"对于这样的问题，要求被试者在5分钟内尽可能多地写出其他用途，而且，不仅仅是数量，还要讲究质量。根据前面的论述，可知创造力测验主要测试思维的流畅性、灵活性、独特性和具体性，所以，对被试者来说难度不小。下面我们来看一个具体的例子。

假如某被试者对"啤酒瓶除了用来装啤酒以外还有什么用途？"的回答如下："可以装酱油""可以装汽油""可以装饮料""可以装水""可以当擀面杖使用""可以当靶子""餐厅服务员在遇到恐袭时可以用来当自卫的武器""在电影和戏剧中可以做道具""可以成为某种暗号"等，一共9个，那么，其"思维的流畅性"得9分，"思维的灵活性"得5分，因为前面4个回答只能看作一种角度，即除酱油以外的其他液体。当被试者只有一个人时，"思维的独特性"无法评价，因为那是一种相对评价，如果某个设想只有1%的人想到，那就给最高分3分，如果有2%至5%的人想到，可以给1分，超过5%的想到的话，独特性就没有了，只能给0分。而"思维的具体性"是2分，即第7和第8个回答比较具体，可以分别给1分。

由此可知，创造力测验确实与只有一种答案的智力测验不一样，是测试人的创造思维的一种工具。吉尔福特的创造力测验在心理学界和教育界都产生了很大的影响，可以说现在世界上所使用的创造力测验的量表，如美国的"TTCT创造力测验"，日本的"S-A创造力测验"，都是在吉尔福特量表的基础上发展起来的。[7]

二是"托伦斯创造思维测验"。在创造力测验上做出重要贡献的另一位学者是保罗·托伦斯（E.Paul Torrance, 1915—2003）。托伦斯出生在美国佐治亚州的农家，由于家庭经济拮据，他得帮着干活，所以受教育的路也不平坦，断断续续，25岁时才获得本科文凭，29岁时从明尼苏达大学研究生院毕业并拿到教育心理学硕士学位，33岁时考入密歇根大学研究生院攻读心理学，3年后获得博士学位。这以后，他在空军生存研究室当了7年室主任，主要研究飞行员在各种条件下生存所需要的心理素质。1958年，他被母校明尼苏达大学聘为心理学教授兼教育研究室主任，从此拓展了他的学术生涯。

托伦斯生前培养了许多博士生，是创造教育领域培养最多人才的导师。现在活跃在创造教育界的学者和实务家中，有不少人都出自其门下，如美国创造学会创始人之一、得克萨斯农工大学名誉教授威廉·奈什（William Nash）和前理事长弗雷德利卡·雷斯曼（Fredricka Reisman）、以及现任佐治亚大学托伦斯创造学研究中心主任的博尼艾·克莱蒙德（Bonnie

Cramond）教授、南非创造教育基金会主席柯布鲁斯·尼斯林（Koblus Neethling）等。

由于托伦斯在创造教育学领域的卓越贡献，他曾被选为美国总统"白宫儿童委员会"委员，向卡特总统提供教育发展的咨询。

1962 年，托伦斯出版了处女作《创造能力导引》，[8] 此书第三章的标题是"明尼苏达创造思维测验"，首次披露了他在创造力测验方面的研究成果。而其设计思路基本上沿用了吉尔福特的"物品的非凡用途"（例如，砖头除了用来砌墙以外还有什么用途）、"物品改良"（如，什么样的水壶才理想）、"假如发生某种事态时的结果预测"（例如，如果所有的动物都会说话，那会出现什么结果）等概念。但是，当他于 1966 年回到家乡，在州立佐治亚大学任教授兼教育心理系主任以后，就将自己开发的创造力测验正式命名为"Torrance Tests of Creative Thinking"（托伦斯创造思维测验，简称 TTCT）并公开出版。[9] 由于吉尔福特的创造力测验面向成人，而托伦斯常年从事从儿童到成人的教育心理研究，发现吉尔福特的文字版测验量表不适合儿童，于是就开发了绘图版，所以，TTCT 有文字版和绘图版，可以适用于各种年龄的被试者。至 1990 年，TTCT 已经被翻译成 32 种外文在世界各国出版。

下面我们来举几个例子来说明 TTCT。

A. 文字版

请看图 14-2，然后回答 3 个问题。

资料来源：E.P.Torrance（1966）.Torrance Tests of Creative Thinking（下同）。

图 14-2　TTCT 测试题

（1）那里发生了什么？请在 3 分钟以内写出各种提问，越多越好。

（2）为什么会发生那种情况？请在 3 分钟以内写出各种原因，越多越好。

（3）之后将会发生什么？请在 3 分钟以内写出各种可能发生的情况，越多越好。

此测验面向儿童实施时，可以采用让儿童口头表达的方式。

B. 绘图版

题 1. 图 14-3 有 10 个不完整的图形（这里仅出示其中的 4 个），请在 3 分钟以内利用这些图形作画，并给每幅画添上作品名称，越多越好。

图 14-3　4 个不完整图形

题 2. 图 14-4 有 50 组线段（这里仅出示其中的 6 组），请在 3 分钟以内利用这些线段作画，越多越好。

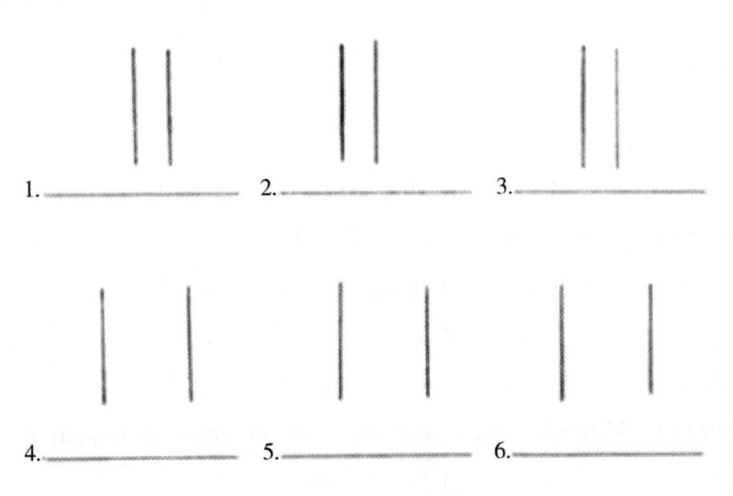

图 14-4　6 组线段

由此可知，TTCT 有别于只有一个正解的智力测验，主要测试人的发散思维的能力，即在短时内产生各种新颖独特的设想的能力。那么，没有正解的测验该怎么评分呢？这里就涉及评分基准即量表，因为量表是经过反复试验而标准化的，所以有效。

托伦斯通过创造力测验发现一个重大的问题，那就是现有的学校教育都是培养学生的收敛思维的能力，忽视发散思维能力的培养，既然发散思维与创造力紧密相关，那就有必要结合学校教育的改革而进行研究和实践。从此以后，推广创造教育就成了托伦斯毕生的事业。除了上面提到的以外，他还出版了《托伦斯创造思维测验技术手册》[10]《悟性与创造力》[11]《创造力：只是想知道》[12] 等10多部专著以及几百篇论文。在佐治亚大学的托伦斯创造学研究中心，陈列着托伦斯毕生执笔的所有文献，包括著作、论文、测验量表、书评、讲演稿等，总数竟有1117件之多。[13]

以吉尔福特和托伦斯为代表，创造力测验在美国得到了长足的发展。除此以外，创造心理、影响创造力的环境因素、创造个性、创造性与激励等，研究的外延逐步扩大，几乎涉及普通心理学的各个领域，进而发展成为心理学的一个分支，即"创造心理学"。[14] 所以，关于创造心理的研究是创造学与心理学的交叉部分。

除此以外，还有一项研究也值得介绍。

1959年，芝加哥大学心理系教授盖采尔斯和杰克逊（J.W. Getzels & P. W. Jackson）通过对449名中学生进行智力测验和创造力测验以后，发现了两组不同类型的学生。第一组学生（28人，平均智商150）的智力测验得分在同龄人中的前20%以内而创造力测验的得分不在前20%之内，他们将这组学生命名为"高智力型"。第二组学生（24人，平均智商127）的智力测验得分不在同龄人中的前20%以内而创造力测验的得分在前20%之内，他们将这组学生命名为"高创造力型"。[15] 他们的研究对教育界的影响很大，对推动创造教育起了积极的作用。

注

[1] Chaeles Spearman. "General Intelligence", Objectivily Determined and Measured[J]. The American Jouranl of Psychology, 1904: 15（2），201-292.

[2] Charles E Spearman. Craetive Mind[M]. London: Nisbet, 1930.

[3] L L Thurstone. The Vectors of Mind: Multiple-Factor Analysis for the Isolation of Primary Traits[M]. Chicago: The University of Chicago Press，1935.

[4] L L Thurstone. Multiple-Factor Analysis: A Development & Expansion of The Vectors of Mind[M]. Chicago: The University of Chicago Press，1947.

[5] J P Guilford.Psychometric Methods[M]. New York: McGraw-Hill，1936.

[6] 关于吉尔福特的创造力测验，主要参考以下论文：J.P Guilford. Traits of Creativity[M]. P. E. Vernon. Creativity. London: Penguin Books, 1970: 167-188.

[7] 1984年，笔者曾在上海市向明中学和静安区第一中心小学做过实验并取得成功，当时使用的就是由日本创造心理学家恩田彰教授根据吉尔福特和托伦斯的研究而改良开

发的日本版，即"S-A 创造力测验"。由于是我国第一次实施，所以第二天（1984 年 10 月 5 日）的《文汇报》和《解放日报》都做了报道。

[8] E P Torrance. Guiding Creative Talent[M]. Upper Saddle River: Pretice-Hall, Inc. 1962.

[9] E P Torrance. Torrance Tests of Creative Thinking: Norms Technical Manual （Research Edition）[M]. Princeton, NJ: Personnel Press，1966.

[10] E P Torrance. Norms-technical Manual: Torrance Tests of Creative Thinking[M]. Lexington, MA: Ginn and Company，1974.

[11] E P Torrance.The Serach for Satori and Creativity[M]. New York: Creative Education Foundation，1979.

[12] E P Torrance.Creativity：Just Wanting to Know[M]. Pretoria, Republic of South Africa: Benedic Books，1984.

[13] Thomas P Hébert, Bonnie Cramond, Kristie L. Speirs Neumeister, et al. E.Paul Torrance'His Life, Accomplishments, and Legacy[R]. The National Research Center on the Gifted and Talented, 2002: 10.

[14] 如日本的恒星社厚生阁于1974年出版了创造学家者恩田彰的《創造心理学》一书。

[15] 佐藤三郎 , 恩田彰 . 創造の能力—開発と評価 [M]. 東京：東京心理，1978:71.

本章主要参考文献

[1] Chaeles Spearman."General Intelligence"，Objectivily Determined and Measured[J]. The American Jouranl of Psychology, 1904: 15（2），201-292.

[2] Charles E Spearman. Craetive Mind[M]. London: Nisbet, 1930.

[3] L L Thurstone. The Vectors of Mind: Multiple-Factor Analysis for the Isolation of Primary Traits[M]. Chicago: The University of Chicago Press，1935.

[4] L L Thurstone. Multiple-Factor Analysis: A Development & Expansion of The Vectors of Mind[M]. Chicago: The University of Chicago Press，1947.

[5] J P Guilford.Psychometric Methods[M]. New York: McGraw-Hill，1936.

[6] P E Vernon. Creativity. London: Penguin Books, 1970.

[7] E P Torrance. Guiding Creative Talent[M]. Upper Saddle River: Pretice-Hall, Inc，1962.

[8] E P Torrance. Torrance Tests of Creative Thinking: Norms Technical Manual（Research Edition）[M]. Princeton, NJ: Personnel Press，1966.

[9] E P Torrance. Norms-technical Manual: Torrance Tests of Creative Thinking[M]. Lexington, MA: Ginn and Company，1974.

[10] E P Torrance.The Serach for Satori and Creativity[M]. New York: Creative Education Foundation，1979.

[11] E P Torrance.Creativity：Just Wanting to Know[M]. Pretoria, Republic of South Africa: Benedic Books，1984.

[12] Thomas P Hébert, Bonnie Cramond, Kristie L. Speirs Neumeister, et al. E.Paul Torrance'His Life, Accomplishments, and Legacy[R]. The National Research Center on the Gifted and Talented, 2002: 10.

[13] 恩田彰．創造心理学[M]. 東京：恒星社厚生阁，1983.

[14] 佐藤三郎,恩田彰．創造の能力—開発と評価[M]. 東京：東京心理，1978.

第十五章　教育学界的动向（The Trends in Education Society）

美国教育学界关注创造性的动向主要体现在高等教育。如前所述，最早在大学里讲授创造学课程的内布拉斯加大学的克劳福德教授，他的"创造思维"课程始于1931年。

1944年，美国机械工程师协会在麻省理工学院召开了年会，主题是"创造工程"（Creative Engineering）。如上所述，在这之前，已有特性列举法、头脑风暴法等多种方法问世，还有许多人也在从事这方面的研究。但是怎么称呼这类方法并没有统一的说法，有的称之为激发创造性思维法，有的称之为创造技术或创造技巧，所以，作为在学术界拥有相当发言权的美国机械工程师协会认为有必要给出一个统一的说法，其结果就是"创造工程"。应该说这个词造得还是挺恰当的，是对此类方法的统称。受此影响，1948年，麻省理工学院机械系的约翰·阿诺德（John E. Arnold, 1913—1963）教授开设了"创造工程课程"（Creative Engineering Course），这是创造工程开始被大学所接受的象征。

奥斯本在1938年开发了"头脑风暴法"以后，引起社会各界的关注。在奥斯本的推动下，1949年纽约州立大学布法罗学院开设了"创造性解题"课程，这是世界上第一个在大学开设的创造学正规课程，开始由罗伯特·伯纳（Robert F. Berner）主讲，1956年起则由西德尼·帕内斯接任。

1953年，奥斯本出版了《应用想象力》一书，书中详细介绍了"头脑风暴法"的来龙去脉及其效果，所以很快就成了畅销书。不仅是当时，即便60多年过去后的今天，此书仍是开设创造力开发培训课程的首选教材。由于来自社会各界的讲学邀请纷至沓来，1954年奥斯本创设了旨在开发人的创意能力的创造教育基金会（Creative Education Foundation，简称CEF）。

1955年，CEF在所在地的纽约州布法罗市首次举办"创造性解题讲习会"（Creative Problem Solving Institute，简称CPSI），有200多人参加了学习。这以后，创造教育基金会每年6月都举办一届CPSI，至2019年为止，已经举办了65届。现在，CPSI已经成为世界上最大的创造学培训课程，每年都有几百名创造学爱好者从世界各地前往纽约或波士顿参加在那里举办的这一盛会，其中的很多人以后都成了创造力开发的专家，例如下面介绍的西德尼·帕内斯。

帕内斯（Sidney J. Parnes, 1922—2013）的高等教育学业是在匹兹堡大学完成的，前后获得商业管理学学士、教育学硕士和哲学博士学位，毕业后留校任教。1955年创造教育基金会在布法罗举办第1届创造性解题讲习会时，帕内斯参加了这个讲习会，他被奥斯本的事业所吸引并协助奥斯本开发教育培训大纲。一年以后，他接受了奥斯本的邀请，转到位于布法罗的纽约州立大学任教。在那里，他创造了很多世界第一的记录，如第一个大学创造学教研室、第一个创造学本科课程、第一个创造学硕士学位、第一个创造学研究中心、第一个创造学教授，等等。

帕内斯对世界创造学发展的主要贡献如下。

一、开发了创造性解题过程（Creative Problem Solving Process, CPS）

自从认识奥斯本以后，帕内斯就成了奥斯本的强有力的合作者，他不断完善奥斯本关于创造性解题过程的思路并理论化，最后形成了创造性解题过程模式，也称"奥斯本–帕内斯解题模式"。那是一个有助于激发创造性思维的模型，属于创造技法。自开发以来，CPS就一直是创造教育基金会每年举办的"创造性解题讲习会"的主要培训内容。

"奥斯本—帕内斯CPS"包括以下四个阶段和6个步骤：

第一阶段——陈述（Clarify）

① 探索愿景（Explore the Vision）。即明确欲达到的目标，实现什么愿望或挑战什么。

② 收集数据（Gather Data）。即描述和生成数据，使挑战具有清醒的认识。

③ 制订挑战（Formulate Challenges）课题。即强化挑战意识，并制订具体的有利于找到解决方案的挑战课题。

第二阶段——酝酿（Ideate）

④ 探索思路（Explore Ideas）。即针对挑战课题提出各种设想。

第三阶段——发展（Develop）

⑤ 制订解决方案（Formulate Solutions）。即从设想中形成解决方案，然后进行评估和改进并形成最佳方案。

第四阶段——实施（Implement）

⑥ 制订实施计划（Formulate a Plan）。即探索可以利用的资源，确定有助于实施最佳方案的行动。

二、提升了创造力研究的学术水准

当心理学家们从心理学的角度去研究创造性时,帕内斯却在积极推动把创造性研究提升到创造学的高度并加以发展。进入纽约州立大学以后,帕内斯就为本科生开设了创造学课程,并命名为创造学。1966 年,帕内斯在纽约州立大学布法罗学院首次开设了研究生课程。1967 年,他又创立了"布法罗创造力研究中心"(Center for Studies in Creativity at Buffalo)。因为这是世界上第一个创造学研究机构,设立伊始,该中心就开始收集国内外的创造学文献。1968 年,帕内斯成为世界上第一位创造学教授(Professor of Creative Studies)。1975 年,在帕内斯及其同事露西·诺勒(Ruth B. Noller, 1923—2008)的努力下,布法罗学院正式设立了硕士学位课程,毕业生的学位证书上注明的是"Master of Science Degree in Creative Studies",即"创造学硕士",同时还增设了面向本科生的副专业方向课程。诺勒拥有教育学博士学位,来布法罗学院任教以后配合帕内斯开展创造教育,进而成为第二个创造学教授。1985 年,布法罗创造力研究中心更名为"创造力研究中心",2002 年,再次更名为"国际创造力研究中心"(International Center for Studies in Creativity),成为名副其实的创造学研究的大本营。现在,担任该中心主任的是帕内斯的弟子杰拉德·普克肖(Gerard Puccio)教授。普克肖在本校取得创造学硕士学位以后赴英留学,在曼彻斯特大学取得博士学位后回到母校任教,成了帕内斯的接班人。四十多年来,该中心培养了众多创造学毕业生,为提升创造学研究的整体水平做出了巨大的贡献。今天,我们经常可以从活跃在国际创造学界的中青年创造学研究者中找到该中心的毕业生,如欧洲创造与创新协会创始人之一的帕特立克·克勒蒙(Patrick Colemont)、俄罗斯阿尔泰大学教授伊格尔·杜比纳(Igor Dubina)、澳大利亚环太平洋创造咨询师联盟总干事拉尔夫·克勒(Ralph Kerle),等等。

三、创办了"创造行为杂志"

1966 年奥斯本离世,第二年帕内斯被推举为创造教育基金会的第三任主席。他上任以后的最大动作是创办创造学的专业杂志,即"*The Journal of Creative Behaviour*"(创造行为杂志)。该杂志的创刊,受到创造学研究者的欢迎,吉尔福特、托伦斯等著名学者不仅担任该杂志的编委,还积极撰稿,发表了许多重要的论文,如创刊号的第一篇论文,就是吉尔福特的"创造性研究的昨天、今天和明天"。所以,自创刊以来,"创造行为杂志"就是世界上最具权威的创造学研究杂志。至于杂志为什么叫这个名称,笔者曾经请教过帕内斯教授，他回答说"当时我们找不到更好的名字"。[1] 这确实是事实，因为创造学正是在先驱者们的摸索和开拓中发展起来的。"创造行为杂志"为季刊，面向全世界发行，截至2019年底，共发行了53卷213期（包括第1卷的增刊），笔者也曾撰文并有幸成为在该杂志上刊登论文的第一位中国大陆学者。[2] 但是，该杂志自创刊以来，发行量一直在下滑，从最初的8000册减少到3000册，进入21世纪以后，受电子版的影响，其发行量变得更少，目前估计为1200册左右。2007年，该杂志开始发行电子版，所以估计今后纸质版的印数会更少。

顺便指出，世界上还有三种以创造力为专门内容的英文期刊，一种是欧洲创造力与创新协会的"创造力与创新管理"（Creativity and Innovation Management），1992年创刊，也是季刊，由约翰·威利父子公司出版，现任主编是瑞典皇家技术院的珍妮·布焦克（Jennie Björk）和德国波茨坦大学的卡塔利娜·霍尔兹勒。另一种是美国LEA出版协会出版的季刊"创造力研究杂志"（Creativity Research Journal），于1982年创刊，现任主编是美国行为与技术研究所的马克·朗科（Mark A. Runko）。除此以外，韩国思维发展协会也于1991年创办了半年刊"韩国创造力与解题杂志"（The Korean Jouranl of Creativity & Problem Solving），该杂志于2009年更名为"国际创造力与解题杂志"（The International Journal of Creativity & Problem Solving）并延续至今，但现在只出电子版，现任主编是美国心理学家詹姆斯·考夫曼（James C. Kaufman）。

除了纽约州立大学布法罗学院以外，还有不少大学也较早地开设了创造学课程。根据斯坦福研究所1967年的调查，总共有9所大学开设了相关课程，如"创造性与解题""创造性经营""创造思维"等，合计4600多人修完课程，其中两所大学的课程给学分。详细见表15-1。

表15-1 早期开设创造学课程的大学

大学	课程	课程分类	课时	学分	参加人数
纽约州立大学布法罗学院	创造性与解题	选修课	30	2	1600
芝加哥大学产业中心	创造性与有效管理	经理培训课程	16	—	1000
圣巴巴拉加州大学	创造性	教师培训课程	64	—	29
东北大学	创造经营	经理培训课程	36	—	600
麻省州立大学波士顿分校	创造性解题	科技人员进修课程	36	—	100
拉萨尔学院	创造思维与决断	经理进修课程	24	—	1000
扎皮埃大学	创造思维	选修课	38	3	8

续表

大学	课程	课程分类	课时	学分	参加人数
马克勒斯特学院	创新的秘诀	教师进修课程	65	–	237
长滩加州大学	科学性与创造性解题	科技人员进修课程	20	–	32

资料来源：M.O.Edwarda. A Survey of Problem-Solving Courses[J]. The Journal of Creative Behavior.1967:2（1），33-51.

30多年以后，笔者也对主要国家的大学中开设的创造学课程做过调查，并在日本、美国和中国的学术杂志上公布了调查结果。结果显示，北美、欧洲和日本都有不少大学在开设创造学课程。为了与斯坦福研究所的调查相对应，这里仅就美国高教界的开课情况做些介绍。除了纽约州立大学布法罗学院的系统化创造学课程以外，在心理学领域有4所著名的大学在开设创造学课程，包括耶鲁大学、哈佛大学、加州大学富尔顿分校和圣克鲁兹加州大学；在教育学领域，有2所著名的大学（佐治亚大学和麻省大学波士顿分校）在开设相关课程；在经营管理领域，则有8所著名大学的商学院在开设相关课程，包括哈佛大学、斯坦福大学、加州大学伯克利分校、哥伦比亚大学、密歇根大学、印第安纳大学和德保罗大学等。

下面来看一些主要大学的例子。

（1）斯坦福大学。

斯坦福大学的创造学课程可以追述到约翰·阿诺德（Joha E. Arnold, 1913—1963）的时代。

阿诺德是创造工程的创始人和设计思维的先驱者，早年在明尼苏达大学和麻省理工学院学习，拥有心理学士学位和机械工程硕士学位。1942年他回到母校麻省理工学院任教，创建了世界上第一个创造工程实验室（Creative Engineering Laboratory），并于1944年主持召开了"创造工程学术讨论会"。[3] 1957年他应聘来到斯坦福大学，被任命为机械工程学院教授和商学院教授。1953年起，每年夏季，他为机械工程师、军队科研人员和工业设计师讲授创造学，转入斯坦福大学以后，他也继续开设创造学课程。

阿诺德教授还为政府部门和产业界（如通用电气、福特汽车公司、RCA贝尔实验室等）提供咨询，尤其是关于新产品开发和研究开发（R&D）的过程中如何管理"创造型人才"的问题，他的咨询很受欢迎。他还在通用汽车公司的AC火花塞事业部创造力计划中担任主要顾问，这是美国产业界第一个与创造思维有关的软课题。他还计划撰写一部工程哲学的专著，遗憾的是英年早逝。斯坦福大学的同事赞誉他是一个不寻常的人，是引领设计教育潮流的有远见的思想家。

值得庆幸的是阿诺德的事业得到了学生詹姆斯·亚当斯（James L. Adams）的继承。在斯坦福大学机械工程系获得机械工程硕士学位以后，亚当斯师从阿诺德，学习创造工程并取得了博士学位。在产业界工作了几年以后，1966年他回到母校，在机械学院任教，在教学中始终强调工程教育领域的创造性开发。除了专业课以外，他还在管理科学与工程系开设了"组织的创造力与创新"课程。

亚当斯教授出版了《概念爆炸》[4]和《如何培育创造性设想》[5]等创造学著作，其中前者是斯坦福大学的畅销书。现在，亚当斯教授已经退休并成为名誉教授，但他的事业同样得到了继承，由罗伯特·萨顿（Robert I. Sutton）教授继续讲授"组织的创造力与创新"课程。

斯坦福大学工学院还有一位女教授在管理科学与工程系以及设计研究所讲授"创造创新与创业"课程，她就是工学院创业中心技术创业部主任蒂娜·西琳格（Tina Seeling）。西琳格的教学充满活力，是典型的主动学习（Active Learning）。2013年，日本广播协会（NHK）曾邀请她在电视台主办的"斯坦福的白热教室"节目中现身说法，赢得了众多粉丝。在运用创造学的知识指导学生创业的同时，她自己也身先士卒创办了一家多媒体公司。

与此同时，斯坦福大学商学院创造创新与市场营销讲座的迈克尔·雷（Michael L. Ray）教授为MBA学生讲授的"商业活动中个人的创造性"课程，大约持续了40年，由于教学成就显著，他被学院授予"创造创新与市场营销冠名教授"的名誉，他讲授的课程也被选为精品课程，即使他成为名誉教授不再授课以后，也被选为EMBA的保留课程制成了视频教材。现在，他的这门课程由罗娜·卡特福德（Lorna R. Catford）博士继承。

（2）纽约州立大学布法罗学院。

如前所述，在帕内斯的推动下，该大学于1967年首先开设了面向研究生的课程，然后又扩大到本科生，在此基础上，1975年世界上第一个创造学硕士学位课程正式诞生。现在，该学院的创造学专业的课程包括"创造学概论""创造性解题""创造领导力""创造教育""创造性的评价"等。详细见表15-2。

表15-2 布法罗学院的创造学课程

课程代码	课程名称	学分	分类
CRS205	创造学概论	3	本科生课程
CRS302W	创造性解题	3	本科生课程
CRS303	创造领导力	3	本科生课程
CRS559	创造性解题的原理	3	研究生课程
CRS560	创造性学习基础	3	研究生课程

续表

课程代码	课程名称	学分	分类
CRS610	团队解题	3	研究生课程
CRS615	个别指导	3	研究生课程
CRS670	创造性的教学与训练	3	研究生课程
CRS680	创造教育及其发展	3	研究生课程
CRS690	硕士生研究课题	3	研究生课程
CRS795	硕士学位论文	3	研究生课程
CRS580	创造性的评价	3	社会人进修课程

资料来源：布法罗学院的入学指南和国际创造力研究中心的资料。

（3）佐治亚大学。

佐治亚大学教育学院自从1966年招聘托伦斯教授担任院长以后声名大振，尤其在创造教育方面的发展成为该学院的一大特色，使其成为世界创造教育的中心之一。笔者曾在1991年对美国大学中因创造教育的研究而取得博士学位的人数做过统计，结果是佐治亚大学名列第一。现在活跃在各国创造教育领域的学者中，有很多都是托伦斯教授的学生。

该学院为研究生开设了两门创造学课程，即面向教育心理学专业的"创造性：教育方法与心理学的过程"和面向教育方法论专业的"创造性的理论"。

如前所述，佐治亚大学设有"托伦斯创造学中心"，所收藏的创造学资料可与纽约州立大学布法罗学院媲美。在托伦斯教授退休以后，该中心向校内外提供三个培训课程，即面向大学生的"挑战者课程"、面向外校教师的"访问学者课程"和面向当地青少年的"佐治亚未来问题解决课程"。托伦斯教授本人则每年开设"托伦斯系列讲座"，直至去世前不久。

（4）哈佛大学。

哈佛大学最早的创造学课程始于1926年，由当时的创造性教育系主任休斯·明斯教授主讲，对此，奥斯本在其著作中有所提及。[6]

现在，哈佛大学的创造学课程有两部分组成，一部分在教育学院，另一部分在商学院。前者由教育学院人的开发与心理学冠名教授霍华德·伽德纳（Howard Gardner）主讲，后者由特雷莎·艾玛比尔（Teresa M. Amabile）教授主讲。

伽德纳教授是"多项智能理论"的创始人，作为发展心理学和神经心理学家，他的研究涉及智能、创造性、领导力、教授法、儿童教育、神经科学的多个领域，他为博士研究生开设的课程是"创造性与道德"。

关于艾玛比尔，将在下一章中作详细介绍。

（5）耶鲁大学。

如果将吉尔福特视为美国创造学研究的第一代学者中的领军人物，那么，第二代的领军人物就是耶鲁大学心理系的IBM心理学与教育冠名教授罗伯特·斯滕伯格（Robert J. Sternberg）。

斯滕伯格早年在耶鲁大学完成了心理学本科学业，然后进入斯坦福大学，在高顿·博文（Gordon H. Bowen）教授指导下取得博士学位。他的研究涉及智力、创造性、思维、学习障碍等多个领域，其中最著名的是"智力的三分法理论"（Triarchic theory of Intelligence）和"创造性的投资理论"。关于"创造性的投资理论"，已经在前面做了介绍，这里简单地介绍一下"智力的三分法理论"。

斯滕伯格认为，人的智力由以下三部分组成。

分析性智力（Analytical Intelligence）——即完成学业、解题及传统的智力测验所需要的能力。这种类型的课题都具有明确的定义且答案唯一。

创造性（集成性）智力（Creative or Synthetic Intelligence）——即运用现有的知识和技能成功应对新的不寻常的事物的能力。创造性智力高的人，会从不同的角度去看问题并作出常人认为"错误的"解答。

实践性智力（Practical Intelligence）——即运用现有的知识和技能适应日常生活的能力。实践性智力使人理解在某个特定的状态下需要做什么和怎么去做。

斯滕伯格教授论著甚丰，至今已有1500件之多。其中，《创造性的本质》[7]和《创造力手册》[8]是创造学研究者的必读书。斯滕伯格还是世界心理学文献引用率最多的心理学家之一，曾担任过美国心理学会会长，世界上有13所大学授予他名誉博士学位。

斯滕伯格在耶鲁大学讲授面向研究生的"创造性"课程，任教30年以后，前后应聘出任塔夫茨大学艺术与科学学院院长、俄克拉荷马州立大学教务长、怀俄明大学校长等职，2013年年底，他又回到了东海岸，在康奈尔大学人文经济学院任教。

耶鲁大学管理学院的约翰·G·赛尔冠名教授乔那森·范斯坦（Jonathan Feinstein）对创造学也深有研究。他在斯坦福大学完成本科学业以后，考入麻省理工学院研究生院，1987年取得博士学位以后回到斯坦福大学任教，1992年起转入耶鲁大学。范斯坦教授在创造型人才（如创业家、发明家、艺术家和科学家等）的开发方面颇有研究。他为研究生讲授"创造性与创新管理""教育中的创造性"和"创造性的教学"。

以上主要探讨了美国高等教育中的创造学课程。那么中国或者日本的情况怎么样呢？关于日本的创造教育研究，将在第十七章中论及。关于中国的创造教育，也有很多学者和教师在从事研究和实践，并取得了很多成果，如上海市和田路小学、东南大学、中国矿业大学、南通大学、安徽工业大学，等等。读者可以通过文献了解，加上笔者长期在国外，已经不熟悉国内的情况，只能以自己当年在国内开展创造教育研究与实践为例，所以范围极为有限，不具有普遍性。这一点请读者事先有所考量。

1978年9月，作为最后一批中师出来的"工农兵学员"，笔者有幸成为江西省万年中学初中部的一名教员，主要担任初一的数学课，兼任音乐课。现在这所中学在江西已很出名，但当时却在整个上饶地区16所高中高考排名中倒数第二，据说主要原因是外语得分低，拖了后腿。一个偶然的机会，我的日语知识被校领导发现，教导主任希望我为高二文科班开设日语课程，因为当时的文科班是理科班挑剩下的学生组成的，反正高考也没什么希望，换个语种也许比考英语要好些。这样，1979年10月，笔者就在非常仓促的情况下上起了日语课。现在看来是多么不可思议。困难太多了，一是没有课本，二是没有音响器材，三是学生素质差，四是教师不是科班出身，水平不高。

但是，正如人们常说的那样，机遇只惠顾有准备的人，同样一件事，对有心理准备的人来说是机遇，对于没有心理准备的人来说就什么都不是。不用说，笔者属于后者。跟着上海人民广播电台开设的日语讲座学了5个月以后，就回到了下放所在地的小山村，收音机没有了，有了也收听不到，只能靠自学，前后算起来已有8年的历史，虽然听说能力不行，但是已经学完几所大学的日语教材，可以阅读和翻译一般书籍，心里一直在盘算着将来能不能从事与日语有关的工作。所以，尽管只是一个三尺讲台，还有这样那样的困难，对笔者来说却是一个宝贵的舞台，必须珍惜，必须见成效，这就是创造学研究中所说的创造欲望。

7个月以后，这个班的学生就参加了高考（当时高中部的学制是两年），有一些学生的得分超过两位数，最高为39分。如何看待这个结果？自然是褒贬不一，但考生心里最清楚，因为当时如继续学英语的话，结果会更惨。那位得了39分的考生因此而考取了大专，成为文科班第一位成功者。毫无疑问，笔者不会满足于这一点，通过7个月的教学，积累了一些经验，在指导学生学习方面更有了信心。所以，当校内出现废除日语课的杂音时，笔者自己去校长和教导主任那里请战并立下军令状，"给我两年的时间，一定成功。"

所以，1980年9月起，笔者担任高一文科班的日语教学，两年以后，这个班亮出了他们的考高成绩。有4人分别被复旦大学、武汉大学、山东大学和广州外国语学院录取，而且都是日语专业，还有一些人则进入了其他大专院校的其他专业。没考取的学生因此而发奋，回炉一年后继续考，又有8人分别被复旦大学、武汉大学、山东大学、华东师范大学、广州外国语学院和杭州大学的日语专业录取。这样，全班40人中考取其余专业的就有12人，占30%。如果是外语学院附中，或者是现代的大城市中的双语学校，这个比例不算什么，但请记住，那是20世纪80年代初，一所内地的县级中学，主要生源来自农村的文科班，评价就不一样了。省内外多家媒体做了报道，主要有：

"贵有进取之心——记万年中学青年日语教师徐方启"（"江西日报"1983年5月

19日第二版）。

"给'金凤凰'插上翅膀的人——记自学成才的万年中学日语教师徐方启"（"江西青年报"1983年11月16日第二版）。

"来自山区的青春之歌"（"文汇报"1984年1月17日第四版）。

"创造——生活的独特旋律"（"最优化报"1984年8月30日第三版）。

记者们的一个共同关心的话题是"你是怎么在如此艰苦的环境下做出这些成绩的？"笔者的回答是开展创造教育。去日本留学以后，曾对当时的创造教育实践从理论上做了阐述并发表在日本创造学会的会刊上[9]。这里仅对文中的主要观点做一些介绍。

（1）我的创造教育观。

教师必须是创造型的。这是很显然的，如果教师本人比较保守，不能发挥创造性，那么开展创造教育是不可能的。

创造教育应该在学校教育的所有领域展开。有的人认为创造教育仅适合在中小学的手工制作课或业余时间开展。那是不全面的。由于笔者只是在外语教学中开展创造教育，深知其局限性，所以，如果一个学校的校长在倡导创造教育，那么就有可能在所有的领域展开。

应面向全体学生开展创造教育。人人都有创造力是创造教育的基本观点，所以开展创造教育应面向全体学生。

（2）开展创造教育的必要条件。

外部条件。它是指的学校的环境、设备等教学资源和人际关系等外部因素，通常是客观存在的，不用多说。

内部条件。包括：

① 对创造教育有一个正确的理解。

② 具备开展创造教育的专业知识。

③ 具有开展创造教育的勇气。

（3）开展创造教育的目的。

自学能力的开发；语言能力的开发；创造性思维能力的开发；创造人格的培养。

也许有人会问，创造教育的效果是否以高考成绩来评价？笔者的回答是否定的。笔者的创造教育实践是在当时的历史条件下进行的，高考成绩是一项容易被外界关注的指标，但这不是创造教育的最终目标，创造教育的最终目标应该是培养具有创造精神和创新能力的人才，这样的人才无论在什么岗位上都会做出创造性的成绩来。同样以笔者当时授课的学生为例，无论是否考上大学，无论是大学教授、杂志编辑、中学校长、小学教师、政府机关干部，还是在日本或中国开公司、经商、当外企职员，都干得很出色，这是令我感到欣慰的。尤其是有的学生在大学读书时被评为"创造型学生"，有的工作后成为"全国五一劳动奖章"获得者，还有的被所在大学评为"优秀德育导师"，或"十大优秀青年"，等等，不能说与他们高中阶段接触到创造教育没有关系。

注

[1] 笔者曾于 2003 年 10 月 11 日通过电子邮件向帕内斯教授请教了一个问题，即"杂志的名称为什么叫'创造行为'而不是'创造学'？"三天以后，我收到了他的邮件，他的回答是，"当我们创办杂志时，之所以命名为《创造行为杂志》而不是《创造学杂志》，是因为当时还没有'创造学'这个词。"（The journal of creative behavior was not named the journal of creative studies because we didn't have the term 'creative studis' when the Journal of creative behavior was created.）

[2] Fangqi Xu, Ginny McDonnell, William R. Nash. A Survey of Creativity Courses at Universities in Principal Countries[J]. The Journal of Creative Behavior，2005，39（2）：75-88.

[3] J P Guilford. Creativity[J]. The American Psychologist，1950（5）：446.

[4] James L Adams. Conceptual Blockbustion[M]. Reading: Addison-Wesley, 1974.

[5] James L Adams. The Care & Feeding of Ideas: A Guide to Encouraging Creativity[M]. Reading: Addison-Wesley，1986.

[6] Alex F Osborn. 創造力をきたえる 26 章 [M]. 桑名一央，訳. 東京：実務教育出版，1979:4.

[7] Robert J Sternberg. The Nature of Creativity[M]. Cambridge: Cambridge University Press，1988.

[8] Robert J Sternberg. Handbook of Creativity[M]. Cambridge: Cambridge University Press, 1999.

[9] 徐方啓. 外国語授業における創造性と異文化教育——体験的創造教育 [M]// 日本創造学会. 異文化・異分野の興隆と創造性（創造性研究 10）. 東京：共立出版，1994: 97-110.

本章主要参考文献

[1] Andrew L Comrey. Joy Paul Guilford 1897—1987[R]. Washington D.C. National Academy of Sciences, 1993.

[2] M O Edwarda, A Survey of Problem-Soluving Courses[J]. The Journal of Creative Behavior, 1967, 2（1）: 33-51.

[3] J P Guilford. Creativity[J]. The American Psychologist, 1950（5）: 444-454.

[4] Thomas P Hébert, Bonnie Cramond, Kristie L Speirs Neumeister, et al. E.Paul Torrance' His Life, Accomplishments and Legacy[R]. The National Research Center on the Gifted and Talented, 2002: 10.

[5] E P Torrance. Guiding Creative Talent[M]. Upper Saddle River: Pretice-Hall, Inc, 1962.

[6] Fangqi Xu, Ginny McDonnell, William R. Nash. A Survey of Creativity Courses at Universities in Principal Countries[J]. The Journal of Creative Behavior, 2005, 39（2）: 75-88.

[7] Graham Wallas. The Art of Thought[M]. New York: Harcourt, Brace and Company. 1926.

[8] James L Adams. Conceptual Blockbustion[M]. Reading: Addison-Wesley, 1974.

[9] James L Adams. The Care & Feeding of Ideas: A Guide to Encouraging Creativity[M]. Reading: Addison-Wesley，1986.

[10] Alex F Osborn. 創造力をきたえる26章[M]. 桑名一央，訳. 東京: 実務教育出版, 1979.

[11] Robert J Sternberg. The Nature of Creativity[M]. Cambridge: Cambridge University Press，1988.

[12] Robert J Sternberg. Handbook of Creativity[M]. Cambridge: Cambridge University Press, 1999.

[13] 徐方啓. 主要国家の大学における創造性開発コースに関する考察[J]. 日本創造学会論文誌，2002（6）: 18-31.

[14] 徐方啓. アメリカにおける創造性研究に関する考察—「The Journal of Creative Behavior」より—[M]// 日本創造学会.「驚き」から「閃き」へ（創造性研究9）. 東京: 共立出版, 1992: 135-148.

[15] 徐方啓. 外国語授業における創造性と異文化教育——体験的創造教育[M]// 日本創造学会. 異文化・異分野の交流と創造性（創造性研究10）. 東京: 共立出版, 1994: 97-110.

第十六章　美国的创造学研究（Creative Studies in USA）

通过前面几章的叙述，可知创造学研究的历史始于美国，笔者对是否再设一章加以论述的必要性感到迷惑。但是，考虑到虽然已从历史的角度做了一些考察，但毕竟不够系统，有些重要的信息也没有涉及，所以还是有必要做些梳理。出于这样的考虑，笔者决定从学术组织、学术会议和学科带头人以及主要研究文献上去进行考察。

一、学术组织

1. 创造教育基金会

如前所述，阿列克斯·奥斯本于1953年出版了《应用想象力》一书，由于此书成为畅销书，不断增加的版税收入，使他萌发了用它来做推动创造教育的心愿，于是他将版税收入全部捐出，又说服了一些大款们义捐，然后在1954年创设了创造教育基金会（Creative Education Foundation，CEF）并担任主席。由于他的目的是推动创造教育，所以并没有像美国社会常见的那样在基金会的名称上冠以自己的名字。1966年，奥斯本去世后，亲属根据他生前的意愿，将他的大部分遗产都捐献给了基金会。当然，仅仅就基金会而言，我们不能视其为学术组织，而要看其主要活动是什么。创造教育基金会的主要活动是举办面向全世界的"创造性解题讲习会"（CPSI），自1955年首次举办以来，坚持不懈，每年6月举办，开始主要在东部的纽约州和马萨诸塞州举办，后来又发展到西部的加利福尼亚州，参加者多时有六七百人，少时也有二三百人，是世界上历史最悠久、规模最大的创造学培训机构。

基金会的另一项主要事业是出版书刊，除前面提到的"创造行为杂志"以外，还出版了许多创造学研究著作，为推动创造学的发展做出了重要的贡献。基金会成立以后，奥斯本的书就都由基金会出版，而版税收入也全部捐给基金会，这样既扩大了基金会的影响，又给基金会实现了可持续发展。

基金会设立了各种奖项，包括"CEF 大奖""杰出领袖奖""西德尼·帕内斯先驱者奖"以及"终身成就奖"。其中，著名的创造学家如弗兰克·拜伦（1987）、西德尼·帕内斯（1990）、霍华德·伽德纳（1998）、保罗·托伦斯（2000）、露西·诺勒（2001）都曾获得"终身成就奖"。

除此以外，基金会也为创造学研究者提供研究资金，此基金以创造教育家露西·诺勒命名，主要面向青年学者，每年都面向世界招聘，合格者将获得 2000 美元的资助以及 400 美元的旅费，以保证获奖者能够赴美参加"创造性解题讲习会"并在会上发表研究成果。

2. 美国创造学会（American Creativity Accosiation, ACA）

美国创造学会成立于 1989 年，由德克萨斯农工大学威廉·奈什（William R. Nash）教授发起成立。奈什师从托伦斯教授，取得博士学位以后，应聘进入德克萨斯农工大学，在教育心理系讲授创造教育学直到退休。期间，他创设了"智力、创造性与天赋"方向的博士课程并招收研究生，共培养了 50 名博士，还担任了该校天赋与能力研究所所长。

美国创造学会的主要活动是一年一次的大会，基本上在美国举办，但有时也会在国外举办，主要是看承办者的条件如何。如 2012 的年会就在新加坡举办，承办方是新加坡经营大学，核心人物是该校 WKW 中心主任卡帕尔·辛（Kirpal Singh）博士，他是美国创造学会的副会长。

美国创造学会设立了多个奖项，以奖励在创造领域作出贡献的杰出人物，如"终身贡献奖""大卫·特纳创造力冠军奖""企业特殊贡献奖""特殊贡献奖""特殊服务奖""保罗·托伦斯研究生奖"等。其中，大卫·特纳（David Tanner）是杜邦公司创造力与创新中心主任，拥有博士学位，在这之前他还曾担任过工业纤维事业部研发中心主任，取得过 33 项与聚合物有关的专利。与此同时，他也研究创造学并在公司内推广，创造力与创新中心就是由他创办的，还出版了 2 本与企业创造力开发有关的专著和 30 多篇论文。可以说，他是一位学者型的企业高管，所以，他加入美国创造学会以后就受到关注，几年后还被选为理事长（任期为 1997—1998 年），上任以后，又促成杜邦公司的多次赞助。为了纪念特纳所做出的贡献，学会就设立了以他的名字命名的"创造力冠军奖"，以奖励那些富有创意的概念、服务和产品的倡导者或赞助者。现在，特纳已经退休，但他并不想就此安度晚年，而是开设了一家名为"David Tanner & Associates, Inc."的咨询公司，为企业提供创造力开发的培训与咨询。

"终身贡献奖"始于 1994 年，第一次获此殊荣的是威廉·奈什和保罗·托伦斯，师生同时获奖实属罕见。托伦斯是唯一被创造教育基金会和美国创造学会同时授予"终身贡献奖"的创造学家，可见其在创造学界的地位非常高。

美国创造学会的前任理事长是德雷塞尔大学弗雷德利卡·雷斯曼（Fredrika Reisman）教授，她也是托伦斯的学生，她对创造学发展的主要贡献是在德雷塞尔大学创办了托伦斯创造力与创新研究中心，培养了一批开展创造教育的学生。

美国创造学会的现任理事长是康涅狄格大学教授詹姆斯·考夫曼（James C. Kaufman），他是罗伯特·斯滕伯格的学生。考夫曼的父母都是美国著名的心理学家，对考夫曼的影响很大，所以他也对心理学尤其是创造心理感兴趣。考夫曼在南加州大学读了本科，在耶鲁大学取得博士学位以后，2002年他应聘进入圣贝纳迪诺加州大学任教并创办学习研究所，旨在运用他在创造心理方面的研究成果去提高学习效率。2012年，他晋升为教授，第二年转入康涅狄格大学任教。

令人吃惊的是，70后的考夫曼（1974年出生）至2017年8月为止，已经出版了35部著作和250多篇论文，代表作有《创造力101》（2016年）、《剑桥创造力手册》（2010年）等，尤其是在创造心理学方面的研究（如"4C理论"）奠定了他在国际创造学界的地位，可以说他已经成为继吉尔福特、希克森特米哈伊和斯滕伯格之后新一代的学科带头人。

二、学术会议

美国创造学研究的历史上最有重要意义的会议是"创造性科学才能识别会议"，会议一共开了10次，其中，第一至第三次和第五次会议都在犹他大学召开，所以通称"犹他会议"。犹他会议由美国科学基金会提供资助。美国学术界研究创造学研究的一个重要目的是发现具有杰出创造能力的科学人才。犹他会议的规模并不大，但参加者都是学术界的重量级人物，如犹他大学的加尔文·泰勒、南加州大学的吉尔福特、哈佛大学的安·罗、加州大学伯克利分校的弗朗克·拜伦、芝加哥大学的盖采尔斯和杰克逊、明尼苏达大学的托伦斯、纽约州立大学布法罗学院的帕内斯等。

犹他会议的核心人物是犹他大学的加尔文·泰勒（Calvin W. Taylor，1915—2000）博士。他在犹他大学读完本科和硕士研究生以后，去了芝加哥大学深造，师从著名心理学家瑟斯顿教授，并于1946年取得博士学位。毕业后，他先后在美国国立卫生研究院和美国科学基金会从事研究工作，之后回到犹他大学，担任心理学教授。

泰勒教授在创造学历史上的主要贡献有三：一是发起并领导了"犹他会议"，吸引一大批心理学家、教育家和科学家投身到创造学研究上来，并编辑出版了"犹他会议论文集"，该论文集系列已成为创造学研究的重要文献。二是于1965年在犹他大学创办了创造行为研究所，从而提升了犹他大学在创造学研究领域的学术地位。三是开发了"多种创造能力教学指针"，为教育界系统地培养创造性人才提供了范本。由于这些重大贡献，美国心理学会（APA）曾在1970年授予他"理查森创造力奖"。

美国创造学界另一个重要的会议是"全美高校创造力年会"。该会议由诺斯伍德大学奥尔登·陶氏创造力中心（Alden B. Dow Creativity Center of Northwood University）主办。奥尔登（1904—1983）的祖父是发明家，父亲也是发明家，同时又是企业家，是著名的陶氏化学公司的创始人。受家庭环境的影响，奥尔登也是一位发明创造能力突出的建筑师，同时也研究创造性思维，他的富有创意的建筑设计给他带来无数的奖项和荣誉，包括诺斯伍德大学于1969年年授予他的名誉博士学位。因为这个原因，他于1978年资助诺斯伍德大学设立了创造力中心。该中心早期的研究领域为两部分，一是建筑学，另一个就是创造学。现在则包括家族经营企业、创业、创造力与创新、新业态开发等四个方面，所名也改为"奥尔登·陶氏创造力与企业中心。

奥尔登·陶氏创造力中心主要开展以下活动：开展暑期集中培训，为本科生开设选修课《创造行为》，主办创造学学习班，主办全美高校创造学年会。

全美高校创造学年会始于1990年，其目的是为在大学从事与创造有关的教学的教师们提供一个发表研究成果和互相学习的论坛。由于此会议的参加者有不少来自国外的大学，所以事实上成了国际高校创造教育会议。

但是，20世纪90年代以后，由美国学术界主办的创造学会议呈现减少的趋势。根据笔者的观察，其原因有二：一是以创新为主题的会议大幅度增加，与创造相比，创新更容易引起社会各界的重视；二是欧洲学术界主办的创造学会议的增加，吸引了世界各国的研究者。

三、代表性学者

根据笔者多年的研究，如果要罗列对创造学研究做出重大贡献的美国学者的话，首推吉尔福特，其次是加尔文·泰勒，保尔·托伦斯以及西德尼·帕内斯，他们可以称之为"第一梯队"。由于他们都已去世，而且已经在前面的章节中有所介绍，以下不再展开。

这里要介绍的是在世的代表性学者，也就是"第二梯队"，包括希克森特米哈伊、斯滕伯格、艾玛比尔等人，下面分别论述。

1. 希克森特米哈伊（Mihaly Csikszentmihalyi）

米哈里·希克森特米哈伊1934年出生在匈牙利，少年时代因聆听过心理学家卡尔·荣格（Carl Gustav Jung，1875—1961）的讲演，便立志成为一个心理学家。1956年希克森特米哈伊赴美留学，在芝加哥大学学习心理学，前后9年，相继获得了学士和博士学位。毕业后，他留校工作，被任命为副教授兼心理系主任，之后又升任教授，直到退休。

1999年，希克森特米哈伊应聘进入西海岸的克莱蒙特大学，在社会科学、政策与评估学院任心理学与经营学教授，在那里，他创办了生活质量研究中心（Quality of Life Research Center）。

希克森特米哈伊教授非常博学，研究领域很广，但是在克莱蒙特大学的官网上，我们可以发现他的研究领域是"创造力与创新，心流"，即"Creativity and innovation, Flow"。

"心流"是希克森特米哈伊教授独创的一个学术概念，指的是人的一种心理现象，他给出的定义是"最理想的满足和实际体验"。[1]根据他的研究，当人们全神贯注地从事某一活动并乐在其中时，就会陶醉于其中而忘记时间的流逝，这时就进入了"心流"的状态。他的关于"心流"的研究，成了之后问世的正向心理学（Positive Psychology）的理论基础，前美国心理学会会长马丁·塞利格曼（Matin E.P.Seligman）认为希克森特米哈伊教授是正向心理学的最重要的研究者。[2]

在创造学研究方面，希克森特米哈伊教授的研究也独具一色，他深度研究了90多位世界著名的创造性人才，包括科学家、作家、艺术家、体育教练等，从中证实创造力在他们的成功人生中发挥的重要作用。迄今为止，对少数富有创造性的人才（如诺贝尔奖获得者）进行跟踪观察和访谈的事例并非鲜有，但结果都成了特殊案例，不具说服力。而希克森特米哈伊教授则花了相当多的时间和精力，完成了这项研究，所以受到学术界广泛的关注。

希克森特米哈伊教授的论著甚多，代表作是1990年出版的《心流：最佳体验的心理学》和1996年出版的《创造力：心流与发现发明的心理学》。[3]同时他也是心理学文献中被引用最多的作者，所以深受广大读者和研究者的欢迎，世界各国的创造学会或学术组织都给予他很高的荣誉。例如，2011年9月，欧洲创造与创新协会第12届大会在葡萄牙的海滨城市法罗召开时，邀请希克森特米哈伊教授做主旨讲演，讲演完了以后，全体与会者起立报以热烈的掌声，会议主办方还给他制作了脚模，场面非常隆重，让在场的笔者深受感动。为了表彰希克森特米哈伊教授在创造学研究上的贡献，德国创造学会于2014年向他颁发了"创造奖"。这是面向全世界的奖项，于2007年创办，每年11月颁发。迄今为止，只有爱德华·迪博诺等少数创造学家或长期从事创造力开发实践的组织获奖。

2. 罗伯特·斯滕伯格（Robert J. Sternberg）

1949年斯腾伯格出生于美国新泽西州的一个犹太人家庭，父母亲都没有读完高中。他小时候就不喜欢考试，患上了"考试恐惧症"，因为他觉得考试并不能真实地评价人的知识水平和能力，但是这激起了他对心理学的兴趣。高中毕业以后，他考上了耶鲁大学，还拿到了政府的奖学金。可是入学后由于《心理学入门》课的成绩不佳，被任课教授小看了，建议他改学其他专业。憋着一肚子气的斯滕伯格下决心做出点成绩来给教授看看。4年以后，他果然以优异的成绩取得文学学士学位，还入选斐陶斐荣誉学会（美国优秀大学生荣誉学会）。[4]

离开耶鲁以后，斯滕伯格又进入斯坦福大学研究生院，师从著名实验心理学家戈登·鲍尔（Gordon H. Bower）教授[5]，在心理学领域继续深造，4年以后便完成硕士和博士课程并取得博士学位，同时还收到了母校耶鲁大学的雇用聘书。

在耶鲁大学，斯滕伯格干得得心应手，研究领域从智力出发，逐步扩展到创造力、智慧、思维方式、认知可修改性、领导力以及爱与憎的问题，很快就晋升为教授，后来又获得"心理学与教育学的IBM冠名教授"的荣誉。2003年，他还曾当选为美国心理学会（American Psychological Association）会长，达到了心理学界的顶峰。

在智力研究方面，最初他关注信息处理和类比推理等能力的组成部分[6]，在此基础上于1984年提出了"智力三元论"（Triarchic Theory of Intelligence[7]），即成分、经验和情景，此理论获得心理学家的关注，从而奠定了他在国际心理学界的学术地位。在智力测验方面，他研究了"斯坦福–比奈智力测验量表"，甚至编制了自己的量表，即"斯滕伯格智力测验量表"（The Sternberg Test of Mental Abilities，STOMA）。但是，随着研究的深入，他又逐渐将此理论向两个方向集约，即"实践智力论"和"成功智力论"。关于"实践智力论"的论文最早出现在1985年，《个性与社会心理学杂志》第49卷上刊登了他和理查德·瓦格纳合作撰写的论文[8]，第二年他们俩又合作编写和出版了《实践智力—日常生活中的才干的本质与源泉》一书[9]，完善了其理论。而关于成功智力论的文献，最早出现在1997年，即专著《成功智力论》[10]，系统地阐述了他对成功智力的研究成果。

斯滕伯格认为，实践智力在很大程度上基于隐性知识（Tacit Knowledge），为此，他研究了隐性知识，并将其特征归纳为以下四点：[11]

（1）隐性知识通常是自己获得的，很少会得到他人或资源方面的支持。即人们无需培训或直接指导就能获得，如得到资源方面的支持，就会加快获得知识的进程。

（2）隐性知识本质上是程序性的。这是有关如何在特定情况下获得知识或特定情况下采取行动的知识。

（3）隐性知识通常以复杂的、多条件的规则而表达出来。这里所说的规则，指的是关于如何在特定情况下实现特定目标的规则。

（4）对个人具有实用价值。与人的其他经验或未指定行动的知识相比，基于经验的和行动的知识可能更有助于实现目标。

笔者在第九章"知识创造论"中对隐性知识做了简单的论述，但没有论及其特征，所以斯滕伯格的研究对"知识创造论"来说也是一种补充。

关于成功智力，斯滕伯格所给出的定义是"在给定文化背景的情况下，设定并实现人生中有意义的个人目标的能力。"[12] 他认为，一个成功的聪明人要明白自己的长处和短处，然后发挥长处并弥补短处，而人的长处和短处取决于四种技能，即创造力、分析能力、实践能力和基于智慧的能力。[13] 他特别强调，"人必须具有创造力才能产生新颖和有用的想法，才能分析他人的想法是否可行，以便应用这些想法并让他人认可其价值。"[14]

在创造力研究方面，斯滕伯格的不少论点也受到关注，例如他提出的"投资理论"。1991年，他和托德·鲁巴特（Todd I. Lubart）联名在《人才开发》杂志上发表了"创造力及其开发的投资理论"一文[15]，首次提出了这一理论。笔者对他们的观点进行梳理以后这么理解，开发人的创造力，犹如金融领域的投资，也具有"低价买入，高价售出"的特征，当一个人的创造力尚未得到开发时，那就处于低价状态，而当其创造力得到开发并被他人认可时，就出于高价状态。所谓开发创造力，就是让处于低价的人向高价发展。

斯滕伯格对于什么是创造力的解释是很具权威性的。他认为创造力包括以下六个方面，即能力、知识、思维方式、人格属性、动机和环境。[16] 对此，我们来做些解读。

广义地说，创造力是一种能力，可以包括在能力这个大范畴中，它具有能力的一般特征。当然，与创造力有关的能力，比起理解能力、再现能力等一般的能力来，它更强调构思能力、表现能力、创新能力、以及解决问题的能力等需要高度的智力活动即创造活动的能力，而知识则是为从事创造活动时必不可少的智力储备。思维方式是创造活动成功与否的关键，有的人掌握了许多知识，但往往不能解决具体的问题，这时问题不在于知识的多少，而在于思维方式，所以有必要开展创造思维的研究。人格属性因人而异，纵观国内外的创造人才，有一点是共同的，即都具有强烈的创造欲望，有的想开发一个前所未有的新产品，有的想提出一个揭示某种自然现象的理论，也有的想打破一项世界纪录，等等，不愿虚度光阴，想做些有意义的事是他们的共同心愿，也就是我们所说的创造个性。动机有外在动机和内在动机之分，外在动机主要体现在金钱、物质、名誉、待遇等方面，在短期内有效果，但难以持久，而内在动机则是激励人坚持不懈地去追逐探究，去实现自己的目标的动力。动机与创造个性密切相关，创造个性强烈的人，会有各种各样的动机。但总体上说，其动机体现的是一种正能量。环境是创造力得以发挥的外部因素，一个人如处在一个崇尚创造的环境中，那么创造力就容易得到发挥，反之则会受到抑制。

迄今为止，斯滕伯格已经发表了1600多篇论著，拥有13个名誉博士学位，从各种渠道申请到的研究费高达2000万美元，堪称心理学界的巨匠。[17]

2005年，在耶鲁大学工作了30年的斯滕伯格决定挑战自己的领导能力，于是他应聘来到塔夫斯大学，担任艺术与科学学院院长兼心理学与教育学教授。三年以后，他又跳槽来到俄克拉荷马州立大学，担任该校分管教务的副校长和心理学与教育学讲座教授，以及乔治·凯泽家庭基金会（George Kaiser Family Foundation）主席，而他的下一个职务却是怀俄明大学校长。

2013年，雄心勃勃的斯滕伯格教授来到怀俄明大学，从就任校长的第一天起，他便开始着手一件大事，那就是改变现有的招生考试制度，从重视书面考试的选拔基准转向基于自己的理论的选拔基准。三个星期以后，作为新官上任后的第一把火，他要求分管教务的副校长辞职并解聘。他的第二把火烧向中层领导，解聘了4位院长。但第三把火却烧到了自己身上，他自己不得不宣布辞职而黯然离去，怀俄明大学第24任校长就这样创下了任期137天的最短历史记录。离开怀俄明大学以后，斯滕伯格应聘担任康涅尔大学人文发展教授至今。

从这个例子上我们学到了什么？那就是，即便是大名鼎鼎的心理学家和创造学家，斯滕伯格也有短板，即创造性领导能力欠佳，尽管他在研究领导力，说明理论和实践之间有鸿沟，而且这条鸿沟不是每一位学者都能越过的，有的人适合做学问，有的人适合做领导，不能挤在同一条路上。正如斯滕伯格在离开怀俄明大学时所说的那样，"我可能不是一个最合适的校长。"[18]

3. 特蕾莎·艾玛比尔（Teresa M. Amabile）

1950年，艾玛比尔出生在纽约州水牛城的一个意大利移民的家庭，父亲参加过第二次世界大战，复员以后在当地开了一家食品公司，后来又涉足房地产等领域，在水牛城享有声望。艾玛比尔于1972年在当地的凯尼修斯学院完成了本科学业，学的是化学，但毕业时她的学习兴趣已经转向，竟然考取了斯坦福大学研究生院的心理学专业，5年以后，她完成了与"时间压力对人的内在动机的影响"有关的研究并拿到了博士学位。

完成学业以后，艾玛比尔收到了来自马萨诸塞州波士顿的布兰迪斯大学的聘书而登上讲坛，从此开始了她作为心理学家的职业生涯。在布兰迪斯大学，她一边教书育人，一边在心理学领域深耕，逐渐将研究的重心转到了创造心理学上。1978年起，她开始向有关的学术会议递交这方面的论文，以此为基础，1979年2月，她第一次发表了以创造力为主题的研究论文[19]，从此便一发而不可收，"Creativity"成了她的论著中必不可少的关键词。

1992年，艾玛比尔应聘担任哈佛大学商学院的兼职教授，主讲"人力资源管理"。由于她讲的内容不同于传统的同类课程，强调创造力开发，给商学院的课程带来了新意，所以，三年以后，她就被商学院聘为专职教授。

这以后，艾玛比尔教授先后为MBA和EMBA的学生开设了多门与创造力有关的课程，如"组织的创造力""组织中的个人的创造力""创造力与经营""创造与创业"等，以致选修过她的课程的学生都将她的名字与"创造力"联系在一起。

由于艾玛比尔是社会心理学家出身，所以她的创造学研究也与此密切相关，从儿童的艺术创造力到大学生的创造力，再到社会人的创造力，以及退休人员的创造力，所涉范围甚广。

艾玛比尔在著名的《哈佛商业评论》上发表过多篇论文，其中最著名的是"创造力是怎么被扼杀的"一文。[20] 在此文中，她首先提出了一个问题：为什么企业的干部都知道创造力的重要性，但事实上往往在扼杀员工的创造力，为了弄清楚这个问题，她和她的团队做了非常深入的研究。他们调查了几十家企业，通过面谈、实验和问卷调查等手段，从几百名企业员工那里采集到了大量的数据，然后对这些数据进行分析。在此基础上，她结合自己过去二十年间一直在做的关于工作环境与动机的系列研究的成果，提出了六个问题[21]。下面，笔者来对此做些解读。

（1）提供挑战的机会（Challenge）。就是说领导要根据员工的现状安排适当的工作，使其有机会挑战新的工作。这里所说的现状指的是员工的专业知识、思维能力和动机，缺一不可。员工所具有的一定的专业知识（无论其受过何种程度的教育）是其从事该工作的必要条件，领导要做到对自己部门的每一个员工的专业知识水平有所了解。思维能力主要是指创造性思维能力，即员工是否掌握了基本的激发设想的创造技法。动机则是指要注重内在动机，如果一个员工仅关心奖金和奖赏等外在动机，那就难以胜任需要较长时间努力的工作，只有从该工作中感受到挑战的魅力而拳拳欲试，即内在动机强烈的员工才能接受具有挑战性的工作。那么，什么是具有挑战性的工作呢？打个比方，那就是树上长了苹果，想摘但手够不到，需要跳起来才摘得到，这就是挑战。当然，如果安排的工作低于员工的期待，那也不能激发员工的创造力。

（2）保持一定的自主权（Freedom）。当领导向员工安排一项具有挑战性的工作以后，就要给其一定的自主权，让其充分发挥自己的才干。在事关全局的方面，应由领导决定，而具体如何执行，则可让员工去考虑，领导不宜事无巨细一一过问。还有，工作安排以后，领导不能动辄干预、叫停或改变计划，这样的话，会让员工觉得自己不受领导尊重，从而打消继续挑战的自主性和积极性。只有当员工感到自己受到领导的尊重，在如何完成这项工作上享有一定的自主权，也就是内在动机达到高潮时，才有可能发挥创造力。拿一个登山队来说，什么季节攀登，攀登那座山，应该由经验丰富的队长决定，至于走那条路径，如何攀登，则可以由队员自己来决定，当然不排除队长作为队员之一参与决定。

（3）可使用资源（Rresources）。经营管理中所说的资源主要是人、财、物和信息。"人"当然是员工，"财"指的是资金，"物"则包括零件、原料、能源、设备和技术，"信息"主要是与某项工作有关的经济环境、行业动态和市场行情等。当领导向员工安排一项具有挑战性的工作以后，要同时提供必要的经营资源，如需要几个人、多少资金、什么设备、哪些信息等都要一并考虑，其中时间和资金是最重要的。时间不能太紧，太紧的话，让员工觉得不可能完成而不愿接受该项工作。相反，太松的话也不利于工作，容易使员工失去紧迫感，所以不紧不松的时间安排是很重要的。无论哪家企业，资金的安排都是一个敏感的问题，所以，领导在安排资金时要做到公开和公正，才能使资金真正用在刀刃上，同时又有利于激发员工的创造力。

（4）发挥团队的作用（Work-group Features）。员工一个人很难完成具有挑战性的工作，需要组建一个团队。创造学研究发现，一个富有创造性的团队通常都由不同专业背景的员工所组成，因为不同专业背景的员工的加入，能够产生知识、经验和能力方面的互补，从而引起意想不到的共振效应。需要注意的是，因为专业背景不同，就容易出现互不买账的局面，那样的话，团队的作用就难以发挥，所以互相尊重和互相认可是先决条件。在此基础上，每个人都明白团队的目的，愿意为达到共同的目的而贡献自己的力量，即保持强烈的内在动机，团队的创造力才有可能发挥。

（5）领导的激励（Supervisory Encouragement）。领导的激励有利于提高员工的积极性和创造性是无可非议的，但是，通常当领导的都忙于日常事务，很容易忽视经常性地激励员工。一般员工短期内没有任何激励也能照样工作，但是，长时间得不到领导的激励，就会产生被忽视或是被无视的自卑感，逐渐失去内在动机，也就不可能发挥创造性。所以，领导再忙也不能忘记这件事。激励员工可以有多种方式，有物质激励和精神激励，物质激励主要是加薪、奖金或发放物品，但不宜在中途采用，而应在工作取得成果以后采用。除此之外，带薪假也可以视为一种物质激励。精神激励则有多种方式，如口头表扬和鼓励，见面打个招呼，就员工的生活聊上几句都能让员工感受到领导的关心，从而保持内在动机，有时仅仅是给个笑脸、握握手、拍拍肩膀等肢体语言，也能起到激励的作用。

（6）企业的支持（Organizational Support）。员工能否发挥创造性，除了上述五点以外，企业的支持也必不可少。作为一个法人组织，企业要做的是构建一个尊重创造的机制，或者说酿造一个有利于创造的环境，如建立客观公正的评价体系，为员工创造共享信息的条件。对于因开展创造活动而带来的失败持一种包涵宽容的态度，允许员工继续挑战，而不是以一次失败定终身。这样的话，员工才会保持内在的动机而继续挑战。事实上，在美国的硅谷，投资者在决定是否对一家风险企业出资时的一个重要依据就是创业者有无失败经验。美国3M公司的"15%的原则"也是一个很好的榜样，该公司明文规定员工可以利用 15% 的工作时间从事自己感兴趣的发明创造，也可以使用公司内的设备和原料，3M 之所以能做到新产品层出不穷，"15% 的原则"发挥了很大的作用。

通过以上的解读，我们注意到一个事实，那就是艾玛比尔非常强调人的内在动机（Intrinsic Motivation），浏览她的论著目录，就可知道她在这方面的研究上与创造力研究紧紧结合在一起，她的观点就是能否发挥创造力取决于人的内在动机。

艾玛比尔 2016 年退休，同时被授予名誉教授称号。

注

[1] Mihaly Csikszentmihalyi. Creativity: Flow and the Psychology of Discovery and Invention[M]. New York: Harper Perennial，1996: 110.

[2] Mihaly Csikszentmihalyi. Flow: The Psychology of Optimal Experience[M]. New York: Harper & Row, 1990：封底.

[3] 见注 [1]，此书在中国台湾地区有中译本，即杜明城翻译的《创造力：少了创造力你与黑猩猩没什么不同》，时报出版,2006。在日本也有日译本，即《クリエイティヴィティ：フロー体験と創造性の心理学》，浅川希洋志監訳，須藤祐二、石村郁夫訳、京都: 世界思想社, 2016.

[4] 该学会的英文名称为"Phi Beta Kappa"，成立于美国建国之年（1776 年），成为其会员是美国大学生的最高荣誉。

[5] 2005 年，美国总统乔治·布什曾授予戈登·鲍尔教授国家科学奖。国家科学奖是国家最高荣誉，旨在奖励那些在心理学、生物学、数学、工程学、社会学及行为科学等领域中做出杰出贡献的科学家，戈登·鲍尔是第七位获得系荣誉的美国心理学家。

[6] 1977 年，斯滕伯格出版了 *Intelligence, information processing, and analogical reasoning: The componential analysis of human ablities*(Lawrence Eribaum Association)一书。

[7] 斯滕伯格关于"智力三元论"的论文最早出现在 *Behavioral and Brain Science* 杂志 1984 年第 7 期上，269-287.

[8] Wagner R K, Sternberg R J. Practical Intelligence in Real-world Pursuits: The Role of Tacit Knowledge[J]. Journal of Personality and Social Psychology，985（49）：436 - 458.

[9] R J Sternberg, R K Wagner. Practice Intelligence: Nature and Origins of Competence in the Everyday World[M]. New York: Cambridge University Press, 1986.

[10] Robert J Sternberg. Successful Intelligence[M]. New York: lum，1997.

[11] 见注 [8]。

[12] 见斯腾伯格的个人网页。

[13] 见注 [12]。

[14] 见注 [12]。

[15] 即 Sternberg, R J, Lubart T. I. An Investment Theory of Creativity and Its Develoment[J]. Human Develoment, 1991: 34（1），1-31. 托德·鲁巴特是斯滕伯格的学生，在斯滕伯格教授的指导下获得博士学位，现为法国巴黎第五大学（笛卡尔大学）心理学教授。

[16] 见注 [12]。

[17] 见注 [12]。

[18] 参照英文报纸 The Chronicle of Higher Education 电子版，2019年10月4日阅览。这使我想起日本著名经营管理学家、神户大学名誉教授加护野忠男对我说的一个插曲。有一次，他为企业家们做讲演，当时日本经济不景气，很多企业亏损或面临倒闭，讲完之后，一位企业家盛情邀请他到自己的公司当总经理，帮助企业摆脱困境，加护野教授笑着说："你把大学教授和企业的总经理混为一谈了，没那么容易啊！"可见加护野教授很有自知之明，相比之下，斯滕伯格就过高地评价自己的领导能力了。

[19] Teresa M Amabile. Effects of External Evaluation on Artistic Creativity[J]. Journal of Personality and Social Psychology, 1979, 37（2）：221-233.

[20] Teresa M Amabile. How to Kill Creativity[J]. Harvard Business Review. 1998, 9(10), 77-87.

[21] 见注 [20] 第80页。

本章主要参考文献

[1] Mihaly Csikszentmihalyi. Creativity: Flow and the Psychology of Discovery and Invention[M]. New York: Harper Perennial, 1996.

[2] Mihaly Csikszentmihalyi. Flow: The Psychology of Optimal Experience[M]. New York: Harper & Row, 1990.

[3] Robert J Sternberg. Intelligence, Information Processing, and Analogical Reasoning: The Componential Analysis of Human Ablities[M]. Hillsdale, NJ: Lawrence Eribaum Association, 1977.

[4] R J Sternberg, R K Wagner. Practice Intelligence: Nature and Origins of Competence in the Everyday World[M]. New York: Cambridge University Press, 1986.

[5] Sternberg, R J, Lubart T I. An Investment Theory of Creativity and Its Develoment[J].

Human Develoment，1991，34（1）：1-31.

[6] Teresa M Amabile. Effects of External Evaluation on Artistic Creativity[J]. Journal of Personality and Social Psychology，1979，37（2）：221-233.

[7] Teresa M Amabile. How to Kill Creativity[J]. Harvard Business Review，1998，9(10)，77-87.

[8] 美国创造教育基金会官网。

第十七章　欧洲的创造学研究（Creative Studies in Europe）

一、概说

欧洲的创造学研究始于20世纪70年代初期，代表性人物是英国曼彻斯特大学商学院的丘道尔·理查兹（Tudor Rickards）教授和德国的豪斯特·戈舍卡（Horst Gesheka）博士，但是有组织的活动则始于20世纪80年代中期。当时，大西洋彼岸的北美，有一些创造学研究者聚在一起，成立了一个学术团队，称之为"棱镜"（Prism Group），与此相呼应，荷兰、英国和挪威的研究者们也成立了一个学术团队，命名为"潜望镜"（Periscope Group），由比利时人帕特里克·科勒蒙（Patrick Colemont）挂帅。科勒蒙在比利时的安特瓦普大学完成本科学业，毕业后赴美留学，在纽约州立大学布法罗学院（BSC）攻读创造学硕士学位，创建学术组织和主办学术会议与他的研究课题有关。1990年，他成为第一位获得创造学硕士学位的欧洲人。

1987年，潜望镜团队在荷兰的港口城市诺德韦克主办了第一届"欧洲创造与创新会议"（European Conference on Creativity and Innovation，以下简称ECCI），以此为例，第二届（1989）、第三届（1991）会议也都在荷兰召开。与此同时，棱镜团队则在偶数年的纽约州的布法罗（1990）和北卡罗来纳州的格林斯伯勒（1992）主办了同样主题的北美会议。

到了1993年8月，潜望镜团队邀请豪斯特·戈舍卡博士担任大会主席，在博士的家乡德国达姆斯塔德主办了第四届ECCI。来自世界21个国家的学者和有关人士出席了会议，52篇论文在会上交流，其中的38篇被收入会议的论文集正式出版。

这次会议最重要的内容是成立了欧洲创造与创新协会（European Association for Creativity and Innovation，以下简称EACI），与会者有荷兰林堡省海尔伦市的代表，当场表示提供财政支持，于是会议决定将协会的总部设在海尔伦市，并任命帕特里克·科勒蒙为秘书长。所以，EACI 是根据荷兰的相关法律登记注册的非营利组织。根据文献的记载，EACI 的目的是促进欧洲社会对创造性和创新经营的理解和实践。[1] 为此，协会为创造与创新的研究者和实践者提供了一个学习、交流和合作的平台，还通过主办国际会议，支持研究和出版研究成果，促进个人和组织的变革等活动来扩大自身的影响。

事实上，在这以后，EACI 大致每两年一次主办国际会议，截至 2016 年，已经主办了 15 届。除此以外，还将由丘道尔·理查兹博士创办的非正式刊物"创造力与创新经营"（*Creativity and Innovation Management*）提升为协会公认的学术季刊交由布莱克威尔出版社正式出版，至 2020 年为止，已经出版了 29 卷。现在，这份杂志已成为国际创造学界最著名的三大杂志之一。[2] 现任 EACI 理事长是比利时人拉蒙·乌尔林斯（Ramon Vullings），他是创造力与创新领域的咨询师，不仅思维敏捷，口才也无与伦比，曾应邀为美国宇航局（NASA）的工程师们培训创新能力，还多次在 TED 等著名国际会议上做主旨讲演。

二、主要国家的创造学会

EACI 的成立，对欧洲各国的创造学研究者和实践者来说是一个极大的鼓舞，纷纷在自己的国家积极活动，组建创造学会。至 2019 年为止，已经有比利时、丹麦、法国、德国、爱尔兰、意大利、波兰、葡萄牙、西班牙、瑞士、荷兰和英国等 12 个国家组建了创造学会，它们都是 EACI 的成员，所以，现在 EACI 已有 2400 多名会员。下面介绍几个主要国家的创造学会。

1. 德国创造学会（German Association for Creativity）

在介绍德国创造学会之前，首先要介绍其创始人豪斯特·戈舍卡博士。

1969 年，从达姆斯塔德技术大学毕业的戈舍卡博士进入位于法兰克福的巴特尔研究所工作，这是美国巴特尔纪念研究所的德国分所。作为产业界的智囊，巴特尔研究所的咨询业务涉及技术开发、市场调查、风险预测以及新产品开发等多个领域。1971 年戈舍卡博士在所内创建了创造力研究室，和同事一起研究如何在企业实施当时已经存在的约 40 种创造技法，这项研究受到产业界的关注，有 90 家公司提供了赞助。

1983 年，以戈舍卡博士为首，创造力研究室的成员纷纷离开巴特尔研究所并创办了各自的咨询公司，为企业提供创造与创新方面的有偿服务。1991 年，戈舍卡被母校聘为创造力与创新领域的终身教授，开设了"企业创造力应用"的课程，将活动的舞台扩展到了学术界。

1993年戈舍卡主持了第四届ECCI会议，由于大会的成功召开和EACI的创立，奠定了他在欧洲创造学界的地位。大会结束以后，他趁热打铁，组建了名为"达姆斯塔德创造力开发"的社团，成员以当年巴特尔研究所创造力研究室的同事为主，其中有大学教授、博士研究生、企业老总、工程师、咨询师和设计师等，然后定期召开会议或举办学习班。

1996年夏天，该社团主办面向企业的"新产品开发竞赛"，来自全国各地的630件作品参赛，最终选出4件优秀作品并向其开发者颁发了"创造大奖"。这项活动被全国性大报宣传以后，获得非常好的社会效应。

1998年2月，该社团正式注册登记为非营利组织，戈舍卡教授当选为首任理事长。4个月以后，召开了第一次年会，有200多人参加了会议。第二年也开展了"创造大奖"的评选活动。

该组织还将每年9月5日定为"创造日"，以纪念美国心理学家吉尔福特，因为1950年9月5日，吉尔福特在美国心理学会年会上做了以"创造力"为主题的会长讲演。"创造日"要求会员到所在地的学校和企业去开展普及创造技法的活动。

2002年，达姆斯塔德创造力开发社团正式更名为德国创造学会，现任理事长是乔治·梅洪（Jörg Mehlhorn）博士，他原来在应用科技大学任教授，2003年曾主持召开了第8届ECCI会议。在这次会上，他们把"创造日"提升为EACI的活动，即全欧洲的创造学组织都将这一天定为创造日。

戈舍卡教授用德语和英语写作，主要研究创造技法及其在企业的应用，还曾应邀在20多个国家讲学[3]，是国际创造学界的核心人物之一。

德国创造学会有一项活动受到国际创造学界的好评，那就是每年颁布的创造奖。那是一项面向世界的奖项，创设于2007年，以奖励在创造学研究与实践领域做出杰出贡献的个人和组织。迄今为止，获奖的个人中包括美国的米哈里·希克森特米哈伊教授和英国的迪博诺博士。[4]

2．荷兰

关于荷兰的创造学研究，从前面介绍的欧洲创造与创新协会（EACI）的设立经过已能知道一些，当得知"潜望镜"团队想召开国际会议后，林堡省也好，海尔伦市也好，都给予大力支持。如果没有当初的财政援助，EACI就不会那么顺利地诞生，这在当时欧洲的其他国家是做不到的。那么，荷兰为什么能做到呢？这和荷兰整个国家崇尚创造的氛围有关。

1991年，荷兰成立了全国创意热线（National Ideas Line，NIL），成立该组织的目的是最大限度地发挥国民的潜在创造力，为此，NIL 在全国征集创意，尤其是与商业和提高产业竞争力有关的创意，然后经过专家评审以后，将具有商业价值的创意介绍给企业。NIL 是一个非营利组织，其收入来自创意权的转让，即先从创意的提出人那里取得权利，然后再转让给企业，通过这样的方法，每年征集到的创意中约有 10% 得到了实施。[5] 1993 年起，NIL 还出版发行了《全国创意总览》，供社会各界选用，产生了良好的社会效益。

荷兰最著名的创造学家是代尔夫特理工大学工业设计工程学院产品创新与管理系的扬·布吉斯（Jan Buijs, 1948—2015）教授。布吉斯在代尔夫特大学工学院工业设计专业完成本科教育，毕业后继续学习，6 年后成为该校工业设计专业毕业的第一位博士，以工业设计中的创新为主要内容的博士论文公开出版以后，还获得了"最佳图书奖"。

1986 年，布吉斯博士留校工作，立即被任命为新成立的工业设计学院教授，这在欧洲是很少见的，可见其研究水平的高超。在这以后，他培养了 300 多名本科生和 15 位博士，2007 年被代尔夫特大学授予"最佳教授奖"。

布吉斯教授是荷兰创造学会以及 EACI 的推动者，2001 年至 2005 年，他当选为 EACI 理事长，还应笔者的邀请，自 2010 年起担任近畿大学创新经营研究所的顾问。遗憾的是，2015 年 12 月 1 日，他因患癌症不幸去世，享年 67 岁。为了表示纪念，笔者撰写了一篇追悼文章[6]，还将他的遗作"iCPS:Delft's Expansion of the Classical CPS-Approach"刊登在笔者任主编的"*Kindai Manangement Review*"杂志上。[7]

3．英国

英国的创造学研究的中心在曼彻斯特，尤其是曼彻斯特大学商学院的丘道尔·理查兹教授发挥了学科带头人的作用，他对创造学的研究始于 20 世纪 70 年代初，1975 年他在《研发管理》发表了第一篇关于头脑风暴法的论文[8]，可见他的研究也始于创造技法。

在曼彻斯特商学院，他开设过多门创造学课程，其中为 MBA 学生开设的"创新经营"（Management of Innovation）课程在国际上处于领先地位。1987 年至 1988 年，他在纽约州立大学布法罗学院创造学研究中心当客座教授，在那里，他认识了帕特里克·科勒蒙，所以就和后者一起发起成立了前面提到的"潜望镜"团队。

理查兹还在曼彻斯特商学院内创办了创造力研究机构，作为创造力研究机构的内部刊物，理查兹创办了季刊"创造与创新网络"，这一刊物在 1992 年发展成为"创造与创新经营"（*Creativity and Innovation Management*）杂志，理查兹一直担任主编至 20 世纪初，鉴于他对该杂志所做出的卓越贡献，他退休以后，杂志社为此设立了"丘道尔·理查兹优秀论文奖"，每年评选一次。[9]

理查兹教授出版过多部创造学著作，主要有《企业新产品开发》《刺激创新的系统途径》《工作中的创造性》《创造力与解决问题》等。现在，理查兹教授已经退休，被曼彻斯特大学授予名誉教授称号。

除此以外，以倡导"水平思维"而著名的爱德华·迪博诺的研究也可以纳入英国的范围来评价，因为他的活动舞台在英国。

迪博诺1933年出生于马耳他，在马耳他大学医学院获得医学硕士学位以后，去了英国的牛津大学，在那里他先后获得心理学和哲学硕士学位以及博士学位，然后在伦敦大学任教，但两年以后，他又去了剑桥大学，边做研究边读学位，又获得了医学博士学位。这以后，他先后在伦敦大学和哈佛大学做研究，直至1983年返回英国。

博学的迪博诺按理应该成为一名医生，但他却对人的思维方式的研究更感兴趣，1967年，他出版了《水平思维的应用》[10]一书，引起学术界和产业界的重视，很快就被译成多种文字出版，在日本甚至刮起了"迪博诺旋风"。

迪博诺视通常的逻辑思维即合理的分析性的思维为"垂直思维"，而将改变思维角度的思维称之为"水平思维"。通常我们在遇到某个问题时，习惯于通过合理的分析来寻找解决的方法，但未必能解决问题。这时，如打破思维惯例，换一个角度，从别的看似不那么合理的角度去看问题时，往往会产生一些新的设想，这就是水平思维。迪博诺将垂直思维比作挖洞，一个劲地往下挖，那是垂直思维，如果换一个地方挖洞，那叫水平思维。他还强调，垂直思维和水平思维互补，缺一不可。

迪博诺的研究再次引起世界关注的是1985年出版的《6色帽子思维》。[11] 这里的6色帽子指的是6顶不同颜色的帽子，分别是白色、红色、黑色、黄色、绿色和蓝色，它们所表示的意义如下：

白帽子——表示中立和客观，关注事实和统计数据。

红帽子——表示不满、愤怒等感情，提出基于感情的看法。

黑帽子——表示否定，强调否定的一面，提出反问。

黄帽子——表示乐观、希望和向前看的思维。

绿帽子——表示创造性和新的设想。

蓝帽子——表示控制、整理思维过程，并做出结论。

在西方，流行角色思维，即通过扮演各种角色来找到解决问题的方法。例如，当接到一个"如何解决消费者投诉产品质量差"的课题时，课题组成员就分头扮演顾客、售货员、品牌经理和供应商，然后边演出边体验各个环节的问题，从中找到解决问题的方法。迪博诺从中获得启示，形成了这种方法，所以创造学家们将其列为创造技法的一种。此技法适合在6个人的小组中应用，每人戴一种颜色的帽子。当针对某个课题有了一些初步的设想以后，就按顺序依次戴上用来思考的帽子。例如，针对"A公司扫地机器人的销售不畅的原因分析"这一课题,某人的看法是价格贵,那么,戴白帽子的人就按照中立和客观的原则,提供同类产品的价格或市场份额。戴红帽子的人从感情的角度出发,对现有产品的颜色表示不满。戴黑帽子的人始终持否定的立场,反问为什么不可以增加某种功能或改变外观。戴黄帽子的人则对各种观点表示赞同,并提出改进的意见。戴绿帽子的人要提出独特的想法,即创意。戴蓝帽子的人对他人的想法进行整理成解决问题的方案。由此可知,迪博诺是想通过6种颜色的帽子来达到一种强制联想的效果。

在人数多的时候,可以分成6个小组实施,每个小组戴一种颜色的帽子,也能起到相同的作用,而且人数多时产生的设想也多,但如何归纳成解决问题的方案也不容易。相反,一个人也能实施"6色帽子思维",那就是规定好时间,每隔5分钟换一种角度,经过一定的训练,其有效性就会提高。

迄今为止,迪博诺博士已经出版了70多部著作,其中不少著作被译成了43种文字在世界各国出版,因此各种荣誉接踵而来,而最大的荣誉莫过于获得2005年诺贝尔经济学奖的提名。真能实现的话,对国际创造学界无疑是一件好事。

尽管如此,根据笔者的研究,迪博诺博士虽然在世界上有无数的粉丝,但始终没有成为创造学研究的主流,其原因在于他没有正确地把握水平思维与创造思维的关系。关于两者的关系,他这样认为:"创造思维是水平思维中特定的部分,水平思维有时会成为天才般的创造思维,有时只是改变看法,没有形成了不起的创意。创造思维往往需要特殊表现的才能,而水平思维谁都能利用,只要他对开发新的创意感兴趣即可。"[12] 笔者认为这一观点显然有失偏颇,应该反过来讲。由于这个立场,在国际创造学界,对迪博诺的评价也是褒贬同存,如斯滕伯格对他有这样的评价:"我们认为,采用务实的方法博得大众青睐的人,同样损害了对创造力的科学研究,他们主要关心创造力开发,其次才去理解什么是创造力,而且几乎不去测试他们的想法的有效性。这种方法的最著名的支持者是迪博诺,他凭借水平思维和其他创造力开发方法在商业上取得了巨大的成功,但他关心的不是理论,而是实践。"[13] 由于斯滕伯格在国际创造学界的地位,他的评价当然具有举足轻重的影响力。

虽然迪博诺博士的活动据点在英国,但是对祖国马耳他还是挺关照的,1992年,他在母校马耳他大学设立了迪博诺思维设计与开发研究所,该研究所面向学生和一般大众开设讲座和培训课程,在这基础上,正式招收硕士研究生,研究方向有两个,一个是"创造力与创新",另一个是"战略创新与未来创造"。在世界范围来说,能提供创造学硕士学位的大学还是很少的,可见迪博诺博士的苦心。鉴于他对马耳他教育事业的贡献,1995年他曾荣获马耳他总统颁发的勋章。

英国虽然有理查兹和迪博诺这样的著名学者,也有些小规模的组织,但至今没有组建全国性的创造学会,确实有点令人觉得意外。笔者认为,这与两位大师级的学者没有注意培养接班人有关，所以一旦退休，就失去了研究据点。另一个原因也许与英国人喜欢独立于欧洲的思维方式也有关。

三、新的动向

总体上看，由于代表性学者的相继退休或去世，欧洲的创造学研究呈现衰退的趋势，一个重要的现象是 EACI 已经连续多年不能单独主办国际会议（ECCI），而是挂靠在其他学会，一起开会。在笔者看来，主要原因是大学教授级学者的减少，这样就难以找到免费会场。另一个原因是 EACI 成员中，小规模的咨询公司和个人培训师占多数，这些人能够生存本身说明创造学研究是具有生命力的，值得赞赏。但是，他们主要关心的是应用，对理论研究不感兴趣，这样的话，就只能在已有的知识范围内小打小闹，形不成气候。具体地说，就是只关心创造技法，这与斯腾伯格对迪博诺博士的评价如出一辙。

与此同时，也有好的现象出现，那就是单个国家的创造学研究。因为 EACI 是每两年开一次国际会议，觉得间隔太久的研究者们就在无会之年自己组织国际会议，结果受到大家的欢迎。如意大利创造学会（Crea-Italy）自 2003 年以来，每年都在东赛斯特里（Sestri Levante）主办国际会议，从开始只有二三十人报名，发展到现在的二三百人参加，其势头已经超过 EACI。

还有一个好的现象也值得关注，那就是经营管理领域出现的研究创造与创新的热情。如英国埃塞克斯大学商学院于 21 世纪初创办了国际创业论坛（International Entrepreneurship Forum），2002 年起，每年召开国际会议，而且每年的主题中都包含了创造力或创新的内容。不言而喻，创业离不开创造力，要想成功，同样离不开创新。

除此以外，欧洲创新与创业会议（European Conference on Innovation and Entrepreneurship, ECIE）也值得关注，此会议自 2006 年以来，每年都在召开。如以 2017 年的会议为例，9 月 21-22 日在法国巴黎召开，承办方是诺万西亚高等商学院（Novancia Business School），来自世界 30 多个国家的学者和实务家参加了会议，笔者也赴会并发表了题为 Thinking about the Roots of Design Thinking 的讲演。

注

[1] Horst Geschka, Tudor Rickards, Susan Moger. Creativity and Innovation: The Power of Synergy[M]. Darmstadt: Geschka Partner Unyernehmensberatung, 1994: 封底.

[2] 另外两份杂志是美国创造教育基金会主办的《创造行为杂志》（*The Journal of*

Creative Behaviour）和美国劳伦斯·欧班协会出版的《创造力研究杂志》（*Creativity Research Journal*）。

[3] 例如，1995年10月，韩国创造经营咨询公司在首尔主办"商界干部创造力与直觉国际研讨班"时，邀请了5个国家的创造学研究者担任讲师，包括德国的戈舍卡、日本的高桥诚和笔者，还有两位讲师来自美国和菲律宾，笔者就是在这次会议上结识戈舍卡博士的。

[4] 笔者也荣幸地获得2019年度"创造奖"，成为第一个获此荣誉的亚洲学者。详见德国创造学会官网。

[5] Guido Enthoven. Development of Society as Ideavolution[M]. Horst Geschka, Tudor Rickards, Susan Moger. Creativity and Innovation: The Power of Synergy. Darmstadt: Geschka Partner Unyernehmensberatung, 1994:284.

[6] 日本創造学会「ニューズレーター」2015年第4期第8页。

[7] Jan Buijs, Han Van Der Meer. iCPS: Delft's Expansion of the Classical CPS-Approch[J]. Kindai Management Review，2016（4）：124-132.

[8] Tudor Rickards. Brainstorming: An Examination of Idea Production Rate and Level of Speculation in Real Managerial Situations[J]. R & D Management，1975（6）：11-14.

[9] 笔者与理查斯合作撰写的论文，即Fangqi Xu, Tudor Rickards. Creativi Management: A Predicted Development from Researchin to Creativity and Management[J]. Creativity and Innovation Management，2007，16（3）：216-228. 曾获得2007年度的这一殊荣。

[10] Edward de Bono. The Use of Lateral Thinking[M].London: Penguin UK. 但出第二版时将书名改为Lateral Thinking: An Introduction.

[11] Edward de Bono. Six Thinking Hats[M]. Boston: Little, Brown and Company, 1985.

[12] エドワード・デボノ. 水平思考の世界[M]. 白井實，訳. 東京：講談社, 1969:28.

[13] Robert J. Sternberg, Todd I. Lubart. The Concept of Creativity: Prospects and Paradigms[M]//Robert J. Sternberg. Handbook of Creativity, Cambridge: Cambreidge University Press, 1999:5.

本章主要参考文献

[1] 徐方啓. ヨーロッパにおける創造性研究に関する新しい考察[J]. 日本創造学会論文誌，1998（2）：84-93.

[2] Tudor Rickards, Patrick Colemont, Per Grøholt, et al. Creativity and Innovation: Learning

from Practice[M]. [S.I.]: Innovation Consulting Group TNO, 1991.

[3] James C Kaufman, Robert J Sternberg. The International Handbook of Creativity[M]. Cambridge: Cambridge University Press, 2006.

[4] エドワード・デボノ. 水平思考の世界 [M]. 白井實, 訳. 東京：講談社, 1969.

[5] E. デボノ. デボノ博士の 6 色ハット発想法 [M]. 松本道弘, 訳、東京：ダイヤモンド社, 1986.

第十八章 日本的创造学研究（Creative Studies in Japan）

一、概说

明治维新以后，日本朝野都把目光转向欧洲，如饥似渴地吸取西方文明，尽管19世纪的交通很不发达，从日本去欧洲，只能走海路，坐邮船需要在海上颠簸几个月，但这并没有阻挡日本人向西方学习的决心。他们从英国搬来了立宪君主制，从而名正言顺地保留了皇室，还采用了英国的城市交通系统，所以至今日本的车辆都是在道路的左边行使。他们从法国搬来了立法制度，构建了立法、司法和行政的"三权分立"的体制，又从德国学习了机械、冶金、化学等现代工业的知识，从而在较短的时间内实现了从农业国向工业国蜕变的飞跃。当然，还有很多年轻人在欧洲各国的大学里学习各种先进知识，这些人回国以后都直接或间接地为日本的发展做出了贡献。所以，从总体上来说，日本的创造学也源于西方，尤其是美国。但也有例外，如日本的创造教育研究就领先于世界，详情将在后面论及。

根据笔者多年的研究，日本的创造学研究可以大体分为两个部分，即创造教育和企业创造力开发。下面分别论述之。

二、大正时期的创造教育

日本的教育史上有一段时期为称之为"大正自由化教育"或"大正民主化"，指的是大正（1912—1926）后期兴起的新教育运动。

当时，日本的学术界和教育界都在积极地引进欧美学者的新教育理念，如德国教育家凯兴斯泰纳（Georg Kerschensteiner, 1854—1932）的劳作教育论、美国哲学家和教育家杜威（John Dewey, 1859—1952）的实验教育、德国哲学家伏尔盖特（Johannes Volgelt,

1848—1930）的艺术教育论、瑞典社会思想家爱伦·凯（Ellen K. S. Key, 1849—1926）的自由主义思想、以及瑞士教育家裴斯泰洛齐（Johann H. Pestalozzi, 1746—1827）的教育思想都被介绍到日本，引起教育界人士的关注。

为了追溯日本创造教育的起源，笔者自赴日留学以后，就一直在收集历史资料并进行考证，因当时还没有互联网，只能用传统的方法，那就是"行万里路，读万卷书"，然后做笔记或复印资料，从而摸清了其来龙去脉。

笔者首先调查了当时公开出版的教育杂志，发现"教育实验界"是最早刊登创造教育论文的刊物。该杂志于明治31年（1898年）创刊，大正8年（1919年）更名为"创造"，大正12年（1923年）停刊。截至1915年，所刊登的论文中频繁地出现"革新"和"创造教育"等关键词，尤其是出版过4次与此有关的专辑，即：

① "教学方法革新"专辑（1912年1月发行，刊登论文43篇）。
② "注音教学革新"专辑（1913年4月发行，刊登论文23篇）。
③ "女子教育革新"专辑（1917年1月发行，刊登论文9篇）。
④ "创造教育"专辑（1917年6月发行，刊登论文17篇）。

我们知道，专业杂志出版专辑，说明对某个主题的研究已经达到一定的规模并引起同行的关注，所以我们可以认为，日本的创造教育研究始于20世纪10年代，并以1917年为标志。按此基准，我们来看看国内的创造教育。1985年3月，《上海教育》（小学版）首次出版"创造教育专辑"（笔者也是其中的撰稿人之一），说明中国的创造教育研究始于20世纪80年代初，并以1985年为标志。

与此同时，还有一个动向也值得关注，那就是当时的时代背景。从日本国内的情况上来说，自从参加了第一次世界大战以后，迅速膨胀的军费成了国家财政的巨大负担，政府一再拖延支付全国中小学教师的工资并实行强制性捐款，愤怒的中小学教师们在全国各地举行抗议活动，迫使当局不得不对教育界的自由主义思潮有所容忍。

在这样的背景之下，中小学教师关注欧美的新的教育理论和方法就是一种必然的趋势。大正10年（1921年）8月1日至8日大日本教育协会在东京高师（即现在的筑波大学）会堂举办"八大教育主张讲习会"时，有5500多人报名，由于座位有限，经抽签后有2000人参加了讲习会。所谓"八大教育主张"，即樋口长市的"自学教育论"、河野清丸的"自动教育论"、手塚岸卫的"自由教育论"、千叶命吉的"一切冲动皆满足论"、稻毛诅风的"创造教育论"、及川平治的"动态教育论"、小原国芳的"全人教育论"以及片上伸的"文艺教育论"。由此可知，一个世纪前，日本就有人在研究创造教育。

1986年，日本创造学家、东洋大学教授恩田彰在美国的"创造行为杂志"上发表了"日本的创造学研究的发展：历史与现状"一文[1]，这是日本学者第一次向世界介绍日本的创造学研究，是一篇具有历史意义的文献。其中谈到日本最早的创造教育专著是1919年出版的《创造教育的理论与实际》（同文馆出版），作者是千叶命吉（Chiba Meikichi，1887—1959）。以此为线索，笔者数次造访日本的国会图书馆，一去就是一整天，对千叶命吉的论著做了彻底的调查，从而证实了恩田彰教授的观点（见图 18-1 和图 18-2）。

图 18-1　内封面　　　　　图 18-2　版权页

《创造教育的理论与实际》是一本由四篇十六章组成 577 页的巨著，各篇章的标题如下：

第一篇　创造与研究
　　第一章　创造与研究
　　第二章　研究与生活

第二篇　学习与自发
　　第三章　学习的本质
　　第四章　沟通与学习态度
　　第五章　整理与资料的根源
　　第六章　问题与学习阶段

第三篇　从自发问题中学习
　　第七章　自发问题的发现
　　第八章　个人的问题与班级的问题
　　第九章　通过口头来解决问题
　　第十章　效率与民族功利性

第四篇　创造教育的实际
　　第十一章　观察试验与理科教育
　　第十二章　作为解决问题方法的算术
　　第十三章　注音表记与国语教育
　　第十四章　自发问题与地理历史教育
　　第十五章　重视"为什么"的修身教育
　　第十六章　永动力与教育

由此可知，千叶命吉提倡的创造教育不仅与教育理论而且与学科教学以及解决问题的能力都密切相关，对现在的教育工作者都不无参考价值。笔者尤其评价他对教育的观点，即"教育应培养儿童的主观创造，使其发展成为民族公认的真正的创造。"[2]

当然，对现代从事创造教育研究与实践的读者来说，也许会感到信息陈旧，那么，笔者要说请关注此书的出版年代以及历史意义，因为此书是世界上第一本创造教育专著，我们不能用21世纪的知识和眼光来看待此书的不足。

下面我们来对此书的作者做些介绍。

千叶命吉1887年出生在日本东北部的秋田县，秋田师范学校毕业以后当了一名小学教师，后来历任奈良女子师范学校附属小学教导主任和广岛师范学校附属小学校长，大力倡导开发学生的独创性，32岁时出版上面提到的《创造教育的理论与实际》。除此以外，他还出版了多部专著，如《创造教育 革新地理教学》（1920年，同文馆）、《创造教育 独创力养成实际》（1920年，弘道馆）、《创造教育 自我表现的学习》（1921年，同文馆），1922年赴德国留学，回国后，一改"创造教育"为"独创教育"，又相继出版了《独创主义教育价值论》（1926年，同文馆）、《独创教育十论》（1927年，厚生阁）、《独创教育学》（1931年，大日本独创学会）等多部专著，奠定了他在日本乃至世界创造教育史上的地位。他还于1928年创立了大日本独创学会，但此学会没有持续多少年。

与千叶命吉同时代的另一位提倡创造教育的是稻毛诅风（Inage Sofu，1887—1946）。

稻毛诅风原名稻毛金七，1887年出生在山形县东置赐郡一个贫穷的小山村，中学毕业后就在家乡的小学任教，6年后为考大学而只身赴京，但第一年报考早稻田大学没有成功，便在一所私立小学谋了一个职位，白天教书，晚上去补习学校，第二年果然考取了早稻田大学哲学系。1912年毕业后，稻毛就职于中央公论社，成了一名杂志记者。但仅仅干了一年就退职，并接手"教育实验界"杂志并将它改名为"创造"，前后11年，"创造"杂志成了他宣传创造教育的重要阵地。1924年，稻毛赴德留学，学习教育学，两年半以后回国，被早稻田大学聘为文学部讲师，讲授教育学、心理学和哲学等课程。6年后稻毛升任教授，并于1941年以教育哲学的研究而获得文学博士学位，但5年后便离开了人世。

下面我们来探讨一下稻毛诅风的教育观。

稻毛诅风27岁的时候就出版了处女作《青年教育家的自白》，之后便一发而不可收，相继出版了《教育的悲观》（1915年）、《现代思潮与教育》（1915年）、《教育革新》（1916年）、《人生与教育》（1917年）和《新时代的教育与教育家》（1920年），一跃成为教育界的名人。所以，"八大教育主张讲习会"举办时，他也被主办者邀请为讲师。当时他讲演的题目是"真实的创造教育"。以此为契机，他相继出版了《创造本位的教育观》（1922年）、《创造本位的生活》（1922年）和《创造教育论》（见图18-3）（1923年），成为日本乃至世界创造教育研究的先驱。

在《创造教育论》一书的序中，有这样的论述，"本书是我十几年来持有的独自的教育观的精髓"[3]，可见这是稻毛关于创造教育的一系列著作中的代表作，而且此书是他赴德国留学前完成的，基本上可以排除来自外部的影响。

图 18-3 《创造教育论》封面

《创造教育论》由七章组成，分别论述了创造教育的背景、概观、原理、本质、目的、动力和方法。

首先，稻毛从创造主义的人生观出发论述了创造教育的背景。他认为，人生的目的在于创造，主张"创造是过程，同时也是目的、作用和成果，还是动力和理想，这是我以创造为人生的原理之所以。"[4]现在，视创造为过程和成果已成为共同的认识，早在100年前就有这样的先知先觉确实令人敬佩。

关于创造教育的概观，稻毛论述了五个方面，即①以创造为原理；②以创造为教育的本质；③以人格的创造和文化的创造为教育的目的；④以创造性为教育的动力；⑤以充分发挥学生的创造性为最优先的教育方法。在此基础上，他对什么是创造教育做出了这样的论述："创造教育就是人即创造者为了提高人生的价值，以其根本属性之创造性为根源，以受教育者的人格创造为直接目的，文化的创造为间接目的，人的创造性为主要动力的最优先的教育。在这样的文化现象中，教育者和被教育者是一种有目的、有意义、可以持续的创造作用，对个人和团体来说，都是生活的动力。"[5]此番论述未必很明了，但笔者关注到一点，即稻毛强调的创造教育的目的是通过文化的创造来达到人格的创造，这是很了不起的，因为当今世界的创造教育，已经从早期的内容、方法的研究向创造人格的研究发展，而稻毛早在一百年前就已经领悟到了创造人格的重要性。

关于创造教育的原理，稻毛首先强调以创造为根本原理，然后从创造的一般意义、创造的要素、创造的过程、创造的属性和创造的种类等五个方面做了论述。关于创造的一般意义，稻毛从广义和狭义两个方面做了论述。就前者来说，就是生存，不管是人还是自然，所有成长、发展和进步都与此有关。就后者来说，就是给现有的事物带来显著的不同，严密地说，就是使既有的事物变得更加卓越。他说："创造的一般意义就是独自产生新的事物。"[6]这个定义在今天来说也能适用。创造的要素包括：①作为动力的创造性；②作为素材的旧价值和价值载体；③作为过程的创造性与旧价值以及价值载体的折冲。关于创造的过程，稻毛的观点是"五阶段说"，即"不满""怀疑""否定""产生新的需求"和"实现新的需求"。这和第十一章中介绍的沃拉斯的"四阶段说"有相似也有不同，表18-1是两者的比较。由此可知，稻毛所说的前三个阶段与沃拉斯的"准备"阶段相对应，第四阶段对应沃拉斯的"酝酿"，第五阶段对应"顿悟"，但没有与"验证"相对应的阶段。当然，关于第五阶段"实现新的需求"，稻毛还做了细致的划分，即"模仿""类比""创作"和"表现"。对于这种划分，稻毛做了这样的解释："前两项是间接的和消极的，后两项则是直接的和积极的，创作是主观的创造，表现则是客观的创造，四者所构成的正面是建设性的，反面则是破坏性的。"[7]关于创造的属性，稻毛强调自由性，又从形式属性和实质属性上去做了补充。最后是关于创造的种类，他从个人创造和团队创造的观点进行了分类。

表 18-1　创造过程的比较

沃拉斯	准 备			酝 酿	顿 悟				验 证
稻毛诅风	不满	怀疑	否定	产生新的需求	实现新的需求				
					模仿	类比	创作	表现	

关于创造教育的本质，稻毛诅风认为由要素、属性和价值所构成。要素分为主要素和副要素。主要素是教育的动力，副要素是给动力增添实质。关于教育的属性，稻毛认为："教育是给旧事物增添新的意义，从旧事物中发现新的价值，从旧事物中创造出新的事物，让新的事物越来越新，不断更新。"[8]而对于教育的价值，稻毛的论述非常简洁，即"教育的价值就是提供帮助。"[9]

创造教育的目的就是创造，这一点稻毛在其论著中多次强调，他还根据不同的教育内容，论述了创造教育的特殊目的，即"智育的目的是真的创造和学术进步，德育的目的是善的创造和道德的进步，美育的目的是美的创造和艺术的进步，信育的目的是信仰的创造和宗教的进步，体育的目的是健的创造和健康的增进，产育的目的是富的创造和经济的发展，技育的目的是术的创造和技能的进步。"[10]这段话很有意义，因中国的教育界从前只强调"德、智、体",后来加上了"美",而稻毛则提出了"智、德、美、信、体、产、技"七种教育,如果我们把"信育"解释成诚信教育,那么就与现代教育的发展方向非常吻合,其现实意义不言而喻。顺便指出,在1922年出版的《创造本位的教育观》一书中,稻毛用的是"经济教育"而不是"产育",或许是出于文字美的考虑,才改为"产育"的,对此,我们可以理解为产业教育,那就比较自然了。

稻毛认为创造教育的动力就是创造性。在《创造教育论》的第七章中,他从广义、狭义和最狭义三个方面对创造性做了这样的阐述:"广义的创造性指的是生命、自我、人格以及宇宙,狭义的创造性指的是人的本性,最狭义的创造性则是人的本性中独自创造出杰出事物的能力即独创力或天才。"[11]在20世纪50年代以后出现的创造学文献中,通常都从"特殊才能的创造性"和"一般才能的创造性"两个方面去解释,所以稻毛的观点有其独到之处。

最后,关于创造教育的方法,稻毛也有很多论述,《创造教育论》的第八章就专门论及这个话题,笔者对此整理后绘制了一个图(见图18-4),由此可知稻毛考虑得很周到。当然,稻毛并没有说明这些方法具体如何实施,但至少为我们提供了不少启示。

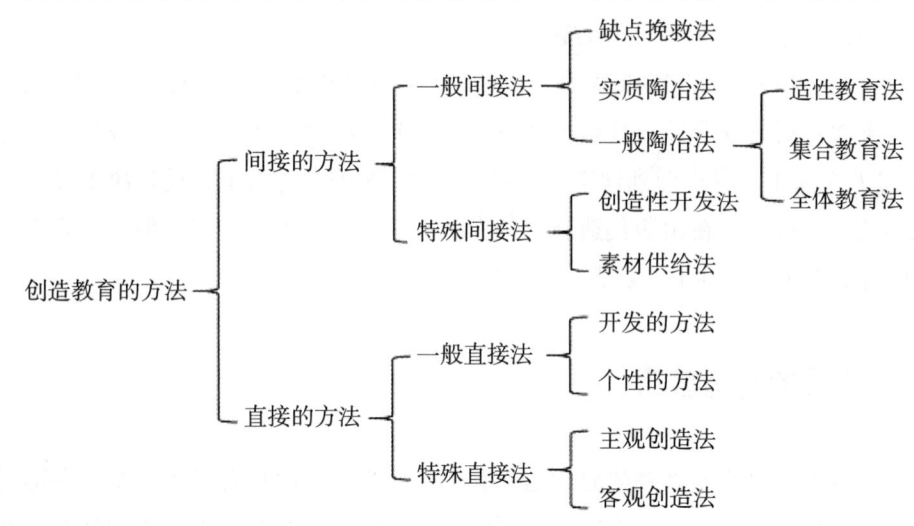

```
                        ┌─ 一般间接法 ┬─ 缺点挽救法
                        │             ├─ 实质陶冶法 ┬─ 适性教育法
        ┌─ 间接的方法 ──┤             └─ 一般陶冶法 ├─ 集合教育法
        │               │                          └─ 全体教育法
        │               └─ 特殊间接法 ┬─ 创造性开发法
创造教育的方法 ─┤                     └─ 素材供给法
        │               ┌─ 一般直接法 ┬─ 开发的方法
        │               │             └─ 个性的方法
        └─ 直接的方法 ──┤
                        └─ 特殊直接法 ┬─ 主观创造法
                                      └─ 客观创造法
```

资料来源:笔者根据稻毛诅风《创造教育论》第八章的内容绘制。

图18-4 创造教育的方法

在日本国会图书馆关西分馆内,笔者发现一本与稻毛诅风的《创造教育论》完全同名的中文书籍,作者是刘经旺。但打开此书,才知道那是一本翻译著作,原作者正是稻毛诅风。但为什么商务印书馆在出版这本书时不正确地署名呢?通过检索,发现商务印书馆出过两种版本,一种是1933年作为万有丛书中的一册出版的,共90页,即上面所提到的那个版本。另一种是几年后作为教育丛书中的一册出版的,也是90页,署名为"日本稻毛诅风著 刘经旺译"。也许第一个版本出版后,受到日本方面或读者的批评,所以商务印书馆以新的版本来纠错。但奇怪的是，国内竟然有人对第一版本信以为真，还以此为材料，撰写了学位论文，真不知道这些人以及他们的导师是怎么指导的。

那么，译者刘经旺是什么人呢？

大正时期，民国政府每年都派遣官费生赴日留学，其中有一些人进入第一高等学校（东京大学的前身）学习，刘经旺就是其中的一个。刘经旺是湖南攸县人，生卒年不详，1924年毕业于东京大学文科丙类并取得法学博士学位，然后回到了国内。1931年被武汉大学法学院聘为讲师，讲授民法，后来晋升为教授。但不知什么原因，他去了湖北大学直至退休。1979年，武汉大学法学院创办环境法研究所时，他又应创办人韩德培教授的邀请再次回到武汉大学法学院，讲授公司法、环境法等直到1990年，期间他还指导了好几届硕士研究生，其中包括现任法学院环境法研究所所长的王树人教授。

笔者在收集到这些信息以后产生了一个疑问，那就是作为民法专家的刘经旺，为什么翻译创造教育的著作呢？关于这一点，笔者至今没有发现任何信息，只能做一些猜测。那就是，刘经旺先生在进入武汉大学教书之前并没有稳定的工作，为了糊口，通过翻译日文书来能挣得一些稿酬。而之所以翻译《创造教育论》，正是因为此书在日本的评价高，成了畅销书，容易被商务印书馆所接受。

总而言之，稻毛诅风在创造教育方面的前瞻性研究的成果是巨大的，具有历史意义。对此，日本教育史学家藤原喜代藏（1883—1959）在评论"八大教育主张"时有过这样的评价："八个人中，真正做到理论上的集大成的，只有稻毛金七，此言决不过分。"[12]

换言之，千叶命吉在出版创造教育的专著上领先稻毛诅风一步，但是在研究的深度以及国内外的影响方面则不及后者。

三、战后的创造教育

大正时期虽然已有学者在研究创造教育，但在当时的时代背景下，是不会得到官方支持的，甚至被视为是一种危险的思想倾向，所以仅仅停留在个人或小团体的水准，对战后的创造教育研究的影响也很有限。

第二次世界大战结束以后（以下简称战后），科学、技术、产业自不用说，艺术、文化、社会传统等几乎所有的领域都出现了美国化的倾向，教育当然也不例外。留美学者回国后，在出版自己的专著之前，通常都先翻译美国导师的著作，所以，像奥斯本、吉尔福特、托伦斯的著作很早就在日本出版。

20世纪60年代初开始，日本的教育界对创造教育的关注进入一个新的阶段。1962年1月，《儿童心理》杂志首先出版了"儿童的创造性专辑"，其他杂志也纷纷响应。

根据笔者的调查，20世纪60年代一共有7种杂志合计出版了8个专辑，20世纪70年代出版的专辑更多达15个。除了《儿童心理》杂志以外，《现代科学教育》以及《管理入门》等也多次出版专辑。

与此同时，日本学者开始出版与创造教育有关的著作，如东京工业大学教授穐山贞登的《创造心理》（1962年）、东洋大学教授恩田彰的《创造性的教育讲座》（全三卷，1967年）、大阪市立大学教授前田博的《培养创造性的教育》（1967年）、近畿大学教授扇田博元的《创造性学习能力的开发》（1970年）等。

这一时期心理学界对创造性的关注也很积极，举办了多次大型的学术讨论会，如1963年由著名学者城户幡太郎发起召开的"现代教育与创造性开发学术讨论会"，1964年日本应用心理学会召开的"创造性开发学术讨论会"，1967年日本社会心理学会召开的"现代社会与创造性的开发学术讨论会"，1974年日本视听觉教育学会召开的"创造性开发与映像学术讨论会"，等等，而日本教育心理学会则从1963年起，每年的年会上都有多篇与创造性研究有关的论文在会上交流。

学术界对创造教育的关心，自然会在各级学校引起共鸣，所以，从20世纪60年代初开始，以国立教育大学附属中小学校为代表，日本全国出现了创造教育的研究与实践的热潮，几年以后，纷纷出版了研究与实践的成果。根据笔者对国会图书馆藏书的统计，1965年至1978年以学校名义出版的创造教育书籍多达57种，其中国立教育大学附属学校编写的有40种，占到了70%。[13] 而且，当时开展创造教育研究与实践的不仅仅是大城市的学校，从北边的北海道到南边的冲绳都有学校参加，可见这是有组织的，即当时的文部省认可了这一活动。

可是，1978年以后，中小学的创造教育活动戛然停止，其原因是什么呢？笔者为此请教过穐山贞登、恩田彰、比嘉佑典等多位学者，各人的回答涉及多个方面，但有一点是共同的，即随着日本经济的持续发展，产业界对人才的需求高涨，大学入学竞争也越来越激烈，中学方面不得不把教育资源集中到升学考试上来，而文部省同样担心创造教育的深入展开会影响升学，于是叫停了创造教育。

从此以后，尽管创造教育始终是创造学研究者们关注的课题，但已看不到当年的盛况，年纪大的教师知道这段历史，而年轻教师知道的却很少，所以，现在日本的创造教育研究与实践都停留在个人的水准，难以形成气候。

四、企业创造力开发

日本企业的创造力开发与创造技法的问世有密切的关联，从20世纪50年代后期开始，日本企业终于摆脱了战后重建的沉重负担，开始轻装上阵，试图通过技术革新和新产品开发提高企业的竞争力。这个时候，企业非常需要新的设想和创意，于是，美国人开发的创造技法就受到关注，如罗伯特·克劳福特的"特性列举法"、阿列克斯·奥斯本的"头脑风暴法"、威廉·高顿的"综摄法"等，都通过翻译出版他们的著作而被引进日本。而且，日本企业学得非常认真，加上本来就有团队活动的传统，所以创造技法在日本企业应用后的效果十分显著。

接下来笔者对日本从事企业创造力开发研究与实践的主要机构做一梳理。

1. 产能大学（Sanno University）

1955年，产业能率短期大学（类似于中国的大专，但学制为2年）率先开设了"创造思维课程"（Creative Thinking Course，简称CTC），受到企业界的欢迎。该大学是一所诞生于1950年的私立大学，办学方针为面向社会人的培训教育，但现在已经发展成为正规的大学，名称也改为产能大学。创始人上野阳一是心理学家，早在20世纪20年代，他就关注泰勒的"科学管理法"，将它翻译成"产业能率"，并致力于"能率学"的研究。1932年和1933年，他编译出版了《泰勒全集》（第1卷为著作，第2卷为论文），在世界上也是绝无仅有的。可见他对"科学管理法"的投入相当深，而创办短期大学时以"产业能率"命名，显然也是受此影响。

产能短期大学的创造思维课程以"头脑风暴法"等诞生于美国的创造技法的培训为主，培训对象则以企业的科技人员和管理层为主，值得赞赏的是创造思维课程一直延续到现在，并发展成5门课，其中一门面向MBA，另外4门面向函授生。面向MBA的是"创造性思维"（Creative Thinking），其目的是"学习有效地提高对各种情况的判读、决断、行动和出成果的过程的思考技术"。面向函授生的是半年2学分的"头脑软化创造""创造性开发入门""创造性开发实践"和1年4学分的"创造性开发"。

2. 日本生产性本部（Japan Productivity Center, JPC）

20世纪60年代后期，日本出现了研究创造力的热潮，尤其是产业界对创造力开发期待极大，各地都在举办学习班或讲演会，在此情况下，日本生产性本部也开始行动起来了。生产性本部是基于"生产性向上对策"的内阁决定于1955年成立的非营利机构，为发展日本经济和提高国民生活方面发挥了很大的作用。经过几次改组以后，现为公益财团法人日本生产性本部。

1968年，生产性本部设立了"创造力开发委员会"，由第一次南极越冬考察队队长西堀荣三郎博士任委员长，还任命了5名委员，分别是松下电器产业技术本部东京事务所所长茅野健、索尼公司常务董事小林茂、移动大学发起人川喜田二郎和松下通信工业董事唐津一，这些人都是在创造力开发的理论和实践方面有着深厚造诣的专家。其中，川喜田二郎（Kawakita Jiro，1920—2009）是 KJ 法的创始人，前一年出版的《发想法》已成畅销书，当时刚辞去东京工业大学教授的职务，正在筹备流动大学。其他人也都是具有学者素养的企业人，之前或之后都出版过与创造学有关的专著，如西堀荣三郎的《创造力》（讲谈社，1990），茅野健的《创造性》（日本生产性本部，1973），小林茅的《创造性经营》（上·下）（经营中心出版部，1967，1971），唐津一的《提升日本元气的独创力经营》（1997），等等。

创造力开发委员会在经过多次议论后形成了一个理论与实践相结合的基本框架，然后号召企业参与论证，包括三菱重工、富士重工、日产汽车、资生堂等著名企业在内的 14 家大企业报名并派遣了第一线的管理干部参加了该委员会下属的研究会。经过三年多的共同研究以后，终于完成了研究报告并公开出版，即《人性与创造性的开发》（日本生产性本部，1971）一书。此书基本满足了企业界对开发员工创造力的迫切需求，很多企业都以此书为企业内员工培训的教材，所以很快就成了畅销书，一再增印，截至 1991 年，该书共增印了 23 次。

与此同时，生产性本部直接举办面向企业（如骨干员工，中层干部）的创造力开发培训班，至 2003 年，共举办过 34 期，大约有一千多人接受了培训。另外，生产性本部还向企业派遣讲师，在工作现场开展培训，受益面就更大了。

3. 日本能率协会（Japan Management Association, JMA）

日本能率协会是成立于 1942 年的社团法人，旨在通过调查研究、收集和提供信息、人才培训来实现企业（团体）的经营创新，为发展经济、提高国民生活水平以及为国际社会做贡献，截至 2016 年 5 月，拥有企业会员 1332 人。

1980 年 7 月，能率协会开始了一项名为"白领的生产性革新"的研究，研究结果表明，与白领的生产性革新相关的重要课题是提高个人与组织的创造力。以此为契机，能率协会开始关注创造力。

1986 年 4 月，能率协会对企业创造力开发的现状开展调查，调查的目的有两个：①由于创造力对企业各个岗位上的人都需要，那么，应该如何提高企业员工尤其是经营者、管理者、工程师以及其他专业人员的创造力就成了一个课题。②开发面向企业创造力开发的行之有效的方法。这项调查始于文献研究，他们收集了已经出版的文献并对创造技法进行研究，在 1986 年 10 月初步形成了一份"关于创造力开发的研究报告"。翌年 4 月，能率协会设立了"创造力开发中心"，中心随即又在研究报告的基础上通过采访专家学者和各种研究会，对现状有了深度把握。经过前后两年的努力，该研究报告正式出版，受到学术界和产业界的好评。

该报告指出："创造产生于个人的精神活动，但将其发展壮大的是组织的力量，把普通人的创造力集结起来并加以发扬就是企业的创造活动。企业中所进行的创造是在综合个人的创造活动的基础上发展起来的，在这个意义上，企业能够开展创造活动。所以，企业的创造环境、有利于创造的管理方法、教育训练的内容等都有必要重新探讨。"[14] 这段话简洁地概括了与创造有关的人与组织的关系。

关于阻碍创造力发展的原因，该报告列出了三点，即个人的意识，管理行为以及企业风气。然后建议："通过改变个人的意识，提高思维能力，消除障碍，创造性管理，营造使创造力容易发挥的企业风气，进而提升创造力。"[15]

最后，关于企业创造力开发，该报告提出了三点主张：一是开展创造教育，即开展能使个人的创造力得以发挥的思维方式和方法的教育。二是营造创造风气，即营造一种促进创造的风气，排除模仿崇尚创造，使阻碍创造力的价值观难以滋生。三是创新管理，即要在工作中发挥各部门的创造力，使下属体验成功和创造的乐趣进而采取行动。由于这三点主张分别针对普通员工、经营者和管理人员，所以企业创造力开发是全员参加的活动。

现在，因机构改革创造力开发中心已不存在，与创造力开发有关的业务转至子公司经营管理中心。该中心主要工作有两项：一项是开展企业内培训，即中心向企业派遣讲师，除讲课以外，还从事咨询。开设的课程是"创造力基础课程"，为期三天，对象是中青年员工。另一项是开展函授教育，开设的课程有两个，即"发现问题与解决问题"和"创造力高级课程"，为期三个月，面向企业的资深员工和干部。

目前，产能大学和日本能率协会是日本企业创造力开发的主要培训机构。

五、创造技法的研究

在这样的形势下，日本的学者们也坐不住了，从早期的翻译和普及创造技法转变到自主研究和开发创造技法上来了。下面介绍三种主要的技法。

1.KJ法

1967年，东京工业大学教授、文化人类学家川喜田二郎出版了《发想法》一书，首次披露了自己开发的创造技法，但当时对这一技法的名称还没有成熟的想法，就笼统地称其为"发想法"，日语中的"发想"一词类似于中文的"着想""构思"等意，属于一般动词。据川喜田教授介绍，他在尼泊尔的喜马拉雅山脉从事野外考察时，身上总是带了很多小卡片，观察到什么事物时，或想到什么主意时，都会分别记录在小卡片上，每张卡片写一件事情，回到大本营后对这些卡片进行整理和分类，从中发现问题和解决问题的方法。

出乎川喜田教授意外的是《发想法》一经出版就成了畅销书，出版社一再增印，他也是精益求精，发现问题或有新的设想后就改版（至1997年已经出版71版，2019年3月中央公论新社又出了电子版），邀请他前去指导的企业和团体络绎不绝，实在忙不过来的他甚至辞去了东京工业大学的工作，以自己的寓所为据点，开设了"川喜田研究所"，以普及自己开发的创造技法。

20世纪70年代后期，以高桥诚为首的日本独创性协会的青年学者，在研究川喜田的创造技法时，为图方便就将它命名为"KJ法"，K和J分别是川喜田二郎的姓（Kawakita）和名（Jiro）的首字母。川喜田教授欣然接受了这个命名并注册了商标。

1986年，川喜田教授出版了《KJ法》一书。那是一部长达581页（约为70万字）的巨著，是他20多年的研究与实践成果的结晶。

KJ法可以一个人实施，也可以按小组实施，但日本企业大多采用后者。需要准备的材料是名片大小的卡片（川喜田为此专门开发了KJ法设想卡片，但现在可用其他代替）、便利贴（Post-it）、橡皮筋、水彩笔、记号笔和全开白纸等。具体的实施步骤如下：

①明确课题。

应该是每个人都关心的问题，所以也可以事先确定。

②收集信息和数据化。

从前是事先进行，现在则可以当场利用因特网检索。

③将数据卡片化。

就是将信息和数据写在卡片上，每张长卡片上写一条信息或一个数据，也可是一个句子。

④建立卡片组。

就是将意义相近的卡片找出来用橡皮筋扎起来。

⑤贴标签。

这是给每一个卡片组命名并把它写在一张报事贴上，然后贴在第一张卡片上。看到这张标签，就大致知道卡片上的内容。

⑥确定卡片组的顺序。

这是根据卡片组的标题来确定顺序。

⑦在大白纸上展开。

这是对所有的卡片组的逻辑关系进行空间展开，如A组和D组是因果关系，B组和

F组是并列关系，C组和E组是假设关系等等，然后用箭头、等号、曲线等符号表示出来。

⑧文书化或口头说明。

这是用文字将上述过程表述出来，从中推导出解决问题的方法，也可以口头说明。

⑨累积KJ法。

一般情况下，实施一次KJ法就能找到解决问题的方法，但遇到复杂的课题时，一次解决不了，那就可以实行多次，直至成功为止。如果是这样，那就叫累积KJ法。

KJ法在日本企业的普及率非常高。1991年，笔者在大阪工业大学经营工程学院进修时，曾与导师大鹿让教授和帆足辰雄教授利用电话号码簿，从中随机抽出500家日本企业，邮寄了一份"问卷调查表"，以了解创造技法在日本企业的普及情况。其中的89家企业回寄了结果，回收率为17.8%。结果显示，日本企业应用最多的创造技法是"头脑风暴法"，普及率为86.6%，而第二位就是"KJ法"，普及率为73.0%。详细数据见表18-2。

表 18-2　日本企业的创造技法普及率

技法名	普及率（%）
头脑风暴法	86.6
KJ法	73.0
NM法	22.4
水平思考法	13.4
等价变换思考法	10.1
综摄法	4.4
635法	1.1
其他	16.9

资料来源：笔者[16]。

川喜田二郎毕业于京都大学文学院地理系，历任东京工业大学教授、筑波大学教授、中部大学教授和东京工业大学名誉教授。他是日本创造学会的主要创始人之一，曾担任首任理事长、会长和名誉会长。而在日本创造学会成立之前，他已经发起成立了KJ法学会，该学会至今还在其遗孀的支持下开展活动，大约有170名会员。

川喜田教授的著作甚丰，日本的中央公论社曾编辑出版了14卷的《川喜田二郎著作集》。由于学术上的卓越成就，他曾荣获日本学术振兴会颁发的"秩父宫纪念学术奖"

和福冈市颁发的"福冈亚洲文化奖"。

2. NM 法

NM 法的创始人是中山正和（Nakayama Masakazu,1913—2002），也是以他的姓名的首字母命名。

中山先生毕业于北海道大学物理系，毕业后入职日本电信电话公社（NTT 的前身）电气通信研究所，从事技术专利方面的调查工作。后转职至日本乐器公司（雅马哈的前身），任企划室副主任。1969 年退职并创办中山创造工学研究所（后更名为创造工学研究所），同时还兼任一家发明咨询公司的董事长。20 世纪 90 年代初期，中山先生又被聘为金泽工业大学教授和东京艺术大学兼职教授。

中山先生是一位物理学家，同时也是一位发明家，在铬酸盐处理法、Al 合金、AP 合金、二极管的领域颇有造诣并拥有多项专利，他发明的特殊二极管被用于美国第一艘载人宇宙飞船，在 1972 年慕尼黑奥运会游泳比赛电子判定装置（此装置一直沿用到现在）和雅马哈电子琴中也都留下了他的发明，为此他曾获得美国军事通信与电子协会颁发的"AFCEA 奖"、电信电话公司总裁奖、以及日本能率协会颁发的"营销功劳奖"。

中山先生很早就开始关注人的思维活动，为此他曾在东京大学物理系从事研究工作期间，专门去拜医学院时实利彦教授为师，学习了大脑生理学的基础知识。从此以后，他的研究中就经常涉及大脑生理学的领域。

1969 年，中山先生将他开发的创造技法命名为 NM 法，然后以此为知识资本，开始培训社会各界人士。NM 法的实施步骤如下：

①确定课题。

比如，某公司研制了一种又轻又结实的布，想开拓启用途，于是将课题定为"轻而结实的布的用途"。

②确定关键词（Key Word, 简称 KW）。

根据此课题，确定关键词为"轻"和"结实"。

③从关键词中引出比喻（Question Analogy, 简称 QA）。

比如，"像飞机那么轻"。这时重要的是应用"像什么那样"的句型进行比喻，追求的是形象，而不是科学性，不必拘泥于是否现实，是否合乎逻辑。换言之，就是先启动右脑，因为人的右脑掌管形象、图像，而逻辑则由左脑掌管。

④探讨比喻句的背景（Question Background, 简称 QB）。

从对飞机做比喻的句子中，思考"飞机怎么了？""飞机及其周围发生了什么？"如"飞机轻的话，会不会是 1910 年伦敦——巴黎间的飞行竞赛？"进而联想到"飞机的翅膀会不会是布做的？"

⑤以此为线索，考虑解决课题的方法（Question Conception，简称 QC）。

由"飞机的翅膀会不会是布做的？"得出"在飞机的翅膀上粘贴这种布"的设想。

⑥描述。

即用文字和图形完整地描述解决问题的方法。

下面我们来看一个具体的事例。

现在的日本企业是不能在办公室抽烟的，但 20 世纪 80 年代的时候还不能完全做到，如被女同事看到桌子上有烟灰缸，就会感到尴尬。于是有人就想设计一种不易暴露的烟灰缸，放在办公桌上，但别人却看不出来。这就是课题，即"开发不易暴露的烟灰缸"。

根据这个课题，可以列出多个与此关联的动词，如"存放""丢弃""灭火""隐蔽""不易发现"等，比较以后，选择"隐蔽"和"存放"作为关键词。

接着对"隐蔽"进行比喻，得到"像变色龙那样隐蔽""像忍者门那样隐蔽""像穿了迷彩服那样隐蔽"等句子。对"存放"进行比喻，则得到"像立体车库那样存放汽车""像笔筒那样存放文具""像文件夹那样存放文件""像银行那样存放金钱"等句子。比较以后，选择"像忍者门那样隐蔽"和"像笔筒那样存放文具"深入探讨其背景。

忍者住的房子有什么特点呢？那就是为了防备刺客和不暴露身份，房子的门都是可以两面回转的，不容易发现出入口，那么，墙壁是不是也可以回转呢？办公桌上有笔筒是常有的事，但是，如果笔筒的体积大时，里面放了什么就不清楚，这不也具有"隐蔽"的功能吗？

经过这样的探讨以后，不知不觉地设想就出现了，即能否在笔筒上做文章，使其具有存放烟灰且不易被发现的功能。结果，在笔筒的下端加上一截做烟灰缸，使用时拿下上面的笔筒，用完后装上笔筒即可，自己方便，别人也看不出来。但是笔筒大，烟灰缸小，会不稳定，于是又在烟灰缸的下方加上一个底座，从而完全解决了课题。

3. 等价变换思考法

等价变换思考法是由同志社大学教授市川龟久弥（Ichikawa Kikuya, 1915—2000）创立的，其思维过程体现在以下方程式中（见图 18-5）。

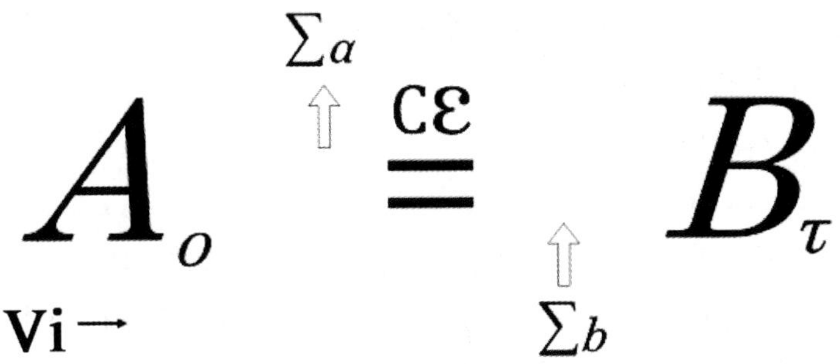

$$A_o \xrightarrow{\Sigma a} \overset{c\varepsilon}{=} \xleftarrow{\Sigma b} B_\tau$$
$$V_i \rightarrow$$

资料来源：市川龟久弥《创造性的科学》（改订增补版）第 15 页。

图 18–5　等价方程式

方程式中的各种符号的意义如下所示：

o：原系或出发系

τ：变换系或到达系

A：原系上发生的现象

B：变换系上发生的现象

ε：使等式得以成立的等价次元（单数）

c：具体地定义等价次元的限定条件

Σa：原系的特殊化条件群

Σb：变换系的特殊化条件群

Vi：任意的观点中的一个

→：表示展开的方向

光看这个方程式，十有八九的读者会摸不着头脑。事实上，曾经采访过市川教授的笔者也花了很久才搞清楚其中的含义。它的意思是，A 现象和 B 现象从表面上看没有什么关联，但是通过观察分析以后发现了其中的共性（cε），这时我们就说两者具有等价性。当然，等价性不容易发现，它需要剔除无关的要素（Σa），同时加入必须的要素（Σb），才能实现变换，整个过程就体现了创造性思维。下面我们来看几个例子。

例 1. 老花眼镜和助听器

Ao ＝ 老花眼镜　　　　Bτ ＝ 助听器

Vi ＝ 感觉功能的支持

cε ＝ 补充因使用辅助器具而削弱的功能

Σa ＝ 镜片、镜框等

Σb ＝ 适合耳朵的装置、放大器等

例 2. 五重塔与高层大厦

Ao（出发系）＝ 五重塔　　Bτ（到达系）＝ 高层大厦

V_i = 抗震性　　　Σa = 木材、瓦片等

$c\varepsilon$ = 柔性结构能分散外来的冲击力

Σb = 钢筋、水泥预制板等

$B\tau$（到达系）= 日本高层大厦（高 147 米的霞关大厦，高 634 米的空中树塔）

市川龟久弥毕业于京都大学工学院，毕业后留校任助教，1944年，年仅29岁的他出版了处女作《独创研究的方法论》，从而奠定了在日本创造学研究中的历史地位。因为是战时，美国风尚未吹进日本，没有可供参考的文献。

市川先生的专业是电子工程，但他更热衷科学技术领域的发现方法的研究，对此，我们可以从两个方面找到证据。1962年他向京都大学申请博士学位时的论文题目是"工业尤其是电子工程研究过程中的发现方法的研究"，1965年，他应聘到同志社大学理工学研究所任教授以后，将他的研究室命名为"创造工程研究室"。1977年，他出版了《创造工程》一书，书中完整了阐述了等价变换思考的理论，同时还有一批企业界人士撰写事例，所以是等价变换思考法的集大成。

市川教授长年致力于企业创造力的开发，从1963年起，他以大阪科技中心为据点，开办了为期7个月的"企业创造力开发课程"，一共办了7期，为企业培训了大量的实践创造工程的骨干。1966年，他又以参加过培训的人员为主，创立了"创造性开发研究会"，这个研究会就是现在还在活动的等价变换创造学会的前身，主要成员都来自企业。2000年，市川教授去世以后，他的粉丝们继承发展这一事业，还在2006年设立了日本创造力开发中心。

除了上面介绍的3种创造技法以外，日本的学者和企业界人士还开发了许多创造技法。创造学家高桥诚对此颇有研究，在他编著的《创造力事典》中，共介绍了88种创造技法，其中的34种源自日本，而高桥诚一人就开发了9种。当然，在笔者看来，很多技法都是对已有的创造技法的修改，在所在的企业里实施多少有些效果，但不具有普遍性，所以也没有什么生命力。

高桥诚毕业于东京教育大学心理系，毕业后在产业能率短期大学任教，1974年退职并创立株式会社创造开发研究所，运用创造学的理论和技法为企业提供新产品开发、市场营销、命名、员工培训等各种有偿服务。1996年以后，高桥诚边工作边攻读研究生课程，先后在筑波大学和东洋大学获得心理学硕士和教育学博士学位，他的博士论文的题目是《创造技法的分类和有效性的研究》。早在学生时代，高桥诚就热心于创造学的研究，曾经组建过日本第一个大学生创造学会，以后又是日本创造学会的早期会员，历任理事长和会长，现为日本创造学会理事和日本教育大学院大学特聘教授。对国内创造学界来说，他也是对中国创造学的发展做出重要贡献的国际友人，1984年以来，他曾经多次访华讲学或参加国际会议，他的著作《创造技法100例》也被译成了中文，由上海科技出版社出版。

六、日本人创造力开发的特征

本节论述日本人创造力开发的特征。

在日本的中国人社会中有这样的说法，那就是一个中国人和一个日本人竞争的话，十有八九是中国人获胜，但是，一群中国人和一群日本人竞争的话，基本上是日本人获胜。此说法未必正确，但却反映了一个事实，即一群日本人的力量大于每个人的力量的单纯之和。这是为什么呢？这也是笔者来日留学以后经常思考的问题，经过多年的观察、体验和研究，终于找到了一些答案，其结果是于2015年4月，带着论文"日本人是如何培养他们的集体创造力的？"参加了在西班牙巴塞罗那召开的国际会议。[17] 下面就以此论文的观点为中心做些探讨。

1．表演和竞技不设个人项目

日本的幼儿园每年都会举办文艺演出和运动会，从小培养儿童的文艺和体育方面的兴趣，这一点和我们国内的幼儿园没什么两样，不一样的是日本的幼儿园只设团体项目，没有个人项目。例如，文艺演出时没有单人舞、独唱或独奏，会弹钢琴的可以为合唱伴奏，但不单独弹奏。歌唱得好的，可以担任领唱，但不搞独唱。运动会也是这样，只有团体竞赛项目，如团体操、接力赛、拔河等，没有个人项目，而且，每个年级也只有两个队，即红队和白队，不管哪个队赢了，都只听见"我们赢啦"的欢呼声，而听不到"我赢了"的自豪声。这样做是为了让儿童从小树立自己只是团队中的一员，要为团队做贡献，离开了团队就什么也干不成的信念。同时，他们在培养儿童的集体荣誉感，而不是个人的荣誉感。而且，文艺演出也好，运动会也好，都要求家长参加，来得越多越好，所以，父母亲自不用说，爷爷奶奶、兄弟姐妹都会来助威捧场，家长们也不会因为自己的孩子没有参加个人表演而不满。在这样的氛围中，儿童们的心中"自己"的概念就很淡薄。

这种情况不仅在幼儿园阶段，在小学、初中，也就是义务教育阶段都一样。进入高中以后，为了培养学生的自主活动能力，文艺演出也好，运动会也好，都由学生自主策划和运行，似乎淡化了团队意识，其实不是这样，因为学生们的团队意识已经形成，所以，即便老师们不那么强调，也能自然地体现出来。去年日本媒体的一个报道非常有代表性，在一个全国性的运动会上，某高中参加的女子接力赛中，一位选手不幸途中骨折，无法接着跑，但她没有弃权，而是忍着痛双膝着地爬行到200米远的接力点，把接力棒交给下一个选手才瘫痪在地，这时她的膝盖已经鲜血淋淋。在电视上看到这一画面的观众无不为之感动。她为什么要这么做呢？支撑她完成最后200米的动力是什么呢？不用说是从小培养起来的团队意识,哪怕自己受伤了,也要尽自己的努力最大限度地减少团队的损失。值得指出的是,当时在场的老师都没有阻止她这么做。这又是为什么呢?因为他们知道该学生在履行自己作为团队一员的义务和责任,而这些都是他们在平常的教学活动中所强调的。

2. 学习成绩不排名次

进入小学以后,学生会有一些作业,但不多,通常用不了半个小时就能完成。第二天交上去以后,老师也不打具体的分数,对于做得好的学生,老师的评语是"很好""你很努力",对于做的不那么好的学生,老师的评语是"再加一把劲""下次你一定会做",等等,都是鼓励的话语。期中考试和期末考试的时候,会打分数,但是不排名次,也不会在班上宣布,所以学生互相之间都不知道他人的成绩。这样做的目的是防止会做的孩子产生自己与众不同的自负心和骄傲自满的情绪,同时也防止不太会做的孩子产生自卑心理和丧失努力的信心。这里我们看到日本的义务教育旨在培养的目标,即高素质的通才,而不是少数的英才。

当然,也有对学习成绩排名次的地方,那就是遍布各地的私塾。按国人的理解,私塾是个人经营的小范围的补习机构,其实不是。日本的私塾通常都由企业在经营,著名的私塾企业在全国的主要城市都有教室,有很大的影响力,每年都要为国内外著名的大学输送许多人才。

总体上来说,私塾大致分成两类:一类是为考试尤其是高考而设的,在那里学习的都是成绩优秀的学生,另一类是为补习而设的,在那里学习的都是跟不上学校学习进度的学生。私塾的收费都比较高,所以,没有一定的经济实力,或者对升学不太在乎的家庭就不会让孩子上私塾。由于私塾的竞争力取决于考取国内外著名大学的人数,所以教师的水平都很高,学生也学得认真,而且经常实施的模拟某大学的考试以后都公布名次,并预测进入这所大学的几率,这就刺激了学生的竞争心理,通常每个学生都会有不同程度的提高,这是私塾得以生存的根本原因。

3. 工作后的团队意识强化教育

当年轻人从学校毕业进入社会以后,团队意识就进一步得到强化,无论是在政府部门工作,还是在企业就职,最初接受的入职培训,都包含了团队意识的教育。日本的大企业通常都在大城市的郊外建有自己的研修设施,所以新员工的入职培训也在那里进行,从早上起床到晚上熄灯都有明确的规定,新员工要在这样的环境中过4个星期的准军事化集体生活。培训内容包括企业的历史、创业者的生涯、经营理念、企业文化、规章制度以及员工的团队意识和对企业的忠诚心，俗称"洗脑"，可以想象入职培训有多么痛苦。由于日本社会的新年度始于每年的4月1日，入职培训一结束就迎来了五月的黄金周。从前黄金周的存在对员工并无多大的影响，但是时代变了，现在的年轻人已经不能像他们的父辈那样吃得起苦了，黄金周期间基本上都是在家睡懒觉，以弥补过去4个星期的睡眠不足。但问题是黄金周过了以后还是有一些人早上起不来，结果请病假的就多起来了，而这些人就是早期退职的后备军，媒体给这种现象取了个名字叫"五月病"。而黄金周以后精神振奋地来上班的人，就是被企业成功"洗脑"的员工，他们成了企业的忠诚力量，无论被派往什么地方工作或出差，也无论自己的家庭情况是否允许，都是一样的回答"是，我明白了"，然后第二天就会出发。对他们来说，作为企业这个集体中的一员，舍己奉公是理所当然的事，而且从来没有人讲待遇、提条件，因为他们相信企业会考虑的，用不着担心。而且，日本社会鄙视喜欢讲待遇、提条件的人。这已成了日本社会的常识。

4．不忘感谢他人的帮助

日本人如获得某项荣誉的话，绝对不会忘记感谢对自己有点滴帮助的人，小至组织内部的业绩奖，大至世界闻名的诺贝尔奖，获奖人的态度基本上都是一个样，那就是念念不忘对自己的工作和研究有过任何帮助的人，最典型的是2002年的诺贝尔化学将获得者田中耕一。他在得知获奖后在单位即岛津制作所召开的记者招待会上一个劲地对研究团队的同事们表示感谢，让人听了以后甚至产生同事们的贡献比他自己更大的错觉。也就是说，即便获得科学界的最高荣誉，也不把它视为自己一个人的成就，而是在同事们的大力帮助下完成的。他还要求诺贝尔奖委员会允许他的4个团队成员一起出席授奖典礼，不然的话，自己也不去斯德哥尔摩，最后诺贝尔奖委员会破例答应了他的要求，只是不承担其他人的费用。田中耕一的这种姿态为他以及岛津制作所赢得了无数的称赞。毫无疑问，团队成员也因田中耕一的获奖而变得更加团结，更加热爱团队的工作。

综上所述，我们确实可以说日本人的创造力开发离不开团队，是每个人的团队意识的存在，打造了富有创造力的团队，在此基础上才产生了富有创造力的个人。笔者推测，无论在西方还是东方，我们都找不到第二个像日本人这样重视团队意识的国家。

注

[1] Akira Onda. Trends in Creativity Research in Japan—History and Present Status[J]. The Journal of Creative Behavior，1986，20（2），134–140.

[2] 千葉命吉．創造教育の理論及實際[M]．東京：同文館，1919:5.

[3] 稲毛詛風. 創造教育論[M]. 東京：内外出版，1923: 序.

[4] 见注[3]第 10–11 页。

[5] 见注[3]第 34 页。

[6] 见注[3]第 43 页。

[7] 见注[3]第 65 页。

[8] 见注[3]第 99 页。

[9] 见注[3]第 104 页。

[10] 见注[3]第 115–116 页。

[11] 见注[1]第 118 页。

[12] 藤原喜代藏. 教育思想学説人物史（第三巻 大正年代編）[M]. [S.I.]，日本経国社，1944: 501.

[13] 徐方啓. 日中企業における創造性開発の比較研究[D]. 能美：北陸先端科学技術大学院大学，2004: 78.

[14] 日本能率協会. 創造力革新の研究—企業における創造力開発の考え方[M]. 東京：日本能率協会，1988：17.

[15] 见注[14]第 19 页。

[16] Fangqi Xu, Susumu Kunifuji. A Comparative Research on Creativity Development between Japanese and Chinese Enterprises[M]. Bernd Jöstingmeier, Heinz-Jürgen Boeddrich. Cross-Cultural Innovation. Weisbaden：DUV. 2005: 275–288.

[17] 该国际会议由西班牙 ESADE 商学院主办，主题为"Sperituality & Creativity in Management"，2015 年 4 月 23–25 日在该学院召开，来自 42 个国家的 300 多名学者出席了会议。笔者在会上交流的论文题目是 *How Japanese people foster their group creativity*。

本章主要参考文献

[1] Akira Onda. Trends in Creativity Research in Japan—History and Present Status[J]. The Journal of Creative Behavior，1986，20（2）：134–140.

[2] 千葉命吉. 創造教育の理論及實際[M]. 東京：同文館, 1919.

[3] 稲毛詛風. 創造教育論[M]. 東京：内外出版，1923.

[4] 藤原喜代藏. 教育思想学説人物史[M].（第三巻 大正年代編）. [S.I.]：日本経国社，1944.

[5] 日本能率協会. 創造力革新の研究—企業における創造力開発の考え方[M]. 東京：

日本能率協会，1988.

[6] 穐山貞登.創造の心理[M].東京：誠信書房，1962.

[7] 恩田彰.講座 創造性の教育[M].東京：明治図書，1971.

[8] 前田博.創造性を育てる教育[M].東京：明治図書，1965.

[9] 扇田博元.創造学力の開発[M].東京：明治図書，1970.

[10] 高橋誠.新編創造力事典[M].東京：日科技連，2002.

[11] 川喜田二郎.発想法[M].東京：中央公論社，1967.

[12] 川喜田二郎.続・発想法[M].東京：中央公論社，1970.

[13] 川喜田二郎.KJ法—渾沌をして語らしめる[M].東京：中央公論社，1986.

[14] 中山正和.増補版NM法のすべて[M].東京：産業能率大学出版部，1980.

[15] 市川亀久彌.独創的研究の方法論[M].（増補版）.京都：三和書房，1960.

[16] 市川亀久彌.創造性の科学[M].東京：日本放送協会，1970.

[17] 市川亀久彌.創造工学[M].東京：ラテイス，1977.

[18] 今井滋郎.知的財産創造フェーズ（等価変換理論）—等価変換理論への招待[第2回][J].マネジメントレビュー，2011（2）：42-48.

[19] 徐方啓.日中企業における創造性開発の比較研究[D].能美：北陸先端科学技術大学院大学，2004.

[20] Bernd Jöstingmeier, Heinz-Jürgen Boeddrich. Cross-Cultural Innovation[M]. Weisbaden：DUV. 2005.

[21] 黒田龍彦.田中耕一という生き方[M].東京：大和書房，2003.

第十九章 创造学研究的发展趋势（The Development Trends of Creative Studies）

综上所述，可知创造学的历史不算长，按国际上通行的说法，那就从吉尔福特讲演的1950年开始，还不到70年，即使把日本的创造教育研究算在内，也不过一个世纪。而且，尽管迄今为止国内外都有与创造学有关的本科课程和硕士学位课程，但以创造学研究获得博士学位的还不多，还没有形成气候。

对创造学表示怀疑的人常说创造学的学科体系不健全。没错，的确是这样，可以说还处在发展过程中。但是，其生命力却是不可否认的，我们不能因为这样或那样的理由来否定其价值，事实上也否定不了。作为一种方法论，创造学研究中的创造性思维帮助人们开拓视野，为我们提供了思考问题和解决问题的新思路、新手段，创造心理增强了人们的自信心，看到了自身的价值，从而为最大限度地发挥潜在的创造力而奋发。换言之，创造学给我们提供的是一种正能量，有利于自身的健康成长，有利于家庭的和谐，有益于学习和工作，当然也有利于国家的发展。迄今为止，无论是教育界还是产业界，都有很多成功的例子，出版了很多书籍，足以说明问题。笔者的体会是，只要你研究和实践创造学的理论和方法，就一定会有成效。

或许有人认为，创造学不就是创造技法吗？那是一种片面的认识，因为创造学研究创造性思维，进而研究促进创造性思维的方法即创造技法，所以创造技法是创造学的应用研究，是部分和整体的关系，不能等同。

若论创造学研究的发展趋势，根据最近几年学术界的动向，笔者认为可以从三个方面去探讨：一是与创新研究的结合，二是与创业教育的同步发展，三是与设计思维（Design Thinking）的联动，尤其是后者，正在形成气候，有很大的发展前景。下面分别论述之。

首先来看与创新的结合。正如第十七章中所论及的那样，在欧洲，讲到创造（力），那就必然联系到创新，学会也好，杂志也好，都把两者并列在一起，而且是创造（力）在先，创新在后，因为要想创新，那就首先得开发创造力，只有发挥了创造力，创新才有可能，这已成为学者们共同的认识。在日本，学术界以创造涵盖创新的观点为主流。但是，企业界则有不同，因为相对来说创造（力）比较抽象，创新则容易理解，便于向普通员工传授，加上美国学者克里斯滕森和切斯布朗接二连三推出有关创新的大作，对企业的影响也很大，大企业中甚至增设了"首席创新官"（Chief Innovation Officer）的头衔[1]。当然，美国企业中有这一头衔的就更多了。在中国，从前以创造为主，后来出现了创新，此后又出现了将二者并列，以"创新创造"作为一个单词著书立说的现象[2]，而自从政府提倡大众创新以后，创新的气势迅速盖过创造，几乎到了人人讲创新的程度，但作为一门新的学问，还是以"创造学"为主。

其次来看与创业教育的同步发展。创业教育的起源也是在美国，早在1951年，哈佛商学院就率先制订了创业教育大纲，开设了一系列的课程，持续到现在。

1952年，斯坦福大学也为企业的高管进修班开设了创业课程，到了20世纪70年代，硅谷兴起的创业热，促进了人们对创业教育的热情，而创业教育必然与创造教育有关，可以视为创造教育的组成部分。斯坦福大学与时俱进开设了一系列面向MBA学生的创业课程，这些课程因为受到欢迎而不断强化，现在已经发展到27门，包括商学院的17门和工学院的10门。这些课程中，直接以"创业"冠名的有7门，如商学院的"风险投资"（F357）[3]、"与外国创业企业合作"（G581）、"新风险企业"（S353）、"创业与风投"（S354）""风险企业战略"（S357），以及工学院的"技术型创业企业的经营"和"技术性创业组织"。而以创造力为关键词的有商学院面向MBA学生的"创业活动中的创造力"（G341）和工学院的"企业创造力与创新"（MS&E277），前者由迈克尔·雷（Michael L. Ray）教授主讲，后者由詹姆斯·亚当斯（James L.Adams）教授主讲。雷是社会心理学出身，1967年在美国西北大学获得博士学位以后就受聘于斯坦福大学，其教学生涯已经超过半个世纪，他开设的这门课，一直是商学院最受学生欢迎的课程之一，所以即便就任名誉教授以后不再直接上讲台，他的这门课还是在通过视频教材供学生选修。雷教授的著作也很多，其中1986年出版的《商业创造力》成了畅销书，被译成了多种文字在国外出版。[4]另外，商学院的莎拉·苏勒（Sarah A. Soule）教授也开设了一门供网络学习的课程，名为"创造·创新与组织设计"。

工学院的亚当斯是机械工程出身，他从加州理工大学机械系毕业以后，在加州大学洛杉矶分校进修了一年工艺美术，然后又进入斯坦福大学研究生院机械工程专业读研，师从约翰·阿诺德（John E. Arnold, 1913—1963）教授，而副专业同样选择了工艺美术。阿诺德教授是机械工程专家，同时也是创造工程专家，早在1942年，他就在麻省理工工学院（MIT）创设了创造工程实验室（Creative Engineering Labiratory），成为世界上第一个倡导创造工程这个新概念的学者。因为这个原因，亚当斯接替因病去世的阿诺德回到母校任教以后，一直很重视工科学生的创造力开发，早在20世纪70年代初，他就开设了与创造思维有关的课程，如"创造性解题""创造与创新"等。亚当斯教授的论著也很多，其中，《概念爆炸—如何产生好的设想》一书于1974年出版并畅销以后，竟然有三家出版社争抢此书的后续版本，这在学术界非常少见。[5] 在此书中，亚当斯教授出了一道题，即"用四条连续直线连接9个点"（见图19-1），难倒了众多的读者，而突破思维定势的话，就能轻而易举地解答。这道题的命题人是阿诺德教授，可惜英年早逝而没来得及写入自己的论著，结果由亚当斯教授公布于世。亚当斯教授退休以后，他的课由同事罗伯特·萨顿（Robert Sutton）教授继承。

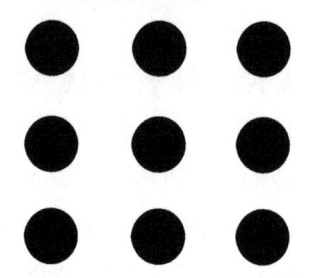

资料来源：亚当斯（1974年，第24页）。

图 19-1　9点连线

由于处在硅谷中心的地理上的优势，斯坦福大学成了美国乃至世界创业教育的中心，每年都有许多怀着创业的理想从世界各地前来求学的年轻人，这样就为硅谷提供了源源不断的生命力。除此以外，美国其他大学的创业教育也很普遍，这里再介绍几所著名大学的创业教育。

前面已经简单地提到了哈佛大学开展创业教育的历史，现在，创业管理系已是商学院的大系，共有37位专职教员，向MBA学生提供一门必修课和25门课程选修课。[6] 其实，哈佛商学院的创业教育是非常著名的，那里的教授们不仅向学生们传授与创业有关的理论知识，还身体力行自己创业，为学生和自己的教学提供案例，所以哈佛商学院的教学质量之所以高，与该校理论与实践相结合的教育方针是分不开的。第十六章中论及的美国创造学界代表性学者之一的特蕾莎·艾玛比尔教授就一直在该学院的创业经营系任教，她开设的课程中，有一门叫"创业、创造力与组织"，深受学生的欢迎。除了教学与研究以外，她还曾担任过6年的系主任。

除了哈佛和斯坦福这两所一流大学以外，美国还有很多大学都在开展创业教育，笔者曾专门做过调查并发表过"创业教育与创造教育"的论文[7]，但是从创造力开发的角度去看，笔者认为印第安纳大学商学院的课程"创造与创新：新的创业灵感的诞生"（W503）更值得推崇。该课程由威廉·郝加蒂（William H. Heraty）教授（现为名誉教授）所创设，时间为8周，每周一次3个小时，采用的教科书是迈克尔·米哈科（Michael Michalko）的《解读创造力》，8堂课的教育计划如下（见表19-1）。

表 19-1　印第安纳大学商学院 W503 课程的教学计划

周次	讲题	应用	练习	阅读	作业
1	创造性与班级	创造性交流	准备活动	艾玛比尔的论文	
2	个人的创造力资源	发现自己的智能	绘制个人海图	教科书第 1-3 章	创造性活动表
3	通往创造力之路	班级重组	绘制大脑地图	教科书第 4-6 章以及艾玛比尔的论文	个人的研究课题
4	商业创新与创造资源	创造商业机会	演示	教科书第 7-9 章	个人的研究课题
5	象征、类推和隐喻	概念与创意的陈述	制作产品目录	教科书第 10 章	个人的研究课题
6	利用机会	对产生的创意进行加工	任意的词汇	教科书第 11-12 章	个人的研究课题
7	持续改进	引发刺激和激发敏感性	演示	教科书第 13-14 章	个人的研究课题
8	最终发表	展示创造力	准备活动		

资料来源：徐方啓（2001：116）。

由此可知，此课程不但讲授创造与创新的基本理论，还要求学生运用创造性思维去发现商业机会，然后为实现商业机会而提出自己的创造设想并在课堂上演示。笔者认为，这是比较典型的与创造力开发有关的商学院课程。但是，如果将个人研究改为团队研究，那就更容易见效。

除郝加蒂教授以外，该商学院还有一些教员在开设或从事创造学的研究，如市场营销系的高级讲师本杰明·舒尔茨讲授《创造力与交流》课程，琼莉·安德鲁斯教授研究市场营销中的创造力，商务系的芭博·弗林教授研究创新管理，这在其他大学并不不多见。

最后来看与设计思维的联动。

设计思维（Design Thinking）兴起于 20 世纪 90 年代，但其渊源可以追溯到半个世纪之前。学术界比较通行的说法是源于郝伯特·西蒙（Herbert Simon, 1916—2001）于 1969 年出版的《人工制造的科学》一书。但是，作为创造学研究者，笔者从一开始听说这个名词就联想到与创造思维的关系，对此说法表示怀疑，然后就决定进行考证，最后得到证实。对此，笔者将在后面展开，这里先就什么是设计思维做些解读。

顾名思义，设计思维是像设计师那样思考问题。也就是说，是一种思维方式。确实，在以设计思维著名的 IDEO 公司的官网上，明确地表示"设计思维是一个创造性解题的过程"。[8] 但是，这样的说法还是比较笼统，因为类似"头脑风暴法""综摄法"等创造技法都可以解释为一个创造性解题的过程，那么怎么区别呢？笔者将设计思维同著名的"奥斯本－帕内斯创造性解题"（Osborn-Parnes Creative Problem Solving，简称 CPS）进行比较以后，二者的异同就一清二楚了。

根据斯坦福大学哈索·普拉特纳设计研究所（英文通称 D. School，中文可以简称为 D 研究所或设计研究所）的研究，设计思维将思维过程分解成五个步骤[9]，即①分享现状（Empathize）；②定义问题（Define）；③提出设想（Ideate）；④制作原型（Prototype）；⑤检验测试（Test）。这五个步骤中，首先是倾听顾客的声音，仔细了解顾客的需求，有些什么困难，等等，对顾客的现状有充分的了解，所以称为"分享现状"。这一步非常重要，如果对顾客的现状只是有所了解，稍知一二，那就会偏离顾客的需求。在此基础上，开始定义问题。这一步很艰巨，也很关键，需要高度的分析能力和抽象化能力，所以是团队作业，在互动中达成共识。到了提设想的时候，就可以运用"头脑风暴法"等各种创造技法来激发。而下一步的制作原型，就是将筛选出来的设想可视化，使用各种材料和制作技巧将一个设想转换成一个具体的东西。这一步骤是设计思维中最独特的部分，适合能够可视化地新产品开发，而对于不能可视化的设想则难以做到，当然也可以运用其他创造技法。最后一个步骤是检验测试，即运用科学手段，对可视化的原型进行检测，判断哪些做法比较合理，哪些需要改进，能否批量生产以及商品化。如结论是可靠的，那就是成功，相反就要从头再来，检查哪个环节出了问题。

以上是设计思维的基本步骤以及笔者的解读，下面我们来看看"奥斯本－帕内斯创造性解题"（CPS），其中的奥斯本和帕内斯，当然指的是"头脑风暴法"以及美国创造教育基金会的创始人亚力克斯·奥斯本和他的合作伙伴及继承人西德尼·帕内斯，因为已在第十六章中论及，所以这里不再展开。CPS 的具体步骤是：①发现事实（Fact-Finding）；②发现问题（Problem-Finding）；③发现设想（Idea-Finding）；④发现解法（Solution-Finding）；⑤发现承诺（Acceptance-Finding）。[10] 对此，笔者的解读如下：

发现事实，指的是某个客观存在的事物，可能是已经被人认识到的，也可能是尚未被人认识到的，然后从中发现事物的本质和需要解决的问题。当问题被发现以后，就去探索各种与问题有关的设想，当大量的设想产生以后，再从中找到解决问题的最佳方案，最后是发现接受这一解题方案的人，即承诺实施这一方案的人。CPS 首先由奥斯本所提倡，然后经过帕内斯的改进而形成目前这种形式，自诞生以来，一直是美国创造教育基金会每年主办的创造性解题培训班（CPSI）的主要内容。所以，当人们说设计思维是一种创造性解题过程时，受过 CPS 训练的创造学研究者们自然会联想起来。

我们将二者比较一下，就可知道这两种方法的思维过程极为相似，尤其是前者的分享现状、定义问题、提出设想与后者的发现事实、发现问题、发现设想基本相同，只是用了不同的词语。真正的不同点是第四个步骤，前者是通过制作原型使解决方案变得可视化，后者也是发现解决方案，但没有强调可视化，这是因为前者主要用于事物，如新产品开发，而后者的范围更广，既可用于事物，也可用于事情，不能一律要求可视化。另外，前者是应顾客的要求而行动，对解题方案检测以后，顾客就会接受。而后者没有明确的顾客，要自己去寻找事实，所以完成解题方案以后，需要自己去寻找实施这种方案的人。从市场营销的观点出发，设计思维是顾客找上门来，而CPS要求自己去寻找顾客。表19-2是设计思维和CPS的特征比较。

表 19-2　设计思维和 CPS 的特征比较

	设计思维	CPS	二者的异同
①	分享现状	发现事实	前者应顾客要求，后者没有明确顾客，要自己去发现
②	定义问题	发现问题	基本相同
③	提出设想	发现设想	基本相同
④	制作原型	发现解法	前者强调可视化，后者没有强调
⑤	检验测试	发现承诺	前者将验收合格的原型交给顾客，后者要自己去发现实施解题方案的人

那么，为什么二者这么相似呢？这是因为它们的渊源都在于创造思维的缘故。上面已经提到设计思维的渊源在于创造工程，下面就来进行考证。

前面在论及詹姆斯·亚当斯时顺便提及了其导师约翰·阿诺德，这里还得花一些笔墨。1942年，阿诺德首创创造工程的概念，以致美国机械工程协会将1944年的年会主题定为"创造工程"[11]，至今已有75年的历史。阿诺德在明尼苏达大学心理系完成本科学业以后，受雇于一家石油公司，由于在工作中对机械产生了兴趣，便辞职并考入麻省理工学院机械工程系读研，1940年取得工程学硕士学位以后，以机械设计师和工程师的资格重新工作，但不久就应导师的要求而回到母校任教。具有心理学和工程学背景的他，在设计机械时，自然会融入人的因素，创造工程的概念就是在这样的背景下产生的。但是，阿诺德在世时并没有提出创造工程的定义，这以后很长一段时间，也没有人挑战这一定义，所以笔者也很烦恼。后来终于在日本教育心理学家、东京工业大学教授龝山贞登（1929—2001）的著作中发现了一个定义，即"创造过程的技术体系"[12]，这才有所领悟。

1953年至1956年，阿诺德每年夏天都举办面向工程师和工业设计师的创造力培训班，传授创造工程的知识。1957年，阿诺德转入斯坦福大学，同时担任机械工程系教授和经营学系的教授，第二年他就在机械学院创办了设计部，一边教学，一边向企业提供与创造工程、新产品开发、研发效率等方面的咨询。他认为,"提出创意不是创造过程的全部,仅仅是开始,只有当创意被别人所接受、得到开发和传承,直至被销售,才是一个完整的创新。"[13]在教学中,他强调体验,他的主张是"体验是知识之父。"[14]1963年9月,正着手撰写与工程哲学有关的专著的阿诺德教授突发心肌梗死而去世。如果不是这样,估计那本书一定会成为世界上第一部在工程设计上导入创造工程的书。

值得庆幸的是阿诺德的教育理念由同事罗伯特·麦金(Robert H. McKim)和他的第一位博士生詹姆斯·亚当斯继承了下来。麦金1926年出生,当阿诺德在机械学院创办设计部(现更名为设计集团)时,他是三个教员中的一个。受阿诺德的影响,麦金的研究也从产品设计逐步转向设计过程以及怎样发挥人的因素方面。麦金教授的名字在美国广为人知是与苹果公司分不开的,因为"苹果Ⅱ""苹果Ⅲ""莉莎"以及"麦金塔"电脑的主要设计师,如杰里·马诺克(Jerry Manock)和比尔·德莱塞豪斯(Bill Dresselhaus)都是他开发的"产品设计"课程的学生。麦金教授还开设了"视觉思维"课程,强调思维过程的可视化,以此为基础,他出版了《视觉思维》[15]一书,奠定了他作为设计思维的理论家的地位。在此书的前言里,麦金写道:"我从阿诺德教授那里受到了很大的恩惠,他不但建议我在斯坦福开设视觉思维课程(本书的实验基地),还是在生产性思维方面给了我很大影响的先驱。"[16]

关于亚当斯教授,前面论及了他在创业教育方面的贡献,这里主要论及他在设计思维方面的贡献。1968年,他被任命为机械学院设计部主任,完全成了阿诺德教授的接班人。之后33年间,亚当斯教授共讲授了28门课程,包括面向本科生的"工程设计入门""设计的哲学""机械设计""组织行为与设计""产品设计入门""产品设计中的人的因素",以及面向研究生的"高级产品设计""工程系统设计""设计指导"等,另外,他在四个研究领域指导博士生,这四个研究领域是遥控、设计、工程教育和创业。笔者还关注到亚当斯教授对创造力的研究与实践,他在讲授设计课程时总是强调创造性设计,这是他与其他研究者的根本区别,显然受到导师阿诺德教授的影响。亚当斯教授在他的著作《概念爆炸—如何产生好的设想》的前言中写道:"引导我思考思维过程的是约翰·阿诺德,他是思维教育的先驱,也是我人生中遇到的英雄。"[17]

设计思维的研究者都知道大卫·凯利(David M. Kelly)的名字,他1951年出生,是IDEO设计公司的创始人。凯利从卡内基·梅隆大学电子工程系毕业以后,受雇于波音公司,在参与飞机内部设施的标记设计时,对设计产生了兴趣,于是就辞职并考入斯坦福大学学习设计,并于1977年取得硕士学位。第二年,他与人合作开设了设计事务所,同时在母校兼职讲授设计课程,1990年他成为斯坦福大学的终身教授,现在仍在执教。2005年,为了让各种背景的学生有一个发挥创造力解决各种问题的场所,他创设了D. School。那么,凯利与上述三人有无关系呢?既然斯坦福大学有那么悠久的设计教育的历史,凯利会与此无关吗？笔者带着这些疑问，查找了很多资料，终于在凯利弟弟汤姆的书中找到了答案。他这样写道："大卫需要伙伴，他就去拜托斯坦福大学的恩师鲍勃·麦金，请导师告知该年度最优秀的毕业生的名字。"[18]而鲍勃是"罗伯特"的爱称，从而知道凯利果然是麦金的学生。这样的话，上述四个人的关系就明确了，即阿诺德是斯坦福大学工学院设计教育和创造力开发的创始人，麦金是阿诺德的粉丝和同事，亚当斯是阿诺德的学生，后来成为麦金的同事和友人，凯利是麦金的学生，同时也选修了亚当斯的课程。

把这些关系搞清楚以后，笔者认为，设计思维并不是独立产生的，它是以创造工程和视觉思维等为基础发展起来的，是创造思维研究在设计领域的应用。不言而喻，设计思维的兴盛也促进了人们对创造性思维、创造工程、创造性解题等创造学领域的研究和实践的兴趣，可谓相得益彰，值得欢迎。

注

[1] 如 JVC 健伍（JVC Kenwood）公司于 2015 年 5 月首次任命谷田泰幸为董事兼首席创新官。

[2] 如袁张度、徐方瞿的《干部创新创造能力培训读本》，上海科学普及出版社，2002 年。

[3] F357 为课程代码，下同。

[4] 即与 Rochelle Myers 合著的 Creativity in Business, New York, Doubleday & Company, 1986. 此书在日本也有译本。

[5] 此书 Conceptual Blokbusting:A Guide to Better Ideas 的第一版由斯坦福大学校友会出版，第二至第四版则分别由纽约的 W.W.Norton 公司、马萨诸塞州的 Addison Wesley 公司及纽约的 Perseus Press 公司出版。

[6] 参见哈佛商学院官网。

[7] 徐方启. 起業教育と創造教育 [J]. 日本創造学会論文誌，2001（5）：111–121.

[8] 原文为 "Design thinking is a process for creative problem solving." 参见 IDEO 公司官网。

[9] 参见 D.School 官网。

[10] 参见第四届欧洲创造与创新会议论文集, Horst Geschka, Susan Moger, TudorRich. Creativity abd Innovation–The Power of Synergy[C]. Darmstadt: Geschka & Partner Unternehmensberatung, 1994, 120.

[11] J P Guilford. Creativity[J]. American Psychologist. 1950（5）：454.

[12] 穐山貞登, 堀洋道, 古賀俊恵. 創造性研究ハンドブック [M]. 東京：誠信書房，

1968: 205.

[13] John L Arnold. Education for Inovation[M]//Sidney J. Parnes, Harold F. Handing. A Source Book for Creative Thinking[M]. New York: Charles Scribner's Sons, 1962: 128.

[14] 见注 [13] 第 113 页。

[15] Robert H McKim. Experiences in Visual Thinking[M]. 2nd ed. California Brooks: Cole Publishing Company, 1980.

[16] 见注 [15] 第ⅷ页。

[17] 见注 [5] 第三版第ⅸ页。

[18] 汤姆·凯利，乔纳桑·利特曼，発想する会社！ [M]. 鈴木主税，秀岡尚子，訳. 早川書房，2002:24.

本章主要参考文献

[1] James L Adams. Conceptual Blokbusting: A Guide to Better Ideas[M]. 3rd ed. Boston, MA: Addison-Wesley Publishin Company, Inc, 1979.

[2] James L Adams. The Care & Feeding of Ideas: A Guide to Encouraging Creativity[M]. Boston, MA: Addison-Wesley Publishing Company, Inc, 1986.

[3] Robert H McKim. Experiences in Visual Thinking[M]. 2nd ed. California Brooks: Cole publishing company, 1980.

[4] 徐方啓. 起業教育と創造教育 [J]. 日本創造学会論文誌，2001（5）：111-121.

[5] 徐方啓. 創造性研究から見たデザイン思考のルーツ[J]. デザイン学研究特集号，2017，25（1）：110-115.

[6] 哈佛大学商学院官网。

[7] 印第安纳大学商学院官网。

[8] 斯坦福大学官网。

第三部分

创造经营学初探

Part 3: A Survey into Creative Management

第一部

自然科学研究

Part A Survey and Active Management

第二十章　经营与管理的分化（The Differentiation of Management and Administration）

在论述经营学与管理学的分化之前，让我们先来看看经营与管理的区别。

从产业革命开始到19世纪中叶，尽管工厂化作业的规模在不断扩大，但经营和管理并没有明显的分工，无论是企业发展方针的制订，运转资金的调配，设备的保养，产品的销售，还是工人的招聘与解雇等，基本上都是由工厂主在一手操办。在大多数场合，工厂主既是经营者（所有者），也是管理者。这是经营与管理尚未分化的时代特色，也可称之为经营管理学研究史上的第一个阶段。

根据美国经济史学家钱德勒（A.D. Chandler, 1918—2007）的研究，19世纪40年代起至第一次世界大战为止，是美国近代企业的生长期，而出现这种变化的直接原因是市场的扩大和产业技术的进步。[1]

19世纪40年代开始，大量的欧洲移民越过大西洋来到美国，使美国的人口总数由1840年的1710万人猛增到1890年的6310万人。由于适合开垦的土地大都有了着落，移民中的大多数人只好逗留在城市并成了产业工人的预备军。不用说，城市的扩大即意味着市场的扩大。

产业技术进步的典型是新的能源（煤）和动力（蒸汽机）的广泛利用，这一变化的直接结果是大企业的问世，而在这之前，美国的企业基本上都停留在小规模的家族经营的阶段，拥有五万美元注册资金和五十名员工的话就成了大企业，而拥有十万美元注册资金和一百名员工的企业则更是屈指可数。

煤和蒸汽机的广泛利用，促进了各种新技术的问世，加快了生产和流通的过程，使迅速、大量、定期的生产和流通变得可能。随着企业规模的不断扩大，企业的内部组织也越来越多和越来越专业化，如以前由经营者本人完成的资金收支的计算，现在必须设立一个财务科来加以处理；以前从原料采购到生产和销售，都由经营者一手操办，现在则需要有不同的部门来分头操办；以前每雇用一个新员工，都是经营者直接面试和决定，而现在一次雇用的新员工就多达几十甚至于上百人，不设一个人事科就无法进行，等等。

组织的分化和专业化导致从事计划、调配和监督的人越来越多，这些人就成了真正意义上的管理者，是现代管理的先驱。他们并非企业的所有者（当然不排除有的人会购买所属企业的少量股票的可能性），因而不参与企业的最高决策，他们也不是直接的生产者，不从事与生产和流通有关的直接劳动，但他们的工作关系到企业每天的生产和流通能否正常的进行，用现代的语言来说，他们就是美国企业史上最初的白领。

美国企业经营与管理分化的一个典型的例子是铁路。早在1830年，也就是英国人乔治·斯提芬逊完成蒸汽列车的发明后的第二年，美国人就开始修建铁路，到了1840年，其总里程已达3000英里，1860年超过了30000英里，1875年则达到了74000英里。铁路的延伸加快了人和货物的流动，缩短了时空上的距离，但由于当时的铁路都是单线，安全运输成了最大的课题。为了加强安全监控，每隔一定的距离（通常是70到100英里）就需要建一个管区，任命一个管区主任，再为他配备几名从事检测、通信和维修人员，而在铁道公司总部，则有管区总指挥坐镇，负责指挥和监督各管区主任。如新建支线，就要在原有的管区下再建一些小管区。这样，就形成了一个阶梯形的管理队伍。

另一方面，由于建铁路需要大量的资金，其规模之大是任何一家公司或银行都无法承受的，于是，设立专门的银行，发行股票或债券，向全社会集资就成了主要的资金来源。换言之，铁道公司成了名正言顺的公众企业，其董事会由地方政府、银行、企业、教会等社会各界有影响的人物组成，而经营则由董事会聘请的专家负责。这样，经营与管理就开始分离。在这之前，几乎所有的企业都是由一个人或几个人出资创办的，由于规模小，经营内容单一，也就不存在经营与管理分离的必要性了。

除铁道公司以外，经营与管理分离的现象在钢铁、汽车、石化等产业的大企业中也逐渐出现，而第一次世界大战的爆发，进一步刺激了以机械工业为主的欧美的军需工业的发展。由于政府资金的大量投入，企业的生产规模迅速扩大，但原有的经营和管理不分的运营体制跟不上形势发展的需要，结果是因军事订单不能按时完成而着急的国防部门，不得不派军官去工厂直接管理军需品的生产。这些军官对所分管的产品的生产和出厂拥有绝对的权力，其管理也带有明显的军事色彩，即效率第一，事实上他们也做到了这一点。这是经营与管理分离的又一种类型。

第一次世界大战结束以后，军需工业的订单被大幅度的削减，加上大批军人的复员，使本来就因失业者爆满而倍感压力的劳动力市场雪上加霜，前所未有的经济萧条迅速席卷欧美各国。为了摆脱困境，产业界在如何降低原料成本、如何节省开支、如何守住已有的市场份额等方面煞费苦心，最终摸索出来的处方是企业合并，即通过合并来达到联合采购、避免重复投资、削减机构和人员、统一营销战略等目的。而在企业合并的过程中，投资银行、证券公司往往发挥了主导作用，原来的企业经营者所占股份被大大减少，合并后的企业往往聘请职业经营者（Professional Manager）出任总经理，职业经营者不是企业的所有者（Owner），而是受雇于后者的经营专家，他们未必熟悉所在企业的每一种技术和产品，但是对该企业所属的产业有所了解，更重要的是知道如何有效地利用现有的经营资源去进行竞争，这是他们的专长，也是他们得以觅得总经理等高级职务的看家本领。职业经营者的主要任务是为企业制定发展战略，实施竞争战略，解决与企业经营有关的各种问题，而将与企业的日常事务有关的工作交给了他们的下属去做。职业经营者的诞生同样促进了经营与管理的分化。

经营和管理分化的另一个原因是事业部制度的诞生。由于新的科学理论的问世和自然现象的发现而导致新产品、新技术、新材料、新工艺的发明，使企业有可能进入新的生产领域或开拓新的市场，这些新领域或新的市场不同于原有的生产和销售体系，需要建立一个新的体系，于是，按产品或市场划分的事业部制度便成了一新的选择。世界上最初采用事业部制度的是通用汽车公司，该公司早在20世纪20年代就在阿尔弗雷德·斯隆的领导下实行事业部制度（参见本书第三章）。事业部制度的一个主要的特征是分权，即把原来由总经理和总部掌握的部分权力下放给各个事业部，这样，事业部就有了较大的自主权和运营上的灵活性，与此同时，也产生了一个管理层。关于事业部制度的利弊，后来在学术界和产业界都有过深入的讨论，但其促进经营与管理分化的历史作用是毋庸置疑的。

在英语中，与经营管理相对应的词有两个，一个是"Management"，另一个是"Administration"。在经营和管理尚未分化的时代，用哪个词表达的都是同一个意思，二者之间并没有明显的区别。随着经营和管理的分化，这两个词的含义也出现了一些变化，比如，用"Manager"来表示"经理"一职，用"General Manager"来表示"总经理"一职，而"Administrator"则泛指管理者，也就是说，"Management"更倾向于经营，"Administration"更倾向于管理。另外，在表示学科时多用"Management"，如"Management Science""Corporate Management"等。大家所熟悉的学位MBA，是"Master of Business Administration"的缩写，即从前的MBA课程旨在为企业培养中高层管理人员。到了现代，MBA已经侧重于经营，但其名称已经成了一个专用名词不易改动，故沿用至今，这可以理解为一种历史原因。于是，为了更加突出经营的特性，又出现了一个新的名词，即"EMBA"，其中的"E"表示"Executive"（企业的高管）。

第二次世界大战结束以后，大量的新词伴随着形形色色的欧美文化而涌入日本，其中就包括"Management"和"Administration"。开始，两者都被译成了"管理"，因为战前的日本企业界，稍微有些影响的企业，都进入了大财阀的势力范围，剩下的全是家族式的中小企业，对管理的兴趣胜于经营。但是，随着财阀的解体、商法的健全、对新的经营管理理论的实践以及经济的复兴，经营与管理的分化越来越明显，所以，现在即便用到"Management"和"Administration"这两个词，人们也会根据自己所强调的侧重点将它译成"经营"或"管理"。但是，作为大学的系或学科，则统一成"经营学系"（日语为"经营学部"）和"经营学"，不再称"管理学系"和"管理学"，只有庆应大学还保留了"管理学"的译法，如该大学研究生院的"管理学院"（日语的全称为"庆应大学大学院管理学研究科"）。这是因为该学院早在1973年就开设了MBA专业，开创了日本的MBA教育之先河，所以，尽管该学院开设的课程都以经营为主，但"日本第一"的自豪感使他们不愿改名。

在中国，"文革"结束以后，从国外引进了许多新的理论和方法，其中包括不少与企业的经营和管理有关的东西。由于当时的情况是国有企业占绝对多数，经营与管理不分的情况比比皆是，所以就将"Management"笼统地译成了"经营管理"。令人费解的是，尽管国有企业经历了从国有企业到股份制企业甚至民营化的改革过程，但直到现在，我们的企业也好，大学也好，还在沿用这一含糊的译法，要么只取其中的一个，称之为"管理"或"管理学"。

事实上，经营与管理的区别是很明显的。经营指的是关系企业的生死存亡等重大事宜的决策行为，主要体现在制定企业的发展战略，实施企业的竞争战略，聘用技术、财务、营销、人事等部门的领衔人才，协调与银行、保险、税务、商检等外部机构的关系，等等。而管理则是关系企业的日常活动的维持行为，主要体现在及时提供生产所需要的原料、器材、能源和劳动力，保证设备的正常运转，以及与研发、试制、生产、销售、售后服务、维权等有关的各种活动。

从行为的主体上来说，经营的主体是总经理、副总经理或执行董事等少数企业高层，而管理的主体则是事业部长、部门经理、各科的科长、制造部门的厂长、车间主任乃至工段长，所以，无论哪个企业，与经营层相比，管理层的人数要多得多，但他们的工作的重要性则不如前者。

其实，国内大学里讲授的管理学课程基本上都是采用国外著名大学的教材的中译本，即便是国内学者编写的，也是以欧美学者的理论为主展开的，少有创新，而且，几乎所有的教师都没有实际经营企业的经历，对经营的陌生程度大于管理。换言之，管理对他们来说，还比较容易接受，这也是国内只开设"管理学"课程而没有"经营学"课程的原因之一吧。笔者的观点是应该把现有的以营利组织为对象的课程改称为"经营管理学"，如"经营管理学教程""经营管理学基础"，如涉及具体的行业，则可以称之为"经营管理"，如"商务酒店的经营管理""连锁店的经营管理"，等等，这样的话，不但与教学内容相符，还反映了客观现状。当然，对于政府部门来说，还是以管理为主，因为政府部门的主要工作是公共管理，很少涉及经营。

十几年前，笔者在国内大学任教时，曾为管理学院的教师们做过"创造经营与创新管理"的讲座，但是在论及经营与管理的区别时，基本上得不到共鸣，因为他们对管理的认识已经根深蒂固，况且国内著名大学也好，著名学者也好，都认为管理涵盖经营，所以谁也没有勇气改变这一现状。但是，一年以后，有一位院长级的教授对笔者说："我终于明白了经营与管理的不同。"让我惊喜不小，这是一个好的迹象，说明经过时间的考验，还是有人会明白的。

注

[1]　ＡＤチャンドラー（丸山恵也訳）：『アメリカ経営史』[M]．東京：亜紀書房，1986．

本章主要参考文献

[1]　A.D.チャンドラー（丸山恵也訳）：『アメリカ経営史』[M]．東京：亜紀書房，1986．

[2]　ハーマン・E・クルース，チャールズ・ギルバー．アメリカ経営史[M]．鳥羽欽一郎，山口一臣，厚東偉介，川辺信雄，訳．東京：東洋経済新報社，1974．

[3]　徐方啓．創造経営学の確立を目指す提案[M]．日本創造学会論文誌，2005：111-123．

第二十一章 创造经营学雏形（The Prototype of Creative Management）

首先让我们来看一张表（见表21-1）。

表21-1 美国创造学研究的年表

年份	创造工程学	创造心理学	创造教育学	创造学	创造经营学
1931	特性列举法				
1938	智力激励法				
1942	形态分析法				
1944	创造工程会议				
1948	创造工程课程				
1950		创造性讲演			
1954			创造教育基金会		
1955		犹他会议	CIPS		
1956	高顿法				
1959		创造力与智力			
1961	综摄法				
1962		TTCT			
1967			创造行为杂志		
1968				布法罗学院	
1972			创造行为研究室		
1974				创造学研究中心	
1975					斯坦福大学
1978			陶氏创造性中心		
1980	斯坦福大学				
1985					哈佛大学
1989				美国创造学会	
1990					密歇根大学
					耶鲁大学

资料来源：笔者自己整理。

由表 21-1 所知，创造学研究发展到 20 世纪 80 年代后期，在经营学领域的应用已经越来越受到关注，已经进入了一个新的领域，即创造经营学。其实，就创造学本身的学科特点来说，属于方法论。正因为是方法论，从理论上来说就可以跟任何一门学科相结合而产生新的学科，如创造工程学、创造心理学、创造教育学、创造文化学，等等。所以，笔者在国内外提倡创造经营学不是脱离实际的，而是有根有据的。将来有人提倡新的"创造 00 学"或"00 创造学"也是完全正常的。

如表 21-1 所示，英语"Creative Management"一词始见于 1972 年，当然，这是就英语文献而言的，如扩大视野，就未必如此。例如，在日本，1968 年经营中心出版部就出版了《创造的经营》一书，作者是时任索尼公司厚木工厂厂长的小林茂，3 年以后，他又出版了《创造的经营续》，如译成英文的话，都是"Creative Management"。

从世界范围来看，创造经营的研究始于美国，然后波及全世界。

1982 年 10 月，在美国得克萨斯州奥斯汀市召开了第一届创造与创新经营会议（The First Conference on Creative and Innovative Management），在 1984 年正式出版的大会论文集中，对创造与创新管理有这样的论述："为了达到创造与创新经营的目的，我们需要摈弃旧观念，当然也要消除企业家、经理和管理人员之间的区别。创造经营为我们提供新的观念、新的创意、新的实体和新的方法，也可以为现有的组织和企业活动提供新的方向或新的开放模式。创新管理涉及实现新的创意或成功地迈向新的方向的能力。怎样成功地做事是一个永恒的课题，当它和新的方向相结合时，就会变得更有创新和创造。另外，它还是一种有组织地把这类活动推广至其他人的能力，即使其成为一种管理行为，而不是个人行为。"[1] 根据笔者的研究，这是学术界第一次就创造经营和创新管理所作的描述。

创造与创新经营会议共召开了三届，第二届于 1984 年 11 月在迈阿密召开，第三届于 1987 年 6 月在匹兹堡召开，每次会议都得到奥斯汀得克萨斯大学 IC2 的赞助，所以会后正式出版了一套 4 卷的丛书[2]。各卷的书名如下：

第一卷：《利用连续性》（*Exploiting Continuity*）

第二卷：《创造与创新管理》（*Creative and Innovative Management*）

第三卷：《经营管理的转型》（*Transformational Management*）

第四卷：《创造与创新管理之前沿》（*Frontiers in Creative and Innovative Management*）

在英国，开放大学商学院自 1991 年起，为 MBA 学生开设了"创造经营"课程，由珍妮·亨利（Jane Henry）女士主讲，使用的教材是她自己编写的《创造经营》一书[3]，以下是她于 2001 年出版的新教科书的部章目录：

第一部　创造力（Creativity）

　　第一章　创造力（Creativity）

　　　　第二章　创造经营（Creative Management）
　　第二部　知觉（Perception）
　　　　第三章　认知（Cognition）
　　　　第四章　隐喻（Metaphors）
　　第三部　样式（Style）
　　　　第五章　样式（Style）
　　　　第六章　作用（Roles）
　　第四部　价值（Values）
　　　　第七章　文化（Culture）
　　　　第八章　发展（Development）
　　第五部　可持续性（Sustainability）
　　　　第九章　可持续性（Sustainability）
　　　　第十章　责任（Responsibility）

即便笔者不对此书做详细介绍，相信读者也能通过这些标题而有所理解。

2005年，笔者在常州大学创办了创造经营学研究所，这是国内首创。创办后不久，就曾举办过高校创造学高级研讨会，广西大学甘自恒教授、中国科技大学刘仲林教授、东北大学罗玲玲教授、澳门科技大学李嘉曾教授、大连理工大学王续琨教授、浙江大学周耀烈教授、中国矿业大学庄寿强教授、安徽工业大学冷护基教授、北京科技大学孙雍君副教授等十几位专家学者参加了会议。会后，笔者还与刘仲林教授一起去教育部向有关部门递交了由全国高校一百多名教授联名的"关于尽快将创造学列入新学科体系的建议书"，受到高教司综合处、科技司综合处和国务院学位办领导的热情接待。

2010年，笔者又在日本近畿大学创办了创造经营与创新研究所（The Institute for Creative Management and Innovation，简称ICMI），并聘请导师野中郁次郎教授担任名誉所长。虽然日本研究创造学的历史早于中国数十年，但创造经营方面的研究则起步很晚，所以笔者的创举受到日本学术界的关注，尤其是创立后仅仅两年，笔者又创办了研究所的机关刊物，即英文版的《近大经营评论》（*Kindai Managament Review*）。这是日本第一份由丸善出版社出版的英文经营学领域的期刊，受到国内外学术界的关注，世界上很多著名的创造学家和经营管理学家担任了编委或寄来论文。迄今为止，已经刊登过多位大师级学者（如享有现代营销学之父之美称的美国西北大学凯洛格商学院教授菲利普·科特勒、动态能力理论倡导者加州大学伯克利分校哈斯商学院教授大卫·蒂斯、知识创造理论之父日本一桥大学名誉教授野中郁次郎、哈佛大学商学院教授竹内弘高、创造学大师康奈尔大学教授罗伯特·斯滕伯格）的论文，哈佛大学商学院已经多次来函要求复印其中的论文。

下面我们来探讨一下创造经营学的学科特征。如果仅具有创造学的特征，那我们就不能称之为创造经营学；如果仅具有经营学的特征，我们也不能称之为创造经营学。也就是说它必须既具有创造学的特征也具有经营学的特征。那么，创造经营学具有哪些创造学特征和经营学特征呢？

首先，就其创造学特征而言，创造经营学始终贯彻了创造力开发的基本原则。

原则一：人人都有创造力，只是存在潜在与显在的差别。

原则二：通过适当的开发，潜在的创造力会转变成显在的创造力。相反，不适当的做法，显在的创造力会维持现状甚至后退。

原则三：环境好的话，人的创造力会得到最大程度的发挥。相反，环境不好的话，人的创造力会受到压抑。

无论在技术创新、产品开发、质量管理、市场营销、售后服务等方面，还是在人力资源开发、企业文化的培育和企业统治等方面，都离不开这些原则。如导入第一个原则，经营者就会把每一个员工都看作具有创造力的人才。现在，没有哪个经营者会说自己只是把员工视为一种资源而不是人才。但是，把每一个员工都视为具有创造力的人才的经营者却很少，也就是说，大多数经营者都只是把一小部分员工视为人才，这是非常不同的。当今世界的商业竞争中，要求企业发挥每一个员工的创造力，所以导入这条原则非常重要。其实，创造型企业都非常重视这条原则。日本的佳能公司每年都给全体员工有一次升级考试的机会，海尔集团每出现一个管理空位就面向全体员工公开招聘，这些都是视全体员工为人才的典型事例。看看人力资源管理或人力资产管理的领域，情况也差不多。若把思考问题的基点放在管理上，那么，只会对这些资源或财产进行整理而已，再怎么努力，也只能维持现状。但是，若把思考问题的基点放在创造力的开发上，就会想到怎样去发现、挖掘创造型人才和怎样有效地发挥人的创造力的问题。

如导入原则二，经营者就会积极地开发员工的创造力。这里所说的开发，指的是进修、合理化建议、TQC 小组、课题组等来自外部的推进活动，也包括在实践中学、自学、自我启发等来自内部的改进活动。通过这样的开发，员工的潜在的创造力就会逐渐显在，这时，经营者就要为员工们提供发挥其显在的创造力的机会。例如，让他们从事能感觉到人生乐趣的工作，提供伴有更重的责任的挑战机会，等等。日本贸易促进会的干部和笔者说起过这样的事情，在中国的日资企业普遍遇到了一个问题，那就是精心培养了两年的中国人干部候选人，到了第三年即刚结束培训就跳槽到欧美资企业或竞争对手的中资企业去了，不知是什么原因。笔者告诉他，这种情况说明了三个事实：一是日资企业对干部候选人的培训非常扎实，使他们真正学到了东西；二是日资企业受日本的企业文化的影响，喜欢按部就班，论资排辈，在用人方面的步子很小，使那些觉得自己的翅膀已经长硬、可以单独放飞即承担责任更重的工作的年轻人觉得升迁无望，所以一旦有机会，就毫不犹豫地跳槽；三是日资企业的做法已经被其他外资企业和中资企业所掌握，所以专门盯住那些正在接受培训的干部候选人，一旦培训完毕，就送去橄榄枝，这样既可以挖到人才，又节省了一大笔培训费，为何乐而不为？

如导入原则三，经营者就会积极地为员工创造有利于创造的环境。这里所说的环境有硬环境和软环境之分，硬环境包括物质上的条件和空间，如各种仪器设备、检测工具、计算机辅助软件、图书资料、样本以及工作室、休息室、活动室、散步道，等等。硬环境主要满足人的生理上的需求，而软环境则满足人的心理上的需求为主，如表扬、鼓励、激励、信任、放权、提供学习和进修的机会、及时消除潜在的消极因素，等等。一般来说，硬环境是眼睛看得见的，而软环境则看不到。但是，根据笔者的经验，软环境可以从以下几个方面判断出来：一是看员工的表情和眼神。如走进一个企业，员工的表情中包含着关心和热忱，眼神中充满自信，那就说明该企业的软环境绝对不会差，如果看到的是漠不关心的表情，暗淡无色的眼神，那就说明员工对企业的发展缺乏信心，软环境绝对不会好，这是定性的评价。二是看员工的离职率。如果一个企业的员工中离职的比率高，尤其是技术人员的离职比率高，那就说明该企业的软环境不好，留不住人才，这是定量的评价。对一个企业做定性和定量的调查以后，就能对其软环境作出一个比较客观的评价。联想集团的离职率是百分之五，这其中包含连续两次的考核位于最后百分之五而被辞退的员工，也包含对联想的工作环境感到不满而跳槽的员工。所以，实质上的离职率为百分之二至百分之三，在中国的大企业中，可以说是很低的。

其次，导入了创造学中各种激发创造性思维的方法，即创造技法。创造技法在开拓人的思路、提高解决问题的可能性的假说已经在国外学术界得到证实，即其有效性已不容置疑。但是，如果创造技法只是在个人的环境下起作用，到了现实生活中不起作用，那就毫无意义。事实上，对任何企业来说，每天都面临着许多与研发、采购、生产、物流、定价、销售、售后服务等有关而又迫切需要解决的问题，这时候，创造技法能派上用场，那就是企业求之不得的事了。这正是创造经营学所要做的也是能够做的事。

下面再来看看创造经营学的经营学特征。

由于创造经营学是用创造的观点来研究企业，所以其经营学特征是不言而喻的。与以往的经营学（这里权且称之为普通经营学）不同的是，创造经营学不是泛泛地研究一般的企业或是失败企业，而是以富有竞争力的成功企业为对象，研究其成功的创造性因素，找出其中的规律性的东西，并以此来指导其他企业。

比如说，佳能公司曾连续两年（2004年和2005年）被日本经济新闻评为日本最优秀的企业，当时的总经理兼CEO御手洗富士夫也当选为日本经团联会长。于是，日本也好，外国也好，都有很多学者把该公司作为案例进行研究。关心技术的人会从佳能公司每年在美国申请1800多件专利、名列外国公司首位的实绩上去研究，认为佳能的成功在于技术竞争力；精通财务的人会在分析了佳能公司的年报、发现其非常低的融资率以后，提出健全的财务体质是取胜的法宝的主张；熟悉人力资源管理的人则会从佳能公司的招聘制度上去研究，强调优秀的人才是佳能竞争力的源泉。诸如此类，我们还可以举出很多例子。应该说，任何一种说法都没有错，都有一定的根据。但是，必须强调的是，这些研究都没有跳出普通经营学的框框。

同样以佳能公司为例，创造经营学则会从这样的角度去观察和研究，即：佳能公司是怎么做到每年在美国申请那么多专利的？我们不会去分析具体的专利，而会去分析得以产生这么多专利的企业内部的科研管理体制和激励方法：他们是怎么为科研人员的知识更新创造条件的？又是怎么开发科研人员的创造力的？对于良好的财务体质，我们不会仅关注数据的结果，更关注得以取得良好业绩的资金管理的政策和措施，企业的战略方针是怎样体现在财务上的。而对于人力资源，我们感兴趣的是佳能公司在开发员工的创造力方面有哪些独到的做法，这些做法是否与创造学中强调的创造力开发的原则相一致。这是创造经营学的研究与普通经营学的研究的不同之处。

其实，1980年以来，学术界的研究已经越来越关注向创造经营学靠拢，只是没有这么提而已。比如，汤姆·皮特的《优良公司》（Excellent Company），吉米·柯林斯的《愿景公司》（Visionary Company），野中郁次郎和竹内弘高的《知识创造企业》（Knowledge-Creating Company）等，都已采用了与创造经营学极为相似的研究手法。

那么，我们该怎么定义创造经营学呢？由于它属于经营学的范畴，关键词应该是"经营学"，同时由于它导入了创造学的观点和方法，应加上"创造"一词作为修饰。所以，笔者这样定义创造经营学，即"根据创造力开发的原则研究与企业经营有关的经济的、人的和技术的各种问题的学问。"其中，如去除"根据创造力开发的原则"这么一个前提，剩下的就是日本《大辞源》（小学馆）中给"经营学"所下的定义[4]。

如上所说，创造经营学的研究可以涉及普通经营学的所有方面，但是如果我们面面俱到的话，那就没有其存在价值了。所以，创造经营学的研究主要以创造型企业和创造型企业家为对象。这里所说的创造型企业，指的是那些与行业和规模无关、在激烈的竞争中通过发挥创造力而找到自己的出路的企业。就全世界范围来说，美国的创造型企业最多，既有传统产业中的企业，也有新兴产业中的企业，如GE、3M、苹果、亚马逊、谷歌，等等。日本也有不少创造型企业，如拥有数万名员工的佳能公司、本田公司，也有只有十几个人的咨询公司PEC产业教育中心，甚至只有6个人的金属加工企业冈野工业公司。在中国，能称得上创造型企业的还不多，首推海尔，其次是联想、小米、大疆科技等。

创造型企业不是由研究者个人的好恶决定的，而是由市场和消费者所决定的。定性地说，媒体和消费者团体所评选出来的"最受消费者欢迎的企业""大学生就业希望前10家企业""优秀环保企业"，以及拥有"最受消费者欢迎的品牌"的企业，等等，都可以视为创造型企业。因为任何一种称号都不是平凡的企业所能获得的，是长期以来为市场、消费者、股东着想并发挥创造力的结果。定量地说，专利的申请和授权数、销售额中由新产品所拉动的金额的比例、财务数据（尤其是人均利润、销售额利益率、总资本利益率、现金流等主要数据）以及运用各种统计手法（如美国的评级公司所作的企业信用等级评价、日本经济新闻和〈日经调查杂志〉共同开发的多变量企业评价系统"PRISM"等）评选出来的优秀企业，都可以视为创造型企业。除此以外，企业年龄、事业内容的独特性等，也可以看成判断创造型企业的标准。

虽然我们可以用上述各种方法来确认创造型企业，但是其数量不会很多，根据笔者的推测，日本的创造型企业约占上市公司的3%和未上市公司的1%。这是因为商业世界的竞争极为激烈，一步棋走错而影响全局的事情常会发生，真正的"常胜将军"是极为少见的。因此，笔者认为创造型企业并不等于"常胜将军"。也就是说，在判断一家公司是不是创造型企业时，不能拘泥于一时的现象和经营指标，而要看迄今为止所走过的道路。比如，索尼公司是不是创造型企业？笔者的回答是"是的"。那不是根据"索尼冲击"（指的是2003年4月，因索尼公司公布的年报为亏损而造成股票大幅度下跌的冲击）以来市场对索尼公司的抨击，而是从该公司创业以来70多年的沿革中得出的结论。确实，自"索尼冲击"以来，索尼曾经陷入长达十几年的低迷状态，但其创业以来旺盛的挑战精神，不为他人所左右坚持独创的勇气和成就，为发挥个人的创造力而培育创造环境的企业氛围，至今得到了继承，公司整体的创造力遗传因子并没有改变。经营"UNIQLO"（优衣库）品牌的日本的迅销公司也是这样。尽管出现销售额减少、新事业撤退等一时的现象，公司却在扎扎实实地发展。而且，作为一家非高技术的服装零售企业，在经济萧条的最低迷期也能以独自的商业模式开辟求生和发展的道路，那就非创造型企业不可。研究这样的企业的创造行为，是创造经营学的一大使命。

正如企业的研究、开发、生产、销售、售后服务等活动都可以视为组织行为那样，在研究创造型企业时，这样的活动都可以视为企业的创造行为，加上促进这些活动得以实现的创造环境，创造型企业的研究对象就变得明朗，那就是创造行为和创造环境。

另一方面，无论研究哪一家创造型企业，都会发现创造型企业家的存在，换言之，创造型企业和创造型企业家是一种不可分割的关系。之所以将两者分开来看待，只是为了强调各自的焦点而已。前者主要关注组织的创造行为，后者主要关注个人的创造性。

已故日本创造学会名誉会长、东洋大学名誉教授恩田彰对创造性所下的定义是："为达到某个目的或解决某个问题而产生新的设想的能力，或者说是产生新的社会、文化（包括个人水准）价值的事物的能力以及以此为基础的人格特征。"[5]沿用这个定义的话，就可以说创造经营学应重点研究创造型经营者的创造力和创造人格。

具体地说，创造型经营者的创造力体现在以下三个方面：

（1）创造思维的能力（Creative Thinking）。

解决普通的问题时，具有普通的思维能力即可。但是，欲解决从未遇到过的问题或复杂的问题，仅靠普通的思考力无助于事，这就需要发挥创造思维的能力。创造思维的能力是通过独立思考而解决问题的脑的功能，它不是自然产生的，而是通过适当的训练以后产生的。

创造思维的前提是打破常识。若拘泥于常识，创造思维就难以进行。但是，打破常识需要很大的勇气，因为其后面隐藏着失败、失职等风险。因此，除勇气以外，提出假说、推理、验证等合理的思维程序也是不可缺少的。

创造思维的主要特征是发散与收敛。所谓发散，指的是思维不受到限制而自由展开的脑的功能，主要通过想象、联想、比喻、隐喻、扩张等来实现。收敛则是指有意识地限制思维，使其朝希望的方向前进的脑的功能，主要通过对比、逆向、消去、二者择一、缩小等来实现。简而言之，为了解决从未遇到过的问题或复杂的问题，首先要运用各种思考法，尽可能多地发掘各种可能性。这是创造思维的发散阶段。在这以后，就运用其他思考法对各种可能性进行评价、选择和验证。这是创造思维的收敛阶段。不用说，可能性越多，从中找到解决问题的方案的可能性就越大。

下面我们来看一个例子。

已故日本企业家小仓昌男生前长期担任过大和运输公司总经理，为了摆脱经营困境，他考虑了许多新的途径，其中的一条途径是户对户、门对门的快递事业。可是，当他把这一设想在经营会议上披露时，遭到了全体与会者的反对。理由是这种方式的效率太低，绝对赚不到钱。确实，从常识上来说，一次出车就将满载的货物按既定的路线送达大货主是最经济合算的，而要从零星的客户那里分别收取包裹和费用，再天南地北地去递送，那是非赔本不可。但是，小仓却坚持自己的主张，他认为，只要做到站在用户的立场上考虑问题，比他人提供更好的、均一的服务，用持续的和发展的眼光看问题，以及彻底的合理化，那么发展的空间就很大。最后，他说服了与会者。小仓并非不知道风险，也做好了亏损几年的准备，但是他深信，只要提高服务的质量，那么，随着快递这种方式被人们所接受，公司也将扭亏为盈。这以后的发展果然如其所料，大和运输公司的快递业务呈直线上升，迅速打开了一个新的市场，不仅可承接的货物越来越多，送货时间的精确度也不断提高，货主甚至可以按2小时间隔的时间段指定送货时间。现在，每年由大和公司快递的包裹已经突破24亿个，遍布大街小巷的以"宅急便"为品牌的快递服务成了日本人日常生活中不可缺少的一部分，大和运输也变身为日本最大的快递公司。在整个思维过程中，集中体现了打破常识、勇气、发散和收敛的特征，是说明创造型经营者的创造思维能力的绝好的例子。

（2）创造性决策能力（Creative Decision）。

所谓决策能力，就是对关系到企业的发展战略、设备投资、高级管理人员的任命等重大行为作出明确的判断的能力。对经营者来说，决策能力是行为开始之前对周围的状况和将来的发展进行预测所必需的能力。但是，尽管每个经营者都具有一定的决策能力，平庸的经营者只会做出平庸的决策，有时还会做出错误的决策，给企业带来很大的损害。例如，日本发生泡沫经济时，有很多企业在购入不动产、建设高尔夫球场、收藏美术品等与企业的核心事业无关的领域进行了大量的投资，结果蒙受了相当大的损失，有的因此而破产，这些都是错误的决策所带来的后果。当然，即便是创造型经营者，也不能保证所有的决策都正确。所以，只要经营者在任职期间对企业的发展做出的最重要的决策是正确的，我们就可以认为这位经营者具有创造性决策能力。创造经营学主要研究经营者的正确的决策。判断一个决策是否正确的标准只能是结果。结果好的话，其决策就是创造性决策，反之就是平庸的决策。经营"优衣库"品牌的迅销公司老总柳井正写过一本书，书名为《一胜九败》，可见决策的难度，但是他所说的"胜"是大胜，而"败"则是小败。也就是说，对经营者来说，小败是很常见的，只要在关键时刻作出正确的决策并取得大胜，那就能赢得市场。

要想做出正确的决策，丰富的知识和经验、对外界发生的变化的敏感性、对决策本身的紧迫感都必不可少。知识和经验贫弱的话，就不能深入认识事物。对外界发生的变化缺乏敏感性，就不能做出适当的决策。对决策本身缺乏紧迫感，就不能及时采取相应的行动而坐失良机。

创造性决策能力不是短时间所能掌握的，是在商海里千锤百炼而成长起来的。20世纪90年代中期以后，日本产业界有一位创造型企业家非常令人瞩目，那就是佳能公司总经理御手洗富士夫。他早年从中央大学法学系毕业以后就供职于佳能，1966年被派往美国佳能，先后担任副总经理和总经理。1989年回到公司总部，又历任常务董事、专务董事、副总经理，1995年起担任总经理和CEO，2006年起任董事长，2012年兼任总经理和CEO，2016年辞去总经理一职，留任董事长兼CEO，同时还担任日本经团联名誉会长。

御手洗在就任总经理时，佳能公司的计息债务是8434亿日元，负债率为33.6%，而到了2005年，负债率就降低到了3%左右，已基本实现无负债经营的目标。在日本经济新闻运用多变量统计手法（PRISM）对上市公司所做的优秀企业评估中，佳能公司曾连续两年名列榜首。在佳能公司，能说明御手洗总经理具有创造性决策能力的实例有很多，下面我们来看其中的一个实例。

1995年的时候，NEC和索尼公司已经率先导入"细胞生产方式"，以取代传统的流水线生产方式，而且取得了显著的效果。佳能公司也掌握了有关的信息，但是由于公司内部的意见不统一，迟迟无法实施。御手洗担任总经理以后，首先是去先行企业考察细胞生产方式，在亲眼看见了其效果以后，当机立断在全公司推广。结果，全公司撤下的供流水作业用的传送带长达20公里，包括人头费、机器的维修和保养费、电费、仓库租用费等，一年内节省了几百亿日元的开支（参见本书第七章）。御手洗总经理的创造性决策能力为创造经营学的研究提供了良好的实例。

（3）创造性领导能力（Creative Leadership）。

领导能力是经营者统领企业的能力。要统领一家企业，经营者就要站得高看得远，以全局的观点进行领导，也就是实施自上而下的领导。换言之，如果经营者被日常的事务所困扰，那就说明其领导能力不足。我们经常会听到经营者必须身先士卒的话，但那主要是就精神而言的，如干劲、士气、对企业的忠诚心等。具有创造性领导能力的经营者，能够最大程度地发挥员工的创造性，以解决当前面临的问题和长期的课题，这样才有可能对企业的发展至关重要的方针和战略进行周密的思考。

领导能力具有比较抽象的特征，外界难以进行评价。因此，创造型经营者往往用通俗易懂的话语来说明自己的领导能力。如收购了IBM个人电脑事业的联想集团董事长（现为联想控股有限公司总经理）柳传志就把领导能力细分成了三种能力，即"建班子""定战略""带队伍"。

这里所说的班子，指的是与决策有关的经营层和管理层。柳传志列举了班子无力的两种现象，一种是1+1<1，另一种是1+1<2。前一种现象的意思是班子的效率比一个人时还差，也就是说存在派别。后一种现象的意思是班子的效率比一个人时要高，但还没有达到应有的阶段，个人的干劲还没有最大程度地发挥出来。柳传志的目标显然是1+1>2。

柳传志认为定战略的本质是确定目标，目标确定好了以后，就会考虑怎样实现目标，大目标可以分成几个中目标或小目标，这样的话，就能清楚地看到努力的方向。在联想集团，定战略时有五个具体的步骤。①确定长期目标；②确定中期目标；③制定发展战略；④确定、分解和实施年度目标；⑤中期成果的确认和调整。

关于带队伍，柳传志认为应该做三件事：一是充分调动干部的士气，二是提高干部的能力，三是让干部齐心协力。在联想集团，大家都知道上级与下级的关系是1和0的关系，1后面加一个0，数字就扩大10倍，但是如果没有前面的1，再怎么加0也毫无意义。

如上所述，可知柳传志用通俗易懂的语言解释了什么是领导能力。

在日本，伊藤洋华堂董事长铃木敏文也是一位创造型经营者，他认为新时代的商业领袖必须具备表率能力、创新能力和决断能力。如果把他所说的新时代的商业领袖对应于创造型经营者，表率能力对应于创造型领导能力，创新能力对应于创造思维能力，决断能力对应于创造性决断力，可知与笔者的观点非常相近。

以上我们探讨了创造型经营者的创造力，下面来论述一下创造个性。

在这之前,让我们先来看看什么是个性。日本的《大辞泉》里对个性所下的定义是,"个人所体现出来的反映独自的行为倾向的统一体,基本上与性格同义,但因包含智能的侧面,所以比性格的含义更广。"[4] 这是从"个性"条目下所有四种定义中挑选出来的心理学的解释。简而言之,就是人的性格倾向的整体倾向。英语中表示"个性"的词语有两个,即"Character"和"Personality",从更强调性格倾向的意义上来说,还是以后者为贴切。所以,创造个性的英译为"Creative Personality"。

创造个性位于创造性的底部,是制约创造力的因素,也是用来阐述创造性的重要的依据。关于创造型人才的个性特征,恩田彰教授列举了自主性、冲动性、固执性、好奇心、开放性、内省倾向、自我统制倾向、纯粹心等多个方面。

创造个性中还有一个侧面是创造欲望,这是人得以主动开展创造活动的动力。有关开发创造力方面的知识,较多的是学之于他人,但是,有没有效果则取决于本人的创造欲望。本人有开展创造活动的愿望的话,他人的作用就成了一种媒介,会迅速地引起反应,不然的话,他人的作用就很有限。换言之,创造性开发的知识和来自他人的媒介会激发起人的创造欲望。

就创造型经营者的创造个性来说,最基本的一条是,无论是思考还是行动,都不会模仿他人、步他人的后尘,始终走自己的路。本田汽车公司创始人本田宗一郎的"无止境的挑战",索尼公司创始人井深大的"决不模仿他人"的名言,可以说是他们的创造个性的象征。

综上所述,创造经营学的研究对象就很清楚了,详细内容将在下一章中展开。

注

[1] Robert Lawrence Kuhn. Frontiers in Creative and Innovative Management[M]. Cambridge, MA: Ballinger Publishing Company, 1985:xxii.

[2] 该丛书由位于马萨诸塞州剑桥市的贝林格出版公司出版。

[3] Jane Henry. Creative Management[M]. London: SAGE, 1991.

[4] 松村明. 大辞泉 [M]. 東京:小学館, 1995: 968.

[5] 恩田彰. 創造性開発の研究 [M]. 東京:恒星社厚生閣, 1980: 3.

本章主要参考文献

[1] Robert Lawrence Kuhn. Frontiers in Creative and Innovative Management[M]. Cambridge,

MA: Ballinger Publishing Company，1985.

[2] Jane Henry. Craetive Management[M]. London: SAGE，2001.

[3] The Institute for Creative Management and Innovation. Kindai Management Review，2013-2020.

[4] T J ピーターズ，R. H. ウォータマン . エクセレントカンパニー [M]. 大前研一 , 訳 . 東京：講談社，1993.

[5] ジェームズ・C・コリンズ，ジェリー・I・ポラス . ビジョナリーカンパニー [M]. 山岡洋一 , 訳 . 東京：日経 BP 出版センター，1995.

[6] Ikujiro Nonaka, Hirotaka Takeuchi. The Knowledge-Creating Company[M]. New York: Oxford University Press，1995.

[7] 小倉昌男 . 経営学 [M]. 東京：日経 BP，1999.

[8] 柳井正 . 一勝九敗 [M]. 東京：新潮社，2003.

[9] 徐方啓 . 日中企業の経営比較 [M] 京都：ナカニシヤ出版，2006.

[10] 徐方啓 . 柳傳志―聯想をつくった男 [M]. 京都：ナカニシヤ出版，2007.

[11] 鈴木敏文 . 挑戦 我がロマン―私の履歴書 [M]. 東京：日本経済新聞出版社，2008.

第二十二章 创造经营学的研究对象（The Research Objects of Creative Management）

在上一章中，我们对创造经营学的理论结构做了一个初步的描绘，本章将作详细的论述。下面我们先来看一张图。图 22-1 中列举了创造经营学的主要研究对象，在对这张图有一个初步印象以后，再学习后面的内容就比较容易理解了。

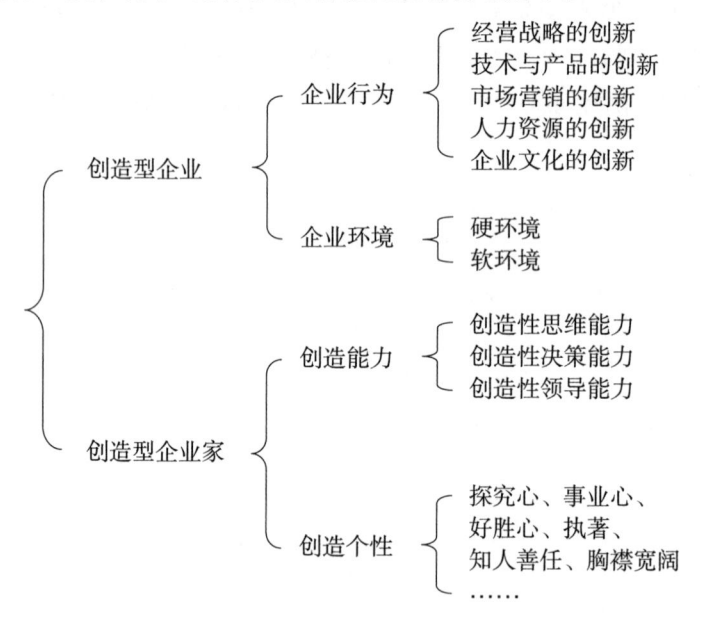

```
                        ┌ 经营战略的创新
                        │ 技术与产品的创新
              ┌ 企业行为 ┤ 市场营销的创新
              │         │ 人力资源的创新
   创造型企业 ┤         └ 企业文化的创新
              │         ┌ 硬环境
              └ 企业环境 ┤
                        └ 软环境

              ┌ 创造能力 ┌ 创造性思维能力
              │         ┤ 创造性决策能力
              │         └ 创造性领导能力
   创造型企业家┤
              │         ┌ 探究心、事业心、
              │         │ 好胜心、执著、
              └ 创造个性 ┤ 知人善任、胸襟宽阔
                        └ ……
```

图 22-1　创造经营学的研究对象

一、创造型企业

什么是创造型企业？根据笔者多年的研究，可以认为是组织行为中凸显创造力并在竞争中获胜的企业。那么，创造型企业与普通的企业有什么不同？要回答这个问题，我们首先得弄清楚创造型企业具有哪些特征。

根据笔者多年来对国内外众多企业的研究，可知创造型企业普遍具有以下特征：

（1）有一个富有创造性的经营者。

任何一家企业，其成功与失败都离不开经营者，创造型企业更是如此。研究创造型企业，首先就是研究其经营者即创造型经营者。由于第二节将专门论述这个问题，所以这里不作详细展开。

（2）有一个富有战斗力的经营团队。

创造型企业之所以能够在激烈的市场竞争中保持不败和得到发展，创造型经营者的存在固然是一个方面，但是，仅靠经营者一个人，哪怕有三头六臂也是不行的。这就是说，在经营者的周围，有一个富有战斗力的经营团队。他们在参与经营的过程中能够很好地领会经营者的意图，并为贯彻企业的经营方针而全力以赴。他们既是经营者的参谋，也是经营者的化身，代替经营者在各个负责部门指挥和监督。

经营团队的存在对经营者来说极为重要，在对企业的重要事项做决策时，经营者往往会以各种方式征求经营团队的意见，以避免主观性。在这样的情况下，经营者作出的决策就要周到得多，即便因客观情况的变化也会有失误的时候，但出现大失误的可能性就很小。

不言而喻，能否建成一个富有战斗力的经营团队，同样取决于经营者，如果经营者有个人能力的局限性而又自知之明，就会较早地注意经营团队的建设并发挥他们的作用。而一个自以为是的经营者，就会视经营团队为绊脚石而不会这样做，其结果当然也不会有大的成功。柳传志在联想集团当总裁时就很注意建设经营团队，他的办法是设立总裁室，让那些富有战斗力的年轻一代的管理者参加进来。柳传志在培养年轻人的同时，也从年轻人那儿学到了很多东西，可谓各有所得，两全其美。

研究创造型企业，就要研究经营团队，具体而言，包括以下几方面的内容：

① 组织形态。

是否设立了专门的组织来进行运作，比如总裁办公会议、战略规划室、企划部等，只要是实质上的经营团队，名称怎么叫都行。必须指出的是，企业的董事会和这里所强调的经营团队是有区别的，董事会是股东大会的常设机构，代表的是各个大股东，其主要任务是任命企业的高级管理人员、审议和批准经营层提出的各种涉及企业发展和经营实绩的重要报告、监督企业的经营活动有无偏离董事会期待的方向，等等。尽管董事会成员被任命为经营者的情况也有，如董事长兼总经理，董事兼最高财务官等，但一般情况下，大多数董事都不直接参与经营。

② 人员构成。

人员构成包括数量、性别、年龄等基本数据以外，需要研究的是他们的知识背景、工作经验和解决问题的能力，以及他们形成一个团队以后的作用。因为在一般情况下，有能力的个人的组合未必能得到 1+1>2 的效果，而创造型企业之所以能做到，显然有其独特的一面。所以，研究其团队作战的方式，对其他企业来说无疑是一种借鉴。

③ 思维方式的整体倾向。

思维方式的整体倾向指的是经营团队在思考问题时显示出来的特征，如总体上倾向于敢冒风险和创新，还是倾向于稳扎稳打和稳中求进。如果是前者，该企业面临的风险当然就比较大，但进行大的创新的可能性也大。如果是后者，该企业面临的风险要小得多，但进行大的创新的可能性也比前者要小。纵观国内外的创造型企业，可知索尼公司属于前者，由于他们坚持不模仿他人走自主开发的道路，难免遇到开发出来的产品不受消费者欢迎而濒临破产的危机。但是，由于自主开发的产品有很多，只要其中的一个成为畅销商品，就能弥补因其他产品的失败所造成的损失。比如，索尼公司的"半导体收音机""录音机""随身听""游戏机"等畅销世界的商品，都是在这样的情况下诞生的，而在其背后，就是数不清的失败，最典型的是"木桶电饭煲""贝塔录像带""台式计算机""锂电池"，等等。

④ 决策方法。

决策是经营层最主要的工作之一，按其特征，可以分成以下三种类型：第一种是独断型。即由最高经营者说了算，若成功，最高经营者将获得丰厚的回报，若失败，也由本人承担主要责任，或减薪酬，或降职，或辞职，有时甚至是被解雇。这种类型在欧美企业中比较常见。第二种类型是分责型，也称禀议型。即先在经营会议上讨论，等到意见基本统一以后，由秘书起草一个文书，然后送至经营层的每个成员，同意的话就签字或盖章（欧美和中国的传统做法是签字，而日本的传统做法是盖章），最后再由最高经营者签字和盖章生效。若成功，整个经营层都有功，成员间的奖金的差异不大，若失败，也由整个经营层承担责任，一般情况下是扣除部分奖金，很少出现降职或辞职的情况。这种类型在日本企业中比较常见。第三种类型是混合型。即由经营层集体决策，但最高经营者承担主要责任。这种类型在中国企业中比较常见。由于创造型的企业并非由决策方法的类型所决定，所以无论哪一种方法都是可能的，关键是所选择的决策方法能够帮助该企业在激烈的市场竞争中获胜，也就是说，能够在纷繁复杂的竞争环境中不迷失方向，做出有利于企业发展的创造性决策。

（3）有独自的商业模式和盈利商品。

仔细分析任何一家创造型企业，就会知道他们都具有独自的商业模式和盈利商品。从商业模式上来说，他们不会模仿别人，始终坚持走自己的路，尽管有时坚持走自己的道路是很艰苦的。比如，索尼公司创立以来就有这么一个传统，那就是决不模仿人家。如果某个开发项目其他公司已在做，那就绝对不会得到公司的批准。在这样的环境中，经营者也好，研发人员也好，都会形成一种默契，即唯有创新才有可能取胜。这就是说，要创建独自的商业模式，首先要研究他人的商业模式，这样才会避免雷同。

独自的商业模式和盈利商品是密不可分的。假如某企业的商业模式很独特，但是却不能盈利，那么，这种商业模式的合理性就有问题了，也就是说，独自的商业模式必须与盈利挂钩，不能盈利的话，就得重新构建商业模式。拿从事电子商务的阿里巴巴公司来说，其商业模式虽然与国外同行业有许多相似之处，但是，最关键的地方和别人不一样，结果获得了迅猛的发展。比如，早在20世纪90年代末期，阿里巴巴就为全世界的中小企业提供了一个免费交易平台，在会员数达到了几百万以后，他们宣布改为有偿服务。由于成百上千的中小企业已经在免费期间充分享受到了阿里巴巴提供的服务的便利性，所以都很自愿地接受了有偿服务。而许多电子商务之所以失败，其原因都在一开始就提供有偿服务，而用户尚未体验到真正的服务之前，是不会轻易支付会费的。而阿里巴巴在开始提供面向中小企业的无偿服务（B2B业务）并取得成功以后，再改为有偿，大家就容易接受，这又为之后面向个人的有偿服务（C2C业务）奠定了基础。

（4）有独自的企业文化。

创造型企业的成功，是与其独自的企业文化分不开的。企业文化是企业家的经营哲学的体现，也是该企业的经营方针在各个层面得到贯彻后产生的结晶。当一个企业形成独自的企业文化以后，其员工不管身在何处，都会在解决各种具体的问题时有一种共同的价值观和道德理念，而不至于偏离应有的轨道。

企业文化的形成不同于开发某个产品，它涉及企业中的每一个部门和每一个人，是一个需要长期努力的系统工程。如果企业的领导层没有一种高瞻远瞩的愿景，没有一种几十年如一日持之以恒的精神，那就很难形成独自的企业文化。在海尔，"顾客永远是对的""相马不如赛马""6S活动"等，都已在每个员工的心中扎根，已经成为海尔的企业文化的一部分。

企业文化在提升企业形象并最终增强企业的竞争力方面发挥的作用是无法用金额来表示的。可以说，它是企业竞争力的源泉，是没有在财务报表中明示的无形资产。

当然，以上所论述的只是对创造型企业的定性论述，如果要从定量的角度去论述的话，可以有以下一些手段。

首先是看专利（发明、实用新型和外观设计）、商标、著作权等知识产权的数量。这可以视为企业创造力的硬指标，同时与外国企业具有可比性，有关数据可以在政府部门的公告中获取。在对所收集到的数据进行分析时，既要看总量，也要看人均数量，因为如果两家公司的规模相差悬殊，那么光看总量是无法正确评价的，只有看人均占有量才能决出高低。例如，21世纪的最初几年，IBM每年获得的专利约为3000件，佳能公司获得的约为1800件，看总量时，IBM世界第一，佳能世界第二，可是IBM的员工人数是佳能的两倍以上，按人均计算的话，两者的位置正好相反。

由于长期以来，我国企业对知识产权的重视不够，所以拥有的知识产权很少，即使像联想集团这样优秀的企业，知识产权也很少。根据笔者的估算，在收购 IBM 电脑事业以前，联想集团的知识产权数只有 300 余件，收购以后其数量一下子增加到 3000 多件，可知被收购方拥有的专利大大超过联想集团。这是我国企业需要强化的重要方面。

其次是看国际组织或政府部门授予的带有行业权威的资格证书的数量，如 ISO9000、国际博览会金奖、出口免检商品，等等。因这些证书都带有权威性，达不到规定的水平是拿不到的，所以可以视为企业创造力的一个重要依据。

再次是看由一般消费者通过媒体评选出来的"最受消费者欢迎的产品""年度新产品奖""最富创意的广告""最信得过的品牌"等各种奖项的数量。由于这些奖项直接反映了民意，可信度很高。

最后是看新产品的数量和在全部产品中的比例。企业之所以要开发新产品，来自三个方面的压力。第一个来自企业内部。要想赢得更多的市场份额，就得不断进取，不满足于现状，用海尔集团总裁张瑞敏的话来说，叫作"自我否定"。第二个来自消费者。因为消费者都有"喜新厌旧"的心理，不会容忍一家企业长期生产同一种产品，这就要求企业推陈出新，哪怕只是换汤不换药，也会有一种焕然一新的感觉。这一点在国外非常普遍，如日本的啤酒商，只要季节一变，就推出几种适合季节的新品牌啤酒。难道厂商真的大幅度地改变了制造方法或配方吗？当然不是，事实上也不可能，那样的话是绝对要亏损的。在大多数情况下，都是换一种包装而已，所以喝起来还是一个味。第三种压力来自竞争者。在生产技术已经成熟的领域，某企业推出一种新产品以后，如果畅销，那么市场上很快就会出现模仿产品，前者若申请了专利，还可以通过法律手段来寻求一个公道，如果没有申请专利，那就是哑巴吃黄连，有苦说不出。这就要求企业不断地开发新产品，拉开与竞争者的距离。海尔集团早期遇到产品被模仿时，也是以法律手段为主，后来发现打官司相当艰苦，取证、上诉、出庭，可谓劳民伤财，官司打赢以后对方认账并赔付的话，还马马虎虎，遇到赖账的，就是不赔，或者干脆出逃。在经历过多次这样的事件以后，海尔集团改变了战略，即与其这样，还不如持续地开发新产品，让竞争者不知模仿哪一种才好，最后放弃模仿。后来的事实证明，这种战略行之有效。

那么，创造型企业的企业行为体现在什么地方呢？主要体现在各种企业行为的创新上，如经营战略的创新、技术研发的创新、市场营销的创新、人力资源开发的创新，等等。下面予以分别论述。

1. 经营战略的创新

经营战略是一个企业的行为指针，是在已有的行业中求发展还是新辟一个蓝海，是依靠本企业的经营资源稳步发展还是通过收购来实现跳跃式的发展，这些都是企业首先要考虑的问题。在这一过程中，经营者的创造力将经受最大的考验，无论是创造性思维能力、创造性决策能力，还是创造性领导能力，都将得到极大的发挥。因为经营战略决定了企业的发展方向，决定了组织的重新构建，还决定了经营资源的流向。在决定经营战略的时候，必要时还要改变商业模式或重新构建一个新的商业模式。当年戴尔公司之所以成功，最重要的因素就在于构建了一个与众不同的商业模式，即排除中间环节的直销模式。在因特网尚未出现的时候，麦克尔·戴尔靠的是帮同学组装，他从制造商那儿购得元器件，组装以后以市场价格的一半出售，从而赢得了口碑。这个过程中，采购元器件由专门的厂家生产，可根据需要采购，自己只负责组装，完成后送给顾客并直接收取现金，这是戴尔公司直销模式的雏形，即使现在也基本没变，只是当时同学之间的口碑变成了各种广告，上门订货的现金交易变成了网上订货和信用卡支付，亲自送货上门变成了由专业人员送货而已。如果那个时候，其他电脑商也发现了直销所包含的巨大的利润空间并付诸行动，那么戴尔就不可能有大的发展了。正是由于其他人没有想到而麦克尔·戴尔想到和做到了，所以才创下了世界第一的历史。由此可见，商业模式具有心有灵犀一点通的特征，一旦出现，别人就会模仿，为了防止别人模仿，就需要保密，就要在做了充分的准备以后，立即行动。这样我们就知道麦克尔·戴尔为什么退学创业的理由了，如果等到他从得克萨斯大学医学院毕业时，巨大的商机很可能已经不复存在。其实，比麦克尔·戴尔行动更早的比尔·盖茨也是这样，预见到研制电脑软件将成为一个巨大的新产业，所以才从哈佛大学退学创业的。

马云同样为我们展示了一个经营战略创新的事例。他的阿里巴巴网站为中小企业提供一个发布供需信息的平台，使全世界的中小企业克服了空间上的距离，近在咫尺地从事国际贸易，充分地享受到了网络社会的便利性和乐趣。

2. 技术与产品的创新

技术上的突破给企业带来的经济效益是非常明显的，它主要体现在以下几个方面：
（1）保持技术上的优势。
通过申请专利，可以合法地保持技术上的优势。
（2）提高企业的整体形象。
一个拥有众多专利的企业，会给公众留下一个技术过硬的整体形象，这种整体形象会直接和间接地给企业带来实惠。例如，当政府有关部门组织力量攻克技术难题时，首先就会得到提名；外国企业来华投资时，会成为首选合作伙伴；消费者在比较同类产品时，会优先选购；等等。最近几年，华为公司长期以来重视自主创新的效果已在申请专利方面得到体现。据世界知识产权组织公布的数据，2019年华为以4411件的国际专利申请连续三年勇夺世界第一的桂冠，把日本的三菱电机（2661件）、韩国的三星（2334件）以及美国的高通（2127件）等世界著名的企业都远远地甩在后面，从而改变了国内外很多人的固定观念，在国际上树立了技术创新企业的整体形象。[1]

（3）为自己的产品提供科学依据。

当消费者接触到一个内外包装上印有专利号的商品时，会有一种信赖感，而不是那种王婆卖瓜自卖自夸的感觉，容易产生购买欲望。

（4）抬高进入门槛。

专利生效以后，新的进入者就必须付出更高的代价，要么有偿使用专利，要么避开专利，舍近求远。

当然，申请专利也会有负面影响，那就是技术的公开和模仿者的出现。专利之所以成立，一个重要的因素就是第三者可以根据专利说明书做出同样的东西来，即可以复制，如果做不到这一点，那就是该专利的缺陷。一旦专利成立，也就意味着技术的公开。所以，出现法律意识淡薄的竞争者时，企业就会遇到麻烦，要么与其对簿公堂，要么熟视无睹。像可乐的制造技术，独占性很强，一旦公开，大家都会生产的话，即使有偿使用，得到的东西远远小于失去的，所以可口可乐公司直到现在都不申请专利，其他企业无论怎么努力，也生产不出和它同汁同味的可乐。

3. 市场营销的创新

市场营销的创新可以在很多方面体现。市场营销的创新并不是等产品上市时开始，而是从产品的概念形成时就已经开始，有的企业之所以提前向媒体披露尚未完成的产品，其目的无非是向公众表白技术的先进性，借此暗示消费者不要购买竞争者的产品。在IT领域，这种现象更为明显，因为一个性能更好的新产品问世，就意味着现有的产品的退潮，所以时间性非常强，一不小心，就会带来产品积压的灭顶之灾。当产品问世以后，广告宣传、促销、赞助等各种活动中，无不体现创造力，尤其是结合各地传统喜庆活动时开展促销，会带来良好的效果。

对一家实力雄厚的企业来说，动辄花个几十万或上百万搞一个大型促销活动，固然能取得很好的效果，但这不是我们的研究对象，我们的研究对象是少花钱，主要是通过创意来取得良好效果的事例。例如，近几年在我国的主要城市开展连锁经营的味千拉面，其母公司在日本西部的熊本县，至今仍是一家不到100人中小企业，东部的大城市圈，几乎看不到其踪影。可是在中国却做得很好，自1996年在上海成立以后，短短几年，就已在上海南京路等商业中心开出门店，至2018年年底，已经发展到拥有员工1万人，在国内 120 个主要城市经营 660 多家门店的餐饮连锁企业。[2] 他们靠的是选择市中心主要街区开店、保持配料的纯正、清洁的环境、提供既有中国面条的风味又有日本拉面特色的菜单，以及优质服务，虽然价格不菲，却受到了中国消费者的欢迎。

大多数企业在产品销售以后便不再过问客户了，而创造型企业会在产品保质期之内，通过电话或书信向用户了解使用情况，有无困难需要帮助，使用户倍感亲切，如有问题正好可以帮助解决，没有问题的话，也能留下良好的印象。这样就容易使用户成为长期的顾客，还会影响到其周围的人。对于邮购公司来说，电话回访就更为重要。用电子邮件，也是一种回访顾客的手段，且成本低廉，但效果没有电话好。因为电子邮件只有视觉效果，没有听觉效果，当顾客接到一个来自厂商的热情周到的电话时的心情，与看一封没有语感的电子邮件时的心情是不一样的，而且，电话可以直接获得顾客的反馈信息。

4. 人力资源开发的创新

对于人力资源管理这样的说法，笔者是很难接受的。既然把人力视为资源，而且是最重要的资源，那么，就应该通过开发，使其潜在的价值最大限度地体现出来，为提高企业的竞争力服务，而不是像对有限的自然资源那样进行管理，仅仅对资源进行管理是不能增加附加价值的。国外有一种说法，叫 20 世纪是自然资源的竞争，21 世纪是人力资源的竞争，想想是很有道理的。但是，人力资源的竞争绝不是以人的数量而是以人的质量决定胜负，更具体地说，就是人的创造力的竞争。对作为竞争主体的企业来说，更要求在人的资源开发上发挥创造性。这一点，三星电子公司的做法可供我们借鉴。

三星电子在人力资源开发上很有战略眼光，不仅着眼于几年以内的人才培养，还注重中期和长期的人才储备，不仅培养本国人，而且在世界范围内发现人才和培养人才。对于关键人才，李健熙董事长亲自出面交涉，并不惜重金聘请，他的观点是"一个关键人才可以养活 10 万名员工"，且不管能不能真的养活 10 万名员工，一个企业家有这样的眼光是非常难得的。为了研发 10 年以后的拳头产品，三星电子大量聘用高级人才，仅博士就有 1500 名，远超以拥有 1000 名博士而著名的日立公司，令人惊叹不已。

5. 企业文化的创新

所谓企业文化，是一个企业在长期的发展过程中形成的共同的价值观和行为准则。当一个企业只有几年的历史时，我们很难评价其企业文化，因为其文化尚未形成，这是企业文化的一个特征，即不是短时间就能形成的，需要长时间的磨炼和积累。在这过程中，有误解、抵触、冲突，也有理解、支持与合作，可谓酸甜苦辣、喜怒哀乐样样都有。但是，经过相当一段时间以后，企业家的价值观终于得到了员工的认可，逐步形成了共同的价值观,而行为准则就是在这种价值观的指导下形成的。

由于共同的价值观的基础是企业家的价值观,尤其是创业型企业家的价值观,所以,当一个企业的经营者经常变动时,这个企业的企业文化就很难形成。大多数国有企业之所以没有自己的企业文化,与领导人的频繁调动是不无关系的。

笔者曾深入考察过联想集团的企业文化,从而证实了上述观点。联想集团创立于1984年11月,柳传志带着一帮中年人在商海中摸爬滚打20年,终于使它成长为世界第三位的电脑制造商(不言而喻,联想现在已经是世界最大的电脑制造商),其中的艰辛只有他最清楚。在初创期,谈不上企业文化,但柳传志个人的价值观却时时体现出来,如宁可自己损失也不能失信于客户,业务活动中不能公私不分,亲属不能进联想,等等。经过几年的发展以后,柳传志开始着手企业文化建设,也就是在企业制度建设的过程中渗透自己的价值观。这些价值观,开始只是在各种"会议记录""通知""倡议""规定"中体现,到了90年代后期,正式编写《企业文化手册》并做到人手一册。为了使创业者的劳动不付诸东流,为了使联想成为一家百年老店,每年新员工培训的主要内容就是企业文化,从着装原则、礼仪常识开始,到联想的创业史、柳传志的经营理念,非常具体,非常详细。联想之所以舍得花本钱建设企业文化,恰恰体现了柳传志的经营理念,那就是无论多么优秀的人才,只有认可联想的企业文化才会被录用,否则就另请高就。

二、创造型企业家

如上所说,任何一家企业,其成功与失败都离不开经营者,创造型企业的前提是创造型企业家的存在。无论在国外,还是在国内,我们可以看到很多这样的例子。比如,苹果公司的乔布斯、GE公司的韦尔奇、佳能公司的御手洗富士夫、娃哈哈的宗庆后,等等。换言之,创造型企业和创造型企业家是一种不可分割的关系,之所以将二者区分开来,只是为了强调不同的侧面而已,前者主要关注组织的创造行为,后者则主要关注个人的创造性。

在国外,由于历史悠久的企业有很多,创造型企业家同时是企业的创始人或所有者的情况已很少见。但是在中国,大多数企业都是在改革开放以后组建的,两者为同一人的情况还很多。这时,我们也可以称其为创造型企业家或创业家,如海尔的张瑞敏、联想的柳传志、吉利的李书福等,都是属于这种类型。

对于创造型企业家,我们主要研究什么呢?根据图22-1所示可知,一是创造能力,二是创造人格。关于创造能力,我们又把它分解成三种具体的能力,即创造性思维能力、创造性决策能力和创造性领导能力。

解决普通的问题，有普通的思维能力即可。但是，要想解决从未遇到过的复杂的问题，仅有普通的思考能力就不够，必须发挥创造性思维。创造性思维是通过独特的思考而导致问题得到解决的脑的功能，它不是自然形成的，而是通过适当的训练后获得的。

创造性思维的前提是打破常识，若拘泥于常识，创造性思维就无法展开。但是打破常识需要极大的勇气，因为在其背后，往往伴随着失败、失意等风险。所以，除勇气以外，还需要假说、推理、验证等合理的思维。

任何一家创造型企业，其中必然至少有一位创造型经营者。但是，一个创造型企业家所在的企业则未必是一家创造型企业，这是因为被称之为创造型企业的公司，其创造型业绩已经得到社会的认可，是长期的企业行为的结果，而创造型企业家则是个人，既然是个人，其行为就容易受到环境的影响，也就不能保证所有的决策都能成功。所以，与创造型企业相比，创造型企业家的相对性更要显得强一些，也就是说，不能就事论事地评价一个经营者是否称得上创造型，还是要看总体倾向。柳传志在评价杨元庆时，认为打10仗有7仗胜利就是一个好指挥官，日本迅销公司老总柳井正更加极端，认为打10仗胜1仗就行，只要是决定性的一仗。无论哪一种说法，都说明一个问题，那就是创造型经营者的决策能力主要体现在关键问题的决策上，对于一般问题的决策，即便出一些差错，也不影响我们对他/她的评价。例如，在联想集团收购IBM电脑事业这个重大问题的决策上，柳传志的创造性决策能力得到了充分的体现。当时，集团经营层的元老派态度比较消极，认为负面因数多，风险太大，如财力不够、无法管理、弄不好引火烧身，等等，而电脑事业部长杨元庆则认为这是千载难逢的良机，可以借势提升联想的品牌竞争力，为联想产品走向世界创造平台，负面因素固然不少，只要认真对待，就会使其趋于极小，同时使正面因素趋于最大。在这样的情况下，柳传志的决策能力就面临极大的挑战。他了解杨元庆，赞赏杨元庆的挑战精神，但毕竟是一个不仅对联想，对整个中国企业界来说都是前所未有的大事件，不得不慎重考虑。他一方面保持与IBM的沟通，一方面请世界著名的咨询公司评估收购的风险，还与国际风投基金等交涉出资的可能性，在综合各方面的反馈意见后，他终于说服董事会做出了收购IBM电脑事业的决策。后来的事实证明，这一决策是正确的，因为通过这次收购，"Lenovo"的品牌竞争力有了很大的提升，国际化的进程也有了长足的发展，为联想荣登世界电脑王者的宝座打下了坚实的基础。这就是创造性决策能力。

创造性领导能力同样是创造型企业家不同于一般经营者的特点之一。创造性领导能力主要体现在能够调动下级的主动性和创造性，使每一个员工都能为实现企业的战略目标而发挥自己的创造力，如果一个企业家处处身先士卒、以身作则，固然是一个好领导，但仅仅这样，还难从创造性领导能力上去进行评价。从创造力开发的角度来说，处处身先士卒还会带来负面作用，说明你对下级不放心，什么事都要亲自过问，结果压抑了下级的积极性和创造性。在这方面，海尔集团董事会主席张瑞敏是做得很好的。他倡导和实行的一系列激励措施都取得了良好的效果，如选拔人才时不搞"相马"搞"赛马"，即不是由上级点将式的提拔，而是给所有的员工提供赛跑的机会，从中发现真正的人才，还有竞聘管理职位时的"三公（公平、公正、公开）原则"，生产第一线的员工有所发明创造时，除了给予必要的物质奖励以外，还给予对其成果进行命名的权利，如"小玲扳手""云燕镜"等。这些措施都有力地调动了员工的积极性和主动性，进而发挥出了创造力。所以，尽管国内外的媒体已经授予张瑞敏数不胜数的荣誉，但如果从创造性领导能力上去评价的话，又将增添一份新的荣誉。

在美国，有一个名为创造领导能力中心（Center for Creative Leadership）的咨询机构，由维克化学公司董事长史密斯·理查森（H.Smith Richardson）于1970年所创立，总部设在北卡罗来纳州的格林斯堡，主要从事领导能力培训。自创立以来，已经从国内发展到国外，从主要面向企业发展到面向各种类型的组织，在世界范围内提供高水平的培训大纲，使用的都是自编的教材。现在，该中心提供"领导能力基础""领导能力发展""国际化领导能力""女性领导能力"等15种培训服务，每年为1000多家客户培训20000多人，可见社会各界对具有创造性领导能力的人才的期待。

研究创造型企业家的基本方法有两个，一是文献研究。主要是阅读企业家本人撰写或他人撰写的传记，以及后人关于创造型企业家的研究著作。二是访谈。通过与企业家的对话来了解其经营理念、竞争战略、思维方式以及人格特征等。与文献研究相比，访谈更重要，因为文献毕竟是二手资料，存在时间性和可靠性的局限，而访谈则能克服这些问题。所以，笔者在研究创造性企业家时，都要去采访企业家本人。迄今为止，已经采访过海尔集团董事会主席兼CEO的张瑞敏、联想控股董事会主席柳传志、娃哈哈集团总裁宗庆后、华为（日本）株式会社总经理阎力大，以及日本的资生堂原董事长弦间明、堀场制作所创始人堀场雅夫、小松公司董事长坂根正弦、小松（中国）投资有限公司董事长市原令之和总经理王子光等人。通过采访，获得了第一手资料，对研究创造型企业和创造型企业家有很大的帮助。

由于产业革命诞生在英国，按理，创造型企业家也应该首先在英国诞生，但事实并不是那样。经过研究，笔者发现阿尔弗雷德·诺贝尔（Alfred B.Nobel，1833—1896）是世界经营史上第一位真正意义上的创造型企业家。

关于诺贝尔，大多数人都是因为每年一度的"诺贝尔奖"而得知他的名字，至于他究竟是什么样的人，怎样创下巨大财富的则知道的很少。由于中国古代的"四大发明"中有一项是火药，所以中国人很不情愿承认诺贝尔是炸药的发明人。但是，中国古代的火药和诺贝尔发明的炸药，无论从化学成分上来说，还是制造方法上说，都不是一回事。当然，如果认为诺贝尔只是一个发明家或科学家，那也低估了他。因为在那个时代，涌现许多在科学史上留下英名的发明家和科学家，如发明踏板驱动自行车的英国人柯克帕特里克·麦克米伦（Kirkpatrick Macmillan, 1812—1878）、首创水力发电的英国人阿姆斯特隆、发明金银电镀法的德国人西门子、发表"能源保存法则"的德国人罗伯特·迈尔（Julius Robert von Mayer, 1814—1878）、发明蒸汽飞艇的法国人亨利·齐菲尔德（Henri Giffard, 1825—1882）、发明新型制钢法的英国人亨利·贝西默爵士（Sir Henry Bessemer, 1813—1898）、发明氨碱法的比利时人欧内斯特·索尔维（Ernest Solway, 1838—1922）、发明低温杀菌法的法国人路易斯·巴斯德（Louis Pasteur, 1822—1895）、发明电话的美国人贝尔（Alexander Graham Bell, 1847—1922）等，基本上都是和诺贝尔同时代的人。从发明的角度来说，都做出了不亚于炸药的伟大的发明或发现，但谁都没有诺贝尔那样在商业上取得巨大的成功，也就是说，发明家并不等于企业家。而诺贝尔之所以成功，是因为他不仅是一位伟大的发明家，还是一位卓越的企业家。所以，本书将从创造型企业家的角度对诺贝尔做一些论述。

首先，诺贝尔对炸药做了相当深入的研究。他只上过两年小学，此外，在家庭教师的指导下接受了一些中等教育，其他都是靠自学和钻研，有困惑时，就去大学拜访名师，寻求教示。他每天的工作时间都在 15 小时以上，做起实验来会忘记周围的世界，天长日久，终于使他成为炸药研究的专家。正如他自己所说："我从家庭教师那里接受教育，从来没有在高等院校注册过，但是，正如炸药和胶质炸药等爆炸物的研制所看到的那样，在应用化学领域有所建树，同时，作为巴里斯太火药和 C-89 等著名的无烟火药的发明人也为人所知。"[3] 事实上，他精通五种文字（瑞典语、德语、英语、法语和俄语），能阅读各种文献，与各种人（政府官员、专利律师、学者、商人、军人）打交道，从而拓宽了他的知识面，练就了他的交涉能力。诺贝尔有过许多发明，在世界主要国家申请了三百多项专利，他是瑞典皇家科学院、英国皇家科学院、法国土木工程学会会员，瑞典国王授予他"北极星勋章"，法国政府授予他"国家骑士荣誉军团勋章"，瑞典乌普萨拉大学授予他名誉博士学位。由此可知，他是当之无愧的应用化学专家。这是笔者所强调的创造型企业家所必需的专业能力。

其次，受在国外经营企业的父亲的影响。诺贝尔 9 岁时就和全家人离开斯德哥尔摩，来到俄国，在圣彼得堡父亲开设的工厂中做工，17 岁就成了诺贝尔父子公司的合伙人，体验了父亲的生意从兴旺发达到衰退直至破产的经过。从中学到了教训，也增长了知识，为他创办自己的公司打下了基础。诺贝尔自 1864 年开始申请专利，同年创办公司，生产和销售由他发明的炸药。之后，尽管遇到各种阻力甚至法律诉讼，他都沉着应战，用事实和论据捍卫自己的权益，逐步争取到各国政府的认可，进而扩大了他的生意。直至去世，他的工厂已经超过 100 家，分布在世界各地。这就说明诺贝尔具有企业家的能力，不但能创业，还能把企业做大做强。作为企业的经营者，他很清楚自己的强项和弱项，所以他很注重发现人才和培养人才，这是创造型企业家必不可少的素质。他曾说过，"如果某人有能力，而且我发现他在某一领域比自己更行时，那就没必要自己去做了，全部交给他就行了。事无巨细，什么都要自己来做的人，不用多久就会累得筋疲力尽。"[4] 我们从这段话中可以得知，诺贝尔知人善任，充分调动了员工的积极性和创造力，用经营管理学的专业语言来说，就是他深知分权的重要性并付诸实施，当然也是他的领导能力和创造个性的体现。

还有，诺贝尔的研究主要集中在炸药，毫无疑问危险性极高，经历了无数次的失败，在1864年发生的大爆炸中，他的弟弟埃米尔也成了牺牲品，但是这一切都没有使他气馁，而是从中吸取教训，重整旗鼓。当他第一次实施他的主要专利，也就是生产硝酸甘油炸药时，由于危险性太大，瑞典政府不允许他在人口聚集的地方设厂，他竟然别出心裁将工厂设在一条停泊在清闲的海港的船上。同样，在以后的发展过程中，每到一个地方设厂，都会遇到当地政府或民众的反对，而他总是能做出令对方接受的决策。这就是笔者强调的创造性决策能力。因为在那个时代，只有他一个人能够决策，加上各地的情况不同，没有创造性是不可能做到的。

总而言之，通过上面的叙述，笔者视诺贝尔为创造型企业家是无可置疑的。

注

[1] 见世界知识产权组织官网。

[2] 见味千拉面官网。

[3] ケンネ・ファント．アルフレッド・ノーベル伝[M]．服部まこと，訳．東京：新評論，1996：5．

[4] 见注[3]第324页。

本章主要参考文献

[1]Fangqi Xu, Tudor Rickards. Creative Management: A Predicted Development from Research into Creativity and Management[J]. Creativity and Innovation Management，2007，16（3）：216-228.

[2] 徐方啓．創造経営学の確立を目指す提案[J]．日本創造学会論文誌，2005（9）：111-123.

[3] 徐方啓．细数索尼的成功与失败[J]．企业管理，2008（5）：59-62.

[4] 徐方啓. 日中企業の経営比較 [M]. 京都：ナカニシヤ出版，2006.

[5] 徐方啓. 柳傳志—レノボを作った男 [M]. 京都：ナカニシヤ出版，2007.

[6] 小倉昌男. 経営学 [M]. 東京：日経 BP，1999.

[7] 世界知识产权组织（WIDO）官网。

[8] 创造性领导力中心官网。

[9] 韓国経済新聞. サムスン電子 [M]. 福田恵介，訳. 東京：東洋経済新報社，2002.

[10] 李慶植. 李健熙—サムスンの孤独な帝王 [M]. 福田恵介，訳. 東京：東洋経済新報社，2011.

第二十三章　创造经营学的研究课题（The Research Topics in Creative Management）

一、创造型企业的生存条件

　　创造型企业的生存条件因时代的不同而不同。在计划经济时代，几乎所有的企业都按照国家和地方政府的计划安排生产和销售，自主性很低，厂长只是政府部门的政策执行人而已，还谈不上是一个对本厂的生产拥有自主权的决策者。在这种情况下，企业从事新产品开发的热情就不高，因为与其冒风险开发新产品，还不如按上面的要求完成生产任务更安全。同样，对产品质量的要求也不会高，只要能满足基本功能就行。从消费者的角度来说，当然希望有更多更好的新产品问世，以满足新的需求，可是被客观条件所制约，只得委曲求全了。这就是说，在计划经济时代，整个社会对创造型企业的需求不高，也就很难促进创造型企业的生存。

　　改革开放以后，市场经济原理的导入为创造型企业的诞生创造了条件。这是为什么呢？因为市场经济的一个基本原则是竞争，竞争不仅是一种经营资源的量的胜负，也是经营资源的质的胜负。这里所说的经营资源包括人力、财力、物力和信息。在一般情况下，一个在经营资源的总量上占优势的企业，比较容易在市场竞争中获胜。例如，一家大公司和一家小公司在采购同一种资源时的代价会不同，前者因采购量大，可以享受折扣，而后者则不能享受，这种差异反映在产品上，就是前者的售价要低一些，拥有价格上的优势，也就是竞争上的优势。

　　但是，我们也会看到有的企业在经营资源的总量上虽然处于劣势，但却在激烈的市场竞争中脱颖而出，那就说明他们拥有的经营资源的质量优于竞争对手。经营资源的总量的优势比较好理解，质量上的优势怎么理解呢？由于经营资源主要体现在人力、财力、物力和信息上，所以，人力上的优势可能是平均受教育年限较长、专业人员较多、员工的平均年龄较低等。财力上的优势可能是现金储备充足、无债务或少债务、未收回销售款少、无坏账，等等。物力上的优势可能是机械设备较新、技术比较领先、地理位置较好，等等。而信息上的优势可能是信息比较新，也比较全，等等。当然，这些优势还不是决定性的，因为任何一个企业，只要能够在社会上生存，自然就在某个方面存在优势，所以决定性的优势是企业的创造力，即在激烈的市场竞争中，凭借在设计、生产、营销、物流、服务、资金回收等各个方面体现出来的创意和创新获胜。如果一个企业能在经营资源的总量和质量上都占优势，那就会成为行业中的老大，打遍天下无对手了。事实上，我们可以在世界500强中找到很多这样的企业。

很显然，在市场经济条件下，消费者期待创造型企业的涌现，这样可以打破垄断，更多地享受竞争原理带来的恩惠。也就是说，消费者的需求是创造型企业得以生存的主要动力。

除此以外，政府的产业政策、社会风尚和技术的进步，也是创造型企业得以生存的促进条件。政府的产业政策对企业的影响是不言而喻的，如果政府的政策向某一产业倾斜，就会加快该产业的发展，相反，政府的政策偏离某一产业，就会延缓该产业的发展，甚至使其萎缩。例如，20世纪80年代后期我国政府开始扶植汽车产业并制定了一系列的优惠政策，结果是汽车产业得到了日新月异的发展，仅花了20年时间，就成为世界第二大汽车生产大国并打造了世界第一的汽车市场。

研究创造型企业的生存条件，可以弄清楚哪些条件有利于创造型企业的生存，哪些条件则不利于其生存。例如，加入世界贸易组织（WTO）以后，中国的零售业因沃尔玛、家乐福、乐购等国际巨头的大举进攻而受到很大的冲击，除极少数较早采取应对措施的大城市以外，几乎所有的城市都被外资占领了大部分市场，一家又一家的大型外资超市开张之时，也是国内零售业的败退之时。在这种环境下，零售业中的创造型企业的生存条件就极为严峻。当然，外部条件毕竟是次要的，内部条件才是主要的，一个企业能不能成为创造型企业，主要取决于内部。外因是变化的条件，内因是变化的根据。如果没有强烈的改变不利条件的创造欲望和善于改变的创造能力，那就不可能在激烈的市场竞争中脱颖而出。例如，吉利汽车公司创办之初可谓困难重重，人才、技术、资金等什么都缺，更可怕的是政府不认可，政府不认可就不具有合法性，那么，即便突破重重难关勉强生产的话，也会遇到无法销售的重大障碍。创始人李书福却不气馁，凭着"造老百姓买得起的好车"这一强烈的创造欲望，在人才聘用、技术引进、资金筹措等各个环节都发挥了创造力，终于让吉利车开进了千千万万个普通老百姓的家庭。

毫无疑问，竞争是促进创造型企业生存的重要因素。回顾一下改革开放以前的情况就可以知道，那时国内产业都处在计划经济的格局中，即便长期亏损也能生存，其主要原因是所谓中央调控和地方保护主义。但是，改革开放以后，尤其是大量的外资进入中国以后，迫使国内的企业参与竞争，不然的话，就会被市场所淘汰。而在参与市场竞争的过程中，原来的政府保护政策将不再起作用，取而代之的是市场规律，无论是国有企业还是民营企业，都得按市场规律行事，于是，能否在市场中站住脚，能否求得持续的发展，一个关键的因素就是能否发挥创造力。

那么，企业的创造力究竟体现在什么方面呢？它涉及企业活动的方方面面，如技术、产品、营销、售后服务、以及与政府部门、金融机构、股东、供应商、客户、消费者有关的各种社会活动，都影响到企业的创造力，下面我们来分别论述。

1. 技术的创造力

技术是一个企业赖以生存的基础，一个拥有自主知识产权的独创技术的企业，有可能运用这种技术开发出世界上独一无二的产品，有可能运用这种技术使产品的性能更好而且成本更低，也有可能通过转让技术来获取营业外利润，当然也可能以技术领先的优势阻止新的竞争者进入市场，总之，技术的创造力给企业带来的收益是非常显著的。我国企业在出口产品时经常遇到外国企业的技术壁垒，主要原因就是因为不具有独创技术，结果生产出来的东西在卖到国外去时，就会有企业出来干涉，说你侵犯了他的专利。十几年前的 DVD 事件，就是一个典型的例子。当时，我国有很多企业生产 DVD，市场很快就达到饱和，于是就一窝蜂地出口，没想到以索尼、松下、飞利浦等 6 家公司（简称 6C）联合起来投诉并索取高额赔偿，理由是侵犯了他们的专利。经过艰苦的交涉，中国企业才接受对方的条件，要么停止出口，要么每出口一台缴纳 10 美元技术使用费，为此而付出了沉重的代价。与此相比，日本的创造型企业每年都可以在技术贸易上获得高额利润，如 2007 财年，索尼公司的技术贸易收入为 500 亿日元，佳能公司则进账 350 亿日元。

那么，技术的创造力如何提高？其途径有三条：一是自主研发；二是外部引进；三是产学结合。

自主研发的优越性不言而喻，它可以使企业在某一技术领域保持领先地位，使应用这种技术开发的产品在市场上独占鳌头，而且，除了通过产品来收回研发资金和获取利润以外，还可以通过申请专利来控制技术，如开展技术贸易，又可以带来营业外利润。此外，在研发的过程中，还可以培养出一批技术人才，为企业的可持续发展打下基础，可谓一举多得。

但是，对于大多数企业来说，未必具备自主研发的条件，于是可以按两条腿走路的方式，在自主研发的同时，积极利用外部的资源引进技术，包括购买专利和诀窍、技术合作、合资经营等。在引进技术方面，日本企业是做得很成功的，值得我们借鉴。

日本战败以后，可以说百业俱废，除传统的手工产业以外，若脱离实际地搞自力更生的话，那就不会有今天的日本了。他们采取的是引进技术，购买技术也好，聘请专家也好，都做得很彻底，很诚心，舍得花本钱。接下来就是在引进的基础上，消化和吸收对方的技术精髓，然后进行赶超，结果是若干年以后，在很多领域都一跃成为该项技术的新的霸主。如索尼公司从美国的贝尔实验室引进半导体生产技术，不仅生产出世界上最小的半导体收音机，还发展了半导体产业，在半导体研发和应用方面始终走在世界的前列。游乐公司引进美国迪斯尼乐园的技术建成东京迪斯尼乐园以后，第四年就实现盈利，现在是全世界的迪斯尼乐园中盈利最多的一个。

花钱引进技术固然可取，可是对大多数缺少资金的企业来说，还做不到这个程度。所以，日本企业的另一种方法也值得借鉴。例如，佳能公司很少花钱购买技术，当需要某种关键技术时，他们会先把竞争对手的产品分解，分析其核心专利，然后围绕此专利，申请一系列与此关联的专利，然后堂而皇之地推出竞争产品，当对方控告其侵权时，佳能公司毫不示弱，拿出自己的一大堆专利来反击，同时又建议对方互相开放技术，免费使用相关的专利，结果往往如愿以偿。对竞争者来说，与其旷日持久地打官司，还不如互相利用专利，提高产品的性能和价格优势更好。当然，在整个交易的过程中，佳能公司占了更多的便宜是很显然的，因为对方的专利是核心技术，而佳能的专利则是改良型的和辅助型的为主。当然，说起来简单，如果佳能公司没有相当的研发能力，拥有自己的专利，对方是不会接受单方面受益的条件的。

产学联合同样是获得外部技术的一个良好途径。这里所说的"产"，指的是产业界，而"学"则是指学术界，包括高等院校和科研机构。产学联合的典型是美国的硅谷，加利福尼亚州的斯坦福大学、伯克莱加州大学、加州理工大学等著名高校的存在，为产学联合创造了良好的条件。这些大学的毕业生也好，周围的企业也好，从大学教授那儿获得原理性的技术，带回去开发新产品，在这过程中往往又创办了新的企业。久而久之，硅谷就成了创业者的大本营。所谓硅谷模式，其实就是产学联合。一般来说，产学联合主要是学术界提供思路、原创性技术以及必要的咨询，产业界提供资金、生产设备以及必要的人力，如果获得成功，一般是共同申请专利，如果应用该技术生产的产品也获得成功，后者则会向前者支付一定的报酬。由于硅谷模式的优越性十分明显，所以世界各国的政府部门都在积极地推动产学联合。但是，与发达国家相比，我国的产学联合还不是做得很好，有虎头蛇尾之倾向，其原因各种各样。从企业方面来说，通常不愿意先出资，担心拿出去的钱打水漂，有急功近利的心态，巴不得拿来就能用，稍有问题，就沉不住气，影响进一步的合作。从学术界来说，有对自己的技术过高评价的倾向，对企业提供的资金觉得太少，没面子。事实上，研究阶段的技术要能够实用化，中间还有许多事情要做，这些工作通常由企业在做，学者们并不精通，但学者们往往对企业的努力不能给予正确的评价，结果影响双方的合作。所以，产学联合确实是获得外部技术的一种手段，但是要想达到目的，需要产业界和学术界双方的真诚努力。

加入世界贸易组织以后，我国政府鼓励企业自主创新，开发原创性技术，有力地提高了技术创造力的整体水平。必须指出的是，原创性技术不等于尖端技术，其中会有一些属于尖端技术，但不会都是，甚至可以说大多数都不是，唯一可以明确地说的是，原创性技术都是新技术，包括设计、生产、检测等各个方面。为了说明这个问题，让我们来看看联想集团的例子。

笔者在采访柳传志时曾请教过一个关于联想集团的核心技术的问题，他没有正面回答，而是给我举了一些例子，其中说到了产品技术。他说联想的电脑为什么好卖，是因为使用了产品技术，就是把各种技术集成到电脑上，既实现了产品的差异化，又满足了消费者的需求，而那些技术本身则未必是联想原创的，把各种技术按需要集成到一个产品上来才是联想的原创。确实如此，谁也不能否定说那不是原创性技术，由此可知，原创性技术可以有多种解释，只要你首先想到并成功了，就是一种原创。

2. 产品的创造力

产品是技术物化的结果，如果一个企业拥有比较先进的技术，那么运用这种技术所生产出来的产品也比较具有竞争力。与此相反，只有普通的技术，生产出来的东西也就先天性营养失调，很难指望有大的发展。

产品的创造力包括两个部分：一是产品本身。它是由功能、外观和价格所决定的。当一个消费者接触到一个新产品时，通常是先了解其功能，即派什么用场的，了解到功能以后，才会去注意外观和价格。当一个产品尚未被消费者所注意，停留在试销阶段时，其创造力是很有限的，因为产品本身所创造的附加价值并不高。

产品的创造力的另一部分来自品牌。品牌的威力有大有小，当一个企业的知名度不高时，其品牌的威力也不大，当企业成为中国500强或世界500强时，其品牌的威力就非常大，能够为企业带来更多的附加价值。当然，产品本身和品牌是一种相辅相成的关系，产品质量过得硬，售后服务又好，在消费者中留下良好的口碑，就会逐步提升品牌的价值。反之，产品质量不过硬，售后服务又没跟上，给消费者留下上当受骗的感觉，那就会给品牌抹黑。

海尔集团董事会主席张瑞敏在美国考察时看到的情景，给他留下了深刻的印象。同样是皮鞋，意大利生产的名牌摆放在引人注目的柜橱中，售价高达几百美元，而中国生产的皮鞋却堆放在一个篓子里，售价只有几美元。张瑞敏之所以几十年如一日地创品牌，跟他的那次经历有着密切的关系。

资生堂前董事长弘间明在接受笔者的采访时说过这样的话，"品牌的确立需要公司全体员工的坚持不懈的努力，但是却可能在一瞬间砸牌。"此话的意义非常深刻。在这种品牌理念的指导下，资生堂的品牌价值不断提升，不仅长期雄踞日本市场之首，还在中国的化妆品市场树立起良好的品牌形象，成为中国女性的首选外国品牌。

3. 营销的创造力

一个企业的营销是否具有创造力，同样关系到企业的命运。营销活动不仅体现在产品问世以后，也体现在产品问世之前。当一个产品已被列入生产计划，可以预计到其上市的时间时，营销活动就可以展开。

营销包括广告宣传、实物演示、消费者体验（包括试用、试穿、试驾、品味等）、限期优惠销售等一系列的活动。其中，广告宣传最花钱，影响也比较大。但是，并非所有的广告都会激起消费者的欲望，有时甚至会产生副作用，使广告费打水漂。对一个财大气粗的企业来说，一年投入几百万元的广告费也不觉得怎么，但是对于大多数企业来说，广告费的预算不会很宽裕，所以，能否让有限的广告预算产生最大的效果是企业的高管们关注的问题，这就是一个与创造力密切相关的问题。

那么，我们怎么评价一个广告呢？不用说，结果决定一切，只要有顾客来买你所宣传的产品，就可以说是成功。但是，在刊登之前，该怎么评价呢？那就是看其有无创意，创意才是广告的生命。具体地说，创意体现在新颖，能吸引消费者的眼球，能给人带来一种美的享受，夸张而不离奇，说教中不失幽默，强调产品的优点又不恶意攻击竞争产品，等等。另外，合理利用媒体的优惠政策，也会给企业带来实惠。例如，同样是选择在报纸上登广告，有的企业会利用广告的临时性空缺而刊登，往往只需原价的一半。

但是，广告仅仅是一个方面，不等于营销，有的企业从来不做广告，营销照样做得很好，靠的是什么呢？靠的是优质商品和服务来创造附加价值。例如，星巴克就是属于不做广告而营销却做得很好的典型，它的营销的创造力体现在高雅的店面设计、热情周到的人工服务、迎面而来的香味、令人回味的现磨咖啡，等等。

有的企业广告做得不多，但促销活动做得很好，免费赠送的样品让人不得不接受，而接受以后就回去仔细地看一看，用一用，如果质量还可以，下次就会去购买，即使算不上回头客，也会有至少一次的购买行为。这符合中国的传统，即"吃人嘴软，拿人手软"，拿了企业赠送的样品，多少都会有一种买一次的心情。而企业也正是知道这一点，才慷慨不已的。

4. 售后服务的创造力

有的企业对售后服务不是很重视，认为它不会创造附加价值，只是一种善后处理，其实不是这样。售后服务直接面对消费者，最清楚自己的商品出现的问题，既能在第一时间帮客户排忧解难，为企业争得良好的口碑，又能够获得第一手资料，为产品的更新出谋划策,所以,创造型企业都非常重视售后服务。例如,海尔集团的售后服务人员在为西南地区的顾客修理洗衣机时,发现排水管堵塞的原因是里面挤满了泥土,而这些泥土不是来自衣服,而是来自当地的特产地瓜,售后服务人员在为用户清洗完毕以后,及时地把信息反馈给总部,总部马上组织人员研制了洗瓜机,然后拿到当地去销售,结果大受欢迎。联想集团售后服务的创造力同样值得称赞。售后服务人员不仅及时赶到,还会急人所急,站在用户的立场上来考虑问题,如某个零件是换还是不换,换的话有什么好处,不换的话有什么坏处,哪些软件适合用户,等等。这就使人感到心满意足,成为联想电脑的铁杆粉丝。

这就是售后服务的创造力,一个企业如果没有这样的创造力,那么,企业整体的创造力就会被削弱。

5. 社会活动的创造力

社会活动的创造力是很大的,虽然它给企业带来的收益不是直接的,但是对提升企业形象和品牌价值却能起到巨大的作用。

社会活动有时需要花一些钱的,如捐赠、赞助、免费招待等,与企业可能得到的经济效益和社会效益相比,这些投入并不多,但是要求花得及时,花在节骨眼上。例如,非典等流行病突发时,及时地通过媒体向公众宣布捐款,几十年未遇的冰雪灾害发生时,及时捐赠棉被、大衣等急需物资,都将收到良好的社会效益。当公众知道某企业具有社会责任感和人情,同样会在适当的时候给予回报。

当然,社会活动的创造力并不都与经费有关,有时不需要,关键是参与,让公众感到这家企业有诚意,那就能达到预期的效果。例如,参与企业所在地的社区活动、参加义务劳动、献血,等等。

在这方面,创造型企业确实做得很好。例如,广州本田在新产品"飞度"上市时,在第一批车中拿出20辆捐赠给广州市公安局,以支持他们打击犯罪活动,给消费者留下了深刻的印象。其实,这一招非常高明,既体现了企业反对社会邪恶的正义感,又宣传了"飞度"的性能,等于是在向消费者说"这是一款能够迅速提速的车,发动机的性能极为良好",所以,"飞度"上市后热销显然与广州本田的义举有关。联想集团为了迎接2008年北京奥运会而策划的"火炬接力境外传递计划"搞得有声有色,同样使社会活动的创造力发挥到了极大值。

二、创造型企业的历史变迁

由于科学技术的发展和经营理论的成熟,我们对创造性企业的认识也在发生变化。

比如，十九世纪末期，最典型的创造型企业毫无疑问是诺贝尔炸药公司和爱迪生电灯公司（通用电气的前身），前者发明了高性能的甘油炸药，大大提高了采矿、筑坝、河床整治的效率，后者则为人类带来了光明。20世纪20年代，创造型企业也许就是福特汽车，因为它创造了现代大工业生产的最典型的生产方式——以传送带为中心的流水作业。

索尼公司可以说是20世纪70年代的创造型企业的典型，该公司研制的以随身听为代表的电子音响设备，使不计其数的年轻人成了音乐迷，也开拓了一个广阔的市场。

苹果公司的历史并不悠久，这家诞生于1970年的电脑商，仅花了6年时间就因"苹果"电脑的畅销而跻身"财富500强"的行列。

20世纪90年代，美国的微软公司可谓独霸世界软件市场，无论其推出哪一种型号的操作软件（OS），都会在世界上引起轰动，其资产价值一跃超过通用电气公司，不能不说是以网络为代表的新产业的胜利。

进入21世纪以后，以网络为中心的现代企业开始走出低谷，进入盈利的阶段，如网上书店亚马逊，创业后一直亏损，让投资者提心吊胆，但创业者却胸有成竹，按他们描绘的发展蓝图推进，果然在2003年实现了盈利。中国的阿里巴巴也是这样。这家以向全世界的中小企业提供网上交易平台为己任的网络企业，也是在大量的风险投资的支持下发展起来的，创始人马云构建的商业模式也独具匠心，首先是免费提供平台，当买卖双方都感受到阿里巴巴的便利性以后，再实行有偿服务，结果非常顺利地吸引了上千万的会员。如果像有的企业那样，人们还不明白它能干些什么时就实行有偿服务，结果都难逃中途夭折的下场。

这就是说，社会对创造型企业的评价标准会随着时代的发展而变化，不是一成不变的。有的企业曾经是创造型企业，但是由于创始人的去世而一蹶不振，或是由于后继者的创造力欠佳而衰退。例如，八佰伴国际集团曾经在香港和上海红极一时，但被经营不善的日本的母公司拖住后腿，不得不撤退，给中国的消费者留下了一个笑柄。

三、创造型企业家的经营哲学

什么是经营哲学？学术界始终没有一个共同的看法。说起来好像有些奇怪，其实很正常，因为研究的视点不一样，自然会有不同的解释，况且由于经营环境的不断变化，经营者的哲学也在发展过程中，不会一成不变。

由于"经营哲学"一词中的核心是"哲学"，"经营"是对"哲学"的修饰，所以我们先来看看辞书上的定义。日本的《大辞泉》上对"哲学"的定义是："①追求世界和人生的根本原理的学问；②基于个人的经验的人生观和世界观。"[1]根据这一定义，笔者认为，所谓经营哲学，也应该包括两个概念：一个是追求与经营有关的世界和人生的根本原理的学问，另一个是基于企业家的经验的人生观和世界观。以前日本的学术界对经营哲学的定义感到为难的主要原因，就是没有把两层意思明确地区分开来，这样就很难定义了。笔者同样遇到过这样的问题，但是一旦把两层意思区分开来以后，就感到豁然开朗。

当我们以前一个定义为主研究经营哲学时，需要博览群书，纵览古今，潜心钻研，其任务很艰巨，但研究成果带有普遍性。不用说，这方面的研究需要投入相当的时间和精力，不是单个的学者所能承担的，要有一批学者，也就是要建立一个团队，从哲学、历史学、政治经济学、社会学、文化人类学等各种角度去进行研究，从中找出其根本原理来。如果以后一个定义为主，那就要对企业家进行持续的研究，包括经营者在任职期间所作出的重要决策及其影响，社会各界对他的评价，有自传的话，还要研究自传，最重要的是与本人进行面谈，直接了解其对于经营有关的各种事物的看法。这方面的研究，单个的学者也能进行，但其研究成果基本上属于个案，不具有普遍性，除非研究了很多企业家，从中总结出一些共性的东西，才会有一些普遍性。但是，据笔者所知，目前为止世界上这样的学者还很少。

我国学术界在经营哲学领域的研究成果还不多，一个原因是中国近代史上没有出现过产业革命，产业的基础薄弱，留下的史料也少。第二个原因是现代企业的历史短，称得上创造型企业的成功企业还不多，还没有到经营者出版传记的时期。第三个原因是人文社会科学研究者对企业和企业家的关注不够，很少有人从经营哲学的角度去研究企业家，自然不能使这方面的研究得到发展。

顺便指出，中国学术界至今还停留在"管理哲学"的阶段，让人觉得不可思议。由经营哲学的定义可知，只有经营者才谈得上哲学，管理者只是执行经营者的决策而已，所以是谈不上哲学的。

由于对经营哲学的研究历史不长，所以各国之间的差异不是很大，比如日本的经营哲学学会成立于1983年，几年以后，中国的学术界也开始关注这个话题。但是，无论是日本还是中国，研究的进展都不大，笔者认为其原因有两个：一是研究本身的难度，因为以经营哲学的前一个定义为主的话，如没有经费方面的支持，仅仅靠投入大量的时间和精力是做不出什么学问的。二是以经营哲学的后一个定义为主的话，需要对研究对象进行持续的研究，尤其需要采访本人，而很多学者由于各种条件的限制做不到这一点，所以尽管有不少人在进行尝试，但研究成果的力度不够是很明显的。

那么，是不是每一个创造型企业家都具有经营哲学呢？那也未必。为什么呢？因为有的企业家虽然在经营上成功了，但不善于总结自己的经验，外界对他的了解局限在媒体的报道和企业公开的资料，而且其出于各种顾虑，如担心涉及企业秘密，使当事人（下级、政府官员、供应商、客户等）感到难堪等，从不接受学者的采访，这样的话，就很难从经营哲学的角度去进行研究。另外，有的经营者虽然被视为创造型企业家，但其从事经营的时间还不长，还有不少不确定的因素，当然也不适合从经营哲学的角度去研究。长期担任通用汽车公司总经理和董事长的阿尔弗雷德·斯隆（Alfred P. Sloan, Jr., 1875—1966）在79岁的时候完成了自传，但一直不出版，他和出版商签协议时有一个条件，就是要等到书中涉及的人物都去世以后才能出版，担心他的评价会给公司和后任经营层带来负面影响。此书一直等到斯隆87岁时才出版，而三年以后他自己也离开了人世。

因为这些原因，国内外能够称得上具有经营哲学的创造性企业家确实不多。在日本，松下电器公司的创始人松下幸之助是大家所公认的，同时代的企业家中，索尼公司创始人井深大、本田汽车公司的创始人本田宗一郎，也居此列。而这些企业家去世以后，整体的形象就要淡薄得多，也就是说，能够得到大家公认的不像以前那么多了。笔者关注的有三位，分别是京瓷公司创始人稻盛和夫、7-11便利店创始人铃木敏文和佳能公司董事长御手洗富士夫。在中国，由于按市场竞争原理经营企业的历史还不长，能够称得上具有经营哲学的企业家就更少，笔者关注的是海尔集团的掌门人张瑞敏、联想控股董事会主席柳传志，娃哈哈创始人宗庆后等企业家。

四、创造型企业家的个性特征

所谓个性，是一个人的言行中体现出来的相对稳定的心理属性，也称人格特性，如开朗、豪爽、善交际、刚直不阿、言行一致、低调、内向、多愁善感、优柔寡断、言行不一，等等，都是人们在评价某个人时所用的语言。之所以强调相对稳定的心理属性，是因为我们不能看到某人某日某时哭了就说他的性格软弱、爱流泪，只有在长期的接触中经常看到他在为一些不那么重要的事情流泪，我们才可以这么说。与此同时，我们可以知道，每个人的个性是不一样的，医学研究告诉我们，即便是单卵双胞胎，其个性也会因环境的不同而不同，所以我们可以说，世界上不存在两个个性完全相同的人。

既然每个人的个性是不一样的，研究创造型企业家的个性有什么意义呢？意义肯定是有的。前面一节谈到了具有经营哲学的创造型企业家并不多，那么在研究创造型企业家时更多的就是研究他们的个性特征了，希望通过研究来总结出一些规律性的东西来。例如，如果把"好奇心、探究心、事业心、执着、百折不挠、知人善任、胸襟宽阔等是创造型企业家的共同个性"作为一种假说的话，我们能不能在新的研究中验证呢？如果得到验证，我们就可以在学校教育和企业教育中加强这方面的训练，以培养更多的创造型企业家。

事实上，上面提到的创造型企业家的个性特征，在笔者所研究的张瑞敏和柳传志身上都得到了验证。张瑞敏非常好学，阅读过许多古今中外的名著，在业界有"儒商"之雅称，这一点可以从他在接受媒体采访时经常引用古典名著中的格言可以看出。他的探究心体现在对问题发生时的追根寻源，对自己不熟悉的事物要问为什么，对行业界的新动向透过现象看本质等各个方面。他的事业心就更不用说了，1984年接任负债累累的青岛日用电器厂时就下了决心，要干就干出一番事业来。即使30多年后的今天，海尔已经成为中国最大的家电企业了，张瑞敏也没有松下来，而是在向更高的目标，即使海尔向做强的事业目标前进。张瑞敏的执著和百折不挠是被大家公认的，要不是他坚持做冰箱，坚持建海尔工业园，坚持走出去，也就不会有今天的海尔了。知人善任是张瑞敏得以长期领导海尔的法宝，他对下级的信任和委以重任，培养了一批中青年干部，同样造就了一批外国合作者，使他们甘心投身于海尔的发展。张瑞敏同样胸襟宽阔，他不会去计较竞争者、媒体或经济分析师的主观评价，一心想着消费者、员工和股东。

柳传志同样对新事物有着强烈的好奇心，或收集资料研究，或听取下属的意见，在他想通以后就会很快付诸实践，这一点可以在他设立联想控股有限公司并向风险投资、房地产及资本运作方面的拓展得到印证。当他率队在台湾参观时看到宏碁的贴牌生产非常先进却不打自主品牌时，赶紧召集全队成员探讨这是为什么，并及时地调整联想集团的国际战略。柳传志创业以来，始终以事业为重，长期面对的是收入少、待遇低的现实，但这丝毫没有影响他把联想集团建设成中国第一的电脑商的雄心壮志，而支撑他的就是强烈的事业心。不仅如此，他还要求联想的管理层要有事业心，要把个人的发展融合在联想的事业中去。执著和百折不挠同样在柳传志身上得到明显的体现。早期的联想不是国家定点企业，不能生产电脑，但他迂回香港，在做出一番成绩以后终于实现了愿望，当然，其中的千辛万苦没有使他气馁。柳传志知人善任，当他发现时任中科院外事处干部马雪征的才能以后，就认为那是大材小用，亲自与中科院交涉把马雪征挖了出来，后来马雪征成为联想集团的核心领导，为联想集团的发展做出了杰出的贡献。柳传志的胸襟非常宽阔，在领导联想集团期间，他曾遭到多次投诉和审查，但他始终不计较投诉人，经常反省，至今还认为那是自己最大的失败。当杨元庆继任联想集团的总经理后，在多元化经营上遇到重大挫折时，柳传志表现出的是关怀和鼓励，体现了大将风度。可以说，正是由于他的宽阔胸襟，才使杨元庆吸取教训而变得成熟。

那么，我们能否培养学生具有这样的个性呢？能否使他们较早地具有企业家的素质呢？答案是肯定的，因为斯坦福大学已经为我们做出了一个很好的榜样。

注

[1] 松村明. 大辞泉 [M]. 東京：小学館，1995:1825—1826.

本章主要参考文献

[1] 徐方啓. 中国発グローバル企業の実像 [M]. 東京：千倉書房，2015.

[2] 徐方啓. 中国発グローバル企業の実像 増補改訂版 [M]. 東京：千倉書房，2020.

[3] 徐方啓. 柳傳志：聯想をつくった男 [M]. 京都：ナカニシヤ出版，2007.

[4] 徐方啓. 日中企業の経営比較 [M]. 京都：ナカニシヤ出版，2006.

[5] 徐方啓. 资生堂一百年老店的中国市场战略 [J]. 企业管理，2010（6）：46-48.

[6] ハワード・シュルツ, ドリー・ジョーンズ・ヤング. スターバックス成功物語 [M]. 小幡照雄, 大川修二. 訳. 東京：日経BP社，1998.

[7] アルフレッド・P・スローン. 新訳 GM とともに [M]. 東京：ダイヤモンド社，2003.

第二十四章 创新管理（Innovative Administration）

一、创新管理的主体

创新管理是创造经营的一个重要的组成部分。在第二十章中，我们已经就经营与管理的分化做了比较详细的论述，这里不再展开。

管理的主体是企业的管理人员，其人数约占员工总数的 20%，所以业界有 20% 管理 80% 的说法，可见其重要性。管理人员处在经营层和普通员工的中间位置，担负上情下达和下情上传的重任。这里，上情下达主要是贯彻和落实经营层所制定的经营方针和发展战略，将抽象的愿景和模糊的数据转换成具体的竞争战术和可以验证的数据，以及为实施这些战术和达到目标而开展必要的生产活动。也就是说，企业的执行力首先通过管理层而体现，管理层不积极，那么执行力就会大打折扣，经营层的经营方针和发展战略就会落空。相反，管理层积极行动的话，执行力就不仅通过各级管理人员，还会通过一般员工的努力而得以体现。下情上传不是仅仅将普通员工的意见和要求事无巨细地传达给上面，而是应该从普通员工的意见和要求中发现事物的本质，然后加上自己的看法，必要时还要准备解决问题的预备方案，一起向上级汇报，这样才有助于上级进行分析和决策，因为上级所掌握的普通员工的信息很少，管理人员所提供的信息和预备方案就很重要。下面来举个简单的例子。某公司营销人员以不同的理由向销售科长反映说出差太累，不想去。如果销售科长只是根据公司的规定，直言"那怎么行？出差就是你的工作。"那么，这些员工的积极性就更低，更不想出差了。如果仔细想一想什么原因的话，也许会发现最近因物价上涨而出差补贴并没有调整，给员工带来了出差成本上升的负面影响，这样就找到了问题的实质，也就是说需要向上级反映销售人员出差成本的现状以及建议调整出差补助。如果出差补助真的提高了，而且营销人员的出差积极性也提高了，无疑有利于企业的发展。管理人员能做到这一步的话，就可以说是创新管理。

创新管理不同于传统意义上的管理，传统意义上的管理突出按部就班，只要按规定做事，不出问题，就是一个合格的管理者。创新管理则不同，要求管理者在管理中发挥创造力，使日常的工作变得更合理、更有效。下面我们就来探讨一下开展创新管理所必需的条件及其特征。

1. 管理人员首先要使自己成为创造型管理者

管理人员是人才，这是毫无疑问的。但是，无论在哪个企业，一线员工对管理人员的意见都很多，有的甚至很尖锐。这是为什么呢？原因就是管理人员虽然很努力，很认真地在尽自己的职责，但是没有发挥自己的创造力，结果不尽人意，拿张瑞敏跟我说的一句话来说，就是"辛辛苦苦地做无效的事"。毫无疑问，在这样的管理下，员工不高兴，工作热情低落，整个部门的绩效就上不去。而部门的绩效上不去，工资奖金就会受影响，员工的积极性就更低，造成恶性循环。

那么，怎样才能成为创造型管理者呢？首先要改变对于普通员工的看法。在中国，管理人员通常都受过高等教育，具有一定的专门知识，而普通员工未必如此。但是，正如我们在前面所反复强调的那样，如果仅凭学历就以为普通员工不具备创造力，那就错了。因为通过前面的论述，我们已经知道人人都具有创造力，只是程度不同而已。如果管理人员认识到这一点，就会不仅把普通员工视为管理的对象，还会把他们看成创新管理上不可缺少的合作伙伴，而不是高高在上，以为普通员工什么都不懂，只知道挣钱。但凡绩效不好的部门，仔细了解一下，就会知道其管理人员看待普通员工的基本观点有问题。能否改变这种落后的观点，是能否开展创新管理的大前提。20世纪80年代，笔者在江苏常州的国有企业推广创造学时就收集了不少普通员工的创造力的事例。

例如，矿山机械厂有一位许姓老师傅，没有中等以上学历，当然也没有职称，但是，当厂里遇到什么问题而技术人员无法解决时，就会把他请来，而他也经常不负众望，巧妙地解决了问题。总工程师跟我说了两个例子。一个例子是用户购买的大型行车在作业中出了差错，与其他物体相撞，大梁给撞瘪了，接到紧急修理的告急以后，工厂派了两名技术人员前去救急。技术人员的解决方案是要换大梁，但是用户不能接受，理由是成本高，停工时间长。没办法，厂里就派老师傅去，他在行车的上上下下仔细查看以后，就带了一把锤子钻进了大梁的空洞中，从里向外敲打，几十分钟以后，瘪下去的就突出来了，基本恢复到原样，用户非常满意。还有一个例子是，某用户购买了一台大型行车以后，由于车间的高度比行车低了几公分，行车进不去，这下麻烦大了，厂里派去的安装人员给出的方案是拆除厂房的屋顶，让行车进去以后再修复屋顶，但是用户不同意。没法子，工厂又派老师傅去了，只见他查看了车间的房屋结构以后，让人拿来多台千斤顶，在每一根柱子上装上一台，然后左右交叉慢慢地启动千斤顶，把屋顶顶上了几公分，行车就装进去了，然后再撤下千斤顶并加固柱子与屋顶之间的衔接。既完成了安装任务，又没有损伤车间的屋顶，干得非常漂亮。这个师傅的例子有力地验证了人人都有创造力的命题，结论是可信的。

如果管理人员能够做到这一点，那么接下来就是要改变对自己的评价。一般说来，在人事管理的自我评价方面，美国企业的管理人员有过高地评价自己的倾向，如夸大工作成绩，拔高自己的能力水准，回避存在的问题，等等。相反，日本企业的管理人员则有过低地评价自己的倾向，如少提工作成绩，提的话，也把成绩算在大家身上，不是自己一个人的功劳，直言不讳地摆出问题以及自己的不足并请求上级原谅，等等。中国企业是什么情况呢？虽然不能说百分之百，但笔者认为接近于前者。所以，管理人员要客观地看待自己，尤其是自己的不足，这样才会调整心态，发现他人的作用，才会去想怎样借助他人的力量，一起努力把工作做得更好。

当然，管理人员光靠自己的觉悟是有局限性的，即视野太窄，不知道外面的世界。这就需要接受一些必要的培训，如参加针对管理人员的创造力培训班，听听创造经营学讲座，阅读创造学的书籍，都有助于拓宽眼界和增长知识。

2. 管理人员要为员工创造有利于工作的环境

管理人员无论职位高低，手下都有一些普通员工，少则几个人，多则几百人，事业部长这一层次的管理人员手下的人更多。于是，怎样发挥这些人的作用，就要比管理人员自身的努力更重要。美国经营学家同时也是企业家的切斯特·巴纳德（Chester I. Barnard,1886—1961）指出，"领导力的本质就是组织整体的创造功能。"[1] 这就是说，作为一个部门的领导人，其领导能力是通过该部门整体的创造功能而得以体现的。

我们也可以视部门为一个团队，如果一个团队所产生的作用大于每一个成员的作用的总和，那么这个团队就有竞争力，反之则会失去竞争力。无论团队成功还是失败，作为团队负责人的管理人员都是最重要的因素。除了自己身先士卒，能为普通员工树立榜样以外，更重要的是为调动和发挥每个员工的积极性和创造性而打造有利于创造的工作环境。那么，什么是有利于创造的工作环境呢？我们可以从两个方面去进行解读。一是看得见的工作环境，如车间或办公室干净整洁，各种机器设备都得到良好的保养，即时生产所需要的最低限度的原材料和零部件都按规定的时间和规定的地点安放，工具和办公用品的摆放也很合理，走廊和室内有观赏植物，条件允许的话，还有提供自助饮料和小点心的休息空间，等等，在一些高科技企业，还可以看到让员工活动身体的健身设施或改善脑功能的吸氧舱。

另一个是看不见的工作环境，主要体现在关注普通员工的心理诉求，尤其是及时发现可能影响人际关系的负面因素，对员工提出的任何具有积极意义的建议，都予以评价和鼓励，哪怕是不能实现的建议，也不使用"那不可能""你太幼稚了"之类的扼杀句直接否定，而是对其积极性予以正面肯定以后，再建议对方在某些方面做进一步的改进，这样就有可能实现，等等。由此可知，看不见的工作环境主要与人有关，管理人员要做的就是帮助普通员工消除不利于工作的心理障碍，用现在流行的话来说，就是帮助普通员工减压。当然，管理人员不是心理咨询师，不可能面面俱到，那就可以借助外部专家的力量，如每个月安排一次心理咨询活动，让普通员工有一个倾吐不满的机会。在日本，大企业都配备专门的心理咨询师，为所有的员工提供免费咨询和解决问题。

除了上面叙述的两个方面以外，创新管理对管理人员的能力有些什么具体的要求呢？笔者在国内也好，国外也好，虽然有从事管理工作的经历，但都是在大学里，没有在企业工作过，所以，为了避免空谈空论，笔者重点阅读了一些具有人事与劳务管理的实际经验的专家的论著，从中获得了不少有益的启示。

日本有一家名叫 Karuku 株式会社的咨询公司，其董事长远藤仁（Endo Hitoshi）在管理人员的人事考核方面颇有研究。在其《Competency 战略的导入与实践》一书中，他将管理人员的能力归纳成 15 个具体的方面[2]，即：①财务能力；②商业头脑；③领导能力；④育人能力；⑤交涉能力；⑥解题能力；⑦决策能力；⑧创新能力；⑨沟通能力；⑩协作能力；⑪应变能力；⑫企划能力；⑬愿景能力；⑭服务能力；⑮主导能力。然后根据所管理的部门（如营业、生产、研发、人事、总务、财务、企划、客服、电话销售、采购、监察等）的特性选择其中的 7 种能力进行考核，但其中①财务能力、③领导能力、④育人能力是共同项，即每个管理人员都必须具备的能力。以下是笔者对这些能力所做的解读。

财务能力被列为各种能力之首是有道理的。管理人员每天都会接触各种财务数据，如原材料的成本、运输费、用电量及成本、机械设备的维修保养费、员工的工资奖金、每一天的生产量及销售额、附加价值、利润，等等，如果看不懂报表，不能从数据中看出成绩和问题，那就很难胜任。日本京瓷公司创始人稻盛和夫深知财务报表对经营者和管理人员的重要性，但又看不懂传统的财务报表，于是就自己探索，开发出了一种简单易懂的方法，并将它命名为"阿米巴管理"，关于这一点，本书的第四部分第二十六章中有所介绍。

管理人员要有商业头脑，不能只顾生产，眼睛只看到产品，要一边看产品一边看市场，即所生产的东西是否受到市场的欢迎，如不是，那就要尽快向经营层汇报，以便及时采取措施，避免出现更大的问题，同时，在给手下的员工下达生产任务时，既要强调质量，也要关注成本和利润的关系，销售部门的管理人员在听取普通员工的汇报时，要留心所汇报的信息中有无商业机会，等等。这些都是商业头脑的体现。

领导能力是每一个管理人员必需的基本能力。所以，日本企业在对中坚员工，即工作3年以上的干部候选人实施的内部教育课程中必定包含了"领导能力"的课程。

育人能力和领导能力比较容易混淆，但育人能力带有明确的目标，即要求具体培养哪一层的人。以瑞典的流行服装零售商 H&M 为例，如果一个店长领导有方，业绩良好，就会得到提拔，但是如果他/她没有培养一个能胜任店长的接班人，那么就高升不了，直到培养出一个新的店长为止，这是很有说服力的。

交涉能力也是各级管理人员的基本能力。因为在每天的生产活动中，他们面临许多需要交涉的场面。在企业内部，经常要与各个管理部门交涉，如对计划部门下达的生产指标和完成日期有疑问，就要与计划部门交涉；对技术要求过严而现有的设备跟不上，那就要和技术部门打交道；产品走红，加班生产也赶不上市场需求时，要与人事部门就招收临时工的事进行交涉；员工的工资单上有差错，又要代表员工与财务部门交涉；等等。而在企业外部，同样需要与各种供应商就质量要求、价格和供货日期等进行交涉；如出现质量问题而遭用户退货时，又会遇到用户提出的赔偿要求，那么，有关赔偿的标准往往成了交涉的主要内容；等等。由此可知，交涉能力强的管理人员能为所管理的部门带来益处，包括可用货币计算的益处和企业形象、口碑等不能用货币计算的益处。相反，如没有较强的交涉能力，就会使自己处于被动的局面。由于交涉能力的重要性，哈佛商学院、斯坦福大学商学院等著名大学的商学院都为 MBA 的学生开设了"交涉能力"（Negotiation）的课程。

解题能力即解决问题的能力对每一个人来说都很重要，但是管理人员遇到的机会比普通员工要多，所以要求也更高。企业无论规模大小，每天都会出现各种各样的问题，有的与机器设备有关，有的与原料和零部件有关，有的与资金有关，还有的与人有关，其中，与人有关的问题最难解决。因为其他问题都与物有关，不带感情，是静态的，而人是有感情的，感情的变化会反映到工作上来，还会影响到他人，是动态的，所以最需要解决，也最难解决。解决的好，员工心理上的疙瘩就会消除，周围的员工也不会感到不安，整个部门的气氛就会变得轻松活跃，正能量随之产生。但是，如果解决的不好，那么员工本人的情绪就会更加低落，甚至请辞，周围的员工也会担心什么时候轮到自己头上，这就会成为负能量，给工作带来困难。

决策能力对管理人员来说也很需要。当然，与经营层的决策相比，管理人员的决策主要是对所在部门的各项工作而言，不在一个水准上。日常工作中，需要决策的地方很多，如根据生产任务来定每周上生产线的人数，原材料不够时能否使用其他材料替代，生产线上出现有人身体不适缺位时是否安排办公室里的员工临时补缺，生产跟不上销售时要不要星期六或星期日加班，等等，都属于决策。

创新能力我们已经论述了很多，其重要性及其具体的内容已经不言而喻，所以这里不再重复。

对任何人来说，与人沟通能力都是一种基本能力。一个人活在世上，从小到大，要和不计其数的各种各样的人打交道，交流看法，也就是互相沟通，以形成互相理解和共存的社会。有的人不善于与人沟通，对各种事物有自己的看法也不说，那么，周围的人也不会和他交流自己的想法，久而久之，就容易产生误会和不信任，给组织带来不和谐的氛围。所以，管理人员是否善于与人沟通就很重要。举个例子来说，某企业有一个车间，前一个车间主任在位时，奉行多做事少说话的个人行为准则，所以只管自己做事，很少与员工沟通，结果整个车间的氛围死气沉沉，感觉不到活力，当然业绩也不好。新来的车间主任就不一样了，除了自己做事，休息时间总会和员工聊聊家常，员工也乐于和他沟通，车间的氛围变得轻松愉快，业绩自然就上去了。员工还是同样的人，但管理人员换了，管理方式也变了，结果却大不一样，这是一个说明管理人员与人沟通能力的重要性的例子。

协作能力指的是与企业内其他部门或者是企业外的组织如大学、研究所或其他企业合作，共同开发某个产品（或服务）或解决某个问题的能力。某部门的管理人员在接受比较复杂的任务而部门内的经营资源又有限时，就会与企业内的其他部门进行协作，但这种协作的主要目的是寻求其他部门的援助。如果想开发一个前所未有的产品或服务，自己的力量是明显不够的，这时协作就更有必要，尤其是现在这样的网络社会，开放式创新越来越频繁，而开放式创新的一个基本形式就是协作，它要求协作各方都贡献智慧和提供经营资源，而不是单方面地接受他人的援助。

管理人员在工作中经常会遇到突发性事件，如员工的工伤事故或急病、自然灾害、断电、机器故障，等等，这时就在考验管理人员的应变能力，要求管理人员迅速了解具体情况，然后采取应急措施，而不是仅仅向上级汇报并等待指示，如是后者，就容易延误宝贵的时机，造成更大的损失。2011年3月11日东日本大地震发生时，就出现了这样的情况，有的企业不管老总在不在，车间主任马上停工并疏散员工，而有的企业管理人员惊慌失措，不知道怎么办才好，这样损害就更大。某小学因为在疏散儿童时指错了方向，就导致几十个儿童被海啸卷走。其实，应变能力与管理人员的心理素质和日常的训练有关。当然，心理素质不是短时间内可以改变的，需要长期努力，而日常的训练则是可以做到的，如有的企业设定每年的某一天为"消防日"，连续100天无事故的话，增发"无事故奖金"，等等，都可以视为提高管理人员和普通员工的应变能力的积极措施。

企划能力始终是企业制胜的一个法宝，它要求管理人员能够提出富有创造性的设想并付诸实施，所以本质上是创造性思维的一个具体的体现。当然，管理人员自己的创造性设想毕竟有限，所以能否发动普通员工参与提设想就成了关键。一个好的企划，可能带来多方面的积极效应，如加强与消费者的互动，了解各种年龄层的消费者的消费心理；

促进新产品的销售，及时获得市场的反馈；提高品牌的知名度，改善企业形象；提高全体员工的士气，增强发展的后劲；等等。在网络社会的今天，各种广告纷至沓来，但是，真正给读者和视听者留下印象并激起消费欲望的并不多，原因就是千篇一律，雷同化的信息太多。而一个新产品如果成功的话，其背后一定有很多成功的企划在发挥作用。笔者在指导学生时，如发现某人平时有些小聪明或喜欢出点子，就会鼓励他毕业后去应聘企划部门，因为这样的学生适合做企划。

企业的愿景由谁来描绘？答案当然是企业的经营层尤其是老总，但他描绘的整个企业的愿景，一般都比较抽象，如"若干年后做到行业内第一""打遍国内市场无对手"等。与此相比，管理人员描绘的是本部门的愿景，也比较具体，让员工们感觉不是那么遥远，如"五年内成为企业内绩效最好的部门""连续1000天无事故"，等等。对管理人员来说，愿景能让普通员工看到希望，产生自豪感。当然，愿景也不能脱离实际，要让普通员工可望也可及，即通过努力有可能实现，如果太脱离实际，普通员工认为不可能实现，那就没有意义了。

假如管理人员有理发、烹饪或摄影方面的技能，也愿意为普通员工提供免费服务，那当然是一种服务能力。但是，更重要的是为普通员工提供服务的精神。如员工遇到困难时，及时了解并帮助解决；员工有学习需求时，为其提供听讲座的机会；员工失去亲人时，亲自前往慰问；等等，都可以理解为服务能力，这样做都会使员工感受到组织的温暖，产生正能量，有利于今后的工作。

最后一个是主导能力。"主导"这个词经常被用在"在竞争中掌握主导权"这样的语句中，意思是要主动，不能被动。对管理人员来说，掌握主动，就是能看到事物发展的方向，事先做好准备，不至于临阵磨刀。例如，超市A的附近又出现了一家超市，而且不是同一家企业，是竞争对手故意前来搅局，前来挑战的，那么，超市A该怎么掌握竞争的主导权呢？如摸清对方促销的规律，然后在对方开始促销前一个星期抢先促销，以打乱对方的阵脚。再比如，竞争对手开始降价了，自己要不要降价？根据竞争战略大师波特的理论，只有行业中的老大，才会在价格竞争中胜出，所以不是行业中老大地位的企业，绝对不要轻易应战，而应该在产品的质量和服务上做文章，让消费者感到真正的实惠，这样就能抵御对手的价格战。这些都可以视为主导能力的体现。

二、创新管理主体的外部环境

由第一节我们已经知道创新管理的主体是管理人员，即一般所说的中层干部。但是，中层能否开展创新管理，有自身的原因（内因），也有外部的原因（外因）。第一节主要论述了内因，本节主要论述外因，即管理人员所处的外部环境。

笔者在研究中美日企业的管理人员所处的环境时，发现一个有趣的事实，那就是三个国家的企业对于中层干部的认识有很大的不同，美国企业对中层干部的存在可以用"无视"一词来表示，各种与管理有关的理论，也对中层干部的存在持批评的态度，对此我们可以从组织结构的变迁上找到证据。例如，组织结构的扁平化，实质就是压缩中层，而压缩中层意味着否定了中层的存在价值，也就是无视他们的作用。经营状态不佳需要裁员时，最先进入人力资源部的裁员名单的也是中层干部，因为他们的增减，不直接影响到生产活动，用德鲁克的话来说，他们是企业中的"非生产"人群。所以，美国企业盛行"中层无用论"。

日本企业则不然，对中层干部的存在也可以用一个词来表示，即重视。受谁重视？当然是上层，即经营层。由于受到重视，日本企业的中层干部工作也特别努力。大企业中工作时间最长的不是企业的经营层所处的上层，也不是普通员工所处的下层，而是管理人员所处的中层。他们从进公司以后，就一直在工作现场勤勤恳恳地工作，并有了实际的业绩，从而得到提升，但提升的速度很慢，通常是在一个岗位上工作几年以后，平调到另一个部门，几年以后再次平调，经过几次平调以后，才会提升半级，如从副科长提升到科长，不会越级提升到副处长。因为日本企业看重的是经历，在多个部门工作过的干部，最熟悉本企业的运作和各种规章制度，而且能够沉得住气，在同一个企业工作几十年的话，其知识、能力、忠诚心以及性格等，已经被上层充分了解，随时都有可能进入经营层，成为一名董事会成员。对大多数工薪阶层干部来说，退休前能进入董事会是人生的最大目标，而有幸被推选为副总经理以上职务的话，那就是喜出望外的事了。进入上层以后，他们的工作节奏就放慢了，已经不需要像中层时那么玩命地干了，因为他们每天的日程都有总经理办公室的秘书们在管理，用不着他们操心了，工作的内容也变了，从运作所管部门每天的生产活动并解决与此相关的问题为主，向开会、看报告、批文件、签字盖章等程序性工作、参加企业加盟的关联团体（如经济团体联合会，简称经团联和各种行业协会）和政府部门（如经济产业省）主办的各种活动，以及大企业高管们出入的社交场所（如高级俱乐部、高尔夫球场）等为主的活动转变。于是，他们变得悠闲了，体重增加了，脑子也迟钝了，也就不那么优秀了，需要做决策的时候，也是先召集各部门优秀的中层开会，组建一个工作委员会，让委员会去研究，然后递交一份研究报告，高管们再逐个盖章，直到最高一级总经理（或 CEO）为止。这样的决策过程在大企业中很普遍，被称为"禀议制"。禀议制的长处是参与决策的人多，尤其是熟悉各种事务的中层干部为主的委员会的存在，减少了做出错误决策的风险，每一个盖章的高管也知道决策内容，所以是一种集体参与、共同承担责任的集体决策过程。但短处是决策过程慢，虽然高管们通常都在同一栋楼里办公，但禀议文件从一个办公室送至另一个办公室往往需要很长的时间，这就容易因时间差而出现差错，即禀议完了以后，实际情况已经发生变化，甚至失去商业机会。通过上述论述，我们可以知道，日本的大企业事实上是中层在实际运作，这就是中层受重视的主要原因。中层在大企业受重视的话，学术界当然会发声称赞，出版了不少著作[3]，更加助长了这种风气。

但是，根据笔者的研究，中层干部在日本的大企业虽然受到重视，但长期的超负荷工作，使他们成为企业中死亡率最高的群体。日语中有一个单词叫"过劳死"（Karoushi），意思是劳动过度而意外死亡，估计在其他语言中没有这样的词语。1991年，日本全国过劳死遗族会曾编写过一本书，由教育史料研究会出版，书名叫《日本是否幸福》。[4] 书中介绍了54个过劳死的案例，其中中层占了将近一半，足以证明笔者的论断。

那么，中国企业的中层处于什么样的环境呢？同样用一个词语来表达的话，那就是"轻视"。轻视不同于无视和重视，是表面上重视实质上无视的一种心理状态。对普通员工来说，中层管理人员是他们的顶头上司，不能不听从，但是心里不是很情愿，尤其是发现顶头上司在知识、技术或能力方面存在短板还不如自己时，就容易萌发瞧不起顶头上司的念头。当这种念头仅仅停留在个别人的身上时问题还不大，如果影响到其他人，形成一种阻力的话，中层管理人员的工作就很难做，而工作难做，得不到普通员工的支持的话，也就谈不上创新管理了。改变这种状况的办法有两个，一个是自身的努力，弥补自己的短板。另一个是高层的支持，如果高层信任某部门的中层干部，那就要在适当的场合公开表示赞赏，这样，轻视中层的现象就会得到改善。如果高层也不表态，那就说明高层对某个中层干部已经失去信心，那就应该尽快换上合适的人，以免耽误工作。

三、创新管理的案例

案例：近畿大学广报科

近畿大学位于日本的大阪，创立于1925年，是一所拥有文学、法学、经济学、经营学、理学、工学、建筑学、农学、水产、医学、药学等14所学院的综合性私立大学，现有师生50800人。

在日本，二战前的7所帝国大学即现在的东京大学、京都大学、东北大学、九州大学、北海道大学、大阪大学和名古屋大学，占有了不可动摇的地位，属于全国782所高校（其中，国立大学86所，公立大学93所，私立大学603所，[5]）中的第一梯队，第二梯队也以国立大学为主，如东京工业大学、一桥大学、神户大学等，加上私立大学中的佼佼者，即早稻田大学、庆应大学、上智大学和东京理科大学，大约二十几所大学。接下来的梯队比较难分，仅以私立大学为例，分东西两大阵营，东日本以MARCH（明治大学、青山学院大学、立教大学、中央大学、法政大学的校名首字母）为首，排在它们后面的是"日东驹专"（日本大学、东洋大学、驹泽大学、专修大学）。西日本以"关关同立"（关西大学、关西学院大学、同志社大学、立命馆大学）为首，排在后面的是"产近甲龙"（京都产业大学、近畿大学、甲南大学和龙谷大学）。以上排名是教育界和媒体的评价，时间一长就成了日本社会对大学排名的固定概念。于是我们可以知道，在全国私立大学中，近畿大学的排名大约在20位左右，若把国立和公立大学也计算在内，那么其名次就在100位左右。

另一方面，随着少子高龄化社会的发展，日本的出生人口持续下降，2018年的出生人口已经跌破100万人。2018年度，日本的高中毕业生的总数为106万人，想考大专院校的人数在60万人左右，升学率为61.8%，而全国的大学招生总数也是60万人左右。这就是说，只要某人想上大学，那么总会被某所学校录取的，因为日本的大学都是自主招生，而且招生的时间拉得很开，从每年的9月份至第二年的2月份，考生可以一个接着一个地考，例如，第一所学校考砸的话，可以去第二所学校报考，直到录取为止。对于实力强的考生，也会先考比理想中的学校低一个档次的学校，以适应考试环境和测试自己的能力，然后再考下一所学校，直到满意为止。

在这样的情况下，为了争夺有限的考生资源，各个大学都使出了浑身解数，在宣传上大做文章，展开了激烈的竞争，传统的排名和知名度的作用已经大大降低。可是，结果如何呢？出现了两极分化的现象，有人气的大学考生云集，没有人气的大学冷冷清清，其实招不满的大学在逐年增加，其比例已经达到私立大学总数的一半。那么，近畿大学的情况如何呢？大多数人都认为排名100位左右的大学不会有什么惊天动地的事，但奇迹还是发生了，近畿大学竟然连续6年摘到了考生人数全国第一的桂冠。这是为什么呢？下面就从创新管理上去分析其原因。

世耕石弘大学毕业以后就职于日本最大的私营铁路公司近畿铁道，在几个部门工作以后，被调入广报科。广报科类似于中国企业的宣传科，主要的任务是为提高企业形象而开展各种宣传造势活动。2007年，因报考人数的持续下降而犯愁的近畿大学，把已是近铁公司广报科长的世耕石弘挖了过来，任命他为入学考试中心广报科长。很显然，这个职务的目的就是要他去招揽考生。世耕对大学的招生体系并不熟悉，但他的专长是广报，就想在广报上做文章。他去拜访多所高中，倾听学校领导和学生的意见和建议，效果都不是很好，有时还吃了闭门羹。但他并不气馁，一边摸情况一边考虑对策。他知道自己一个人的力量是有限的，一定要把全科15人的积极性和创造性都调动起来才能形成合力。

对外宣传的一个重要手段就是登广告，每年的招生季节，各所大学都会登广告，但是登广告的费用昂贵，为了节省开支，几十所大学联合起来登一个版面的广告也就成了惯例。迄今为止，近畿大学也是这么做的。与广告商有过多年打交道的经验的世耕知道这种方式的广告效果并不理想，所以决定不再这么做，改为单独登广告的方式。在一般人看来，单独登广告的话费用不是更多了吗？但世耕自有谋略。从前，要登广告的话，只要给广告公司打个电话，对方就会派人来，了解了意图以后就签一个广告代理合同，后面就只剩付款了，即广告主不用费心，全都交给广告公司了。世耕的做法是广报科自己动手设计广告，这就要求每一个人都开动脑筋，出主意想办法。习惯于承包给广告商的科员们开始有点不适应，但是在世耕的鼓动下改变了立场，而且发现这样做的乐趣，既节省开支，又能看到自己的成果。当他们得知阪神电铁将与近畿铁道相连接，从神户方向来学校的时间将缩短15分钟以后，就在"近"字上做文章，设计了以两家铁路公司连接后的运营图为背景、"近畿大学更近了"为广告词的印刷广告，然后投放到两家铁路公司的列车上，结果当年来自兵库县（神户市是兵库县的首府）的考生就增加了1500人。

  大家知道，开学典礼是大学的最重要活动之一，但内容基本上都是一个模式，例如校长致辞，地方首脑代表应邀的来宾致辞，然后是著名校友发言，等等，对新生来说，很少留下深刻的印象。几十年来，近畿大学一直沿用这个模式，也没有人觉得有什么不妥。但是，从考生人数的减少上感觉到危机的理事长想改变这种情况，于是，他给广报科长世耕石弘下了一个指示，"把开学典礼搞得有趣一点吧"。这是一个暧昧的指示，是理事长的一个期盼，究竟怎么去实现，要看世耕科长的本事了。

  世耕也对千篇一律的开学典礼感到不满，但要改变的话可不是一件容易的事，首先遇到的是守旧观念，每年在开学典礼的舞台上就座的院长以上领导，已经习惯了这样的开学典礼，谁也没想过要改，现在有人说要改，反而觉得奇怪。于是，世耕要花时间去说服各位领导，让他们理解其意义，领导们都是学者出身，当然能够理解，但还是对改到什么程度表示担忧。确实，世耕自己心里也没有底，不敢打保票。

  世耕回到科里以后，发动科员们去观察当下青少年的兴趣爱好，上班时就交流信息，要找有趣的话题时少不了开展"头脑风暴"，日复一日，各种创意层出不穷，科员们的表情也由阴天变成多云转晴了。在日本，人们对年轻人的批评多于称赞，认为他们做什么事都没有热情，所以什么事都做不好。但是，笔者注意到一个事实，那就是当某个流行歌手举行现场演奏会时，成千上万的年轻人会从全国各地云集而来，其场面颇为壮观，难道这不是他们的热情吗？所以，问题不是他们没有热情，而是大人们没有策划出能激起他们的热情的事情。值得庆幸的是世耕石弘在与科员们的共同作业中明白了这一点，他决定把开学典礼同明星的现场演奏结合起来。有个叫寺田光男的著名音乐家（艺名Tsunku）是近畿大学校友，世耕就去拜访他，希望他为母校的发展做一些事情。Tsunku欣然接受，条件只有一个，那就是由他一手操办，途中不要干涉，世耕当然同意。

  2014年4月1日，当Tsunku导演的开学典礼拉开帷幕时，人们看到的是一个欢乐而富有激情的场面，在学生管乐团演奏的乐曲声中，学校的女生啦啦队蜂拥而上，助威造势，各种彩灯、贺纸同时启动，俨然是一个大型歌舞晚会的中心会场。接着是手持一把吉他边弹边唱的Tsunku的登场，后面又是他从全校女生中招聘和组建的"近大歌舞团"的表演，仅仅几个月的时间，校园里居然出现了不亚于专业团队的"近大歌舞团"，让人们惊叹和赞赏Tsunku的眼力和才干。不用说，高潮一个接一个的到来，让7800多名新生坐不住了，马上合着乐曲的节奏手舞足蹈起来。看到这一场景，世耕终于放下心来。这样的开学典礼，让人们大开眼界，学生们在兴奋之余，纷纷拿出手机记录这个令他们难忘的活动，然后通过各种媒体向他们的亲戚朋友发送。这以后，近畿大学的开学典礼成了每年3月底至4月初的全国性话题，前来采访的媒体络绎不绝。

除此以外，广报科还做了许多事，如每年向媒体发送四五百件新闻稿，主动介绍近大校园里发生的各种活动，有教授们的研究成果，有学生们的获奖纪录，也有对外交流的动向，等等。还制作了全校教师的花名册，注明每个人的研究领域，可以承担哪些方面的专家咨询，然后发给各大媒体，一旦社会上发生什么突发事件，媒体就能迅速找到相关的专家，所以，近畿大学的教授们接受媒体的采访机会是很多的。

现在我们通过图24-1再来看看这几年近畿大学的考生人数的推移吧。

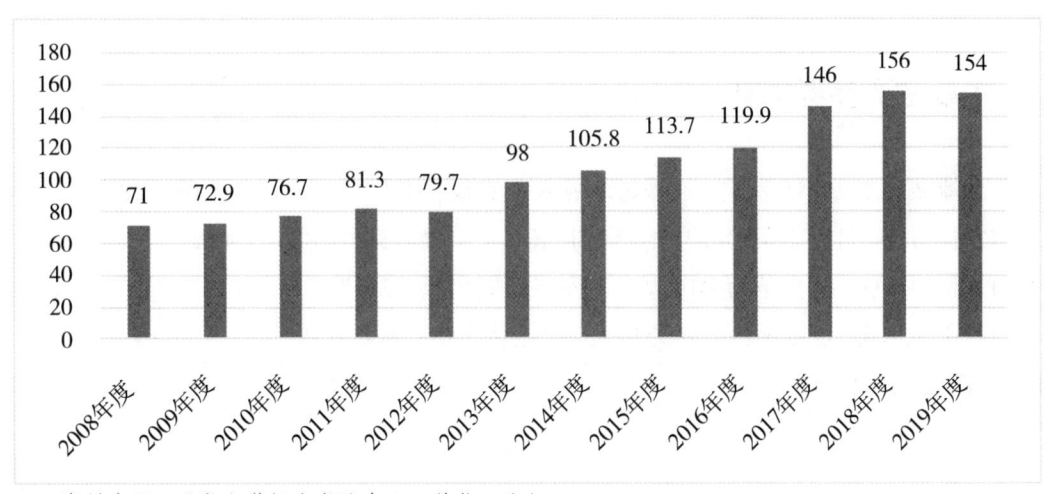

资料来源：近畿大学招生考试中心。单位：千人。

图24-1 考生人数的推移

由此可见，2008年以后，近畿大学的考生人数不到10年就增加了一倍多，其中，2014年开始连续6年为全国第一。不言而喻，在如此激烈的生源争夺竞争中，近畿大学能做到六连冠的原因是多方面的，与近畿大学的综合实力密切相关，但是，以世耕石弘为首的广报科在这过程中发挥的作用也是有目共睹的，功不可没。私立大学与私营企业有很多相同的地方，大学里的职员也相当于企业里的员工，世耕石弘是科长级中层管理人员，他所领导的广报科成绩显著，那就说明他的创新管理是成功的。

注

[1] C.I. バーナード. 新訳経営者の役割[M]. 山本安次郎，田杉競，飯野春樹，訳. 東京：ダイヤモンド社，1968: 294.

[2] 遠藤仁. コンピテンシー戦略の導入と実践[M]. 東京：かんき出版，2000：282-303.

[3] 寺本義也. パワーミドル[M]. 東京：講談社，1992；田坂広志. 創発型ミドルの時代[M]. 東京：日本経済新聞社，1997；金井壽宏，米倉誠一郎，沼上幹. 創造するミドル[M]. 東京：有斐閣，1994；野田稔. 中層管理研究会. 中堅崩壊 ミドルマネジメント再生への提言[M]. 東京：ダイヤモンド社，2008.

[4] 全国過労死を考える家族の会. 日本は幸福か[M]. 東京：教育史料出版会，1991.

[5] 本节中的统计数据来自日本文部科学省 2018 年 12 月 25 日公布的"平成 30 年度学校基本调查"。

本章主要参考文献

[1] 遠藤仁. コンピテンシー戦略の導入と実践[M]. 東京：かんき出版，2000.

[2] 徐方啓. 日中企業の経営比較[M]. 京都：ナカニシヤ出版，2006.

[3] 世耕石弘. 近大革命[M]. 東京：産経新聞出版，2017.

[4] 山下柚実. なぜ関西ローカル大学"近大"が、志願者数日本一になったのか[M]. 東京：高文社，2014.

第二十五章　创造经营学的发展方向（The Development Direction of Creative Management）

一、创造经营学的学科位置

由上所知，创造经营学源于经营管理学和创造学，是两者交叉结合的产物。另一方面，20世纪90年代中期以来，以野中郁次郎、竹内弘高所著《知识创造企业》一书为开端，世界范围内掀起了与知识有关的研究热潮，包括知识学习、知识创造、知识管理、知识经营、知识科学、知识经济、知识社会等多个方面，所谓学习型组织的理论也与此有关。在这一系列的研究中，笔者认为最重要的是知识创造和知识经营。任何一个企业，只有创造出知识并在组织中渗透，才能将知识物化，开发出富有竞争力的产品。而知识经营指的是通过经营活动，给已有的知识增加附加价值。这里所说的已有的知识，当然是形式知，即已经用语言、文字、符号、图式等明确表述了的东西，如专利说明书、设计图纸、工艺流程、产品使用说明书等，通过经营活动，使这些知识具有更高的附加价值。这种时候，与其说生产和销售产品，不如说生产和销售知识。知识经营的最典型的活动就是技术贸易，如专利使用权、商标使用权的转让、技术指导、经营顾问的派遣、连锁店的许可经营，等等。

A＆Y商务创新中心的如迪·拉格勒斯和施乐公司知识财产中心主任但·霍尔茨豪斯认为，知识经营是"为了更有效地创造、获得和利用知识而对基础设施（如技术与空间）、过程、知识资本（内容）和内部结构（如激励、指挥系统、团队）进行重组。"[1]

知识科学是研究知识的创造、管理和经营的科学，诞生于20世纪90年代中期，其标志有两个：一个是1995年，野中郁次郎教授受日本文部省的委托，在北陆尖端科技大学创设了知识科学学院，首先招收专攻知识科学的硕士生，1998年起招收知识科学博士生，从而引起了日本及世界学术界的关注。日本的文部省将此学科列为21世纪重点建设学科而投入巨额资金，企业界也以"捐赠讲座"和联合研究的名义提供赞助，所以至今已经培养了50多位知识科学博士，推出了一大批研究成果。另一个是加州大学伯克利分校哈斯商学院在 2000 年设立了"施乐知识学冠名教授"席位，而摘此桂冠的恰恰是野中郁次郎教授，欧美的媒体以很大的篇幅报道了学术界这一动向，并给了野中教授一个雅号——"Mr. Knowledge（知识先生）"。自此以后，有关知识科学的国际会议、学术刊物犹如雨后春笋似的出现，成为全世界学术界的热门话题。

笔者有幸成为野中教授的关门弟子，充分领略了学术大师的风采，在导师的言传身教中学到了怎样做学问和怎样做学人。从另一个角度来说，深感弟子对导师的最大的报答就是为推动导师开创的事业添砖加瓦，也就是巩固和发展知识科学。如上所述，笔者以研究创造经营学为主，但是当导师开创的知识科学红红火火时，自然也会考虑如何将两者结合起来，于是就有了一些新的概念。2007 年 11 月 6 日，在母校北陆尖端科技大学知识科学学院邀请笔者为他们主办的"知识科学国际会议"上做主题讲演时，首次披露了论述知识科学、创造学、经营学三者之间的关系的新观点，引起与会者的兴趣。

笔者认为，知识创造理论是知识科学与创造学交叉的结果，创造经营学是创造学与经营学交叉的结果，知识经营学是知识科学与经营学交叉的结果，所以，知识科学与创造学、经营学交叉的话，将产生知识创造经营学，三者的关系可以用图 25-1 来表示。

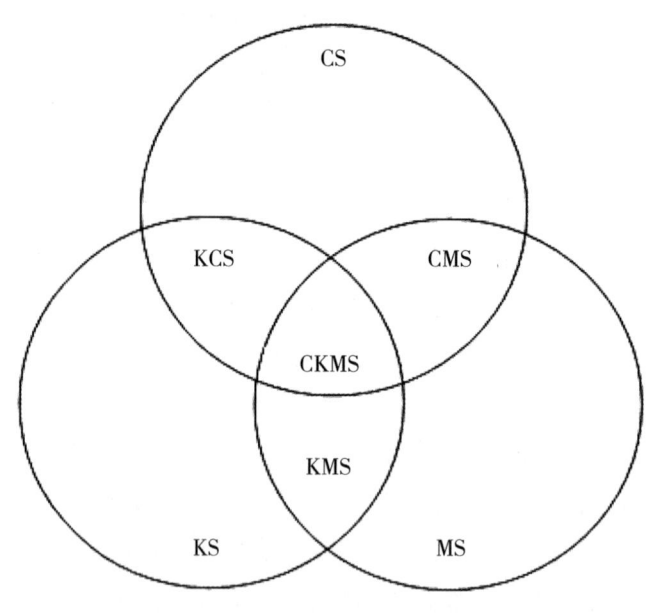

图 25-1 学科之间的关联性

图中的 CS 表示创造学（Creative Studies），MS 表示经营学（Management Science），KS 表示知识科学（Knowledge Science），CMS 表示创造经营学（Creative Management Science），KMS 表示知识经营学（Knowledge Management Science），KCS 表示知识创造学（Knowledge Creative Studies），CKMS 表示知识创造经营学（Knowledge Creative Managemnt Science）。

不用说，这些概念仅仅是对三者之间的关系的一种预测，要想验证它们之间的关系，还要花相当多工夫，这里暂且视其为抛砖引玉吧。

二、概念的外延

根据上面的论述，我们知道创造型企业可以从定量和定性两个方面去进行评价，从定量的角度来说，有知识产权（包括专利、商标、著作权）、国家或国际认证（ISO9000、环保标准、免检商品等）、国家或国际获奖、新产品及财务指标等，从定性的角度来说，则有消费者的评价、媒体的评价等，也就是说，哪些企业是创造型企业并不难解释，难的是找到以后研究什么。根据笔者的体验，我们要研究这些企业为什么被誉为创造型企业，是否有强有力的创造型企业家，在经营过程中是否体现了创造力开发的原则，以及他们的经验能否推广到其他企业，等等。通过这样的研究，找出创造型企业和创造型企业家的共同因素，就能为培养更多的创造型企业家的后备队，提高中国产业界的竞争力的整体水平做出贡献。

但是，正如前面分析日本企业中的创造型企业的数量时所论及的那样，笔者推测上市公司中的3%、未上市公司中的1%可以达到这个要求。由于中国企业大多处于发展阶段，制度建设尚不健全，各种数据中的可信度还比较低，所以能满足要求的企业就更少，这就给我们的研究带来了困难。于是，我们就会对创造型企业的选择标准做一些变通，即只要是行业的领头企业，都可以视为创造型企业，即不一定非得从定量和定性两个方面去评价，这样就比较现实了。因为一个企业如果能做到行业中的领头羊，那就可以肯定地说他们很好地发挥了创造力，否则的话是做不到的。

所以创造型企业概念的外延，实际上就是根据实际情况，扩大了我们的研究范围，这样就可以找到更多的研究对象。因为这个原因，在日本，笔者既研究本田、佳能这样属于世界500强中的创造型企业，也研究只有6个员工的冈野工业这样的企业，后者在手机电池密封盒领域成为唯一能够生产达到手机制造商的技术要求的企业。

同样，对于创造型企业家，也有这样的问题。如果我们只看到松下幸之助、井深大、山姆·沃顿这样全世界公认的企业家，那就会限制我们自己的行动，因为这些创造型企业家已经去世，要研究其企业行为和企业环境的话，作为一种延续，自然会与现在的经营层打交道。

因为这个原因，我们不能要求创造型企业家的每一项决策都具有创造性，都是成功的。人无完人，张瑞敏也好，柳传志也好，都有过许多次失败，但是，失败使他们变得成熟，失败使他们走向成功。所以，只要一个企业家的所有决策中的多数决策，或者说最关键的决策具有创造性，我们就可以称其为创造型企业家。

三、研究方法

由于创造经营学是创造学和经营管理学交叉的结果，所以，两者的原有的研究方法都可以应用到。但是，为了突出创造经营学的特征，笔者在这里强调的方法更注重深入企业和社会，以近距离观察企业和企业家，这样才能获得第一手资料。

1. 实地考察法

所谓实地考察，就是要深入到企业的现场去进行观察和采访，以便掌握第一手信息。在进行实地考察之前，首先要对该企业作充分的研究，如企业的历史、发展过程、技术水平、产品特色、市场评价、财务数据，以及与企业家有关的信息。在这过程中，要有意识地从以下十个方面去发现线索：

（1）该企业的核心竞争力是什么？

一个成功的企业，都有其核心竞争力，只是所体现的领域不同而已，如有的体现在技术上，有的体现在产品上，也有的体现在服务上，等等。找出核心竞争力以后，可以在采访企业家时进行确认。

（2）该企业是否遇到过重大的危机？是怎么克服的？

任何一个企业的发展过程都不会一帆风顺，肯定遇到过许多危机，那么，该企业是怎么克服各种危机的，这其中就包含了企业家的创造性思维，是绝好的案例。

（3）该企业最大的成功是什么？

一个企业成功的原因有很多，但肯定有一个成功决定了该企业的命运，在这过程中，企业家的各种创造能力都将得到充分的发挥。

（4）该企业在同行中的地位如何？

创造型企业通常都是行业中的领头羊，在这里，无非是确认而已。

（5）该企业的创始人的个人知识和经验的背景如何？

企业家的个人背景中，包括学历、经历、兴趣爱好、个性特征等。通过学历，可以知道其专业领域和大致的程度；通过经历，可以判断其有无实际工作的经验；通过兴趣爱好，可以知道其修养与知识面的程度；通过个性特征，则可以了解其创造人格。

（6）该企业的主要竞争对手是谁？

通过了解其主要竞争对手，可知其竞争的激烈程度，也就能知道该企业的创造水准。

（7）该企业有哪些创新？

对一个创造型企业来说，创新体现在各个方面，所以注意观察并收集创新的事例，有利于我们对该企业有一个比较全面的理解。

（8）该企业的发展过程中是否体现了创造力开发的原则？

这是一个很重要的方面，是对笔者的论点进行验证。

（9）该企业的经营层是不是已经形成了富有战斗力的创造型团队？

一个创造型的企业，必定有一个创造型的企业家，但是，光靠一个人，再有天大的本事也是不行的，还需要一个富有战斗力的团队。

（10）该企业的发展前景如何？

企业的发展前景很难预测，要根据已有的信息，结合外部大环境的变化，以及企业的发展战略去进行考察。

预备性研究的信息主要来自企业的网页、公开发表的年报和公告、企业家在各种场合的发言，以及媒体的报道。如果研究对象是一家上市公司，那么由证券交易所披露的各种信息都很有价值。至于媒体的报道，要注意区别，一般来说，电视、电台、报纸、杂志等传统媒体所报道的东西，可靠性要相对大一些，而通过因特网转载的各种信息失真的可能性较大，通常只能视为一个线索，然后去查找原文。

2. 市场调研法

在选择创造型企业时，市场调研法也是行之有效的方法，常用的包括问卷调查法、面谈调查法。

实施问卷调查法时，对问卷的设计要仔细推敲，要尽可能简洁，不能给人冗长、重复、含义不清的感觉。需要注意以下两点：

首先，问卷调查以选择型为宜，尽量使答题者感到比较轻松，而不需要深思熟虑，如需要深思熟虑的话，答题人就会觉得麻烦而打退堂鼓，这是因为中国的消费者对问卷调查的参与热情不太高的缘故。例如，"你对○○公司的产品质量的评价如何？"让对方从"非常好""还好""一般""不太好""非常不好"中去挑选一个打勾。

也可以是另一种类型，例如，"您使用的手机是下列品牌中的哪一种？"让对方从"三星（　）""华为（　）""苹果（　）""小米（　）""联想（　）""其他（　）"中去挑选一个打勾。

其次，问卷调查可以邮寄，也可以当面散发。一般来说，邮寄的回收率较低，换句话说就是成本较高，需要邮寄相当的数量，才能获得一些信息。互联网普及以后，利用网络进行问卷调查是一种快捷而低成本的办法。但需要注意的是，由于垃圾邮件的泛滥，在没有事先征得对方同意的情况下投寄的问卷，大多数都进入了垃圾邮箱，很难起到所期待的效果。在日本，未经对方同意的问卷调查，甚至会被视为对个人隐私的侵犯而受到法律的制裁。

当面散发不能无的放矢，如那样的话，对方会误以为是一种商业广告而拒绝接受，所以，通常是先通过视觉初步判断是否满足问卷调查的基本条件，如调查各种啤酒品牌的市场份额时，以中年男性为调查对象，内衣厂商则以中青年女性为调查对象。在基本条件满足以后，可迎上前去，同时言简意赅地说明问卷调查的目的，以取得对方的理解。这时，需要注意的是口齿清楚，语气自然，姿态大方，以取得对方的信任。同时，对于合作者，可以赠予一份小纪念品，如手机挂件、钥匙圈等，以示感谢。当面散发的难度不小，但能很快获得所需要的信息，只要在实施前有充分的准备，那么效果还是比较好的。

3. 多因子企业评价法

多因子企业评价法是由日本经济新闻及其下属的日经调研机构共同开发的一种方法，旨在对上市公司做出一个比较客观的评价。自1994年开始实施此方法以来，每年的一月份对前一年的上市公司业绩进行评价，三月份在《日本经济新闻》和《日经产业新闻》上公布，在日本企业界具有相当的影响。

多因子企业评价法的简称是"PRISM"，它是英语"Private Sector Multiangular Evaluation System"的前三个单词的首字母的缩写，是日本人自己发明的不规范的英语，但是，由于其结合了定量和定性的方面，比较准确的反映了一个企业的实际情况，所以受到学术界和企业界的欢迎。

多因子企业评价法是根据企业的年报中披露的各种数据和问卷调查得到的数据从四个方面所进行的定量分析。这四个方面包括"机动性与社会性""效益与成长性""研究与开发"和"年轻化"。而各个方面的评价又包含了许多因子，如"机动性与社会性"方面，包含"社会贡献""危机管理""环境管理""守法""顾客对应""国际化"等22个因子；"效率与成长性"中包括"毛利""毛利成长性""销售额平均增长额""营业现金流量与销售额之比""股东资本利益率"等9个因子；"研究与开发"中包括"研发费用占销售额的比率""研发人员比率""专利申请""知识财产"等9个因子；"年轻化"方面则包括"最年轻部长的年龄""女部长的比例""非定期招聘者的比例""临时工的比例"等5个因子。

注

[1] ルディ・ラグルス,ダン・ホルツハウス. 知識革新力 [M]. 木川田一榮,訳. 東京：ダイヤモンド社，2001:16.

本章主要参考文献

[1]Ikujiro Nonaka, Takahiro Takeuchi. The Knowledge Creation Company[M]. New York: Oxford University Press，1995.

[2] 徐方啓. 創造経営学の確立を目指す提案 [J]. 日本創造学会論文誌，2005（9）：111-123.

第四部分

创造型企业家与创造型企业的实例

Part 4: The Cases of Creative Entrepreneur and Creative Enterprise

第二十六章　稻盛和夫与京瓷（Kazuo Inamori and Kyocera）

一、稻盛和夫其人

1. 简历

1932年，稻盛和夫出生在日本鹿儿岛市城西町的一户贫民的家庭，有七个兄弟姐妹，他排行老二，上有哥哥，下有两个弟弟和三个妹妹，一家人的生活全靠父亲经营的纸袋作坊勉强维持生计。因父母都只有小学文化，所以家庭中的教育气氛不浓，他去同学家玩时看到有许多书而自己家一本书都没有，就问父亲为什么，父亲的回答是书不能当饭吃，他感到很茫然。也许是对不读书的父亲的反逆，稻盛和夫长大以后很喜欢读书，而且是以难懂的哲学书为主。详细内容将在本章的后面叙述。

稻盛和夫小时候也很调皮，而且是"孩子王"，加上经常要帮父亲去推销纸袋，所以学习成绩不是很好，小学毕业升中学的考试曾经失败过两次，高考时也没有考取第一志愿的大阪大学医学院，只得改变方向，进了当地的鹿儿岛大学工学院应用化学系。因为这些原因，很长一段时间，稻盛和夫都认为自己是没见过世面的"土包子"。

稻盛和夫的性格受母亲的影响较大。为了一家12人（其中三个人是和夫的叔叔）的生计，母亲吃苦耐劳和勤俭节约的精神，以及不畏权势以理服人的风格，都在他的心中留下深刻的烙印并体现在他后来的生活中。有一次，稻盛和夫被一位在当地名校就读的"富二代"欺负了，肇事者比稻盛和夫大两岁，母亲得知后，一手拉着儿子，一手握着一把竹刀，去肇事者家评理，直到对方赔礼道歉为止。此事给稻盛和夫的影响很深，那就是不能欺软怕硬，同时在与对手谈判时要有礼有节。

稻盛和夫报考大阪大学医学院的动机不是想做医生，而是想学药学，进而从事药品研制的工作，因为他的亲人中，包括母亲在内有好几个都因肺结核而死亡，他自己也患过肺浸润差一点丢了性命。不得已进入鹿儿岛大学以后，就想学习与药品密切相关的有机化学。当时，日本企业招收大学毕业生时，都要求大学教师的推荐，大学生自己联系的成功率很低，除非是一流大学的毕业生。稻盛和夫也不例外，尝试了多次都失败以后，只能拜托工学院的教师推荐，可是某教师推荐的一家生产绝缘瓷瓶的企业需要的是无机化学专业的学生，而且最好是研究瓷土的。为了不失去这次机会，稻盛和夫毅然决定改专业。这时离毕业只剩六个月的时间，他夜以继日地埋头在无机化学的书海中，加上专业教师的指导，终于完成了题为"关于入来粘土的基础研究"[1]的毕业论文，并顺利地进入位于京都的松风工业公司就业。

当时的日本，由于朝鲜战争带来的特殊景气已经过去，大学生的就业形势非常严峻，对稻盛和夫来说，还有家庭经济的压力，为了供他上大学，一家人都艰苦度日，期待着他毕业后能找到工作接济全家。所以，就业是最大最迫切的目标，至于在什么公司就业，从事什么工作都无暇顾及了。可是，进入松风工业公司以后，稻盛和夫才发现那是一家不能按时发放工资而且面临倒闭的企业，后悔当然来不及了。想跳槽，但没有那么容易。反复思考以后，他决定去自卫队的干部培训学校。战败以后，日本名义上没有军队，只有自卫队，而且是自愿加入，也就是说只要你报名，除个别被查出疾患的以外，通常都能录取。而有大学文凭的人更受欢迎，在干部培训学校学习以后就直接担任士官。稻盛和夫当然被录取了。可是在办手续时，家人听说他要跳槽去自卫队，都坚决反对，父亲拒绝提供户口证明，结果没去成。不得已，只好安下心来工作，孤独时，就一个人跑到河边没人的地方，哼哼家乡小调，以缓解乡愁。

松风工业公司以生产高压电线用的绝缘瓷瓶为主，由于竞争激烈，公司就想开发低压电用的绝缘陶瓷产品，并把这项工作交给了稻盛和夫。我们可以想象，对一个刚刚参加工作的新手来说，既无人指导，也没有经验，且只有一名实验助手，要完成这项任务的难度有多大。但稻盛和夫干起活来有一股初生牛犊不怕虎的精神，为了24小时连续实验，他干脆把铺盖和炊事用品都搬进了实验室，吃住在那里，连星期天也不例外，一年以后，终于攻克了技术上的难题。当时，松下公司刚开始批量生产电视机，但显像管电子枪中的陶瓷绝缘罩需要从荷兰的飞利浦公司进口，听说松风工业公司掌握了这项技术以后，便上门求证，以取代进口。稻盛和夫很快按要求做出了样品，松下公司鉴定以后很满意，一下子就订了几十万件，松风工业公司也因此而暂时避免了经营危机。作为技术人员，稻盛和夫第一次尝到了技术转换成产品并给公司带来经济效益的自豪感。

稻盛和夫接手的第二个课题是精细陶瓷的生产技术，由于难度大，所以进展缓慢。新来的技术主任小看稻盛和夫，认为他干不了，就命令他别干了，让别人干。不料这下大大损伤了稻盛和夫的自尊心，他当即表示："那好，我不干了，退职！"已成为公司技术骨干的稻盛和夫说不干就不干的坚定姿态，急坏了和他朝夕相处同甘共苦的同事，知道留不住他以后，干脆也辞职，愿意跟着他一块儿干。

不久，在稻盛和夫简朴的出租屋内，聚集了八位热血男子，除了一位稻盛和夫的老上级50多岁以外，其余的都是二十几岁的小伙子，最小的21岁，稻盛和夫最大，也只有27岁。为了表示决心，每个人都在宣誓书上按下了血手印，他们达成的共识是，哪怕是打零工，也要支持稻盛和夫的研究。我们可以想象急切地想用技术寻求生路但无其他资源的稻盛和夫以及一群不知前途如何但死心塌地的粉丝们的心情是多么复杂和悲壮。

1959年4月1日，在朋友的援助下，稻盛和夫登记注册了一家公司，命名为"京都陶瓷公司"（以下简称京瓷），注册资金为300万日元，员工28人，个人投资者宫本男也（他是宫本电机公司老板）担任总经理，但他表示不干预公司的业务，所以身为董事兼技术部长的稻盛和夫是实质上的总经理。京瓷租借了宫本电机公司的一间厂房，一楼搬进一座电窑和几台简陋的设备，作为生产车间，二楼摆几张桌子，算是办公室，就这么开张了，没有人注意到这里诞生了一家新公司，即便哪天倒闭，同样也不会引起人们的注意。就是这么一家再普通不过的中小企业，若干年以后成为世界上最大的电子绝缘材料公司，是当时没有人能想到的。

2. 技术专家

现在大家都知道稻盛和夫是一位世界上著名的企业家，通过研究他的经历，可以知道他首先是一位技术专家，尤其在精细陶瓷方面造诣颇深，是真正领先于世界。但是，他之所以成为精细陶瓷专家，并非拥有什么博士头衔，而是通过刻苦钻研理论知识，以掌握学术界的最新动态，加上坚持不懈的实验而获得的实践经验。用他的话来说，就是"我的脑瓜子不灵，只能加倍努力，如果别人也加倍努力，那我就五倍努力。"[2]

如前所述，在松风工业公司工作时，稻盛和夫就将高压电绝缘陶瓷技术应用到低压电绝缘领域并开发出电视机用的绝缘罩以后，为公司带来了可观的效益，松下公司的订货带来的收益占到全年总收益的八分之一。稻盛和夫自立门户以后，松下公司就将每个月订货量的一半（20万件）交给了京瓷，因为他们看重稻盛和夫的技术。对京瓷来说，松下的订货犹如给新生婴儿带来的乳汁，有了存活的希望，所以，京瓷从诞生后第一个月开始就有利润。迄今为止，京瓷从未出现过亏损，创造了日本现代产业史的奇迹。而不争气的松风工业公司，同样有松下公司的每个月20万件订货，却在5年后正式倒闭了。

随着电视机市场的扩大，松下公司对绝缘产品的要求也越高，如用途更广、更薄、更小、更便宜等，稻盛和夫每次都能克服困难，满足客户的要求。他知道，只有这样才能为客户创造价值，也能提高自己的技术水平，提高竞争力。事实上，稻盛和夫后来知道，松下公司开始已经向老牌企业订货，但因达不到所要求的精确度，而且合格率只有40%，而交给京瓷以后，不但达到了所要求的精确度，还将合格率提高到90%以上。

当时的日本，生产陶瓷绝缘材料的主要有四家公司，即日本特殊陶业、村田制作所、日本滑石和鸣海制陶,在矾土、滑石和氧化钛瓷等领域各具优势。作为后来者,稻盛和夫深知不能步先行者之后尘,必须开辟新的途径,所以他看准的是镁橄榄石。现在,镁橄榄石的特征已经得到科学证明,即微波损失少,高温绝缘性能好,表面光滑,热膨胀系数大,容易与金属和玻璃相黏结等,多用于电子元件和集成电路基板。但当时科研人员都所知甚少,所以难度很大。稻盛和夫凭着坚韧的毅力和严谨的科学态度,终于攻克了技术难关。当时全世界能够合成镁橄榄石的除了稻盛和夫的京瓷以外,只有美国的通用电气公司,而后者是世界最大的制造商。

1963年,随着生产规模的扩大,租借的工厂已经满足不了要求,京瓷就在临近的滋贺县蒲生町购置了8000坪(大约26400平方米)的土地,建起了第一个工厂。

稻盛和夫和京瓷的名字在行业内传开的起爆点是来自IBM的订货。1966年,京瓷首次参加IBM主办的订货会并力克业界知名度最高的两家德国公司,夺得了电脑基板的生产资格。当来自美国的喜报抵达公司以后,稻盛和夫立即组建了24小时运转的生产体制,购置了最先进的测试仪器,因为迄今为止,京瓷的合格基准是误差不超过百分之一点五毫米,而IBM的要求是不超过百分之零点五,两者相差整整三倍。稻盛和夫身先士卒和公司全体干部一起住宿在蒲生工厂的员工宿舍,以保证生产体制的正常运转。但是,无论稻盛和夫和京瓷花了多少艰苦的努力,对IBM的合格基准来说并没有任何影响,第一批样品20万块基板抵达以后,IBM的检测仪的显示结果是"不合格",究其原因是表面颜色偏黄。按理颜色白也好,偏黄也好,并不影响基板的功能,可是IBM的检测仪只认基准不认人,不合格就不能收货。稻盛和夫并不气馁,反而觉得这是一件好事,唯有这样严格的标准,才能提高京瓷的技术水平。这回他更加投入,亲自动手制作,过问生产环节中遇到的每一个问题,并和员工一起探讨解决问题的方法。第二批样品发给IBM以后,终于收到了"合格通知",而IBM的订货量竟然是2500万块电脑基板,京瓷为了完成这批订货,按每月100万块的速度生产,整整干了25个月。光这一项业务,就将京瓷海外业务占全年营收的比例从1%提高到了14.8%。更为惊人的是,以此为契机,美国的仙童(也称飞兆)半导体、通用电气、德州仪器和摩托罗拉等著名公司都纷纷向京瓷订货,从而奠定了京瓷在精细陶瓷领域的全球霸主地位。

京瓷在世界电子工业领域成名的另一个重要因素是半导体多层包装壳的开发。自从美国贝尔实验室的威廉·肖克莱(William B. Shockley, 1910—1989)博士完成半导体的理论研究以后,如何实现半导体的商业化就成了产业界的最新课题,作为电子工业的粮食,半导体的用途非常广,换言之,市场规模非常大,大到无法预测。毫无疑问,谁先研制出新的半导体,谁就能抓住商机并获得他人没法获得的先行者利润。20世纪50年代末,仙童半导体和德州仪器分别研制成功半导体集成电路(IC),其商业化前景已经展现在眼前。可是,拦路虎有两个:一个是要将IC装配到一个电子产品上去,需要为IC套上一个耐高温的绝缘外壳，不用说最理想的材料是精细陶瓷，但是困难重重。另一个是设备投资跟不上 IC 的开发速度。例如，当某家绝缘材料制造商正在研制绝缘外壳时，半导体制造商研制了新的 IC，如中规模集成电路（MSL），不久又出现了大规模集成电路（LSI），由于规格不一样，生产出来的绝缘外壳就没人要，如再投资的话，肯定要亏损，所以半导体制造商只好自己研制或与绝缘材料制造商联合研制，但同样遇到资金难以回收的问题。

就在这个时候，京瓷在美国加州的森尼维尔市设立了销售子公司，现在森尼维尔是硅谷的中心城市之一，但当时连"硅谷"这个词都还没有出现，京瓷成了最先登陆硅谷的日本企业。京瓷的营销人员捕捉到这些信息以后立即反馈给稻盛和夫，稻盛和夫指示他们拿下订单，并马上组建研制团队。难道京瓷就没有投资风险吗？当然有，但稻盛和夫想到的是掌握市场的真实需求和最新技术，在世界领先领域获得一席之地。

京瓷接到的第一份样品订单来自仙童公司，稻盛和夫调集了公司内最优秀的人才，全力以赴按要求在三个月以内交出了样品。仙童公司方面对京瓷的样品非常认可，但不能订货，原因是已经开发了新的 IC。京瓷从仙童公司获得的样品开发费还不到全部费用的十分之一，可谓损失巨大。但是稻盛和夫不为所动，一切皆在其预料之中。通过研制样品，他掌握了生产技术，看到了市场的发展方向，还弄清楚了半导体产业链的上下游关系。在此基础上，他作出全力研制多用途集成电路用外壳的决定。

1969 年夏天，京瓷终于收到了来自美国微电子系统公司（AMI）的大量订货，打开了通向"世界第一绝缘壳制造商"的大门。从此以后，仙童、英特尔、摩托罗拉、AMD 等主流半导体制造商都放弃自行研制而改用京瓷的产品，而京瓷的营收则如图 26-1 所示，呈现直线上升的趋势。

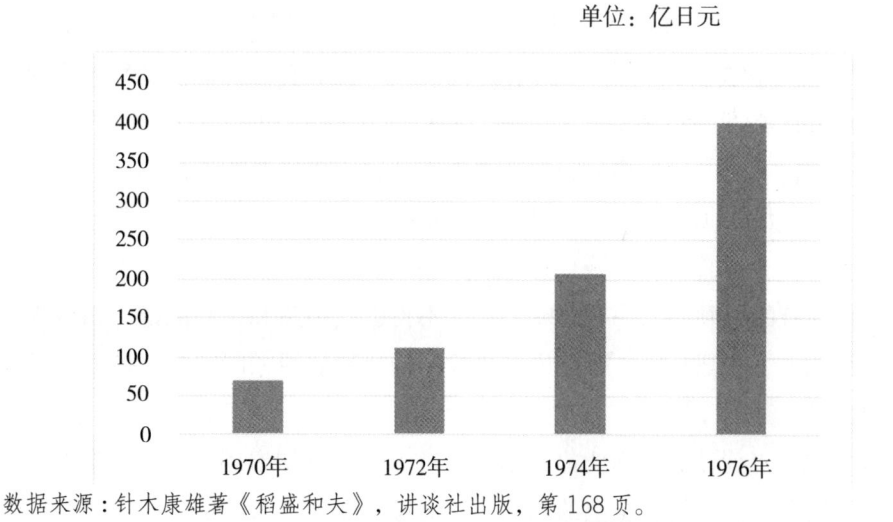

单位：亿日元

数据来源：针木康雄著《稻盛和夫》，讲谈社出版，第 168 页。

图 26-1　1970—1976 年京瓷营收的推移

可以说，如果稻盛和夫一辈子做技术工作，那他一定是一个出色的工程师，而且是做出杰出创造发明的工程师。

3. 企业家

稻盛和夫原以为搞技术的人办企业，还是应该把重心放在技术开发和产品开发上，所以，公司设立时，他就没有拘泥于挂什么头衔，而是专心于技术。可是，一个突发的事件改变了他的想法。

1961年4月的某一天，高中毕业进公司工作的11名新员工，一起来到稻盛和夫面前递交了"我们的要求"，主要内容包括按时加薪、发放奖金和对将来生活的保证，如不答应就集体辞职。稻盛和夫吃惊不小，公司设立才第三年，需要做的事很多，而且老员工都在玩命地干，谁也没有提过任何要求，刚进来不到一年的小青年竟然有如此奢望，要说将来的话，连自己都说不上保证，何来对新员工的将来作保证？退一步来说，即使要保证的话，也得先保证自己一家人的生活，况且老家还有五个弟妹等待自己的资助呢。

在笔者看来，小青年们之所以提这样的要求，一定是受了外部环境的影响，因为日本的大企业确实是每年4月加薪，一年两次奖金，还有终身雇用和退职金制度，通常员工进公司以后，即便出现一些失误也不会被开除，工作到60岁时从公司拿到的退职金可以保证退休以后的生活。可是他们忘了京瓷是一家设立不久的中小企业，当务之急是开发拳头产品，开辟营销渠道，为企业的发展积累资金。事实上，稻盛和夫也很照顾员工的生活，尽可能改善公司的工作环境。当然，为了赶工期，加班是家常便饭，有时还得星期天加班，这些与小青年们的期待显然是不吻合的。一般来说，在20世纪70年代以后，日本的年轻人与年长者之间的代沟日趋明显，而在京瓷代沟却提前10年出现了。

稻盛和夫想说服这些新员工，就尽量保持克制，他从自己的经历说起，说到京瓷的诞生以及将来的愿景，可是，无论他怎么说，小青年们都毫不动摇，只认"同意"这两个字。为了不影响工作，下班以后，稻盛和夫就请他们到自己家里继续谈，不料这一谈就谈了三天三夜。稻盛和夫对他们说，口头保证是简单的，可是如果实现不了，那就成了说谎，而他不想欺骗员工。稻盛和夫的诚意感动了一些人，从第二天开始有人借上厕所之名悄悄地离去，但为首的很顽固，一直赖着不走，不得已，稻盛和夫只能说"相信我，如果背叛你们，那就杀了我吧！"一听此话，小青年的心理底线顿时崩溃，拉着稻盛和夫的手挥泪告别。

稻盛和夫也差点崩溃，原以为靠技术可以打天下，哪知道还要管这么多事，这可麻烦了，他开始反思自己的技术至上的思路，按此思路发展下去的话，即便能够获得技术上的成就感，也是在牺牲员工的基础上实现的，没有价值。作为企业，至少要保证员工和他们的家庭的生活，要以大家的幸福为目标。痛定思痛，他终于悟出了自己的经营理念，那就是"以全体员工物质和心理两面的幸福为追求。"[3]也就是说，作为企业的经营者，不但要关心员工的物质上的待遇，还要关心员工的心理上的需求。从此以后，稻盛和夫就一直沿用这一经营理念。

现在我们可以说，稻盛和夫也是从这一天起，实现了从技术专家向企业家的转型。

4. 创业家

稻盛和夫27岁时创办了京瓷，而且把它做大做强，成为日本产业史上的一个样板企业，如果就这么干到退休，他也是出类拔萃的。但稻盛和夫令人敬佩的远远不止这些，而是他的创业家精神。

何谓创业家精神？学术界有着各种各样的说法，笔者认为，从字面上解释，就是创办一项新的事业的挑战精神。新的事业可能是一家企业、一间连锁商店，也可能是一所民办学校、一家社区医院、一项扶贫计划等。创业家精神主要体现在不固守传统，以新的生产方式、新的营销方法或新的商业模式来推动新的事业。因为是创新，自然存在风险，没有一种勇气和敢冒风险的精神，那是不可能的。当然，新的事业以为社会创造物质财富或精神财富为前提。

如果一个人有过一次创业的经验，即便很成功，人们也不会给予过多的关注，因为一个人的成功与天时、地利、人和有关，有着各种各样的因素，其中也不乏偶然因素，缺一不可。正因为如此，这样的成功事例对后人的借鉴意义不大，也就不会从创业家精神上去给予高度评价。但是，如果一个人有过二次、三次甚至更多的创业经历，那么，即使失败，人们也会从创业家精神上去评价，并从中获得启示，如果成功了，那就会成为无数创业者的榜样。例如苹果公司创始人史蒂夫·乔布斯、软银创始人孙正义、阿里巴巴创始人马云，等等。稻盛和夫恰恰是这样的人物，他于27岁时创办的京瓷，现在已经发展成一个有员工7万多人的集团公司，下属231家子公司，其中包括在中国设立的京瓷（中国）商贸有限公司、京瓷化学（无锡）有限公司、京瓷阿美巴管理顾问（上海）有限公司等20家子公司，2017年度的合并营收为14427亿日元。而且，令他自豪的是京瓷自创办以来，已经过去了将近60年，无论遇到什么风波，如石油危机、日元升值、金融危机等，都能平安度过，始终保持盈利，从未出现过亏损。办企业的人都知道，别说60年，30年不亏损，恐怕都是不可能的，因为外部环境的变化太大了，谁也无法预测和抗拒。但是京瓷做到了。所以无论在日本，还是在中国，对稻盛和夫的经营手腕钦佩至极的人（粉丝）大有人在。

1984年，52岁的稻盛和夫第二次创业，创办了"第二电电企划"公司（DDI）。为什么取名"第二电电"呢？长期以来，日本的电信市场都被日本电信电话公司（Nippon Telegraph and Telephone Public Corporation，以下简称NTT）独占，NTT的历史可以追溯到19世纪60年代。1868年，刚成立的明治政府制订了有关电气通信的法规，第二年东京和横滨之间首先开通了电报业务，属于官营的事业。1876年，美国人贝尔发明了电话以后，明治政府又迅速引进，第二年就开始着手电话机的国产化。这以后，电话机的生产和销售都由该企业独占。战后的日本，几乎所有的官营企业都被解散、缩小或民营化，但电话企业作为公益事业延续下来，1952年正式改名为特殊法人日本电信电话公社，简称电电公社，归属邮政省。这以后三十多年，日本的电信电话市场不容民营企业过问，形成一家独大的垄断格局。由于没有竞争，加上NTT的官僚作风，日本的电信电话市场价格昂贵，服务质量也差，成了在野党和媒体抨击政府不作为的一个活靶子。

在这样的形势下，日本政府终于坐不住了，于1985年实施新的"电气通信法"。该法律的主要内容包括将NTT改为股份所有制企业，开放电信市场和允许民间企业的进入。现在的问题是，巨大的市场的门总算打开了，可是，谁敢进去呢？电信市场的进入门槛相当高，既要有资本，也要有人才，不是谁想进就能进的。而且，就算解决了资金和人才的问题，进入的话就等于从NTT这个巨人（当时NTT的营收就已经达到4万亿日元，有员工33万人）的口中夺食，NTT绝不会轻易放弃自己的营利领域，早已虎视眈眈，大有必置挑战者于死地的气焰。所以，尽管存在商业机会，但对挑战者来说，确实充满风险，弄得不好，就被NTT所击败，劳民伤财。

早在20世纪70年代初，稻盛和夫在美国设立子公司以后，就深知NTT的垄断所带来的弊端。一次，他在位于美国西海岸的加州圣迭戈市的子公司内看到营销员工频繁地给东海岸的客户打长途电话，就提醒员工注意通话时间，可那员工告诉他不用担心，这是最廉价的通信手段。他不信，让对方出示一个月的长途电话记录，仔细一看后吃了一惊，因为美国的长途电话费的单价竟然还不到日本的一半。自那以后，他一直耿耿于怀，想改变这种不合理的现状。所以，机会来了以后，他绝对不会放过。

稻盛和夫找来NTT近畿电气通信局部长千本倖生，询问进入电信市场的门槛是多少，千本的回答让他吃了一惊："1000亿日元"。这远远超出他的想象。但是，仔细算计了一下，京瓷的净利润为1500亿日元，拿出1000亿做通信，还有500亿，即便失败也不会影响京瓷。他的想法得到董事会的赞同。索尼公司、牛尾电机公司、西科姆公司的老总听说他要进军电信产业以后也纷纷表示愿意出资，这样，资金问题就轻而易举地解决了。接下来的问题是他对电信一无所知，需要这方面的专家。于是，他又找到千本，问千本愿不愿意和他一起干，千本倒也干脆，就回答一个字："干"。原来千本自从在美国佛罗里达大学拿到博士学位并回国进入NTT以后，虽然工作也比较顺利，但对国企的垄断体制深恶痛绝，早就想跳槽，只是没有机会，现在被著名企业家稻盛和夫点将点中，自然是求之不得。千本倖生的加盟，稻盛和夫就如虎添翼，迅速实施计划。1984年6月，以京瓷为首，三菱商事、索尼、牛尾电机和西科姆为联合发起人，25家企业共同出资，注册成立了第二电电企划株式会社（Daini Denden Inc，以下简称DDI），稻盛和夫任董事长，创始员工20人。因为是针对NTT的挑战，而NTT的别名是"电电公社"，所以就将新公司命名为"第二电电"。

正当稻盛和夫紧锣密鼓地筹备DDI之时，日本国有铁道（简称国铁，民营化以后改为JR）和日本道路公团也宣布进军电信领域，分别组建了日本电信公司和日本高速通信公司，这无疑形成了巨大的威胁。因为前者拥有新干线这一无可类比的优势，只要沿铁路线铺设光缆就能通信，后者也拥有高速公路这一独一无二的优势，也能在高速公路的中间隔离带上铺设光缆，而且还有丰田公司的加盟，相比之下，DDI显然处于不利的地位，所以媒体一致唱衰DDI，认为稻盛和夫将在电信事业上栽一大跟斗。稻盛和夫当然知道自己的处境，但这没有让他畏惧，反而激起了他的竞争心，原先是一对一竞争，现在成了一对三，虽严峻但意义重大，因为竞争有利于提高产品和服务的水准，有利于经济的发展。

由于铁路和公路等基础设施都不能用，DDI只能在东京、名古屋、大阪之间自行架设电缆和中继站，其长度约为650公里。由于日本多山，架设工程难度很大，但是在稻盛和夫的领导下，员工们以与对手争时间抢速度的精神奋发努力，竟然比预定计划提前8个月完成任务。1986年10月，DDI正式开始向企业提供专线服务。可是，与拥有众多客户的日本电信公司和日本高速通信公司相比，DDI显然处于劣势。为了扭转局面，稻盛和夫让出了京瓷总经理的位子并兼任DDI的总经理，以便集中精力。

电信市场开放以后，电话回线仍归NTT，其他公司只能借用NTT的回线，这样的话，就多了一些限制。例如，使用电话时，必须在电话号码前加拨"0077"。虽然DDI的通话费比NTT便宜，但是对多拨四位数嫌麻烦的用户还是有的。稻盛和夫察觉以后，就研制了一种可以自动识别的适配器，而且免费提供给用户。所以，一年以后，DDI就获得了130多万用户，领先于另外两家竞争对手。1992年12月，DDI在日本全国建立起了通信网络，翌年9月成功地在东京证券交易所上市，实现了新的飞跃。

差不多与此同时，日本政府又开放了手机通信市场，稻盛和夫似乎看到了将来人手一机的景象，马上行动起来。出乎意料的是董事会上只有一个人支持他，其他董事都认为手机市场的前景不容乐观，不宜进入。但稻盛和夫的决心已下，力排众议。后来的事实证明，还是稻盛和夫有远见，抓住了商机。

手机市场的迅速发展，超出了任何人的想象，竞争也越来越激烈，NTT组建了专营手机业务的子公司NTT Docomo，依然有一家独大的气势。在这种形势下，稻盛和夫深感多年来为打破NTT的价格垄断并降低电话费的努力会前功尽弃，便改变思路，决定联合竞争对手，以形成能制约 NTT 的集团。他亲自去拜访竞争对手，说明联合起来的重要意义，表示愿以 DDI 为母体组建新的公司。对方都被他的诚意和胸怀所打动，赞同了他的想法。2000 年 10 月，由 DDI、国际电信电话（KDD）和日本移动通信（IDO）合并而成的 KDDI 正式挂牌成立，法人总部设在原 DDI 总部，运行本部则设在原 KDD 总部。2018 年财年，KDDI 已经发展成一家有员工 42000 人，营收 50.803 亿日元的大型上市公司。尤其是 10.137 亿日元的收益，创下营收率 20% 的记录，在日本的大企业中非常突出，因为大多数上市公司的营收率都在 5% 左右。另外，由于原 DDI 是京瓷的子公司，所以合并以后，京瓷就是 KDDI 的第一大股东。

KDDI 的成功，足以证明稻盛和夫的经营手腕非一般的经营者所企及，按理他也可以像许多成功的企业家那样退居二线甚至三线，挂一些虚职，而把主要精力放在社交方面，间或写写回忆录，所谓安度晚年。可是，稻盛和夫不是那样的人，总想为社会做些什么，而社会各界也对他的真知灼见抱以厚望，当遇到什么重大问题时，首先就会想到他。

果然，2010 年 1 月，日本最大的航空公司日本航空（简称 JAL）宣布向东京地方法院申请实施《公司更生法》保护。《公司更生法》是破产法的一种，是以企业更生为目的并规定更生程序的法律，于 1952 年颁布，旨在防止企业随意处置资产的单方面的行为，以兼顾员工、债权人、顾客等各方面的利益。当某企业宣布申请实施《公司更生法》保护时，如同宣布自己已经无能为力，只能听从法院的安排，然后较为体面地退场。通常，法院会指定一位律师为资产管理人，然后要求律师在规定的时间内拿出一个方案，以决定其前途。律师则会根据调查，以确定该企业的经营资源是否有可能重整旗鼓，如有，就递交一份再生计划，如没有，则递交善后处理计划。

在此，我们先来看看日本航空是一家什么性质的企业。

日本航空是根据 1953 年 10 月 1 日开始实施的"日本航空株式会社法"（简称"日航法"）而成立的特殊法人，与当时的电电公社和国有铁道一样，是 100% 的国有企业。因为这个关系，其历代董事长和总经理都由政府机关的首长或财界领袖担任，所以，在一般民众还无缘飞机的时代，日航就拥有众多固定的顾客。其客源主要有两部分：一是政府部门。在没有专机之前，政府首脑的出国访问都是坐日航，连一般公务员需要坐飞机出差时，也只能坐日航。二是大企业。老总们外出时，也都是坐日航。从市场营销的角度上来说，日航不用打广告，不用做产品推介，不用搞促销，就能顺当地开展业务。加上当时的日本，几乎没有可以与日航竞争的对手，所以就形成了一家独大的垄断局面。

另一方面，因为是国企，国企的弊端也早早显露，如山头林立、人浮于事、安全意识薄弱，等等。执政的自民党国会议员、政府高官对高层人事的影响，以及出身大学的门户主义，致使公司内部出现了各种山头，如以东京大学校友为主的"东大派"，以私立大学毕业生为主的"私大派"，还有背靠各种政治势力的工会，尤其是后者，在同一家公司内竟然存在 8 个代表各个职种的工会,如乘务员工会、飞行员工会、地勤人员工会等,这在日本是极为异常的。由于这些关系,日航的经营管理始终处在一种非效率的状态。如果是民企,早就破产了,因为是国企,出现亏损以后,就由政府埋单,通过增资或发行债券来弥补。所以,尽管出现过多次经营危机,但都在政府的庇护下勉强度过。

到了 20 世纪 80 年代中期,中曾根康弘内阁积极推行国企的民营化,电电公社、国有铁道、烟草专卖公社等国企都被民营化,日航也不例外,政府抛售了大多数股票,但依然保持了 34% 的股份。因为根据日本的法律,持有三分之一以上的股东,对公司的经营具有否决权。

前面提到日航的高层安全意识薄弱,这么说是有根据的。因为日航的历史上出现过多次安全事故,如每隔三、四年就出现一次的坠机事故,其中 1985 年 8 月 12 日发生的坠机事故,死亡人数多达 520 人,成为世界航空史上最大的惨案。

泡沫经济破灭以后,日航的经营状况每况愈下,日本政府拆东墙补西墙的做法已经不起作用,加上在野党和舆论的纠缠,大大冲击着自民党的执政地位,终于在 2009 年 7 月的众议院大选中惨败,交出了政权。失去了后盾的日航,犹如一架迷航的飞机,在夜空中盘旋直至耗尽燃油。2010 年 1 月 19 日,日航终于向东京地方法院申请公司更生保护,事实上宣告破产。当时的日航,有 51000 名员工,拥有从日本飞往世界主要城市的国际航线,而负债却高达 23221 亿日元,是战后日本历史上最大的破产事件。

在律师的主导下,日航裁减员工 19000 人,银团减免 7300 亿日元的债务,政府的企业再生机构出资 3500 亿日元,日本政策投资银行则提供 6000 亿日元的贷款,在完成一系列减负措施以后,东京地方法院接受了律师的再生计划。现在的问题是谁来挂帅实施更生计划?如果没有一个强有力的人挂帅,那么更生计划就会失败,因为迄今为止,选择这条路而获得新生的成功率只有 7%。这时,无论是日本政府的国土交通省也好,律师也好,都不约而同地想到了稻盛和夫,认为非他莫属。

那一年,稻盛和夫已经 78 岁高龄,虽说身体还算健康,但家属也好,同事也好,下属也好,听说此事以后,都坚决反对,没有一个人支持他去收拾这么一个著名的烂摊子,搞得不好,还落个身败名裂的下场。

当时,刚刚掌握政权不久的民主党,由党首鸠山由纪夫出任首相,对日航的生存采取了与自民党政权截然不同的措施,那就是走企业更生法的程序,于是,国土交通省大臣亲自去稻盛和夫门下请求出山。稻盛和夫以自己是一个不懂航空行业的外行为由婉言拒绝,但经不住大臣的多次造访而为难,他在反复自问出山"是否出于私心?""是否有利于民众?""是否有利于日本经济?"结论是"出于公心""有利于民众""有利于日本经济"以后,毅然决定接手这个烂摊子,条件是不拿报酬。

2010 年 2 月 1 日,稻盛和夫正式出任日航的董事长,到 2013 年 3 月 19 日辞去职务,总共 3 年加 50 天的时间,他竟然将日航从破产中走出来并取得最高业绩,又一次创造了奇迹。那么,他究竟是用什么办法创造这一奇迹的呢?下面我们来做些探讨。

二、稻盛和夫其道

1. 以员工为本的经营理念

稻盛和夫创办京瓷时,没有资金,没有厂房,只有像亲人一样同甘共苦、心心相连的创业伙伴,他觉得没有别的东西比凝聚人心更有力,所以就下决心在企业经营中贯彻以人心为依靠的方针。在这以后,他遇到过无数次的困难,但每次他都会就工作和人生自问自答,然后在实践中应用,果然克服了困难,久而久之,终于形成了自己的经营理念,他称之为"京瓷哲理"(Kyocera Philosophy)。

京瓷哲理的核心是经营理念,即"在追求全体员工物质与精神两面的幸福的同时,为人类的发展和社会的进步作贡献"[4],其中只强调员工,没有涉及其他人,如股东、顾客、经销商等所谓的利益关系人(Stakeholder),可见员工在稻盛和夫心目中的重要性。而且,之所以强调全体员工,是因为全体员工就包含稻盛和夫,他不想把自己排除在外,而是想和大家一起共同追求和实现远大的目标。

1994 年,公司成立 35 周年之际,京瓷将稻盛和夫的经营哲理汇编成《京瓷哲理手册》并颁发给每一个员工。

2009 年,应盛和塾(关于盛和塾,将在后面叙述)学员的强烈要求,京瓷以内部出版的方式,将此书颁发给盛和塾的学员。由于盛和塾的学员都是第二代或第三代中小企业的经营者,而且参加过盛和塾学习的人已经多达数千人,影响越来越大。为了满足一般公众的需求,京瓷终于在 2014 年将此书公开出版,结果不到三年,就销售了 16 万本。

"京瓷哲理"是从实践中产生的人生哲学,是稻盛和夫经营思想的结晶,其基础是"应该怎样做人做事"。稻盛和夫认为,"如果能这样做的话,每个人的人生都会变得幸福,企业也会走向繁荣。"[5]

《京瓷哲理》由 4 章 6 节组成,各章节的标题如下:

第一章 怎样让人生更幸福(内含 50 条目)
    第一节 提高心理境界
    第二节 怎样做好工作
    第三节 怎样做出正确的判断
    第四节 怎样做新事

第五节　怎样克服困难

第六节　思考人生

第二章　要有经营之心（内含 12 条目）

第三章　每个人都是经营者（内含 6 条目）

第四章　做好每一天的工作（内含 10 条目）

由此可知，京瓷哲理涉及的都与人有关，指导员工如何处世行事，才能保持良好的心理状态，才能活得幸福，同时使企业得到发展。

稻盛和夫创办第二电电以后，自然在那里实践京瓷哲理，同样取得了显著的成效，再次印证了京瓷哲理的普遍性和有效性。不用说，当他接手日航这个烂摊子以后，同样以京瓷哲理为武器。但是，出乎他的意料，以名牌大学毕业生为主的日航的管理层对此的反应相当冷淡，嘴上没人反对，但脸上的表情明确显示拒绝。稻盛和夫深深感到日航更生的艰难，但他并不气馁，约谈了包括子公司在内的 100 多位高管，每人一个小时，期间他的口气非常友善和谦和，苦口婆心地劝说京瓷哲理在企业经营中的重要性，丝毫没有成功者对待失败者的藐视和威严，最后总会问一句，"是否愿意和我一起干？"对于这样一个既无私心又不拿报酬，一心帮助日航更生的 78 岁的老人的肺腑之言，还有什么人会表示拒绝呢？而一旦高管们脑子开通以后，就会直接影响到中层干部，中层干部行动起来以后，又带动了基层干部，最后整个公司的员工都开始接受京瓷哲理。

稻盛和夫的以凝聚人心为本的经营哲学被日航的员工接受以后，凡是需要人的岗位都发生了变化，高管们不再忙着与政治家、官僚拉关系，而开始为企业的更生出谋划策，员工们再也不像以前那样对企业的发展漠不关心，而开始主动发现问题和解决问题，连飞行员也在起飞前和着陆后面向乘客的广播中主动增加"对于更生中的日航给予大力支持的每一位乘客表示由衷的感谢"的内容。在这之前，日航的员工都绝对回避企业更生这一事实，从来不提此事，好像什么也没有发生似的。正如稻盛和夫所预料的那样，只要人心凝聚在一起，那就能产生巨大的力量。

2. 以"阿米巴经营"为武器的经营手法

根据稻盛和夫的解释，"阿米巴是以坚实的经营理念和按部门单独核算为基础的经营手法。"[6]"是通过团队的独立核算让每一个员工参与经营管理，并能把每一个人的力量都凝聚起来的经营管理体系。"[7]

当京瓷还是中小企业的时候，几乎任何事情都得稻盛和夫亲自过问，从哪进原料，他要去和供应商交涉；开发什么产品，要他自己琢磨；没有客户，要他自己去找；销售出去的产品被退货，他要自己去处理；等等。也就是说，他既是经营者，总工程师，又是供销员和维修服务员，和一般的供销员和维修服务员不同的只是必要时可以带几个人一起去。但是，由于京瓷发展很快，员工越来越多，这时他就忙不过来了，希望能像孙悟空那样拔一根毫毛吹几个分身出来。日本有句俗语，叫"中小企业和脓包一起破灭"，意思是中小企业发达以后就会像脓包一样破灭。所以，从那时开始，稻盛和夫就开始考虑如何经营日益变大的京瓷。

他从自己的经历中悟出一个道理，如果把几百人的公司分成几个100人或者几十个人的团队的话，不就能像小公司那样经营吗？于是他开始花力气培养能管理团队的干部。另一方面，在听取财务负责人的汇报时，他总是觉得难懂，而且，财务报表总是在三个月以后完成，对他来说已经没有多少现实意义，因为他最想知道的是当天的财务数据，以便把握生产、销售和资金流转的情况。于是，他下决心开发一种每一个员工都能看懂的结算表，其结果就是他称之为"阿米巴"的经营管理手法。

根据辞书上的解释，阿米巴是一种单细胞微生物，通过分裂而增殖。由此可见，稻盛和夫将他开发的方法命名为"阿米巴"，显然是希望员工能像阿米巴那样分成小团队后继续发展，成长壮大以后再次分裂，又继续成长，这样的企业就能永远生存下去。

稻盛和夫开发"阿米巴经营"手法有三个目的。

（1）确立与市场相连接的按部门核算制度。

（2）培养具有经营意识的人才。

（3）实现全员参加的管理。

上面说到稻盛和夫对现有的财务报表不能及时反映财务实情深感不满，所以第一个目的是要及时反映企业当天的运作结果，而且要与市场行情相结合。第二个目的旨在培养具有经营意识的人才，这些人都是稻盛和夫的分身，能够代替他做事。第三个目的则是让每一个员工参与到经营管理中去，而不仅仅是一部分干部。笔者认为，第三个目的与日本企业推行的全面质量管理（TQC）有关，因为TQC要求每一个员工都参与进去。

实施"阿米巴经营"的前提是该部门（阿米巴）具有独立核算的条件，有采购（支出）和销售（收入）记录。例如，精细陶瓷的制造工程可以分成于原料、成型、烧结、加工等四道工序，可以把各道工序列为一个独立核算的部门，原料部门向成型部门提供原料时，就是销售，对成型部门来说就是采购，这样，部门之间的交易就与外部中小企业之间的交易相似，各个部门都贯彻"销售最大化，经费最小化"的原则，就能实现自主经营。这种企业内部的交易是阿米巴经营的一大特色。而且，采购与销售之间的差额就是附加价值，除以总工时，就能计算出当天该阿米巴每小时的附加价值，然后公布出来，谁都看得懂，一目了然。这样，还能促进阿米巴之间的竞争，包括质量和成本在内的竞争。由此可知，阿米巴经营其实是稻盛和夫独创的按部门实施的管理会计体系。

每个阿米巴都有一个负责人，在得到上一级领导的批准后，有权制定阿米巴经营的计划、人事与业绩、劳务和采购等方面的管理工作。由此可知，一个成功的阿米巴的负责人，几年以后，就能管理好多个阿米巴，也就是说经营管理能力会得到提升。

稻盛和夫接手日航时，只从京瓷带了三个人去，其中一个人出任总经理，一个负责推广京瓷哲理，一个负责推广阿米巴经营，精简而有效。事实证明，稻盛和夫的经营手腕是高明的，既有经营哲学，又有经营手法，而这就像飞机起落架左右两边的轮子，相辅相成，缺一不可。迄今为止，日本已有300多家公司在实践阿米巴经营手法，有成功的，也有不那么成功的，不成功的原因肯定有很多，但主要原因是缺乏经营哲学。

三、创造型企业家

作为创造型企业家，稻盛和夫有哪些特征呢？联系第二十二章"创造经营学的研究对象"所述的创造型企业家特征，我们可以从创造能力和创造个性上去进行评价。

1. 稻盛和夫的创造能力

首先来看创造性思维能力。稻盛和夫的创造性思维能力主要体现在不落俗套，不随大流，喜欢寻求更合理更科学的途径。但他又不是像许多搞技术的人那样一竿子扎到底而不知拐弯的人，当某个技术问题久攻不下的时候，他会暂时放下，去做别的事，等待灵感的出现，结果引来转机，迅速解决问题。例如，在研制精细陶瓷产品的过程中，他曾经遇到过一个技术问题，那就是如何成形。精细陶瓷绝缘性能好，但是成形很难，需要合成时就更难，他尝试过许多种手段，但都不成功，要么不能合成，要么勉强能够合成，但含有不纯物质，影响绝缘效果。在久攻不下的情况下，他决定放下，换换环境。某天，他在走路时鞋底下粘了什么东西，仔细一看像是石蜡，就在这一瞬间，他获得了灵感，马上回到实验室，用石蜡做粘接材料再次合成，经窑炉烧结后果然获得成功，因石蜡在高温下都已烧尽，没有留下任何杂质，一个久攻不下的技术课题就这么顺利地解决了。研究创造学的人读到这个例子时一定会觉得这与创造灵感的激发过程非常相似，创造学文献中有过很多类似的例子。的确是这样，如果你研究一位创造型人才，也会发现这一特征，所以笔者将创造性思维能力列为创造能力的主要内容之一。笔者并不认为稻盛和夫读过很多怎样激发创造性思维的书，但是因为他的创造个性十分明显，自然就会在创造性思维能力上体现出来。

其次是创造性决策能力。创造性决策能力并非日常的经营管理中所需要的决策能力，而是指非常情况下做正确决策的能力。如果是前者，大多数经营者都能做到，而后者却只有少数经营者才能做到,这才是我们称之为创造型企业家的存在价值。在稻盛和夫身上，我们可以找到很多这样的例子。例如，为了争得 IBM 的订单，20 万块电脑基板的样品不合格也不气馁，进军半导体产业时，研发跟不上性能的变化而造成巨大的损失也在所不惜，进入电子通信行业时，至少 1000 亿日元的投资损失，等等。这种时候，是继续做还是不做，就取决于经营者的决策能力。有的人只关注眼前的盈利而退缩，有的人误判前景而错失良机。为什么众多竞争对手都黯然退场，而名不见经传的京瓷却脱颖而出？显然与稻盛和夫的创造性决策能力有关。在商业竞争中，有很多不确定因素，凭经验行事按常规出牌的人，表面上看风险要小一些，但实际上失去商业机会的风险的可能性更大，而现代商业竞争中，一旦失去一次商业机会，往往意味着永远失去商业机会，结果不得不转行，更糟糕的结局则是破产。当年第二电电在决定是否进入手机领域时，干部会上反对意见占了绝大多数，只有一位部长表示赞同，稻盛和夫感到压力很大，但是，身为董事长，既要看到风险，也要看到机遇，所以他毅然决定让那位部长领衔突进，结果又成功地开拓了一片市场。

创造型企业家的第三种创造能力是创造性领导能力。对任何一个企业领导来说，都必须具有领导能力。领导是一个相对而言的身份，即有被领导者的存在，也就是说，领导不是一个人，是一群人中地位最高的人。所以，领导的一言一行自然会影响到被领导者的言行。稻盛和夫的创造性领导能力是有目共睹的，无论在京瓷、KDDI 还是在日航工作时，他都能运用这种能力使企业兴旺发达。在《新日本和新经营》一书中，他这么写道："当领导的必须怀有创造之心，要经常想想能否创造一些新的事物，如果不能经常在工作中导入创意，就难以指望有持续的进步和发展。"[8]

具体地说，稻盛和夫的创造性领导能力体现在以下几个方面：

其一，以伟大的愿景感染员工。

创办京瓷时，只有 28 个员工，是典型的中小企业，但稻盛和夫口口声声地说要做第一，开始是全区第一，京都第一，而后是全国第一，再后来就是世界第一。开始员工们并不当一回事，但是他经常讲，反复讲，而且强调如果你连想都不敢想，那怎么可能做大，不知不觉地也开始跟着他说做第一了。同时，稻盛和夫又是实实在在地在把企业做大、做强，所以员工们也就相信了，坚定了跟着稻盛和夫把京瓷做到世界第一的信心。而稻盛和夫深知员工有了信心，就会发挥创造力，把工作做得更好。

其二，以经营理念为基准培养接班人。

经营者再怎么优秀，也不能事必躬亲，什么事都自己做，这样表面看起来，领导以身作则，率先士卒，成为员工的表率。但是，经营者更重要的不是自己去解决每天都在发生的问题，而是让手下的中层干部去掌握发现问题和解决问题的思路和方法。一个优秀的经营者，在不在公司，对公司的运营都不会产生影响，为什么能够做到呢？那是因为经营者已经培养了很多自己的化身，能够替代自己去做事。稻盛和夫就是这样的经营者。

他培养干部时，会从多方面去进行考察，最重视的是对自己的经营理念的认可。对于认可者，他会通过言教身传加以培养，而不在乎是否具有高学历，反之，对于不认可他的经营理念的人，他则会给以训斥，直至解雇。事实上，对于这么一个杰出的领导，几乎没有人会拒绝他的经营理念，如拒绝的话，一开始就不会进京瓷，京瓷也不会招这样的人。我们可以从稻盛和夫创办DDI以后看到他在培养接班人方面的成功之处。当DDI的经营面临挑战时，他可以立即卸去京瓷总经理的职务而专心于DDI。京瓷和DDI是母公司和子公司的关系，一般情况下，身为母公司的总经理，当然以母公司为优先，即便子公司出问题，也能丢卒保车。但是，稻盛和夫却以子公司为优先，这是为什么呢？因为他已经培养了很多接班人，能够实现京瓷的可持续发展。

其三，以"盛和塾"为基地指导青年企业家。

稻盛和夫成名以后，很多继承家业而成为第二代或第三代经营者的年轻人都想拜他为师。1983年春，京都青年会议所的干部拜访稻盛和夫，希望他现身说法为青年企业家讲讲是怎么把一个中小企业做大做强的。考虑到自己虽然不是京都人，但在京都这片土地上拼搏，得到当地企业界和民众的多方关照，应该为京都做些什么，而且中小企业雇用了全国百分之七八十的劳动力，如果中小企业发展了，那么这么多员工的生活就会更加幸福。出于这样的想法，尽管很忙，他仍决心帮助中小企业的经营者，于是就以"京都盛友塾"的名义举办学习班。每次都是稻盛和夫先讲一个半小时，然后学员提问，稻盛和夫解答，这种方式的学习班让青年企业家既学到了稻盛和夫的经营理念和经营手法，又联系实际消除了自己在经营管理中遇到的困惑，所以效果非常好。由于学习班的口碑非常好，想参加学习的人越来越多，不久就变成了定期讲座。几年以后，盛友塾的学习班就在日本全国传开了。于是，稻盛和夫将塾的名称改为"盛和塾"，其寓意是"企业的昌盛和人和"，而"盛和"二字又刚好与他的姓名相吻合。通过"盛和塾"，稻盛和夫培养了一批又一批的青年企业家，为发展日本经济做出了巨大的贡献。现在，日本全国都设有"盛和塾"的分会，加上美国、中国、巴西、韩国等国外的分会，截至2017年底，共有近100家"盛和塾"。自1990年起，盛和塾每年都举办全国大会，2011年起则将全国大会更名为世界大会，每年都有数千名企业经营者欢聚一堂，再次聆听稻盛和夫的经营哲学，可见稻盛和夫的影响有多大。

其四，以宽容之心看待员工的失败。

一家企业是否有活力，与企业领导的宽容心（俗称肚量）有着密切的关系，如果企业领导看到员工的失败就发脾气，批评指责，甚至处罚，那么，员工就会变得小心谨慎，避免失败，久而久之，企业也就失去了活力。而稻盛和夫却会在某员工失败以后，马上提供另一个机会。他认为这样做有利于该员工的成长，因为该员工已经从失败中学到了很多东西，离成功也就不远了。现实中，像稻盛和夫这样的企业领导真的很少，这也是他做什么都能成功的秘诀之一。

其五，以"京都奖"为平台为人类做贡献。

1984年4月，本着"为人类和世界做些有用的事是最崇高的行为"的理念，稻盛和夫拿出个人所持有的京瓷公司的160万股的股票（按当时的市值是159亿日元）和现金45亿日元，外加京瓷的10亿日元，成立了财团法人稻盛基金会。稻盛基金会的主要使命有三个：一是表彰在尖端技术、基础科学、思想和艺术等领域做出杰出贡献的科学家、思想家和艺术家；二是资助青年科学家从事各种富有创造性的研究；三是普及科学文化知识。针对第一个使命，稻盛基金会创设了"京都奖"，自1985年起每年颁发一次，由于"京都奖"弥补了诺贝尔奖所不涉及的领域，如数学、社会科学、艺术，而且获奖对象原则上是一个人，奖金又高达5000万日元，所以已成为世界上仅次于诺贝尔奖的国际奖。针对第二个使命，稻盛基金会每年向全国著名高校的50名青年科学家提供资助，每人100万日元。为实现第三个使命，稻盛基金会邀请"京都奖"获奖者为京都市民举办讲座，有时会在当地的高中举办，深受欢迎。除此以外，还会对其他组织举办的科学与文化讲座提供援助。

稻盛基金会以稻盛和夫个人捐出的资金为本金，除了开设时捐赠的200多亿日元以外，1997年，他又追加捐赠了210亿日元。由于日本的银行存款是负利息，如不想办法的话，资金就会逐年减少，最后难以维持，而稻盛基金会2017年底的净资产已经增长到1006亿日元，也就是说基金会在实现可持续发展。

当一个企业家做到这一步时，还有谁能够否定他的创造能力呢？如上所述，他的创造能力体现在各个方面，而且胜过其他企业家。

以上虽然从五个方面对稻盛和夫的创造性领导能力做了一些归纳，但还远远不够，因为稻盛和夫的经营哲学中，富有创造性的东西太多了，需要我们作更深入的研究。事实上，笔者为了撰写这一章，阅读了稻盛和夫的二十多部著作，惊喜地发现他对创造和创新有过很多论述，而且非常精辟，现引用几则，以飨读者。

"今天比昨天做得好，明天又比今天做得更好，无论多么平凡的工作，能进行改进，就可说是创新。""要让所有的员工都参加到通过发挥创造力而改善工作环境的活动中去，哪怕是打扫卫生的工作，带着创造之心的话，也有可能改进。""创新应该成为一生的习惯。"[9]

"企业领导要时刻保持创造之心，要经常向员工传递追求和创造新的事物的想法。如果不能经常给企业带来富有创造性的事物，企业就不会有持续的进步和发展，满足现状就意味着退步。"[10]

"企业领导绝不能满足于现状，要经常问问'就这样行吗？''没有更好的方法吗？'只有这样去想的人，才会日益进步，最后创造性的成果就在这样的热情和努力中诞生了。"[11]

"作为企业的第一把手，我自己必须在创造方面成为员工的榜样，才能领导企业发展。"[12]

"尊重独创，重视个性，可以说是对与日本企业独特的雇用制度合为一体的过度的企业中心主义的反省。"[13]

"创造性地工作是阿米巴成长和公司发展的最基本的行为准则。"[14]

2. 稻盛和夫的创造个性

对一个创造型企业家来说，创造个性也体现在多个方面，如探究心、事业心、好胜心、执着、知人善任、胸襟开阔，等等。那么，在稻盛和夫身上，我们可以看到哪些创造个性呢？

首先，稻盛和夫的探究心和执着无与伦比。从大学毕业进入松风工业公司工作以后，他就没有一天停止过对精细陶瓷的探究，对于一家即将倒闭的企业来说，不可能为他提供研究经费、外国文献、研究设备和助手，但是他硬是靠着强烈的探究心，啃文献，勤思索，再加自己动手实验，一步一步接近，最后竟然走到了该领域的世界前沿。

如前所述，作为技术人员，稻盛和夫一贯的方针是不随大流，走别人没走过或不敢走的路，大胆创新。无论是研制低压产品、精细陶瓷，还是进军半导体产业、电子通信领域，无不体现他的独特的创意创见，且屡屡成功。如果是跟在别人后面走，那么，即使成功，也只能成为一个完美的模仿者，难以得到持续的发展。因为是走独创路线，风险就比别人大，搞得不好就可能功亏一篑。相反，成功的话，也能单独享受先行者利益而不与竞争者分享。国内外都有不少企业声称自己是技术创新型企业，但真正能做到的却很少，尤其是初创企业，为了维持下去，在研发上的投入都非常有限，尤其不敢在看不到利润时投入。京瓷为什么能做到呢？那就是用一个产品的利润去支持另一个产品的研发。

其次，稻盛和夫的事业心之强，已是不言而喻的事实。从27岁创立京瓷业开始，到52岁创办第二电电，再到78岁接手日航的重建，他的事业心不受年龄的影响，反而越来越强，而他却毫无名利之心，一切以市场和社会需求为准则，所以获得了成功。

还有，稻盛和夫无论遇到什么事，都有一种向前看积极思考的的态度。积极思考也可称之为乐观思考，即无论遇到多大的困难，都持一种乐观的姿态，往好的方面去想，并将这种姿态通过言传身教传递给员工。一次，在盛和塾讲演后，一位学员提问道，"生意遇到困难时，企业领导怎样才能做到积极对待呢？"稻盛和夫这么回答："企业领导任何时候都得保持一种开朗向前的姿态，景气不好时，企业内的氛围就会变得低沉，这种时候，企业领导积极向前的姿态就更为重要，要相信自己的梦能够实现，要和员工分享这样的信念。即便遇到困难，也要面对现实，采取适当的对策，景气是会循环的，对景气的回复保持乐观的领导，与担心景气会越来越坏的领导相比，更容易引导企业向好的方向发展。"[15]

稻盛和夫的好胜心也是著名的，而且往往与媒体的宣传或所谓的常识是反其道而行之的。我们可以在他81岁时出版的《燃烧的斗魂》一书中，读到许多证实他的好胜心的例子。例如，政治家也好，企业家也好，大家都在将自己的业绩不佳的原因归于景气不佳时，他就敢质疑是否真的是景气的原因，并以京瓷54年来从未受景气的影响，始终保持增收增益的事实说明事在人为，让大家口服心服。而从京瓷的发展历史来看，与大企业竞争半导体绝缘罩也好，进入长途通信产业也好，都是在与竞争对手相比处于劣势的情况下反败为胜的，其实都是稻盛和夫的好胜心的写照，那就是要么不做，要做就要做到最好。

毫无疑问，稻盛和夫是日本最负盛名的创造型企业家。

注

[1] 入来是鹿儿岛县内的一个地名。

[2] 稻盛和夫. ガキの自叙伝 [M]. 東京：日本経済新聞出版，2012:41.

[3] 见注 [2] 第 77 页。

[4] 稻盛和夫. 人生と経営 [M]. 東京：致知出版社，1998:58.

[5] 稻盛和夫. 京セラフィロソフィ [M]. 東京：サンマーク出版，2014:35.

[6] 稻盛和夫. アメーバ経営 [M]. 東京：日本経済新聞社，2006: 4.

[7] 见注 [6] 第 27 页。

[8] 稻盛和夫. 新しい日本 新しい経営 [M]. 東京：TBSブリタニカ，1994: 148.

[9] 稻盛和夫. 成功への情熱 [M]. 京都：PHP，1996:245.

[10] 稻盛和夫. 心を高める、経営を伸ばす [M]. PHP研究所，1989:246.

[11] 稻盛和夫. 人を生かす [M]. 東京：日本経済新聞出版，2008:262.

[12] 见注 [9] 第 266 页。

[13] 见注 [8] 第 41 页。

[14] 稻盛和夫. アメーバ経営 [M]. 東京：日本経済新聞出版，2006: 238.

[15] 见注 [9] 第 286 页。

本章主要参考文献

[1] 稻盛和夫. 心を高める、経営を伸ばす [M]. 京都：PHP研究所，1989.

[2] 稲盛和夫. 新しい日本 新しい経営 [M]. 東京：TBSブリタニカ，1994.

[3] 稲盛和夫. 成功への情熱 [M]. 京都：PHP研究所，1996.

[4] 稲盛和夫. 稲盛和夫の実学 [M]. 東京：日本経済新聞社，1998

[5] 稲盛和夫. 人生と経営 [M]. 東京：致知出版社，1998.

[6] 稲盛和夫. 生き方 [M]. 東京：サンマール出版，2004.

[7] 稲盛和夫. 高収益企業のつくり方 [M]. 東京：日本経済新聞社，2005.

[8] 稲盛和夫. アメーバ経営 [M]. 東京：日本経済新聞出版，2006.

[9] 稲盛和夫. 人を生かす [M]. 東京：日本経済新聞出版，2008.

[10] 稲盛和夫. 働き方 [M]. 東京：三笠書房，2009.

[11] 稲盛和夫. ガキの自叙伝 [M]. 東京：日本経済新聞出版，2012.

[12] 稲盛和夫. 燃える闘魂 [M]. 東京：毎日新聞社，2013.

[13] 稲盛和夫. 成功の要諦 [M]. 東京：致知出版社，2014.

[14] 稲盛和夫. 京セラフィロソフィ [M]. 東京：サンマーク出版，2014.

[15] 針木康雄. 稲盛和夫 [M]. 東京：講談社，1991.

[16] 国友隆一. 京セラ・アメーバ方式 [M]. 東京：ぱる出版，1997

[17] 森功. 腐った翼 JAL消滅への60年 [M]. 東京：幻冬舎，2010.

[18] 日経トップリーダー. 経営者とは [M]. 東京：日経BP社，2013.

[19] 大西康之. 稲盛和夫最後の闘い [M]. 東京：日本経済新聞出版，2013.

[20] 徐方啓. 稲盛和夫経営哲学に関する一考察 [J]. 近畿大学商経学会. 商経学叢，2019，66（1）：129-142.

第二十七章　张瑞敏与海尔（Zhang Ruimin and Haier）

一、张瑞敏其人

1. 简历

对国内读者来说，张瑞敏是谁已是不言而喻的事，按理可以省去。但是，笔者需要考虑文体的整体性，同时也要兼顾未来的国内外读者，所以有必要按笔者的思路对其做些介绍。

张瑞敏，1949年出生，山东莱州人。高中还没读完就遇上"文化大革命"，上大学的路就这样被断绝了，几年后他被分配到青岛市的一家建筑配件工厂当学徒，好在从小喜欢读书，只要有书，那就不管古今中外，都要拿来读。读书不仅增长了知识，弥补了他没能进大学学习而造成的损失，还成了遇到困难时得以依靠的良师益友，即便几十年后的今天，无论多么忙，他都坚持读书，而且是带着问题去读，边读边思考，从中获得启示。我们只要听听他讲演中经常引用的国内外名师大家的语录，就可察知他读书范围之广阔。

必须强调的是，张瑞敏不是死读书，他会联系实际去应用书本上的知识，善于动脑筋想办法，从而赢得了同事和领导的认可，职务得到提升，很快从班组长开始，晋升到科长、副厂长，1984年的时候，35岁的他已是青岛市家电公司的副经理，负责青岛市内集体企业的技术引进。

就在这一年，青岛电冰箱厂（海尔的前身）从德国利勃海尔公司引进一条电冰箱生产线，但因工厂的管理不善，张瑞敏就派自己的下级去当厂长，可是没过多久，此人就不干了，原因是那家厂没法干。不得已，又重新选派，第二个人也没干几个月就回来了，再派第三个人去，结果都一样，都因条件太差而吓跑了。张瑞敏已经派不出人来了，但工作还得做，只好自己去当厂长。到了厂里，他才真正明白前三任厂长为什么走得那么快。工厂太破了，阴暗潮湿，空气中还充斥着成人的尿臭味，窗户上没有一块完整的玻璃，胡乱地粘一些塑料薄膜挡风，有的窗连木框都被人拆下来烤火取暖去了。走进厂长办公室了解一下财务情况，更大吃一惊，工厂负债 147 万元，因为是集体所有制企业，银行不给贷款，已经发不出工资了。他知道当务之急是解决 800 名员工的吃饭问题，不然的话一切都是空话。但是钱从哪来？好在中国农村的经济体制改革早于城市，部分农村已经先脱贫，还有了积蓄。于是，他就硬着头皮去向附近的农村借钱，这在当地来说，绝对是破天荒的事。张瑞敏何尝愿做这样的事？但是，为了拯救工厂，为了 800 名员工的生计，他也豁出去了。就是在这样的环境下，张瑞敏开始了他的传奇般的经营生涯。

今天张瑞敏已经成为世界上最大的白物家电制造商海尔集团的统帅。这期间，他创造了无数非凡的业绩，引得国内外的媒体纷至沓来，争先恐后地加以报道，国际著名的商学院的教授们也不甘落后，以与张瑞敏的个人交往为自豪，而在街头坊间，人们则用各种传统的和现代的方式传递着张瑞敏及其海尔的故事。人们都想知道他是怎样把一个濒临倒闭的集体企业建设成中国乃至世界家电业的标杆的。不用说，笔者也是张瑞敏的铁杆粉丝之一。十几年前，还在日本一桥大学野中郁次郎教授门下做博士后时，就专程去青岛采访他，对他的人品之高洁、学识之渊博、经验之丰富有着深刻的印象。这以后，笔者就把张瑞敏和海尔作为中国企业家和中国企业的代表加以研究，并以案例的形式写进了多部日文著作中，其中有的已被日本的多所大学选为教科书。

关于张瑞敏的学历，海尔集团的官网曾经出现过"中国科技大学 MBA"的介绍。由于国内的官场有不少挂着"教授""博士"头衔的腐败官僚，也影响到企业界，有的人商业上成功以后，就想方设法用金钱来为自己包装，结果腐败之风不仅涉及官场，还影响到学术界。所以开始笔者也对此抱有疑问。为慎重起见，遂向中国科技大学一位教授求证，得到的回答是肯定的，张瑞敏确实在中科大北京研究生院学习过，1995 年授予 MBA 学位。其实，在笔者看来，张瑞敏的学识已经远远超过了世界上任何一所顶级商学院的培养目标，MBA 的学位对他已经失去了实际的意义，他的言行甚至影响到 MBA 的课程设置。所以，现在海尔集团的官网上已经没有这样的介绍，笔者认为这是张瑞敏的正确选择，而他给我的名片上也没有"MBA"的字样。

2. 荣誉

迄今为止，张瑞敏和海尔集团究竟获得过多少荣誉，恐怕不要说他本人，即便是海尔集团负责宣传的专职人员也难以准确地回答，因为每年都有各种各样的奖项和荣誉涌向张瑞敏和海尔。在此，笔者仅从创造学和经营管理学研究者的角度出发，对其中含金量高的荣誉做一些介绍。

（1）全球 50 大经营管理思想家（Thinkers50）。

这一评选组织的创始人是两位英国媒体人。一位是斯图亚特·克莱纳（Stuart Crainer）。在这之前，他是伦敦商学院主办的"商业竞争评论"杂志的主编，由于职业的关系，他采访过许多世界著名的学者和企业家，出版了多部著作，包括畅销书 The Management Century，此书被译成多种文字出版，如中文版的《管理百年》（海南出版社 2003 年），日文版的《マネジメントの世纪》（东洋经济新报社 2000 年，笔者在近畿大学讲授"经营管理学"时，就以此书为教材）。与此同时，他还在多所世界著名的大学兼职，包括牛津大学的"战略领导力课程"和西班牙 IE 商学院的国际 MBA 课程。

另一位是戴斯·狄洛夫（Des Dearlove）。他原先在英国"泰晤士报"任专栏作家，曾与人合作编辑出版了《金融时报经营管理手册》，也曾在牛津大学赛德商学院和西班牙 IE 商学院兼过职。

英国人喜欢排名是很出名的，世界上许多排名或国际标准都是由英国人倡导和推行的。当然，排名和国际标准能否为学术界和产业界所认可，就看其能否保证信息的可靠性和评选方式的权威性以及公正性。若做不到这一点，那就没有立足之地。志同道合的克莱纳和狄洛夫联手创办了"全球 50 大经营管理思想家"排名，然后邀请世界各国的大学教授[1]和媒体人推荐，被邀请的人可以在各个指定的领域（如学术界、企业界等）内推荐一个人（不论被推荐者是本国人还是外国人），然后计票，结果出来以后，组织者就在该年的 11 月在伦敦举办隆重的发布会，场面如同美国的"奥斯卡"发布会，所以此排名也被称为"经营管理领域的奥斯卡"。

由于是评选经营管理思想家，而不是作家或企业家，所以，著作的多寡，企业规模的大小，知名度的高低等，都不是决定性因素，主要是看是否有理念、有思想，而且对经营管理的理论研究与实践产生重大的影响。

"全球 50 大经营管理思想家"于 2001 年首次公布，之后每两年公布一次，至今已经公布了 9 次，我们可以从这 9 次排名的第一名上知道此排名的价值（见表 27-1）。

表 27-1　2001—2019 年全球 50 大经营管理思想家隔年首榜名单

公布年	第一名	职业
2001 年	彼得·德鲁克	美国克莱蒙特大学教授
2003 年	同上	同上
2005 年	迈克尔·波特	美国哈佛大学商学院教授
2007 年	C.K. 普拉哈拉德	美国密歇根大学商学院教授
2009 年	同上	同上
2011 年	克莱顿·克里斯滕森	美国哈佛大学商学院教授
2013 年	同上	同上
2015 年	迈克尔·波特	美国哈佛大学商学院教授
2017 年	罗杰·马丁	加拿大多伦多大学经营管理学院教授
2019 年	W. 钱·金、莫妮·莫博涅	法国英士国际商学院教授

资料来源：Thinkers50 官网。

除此以外，还不定期地评选一位最杰出的经营管理思想家并颁发终身成就奖（Life Achievement Award），如2013年的获奖者就是我的导师野中郁次郎教授。

迄今为止，名单中尚未出现过中国学者的名字，可见中国的经营管理学理论研究还没有达到国际水平。值得庆幸的是中国的企业家们已经捷足先登，相继有三人进入此排名，他们是柳传志（2013年，排名第31位），王石（2013年，排名第50位）和张瑞敏（2015年，2017年和2019年）。下面主要介绍一下张瑞敏的入选理由。

2015年，张瑞敏首次入选此名单，同时获得"最佳理念实践奖"。2017年再次入选，而且将名次提升了12位，排名第26位，连世界著名的经营管理大师吉姆·柯林斯（等31位）和加里·哈默尔（等32位）都排在他后面，可见张瑞敏已经与世界经营大师比肩齐名。2019年，第三次入围，排名又跃进至第15位，组织者对张瑞敏的评价如下：

"张的创新管理理念把中国传统文化的精髓与现代西方商业观念融为一体，他是'6西格玛'的实践者，并形成了自己的经营理念，即'人单合一'。通过在开放平台上将公司划分为众多微型企业，取消传统的'自上而下'的管理体系，'人单合一'在员工和客户需求之间实现了'零距离'。'人单合一'的核心是通过削减高成本的中层管理人员（他曾经削减过一万名员工）来培养员工的企业家精神，他鼓励创新、灵活性和冒险精神。"[2]

在2019年的排名中，笔者还注意到一个事实，那就是张瑞敏不仅是唯一的中国企业家，也是全球制造业的唯一代表，其余的都是大学教授、职业咨询师或财经作家。换言之，这是一个企业家很难进入的领域，如只限于经营手腕，那么世界上有很多业绩好于张瑞敏的企业家。但是，"全球50大经营管理思想家"在评价企业家时，不仅仅看业绩，更注重有无自己的经营理念以及实践此理念的成功事例，这也是这份排名的真正价值。根据笔者多年的研究，在中国的产业界，还没有谁能像张瑞敏那样提出那么多的理念并付诸实践，也没有谁能像他那样结识那么多的著名学者和接受媒体的采访。2014年11月，《战略与经营》杂志刊登过一篇该杂志主编亚瑟·柯莱纳采访张瑞敏的文章，标题是"记中国哲学家——海尔CEO张瑞敏"，这是对张瑞敏非常到位的评价。[3]

（2）美国经营管理学会（AOM）年会上的讲演。

AOM是Academy of Management的简称，成立于1936年，其愿景是"通过我们的奖学金和在经营管理以及组织理论方面的教学，激励和创造一个更美好的世界。"[4]该学会现有会员20000多人（截至2018年底），以大学教授、商学院博士候选人、以及与知识创造和实践相关的咨询师为主，在世界120个国家设有分会，是经营管理领域最主要的国际学会。我们只要看一个数据，就可以知道该学会的规模和影响力。在2017年年会召开时，报名的论文多达6324篇，经筛选后，有3533篇参加交流，五天的会议，竟然有来自88个国家和地区的10751人参加。在世界范围来说，只有AOM有此魅力。人们都想参加这一会议来获取经营管理理论的最新信息,并结识一流学者和企业家。

AOM 每年开会时,都会邀请一些最受关注的企业家去做讲演。张瑞敏就是在 2013 年的年会时被邀请做讲演的。他是第一位被邀请做讲演的中国企业家。

前面提及张瑞敏喜欢读书,还在讲演中经常引用国内外名师大家的语录,如果有人认为那只是一种名人的装饰而已的话那就错了,因为他总是恰到好处地加以引用,而不是生硬地照搬,所以听众可以感觉到那些古今中外的箴言已经融入他的思想理念之中,能随时为其所用。那么,张瑞敏究竟读了哪些书呢?为了回答这个问题,笔者仔细阅读了海尔集团官网公布的 2000 年 12 月 26 日至 2017 年 9 月 26 日的 78 篇"CEO 讲话",发现其中的 68 篇(占 87%)引用了名人大家的语录,于是就对这些语录的原著做了一些分类,结果如下:

第一类是中国古典名著,包括周文王的《易经》、老子的《道德经》、孔子的《论语》、庄子及其弟子所著的《庄子》、子思的《中庸》、管子的《管子》以及唐诗宋词和阳明哲学。

第二类是西方古典名著,有宗教和文学方面的,也有经济学和哲学方面的,包括《圣经》、塞万提斯《堂吉诃德》、亚当·斯密的《国富论》、黑格尔的《小逻辑》、狄更斯的《双城记》。

第三类是近代经营管理名著,包括泰勒的《科学管理原理》、约瑟夫·熊彼特的《经济发展理论》以及马克思·韦伯的论著(无确切书名)。

第四类是现代经营管理名著,包括彼得·德鲁克的一系列著作、艾尔弗雷德·钱德勒的《战略与结构》、菲利普·科特勒的《营销革命3.0》、迈克尔·波特的《国家的竞争》、吉姆·柯林斯的《基业长青》和《从优秀到卓越》、加里·哈默的《管理大未来》、哈默与钱皮的《企业流程再造》、克莱顿·克里斯滕森的《创新者的窘境》等,可以说,被称为经营管理大师的代表作,张瑞敏都曾读过和引用过。

第五类是最新的与网络经济和分享经济有关的名著,如杰米里·里夫金的《第三次工业革命》和《零边际成本社会》、唐·泰普斯科特和安东尼·威廉姆斯《宏观维基经济学》、克里斯·安德森的《免费》《长尾理论》和《创客》、约瑟夫·佩恩和詹姆斯·吉尔摩的《体验经济》、查克·马丁的《决胜移动终端》、保罗·格雷厄姆的《YC 创业营》、彼得·戴曼迪斯和史蒂芬·科特勒的《创业无畏》等,以及其他人撰写的二十几部著作。

除此以外,笔者还关注到一个事实,张瑞敏读过的书目中,还有三位诺贝尔经济学奖得主的代表作,即埃德蒙·菲尔普斯的《大繁荣》、让·梯若尔的《公司金融理论》和罗纳德·科斯的《企业的性质》。由此可知,张瑞敏的读书与他的经营管理思想和实践有着不可分割的关系,读者将从本章第二节中印证笔者的观点。

二、张瑞敏其道

张瑞敏的创新太多了,该从哪里着手呢?好在笔者长期从事创造与创新的研究,已经形成了自己的观点。下面先来介绍一些这样的观点，在此基础上，再来论述张瑞敏和海尔的创新。

10多年前，笔者曾经发表过一篇论文，题目是"创新的结构"，文中论述了四种类型的创新，即产品创新（Product Innovation）、生产过程创新（Process Innovation）、商业模式创新（Business Model Innovation）以及社会创新（Social Innovation）。

产品创新是最常见的创新，即开发一个新产品，或是对现有的产品进行改进，使其具有更好的功能，成本更低，更满足消费者的需求，更具有市场竞争力。这里所说的产品是广义的，如果是制造业，产品就是一个具体的东西，如果是服务业，产品则是一项服务。例如，电视机从黑白的变成彩色的，从小屏幕进化到大屏幕，从几十公分厚变成不到一公分厚，这些都是在持续不断的创新中完成的。再举一个服务业的例子，日本刚开始出现快递业时，只能限定大城市之间，以后慢慢扩展到中小城市直至乡村，而递送的时间也越来越短，开始不能指定时间，后来可以了，但只能指定某一天，而现在则可以指定时间段，如"下午4到6点之间"，等等。

产品创新不应视为从事产品开发的科技人员的工作，而应将这种意识渗透到每一个员工中去，当员工有了这样一种意识以后，无论是科技人员，还是营销人员、维修人员、电话服务人员，都有可能发现产品创新的机会。

生产过程创新指的是制造的产品或提供的服务并没有变，但改变了制造或服务的方法，如汽车生产从最初的手工作业发展到机械辅助作业，然后导入了生产线，现在则是大量的机械手或机器人代替了工人在流水线上作业。日本的便利店刚诞生时以销售商品为主，逐渐增加了扩印照片，邮寄包裹等服务项目，到了现在，已经到了生活所需要的必需品和公共服务，基本上都能在便利店解决，如银行取款机（ATM）、缴纳各种费用（如水电费、有线电视、纳税）、收发传真、通信服务、预购车船机票、音乐会和体育比赛的入场券、甚至还能代替地方政府发行户口证明，等等。在为所在地的居民提供方便这一宗旨下，日本的便利店已经为日常生活不可缺少的存在，人们在购房时，都会考虑附近有没有便利店。

商业模式创新指的是改变现有的企业运营方式和盈利结构，其难度远远大于产品创新和生产过程的创新，可以称之为颠覆性的创新。商业模式创新对企业家的要求很高，没有相当的知识和经验，加上远见和胆识，是不可能做到的。而能够做到的企业，往往就开拓了一片蓝海，甚至可以领跑一个新的产业，亚马逊、谷歌、淘宝等，都是商业模式创新的成功事例。从世界范围来说，传统企业尤其是成功的传统企业很难改变商业模式，如美国的通用电气公司（GE），日本的索尼公司，都是产品创新和生产方式创新方面的佼佼者，但是在商业模式创新方面却止步不前，失去了以往的风采。另一方面，非传统企业因为没有成功的历史，不能创新商业模式，就难以与强大的竞争者抗衡，换言之，严峻的商业环境逼得他们非这样做不可。亚马逊、谷歌、淘宝等，之所以成功，首先应该归功于商业模式创新。

根据经营战略的理论，一家公司成立后将在哪个领域开展业务，即决定公司大方向的战略称之为企业战略，而把与如何战胜对手的各种战略，如营销战略、人才培养战略等有关的都称之为竞争战略。由此可知，与产品创新和生产过程创新关联密切的是竞争战略，而商业模式创新则与两者都关系密切，必须将企业战略和竞争战略结合在一起策划。如苹果公司的iPod之所以打败索尼公司的"随身听"，最重要的原因就是史蒂夫·乔布斯想开拓一个将音乐与网络来结合起来的领域（企业战略），这是一个伟大的创举，但是怎么实现呢？他有了基本构思以后，就在全世界物色价廉物美的存储芯片，能按他的设计制造的代工企业，以及保证苹果公司在世界范围内销售该产品的物流和销售商（竞争战略），结果一炮打响，终于将索尼公司赶下了称霸世界个人音乐消费品市场几十年的王座。索尼公司败在哪里呢？论制造设备和制造技术，索尼都是世界一流的，苹果连生产iPod的工厂都没有，但事实说明，比起商业模式创新的重要性来，这些都显得微不足道。自己没有，可以利用外部资源，或者说正因为自己没有，才会积极地利用外部资源，结果比自己有的企业负担更少，收益更大。

创新的最后一种类型是社会创新，这是一种对社会全体带来重大影响的创新，如日本的明治维新，中国的对外开放和改革，都是社会创新。由于社会创新主要由政府来实施，非单独的企业力所能及，也非笔者的研究领域，所以后面不再展开。

在对创新的结构有所了解以后，我们回过头来看看张瑞敏和海尔的创新。

1. 海尔的产品创新

如前所述，张瑞敏本来是帮助青岛电冰箱厂引进设备的，最后身不由己地成了这家工厂的厂长，而工厂的条件那么差，怎么才能生存下去呢？工厂虽然引进了德国利勃海尔的先进设备，但有了先进的设备并不意味着能够生产优质的产品。事实上，当时生产的"琴岛－利勃海尔"冰箱的合格率很低，结果就有了张瑞敏抡大锤怒砸冰箱的故事。这把大锤现在已经陈列在国家博物馆中，成了海尔或者说中国企业改变品质意识的见证。

张瑞敏的大锤砸醒了员工们的质量意识，从此以后，海尔冰箱的质量越来越好，1988年终于在全国电冰箱质量评比中获得了第一名。当然，那时的第一名只能说是矮子里面挑高个，充其量是一个国内标准，与现在的海尔冰箱的质量相比，还只是第一步。但是，正因为有了第一步，才有了后面的艰难历程和辉煌成就。

解决了产品质量问题以后，海尔开始在产品创新上做文章，"洗红薯的洗衣机"（按理应该叫作"洗薯机"）、上面开门下面有抽屉的"迈克冰箱"、大学生专用的带电脑桌的冰箱、合理利用墙角空间的三角冰箱、制作泡菜专用或生物医药制品专用的冰箱、可洗一双袜子的"迷你"洗衣机、表面印制各种照片的个性化冰箱，等等，一个接一个地出现，满足了广大消费者的需求。在 20 世纪 80 年代至 90 年代，海尔有过很多这样的产品创新，而其中不少设想都来自直接与消费者打交道的部门。这样的产品创新难度不大，重要的是及时发现市场需求和快速反应，海尔做得很好，但也有不足，那就是这样的产品创新大多不具有知识产权，最多也就是申请一项实用新型或外观设计，还不能申请发明专利。中国"入世"以后，海尔加强了知识产权保护，截至 2016 年 11 月，海尔集团拥有 16,000 多件专利[5]，其中不乏发明专利。可喜的是，根据海尔智家股份有限公司 2019 年度报告，现在海尔在全球累计专利申请已达 5.3 万余项，其中发明专利 3.3 万余项，占比超过 60%，海外发明专利 1.1 万余项，覆盖 28 个国家。我们从这些数字的迅速变化上，可以看到海尔全球化经营的成果。

2. 海尔的生产过程创新

20 世纪 90 年代以后，张瑞敏一直在思考和摸索生产过程创新的问题，在 1999 年，他决定导入企业流程再造（Business Process Reengineering，简称 BPR 或"流程再造"）。"流程再造"理论由美国学者迈克·哈默（Michael Hammer）所倡导，1993 年他与企业家詹姆斯·钱皮（James Champy）合作出版了《企业流程再造：业务革命宣言》一书，迅即引起学术界和产业界的广泛关注，成为当年最畅销的财经图书。作者的意图是从消费者的立场去重新审视现有的业务流程，使其更加面对市场。这一理念被张瑞敏所接受，他决定在海尔推广实施，开始打算以五年的时间完成，但是在实施的过程中，他自己有了更多的想法，例如，他曾经设想过用"物流""资金流""信息流"为基准重组流程，经实施后发现效果不明显，于是又通过阅读经营大师们的著作获得启示，并结合海尔的实际，进行新的探索。2004 年，笔者专程前往青岛采访张瑞敏时，他正在实施流程再造，他曾充满信心地告诉笔者，期待在几年以后见效。由于流程再造在美国和日本的企业界实施以后效果不大，一些企业家抱怨说流程再造的理念是好的，可是一个问题解决以后又出现新的问题，结果成了换汤不换药。所以，说实在的，笔者当时有些担心海尔实施流程再造的效果。令人吃惊的是，张瑞敏在实施流程再造的过程中，思路又有了新的飞跃，其结果是"颠覆性的创新"。这时，与其说生产过程的创新，不如说是商业模式的创新，是在创新商业模式的同时，实现了生产过程的创新。

3. 海尔的商业模式创新

德鲁克有一句名言，"企业的目的就是创造用户。"[6] 由于张瑞敏在讲演中经常引用这句话，可见其影响之大。但是，企业究竟如何创造用户呢？那就要看企业家的本事了。围绕这一点，张瑞敏做过很多尝试，并且将它与海尔的发展战略密切结合起来。例如，在20世纪80年代，张瑞敏强调的是品牌战略，通过"TQC管理模式"来加以实现。20世纪90年代初，他推出了多元化战略，其实施手段是"OEC管理模式"。20世纪90年代末，他又开始实施国际化战略，其手段是"市场链和RPR模式"。进入21世纪以后，他的目标更宏伟，先后提出了全球化战略、网络化战略和生态品牌战略，而其手段则是"人单合一双赢模式"。所以，张瑞敏堪称经营战略的专家。

企业要想创造用户，首先得知道用户在哪里。从常识上来说，用户肯定在市场上，但用户是动态的，会随着市场的变化而可大可小，当用户的需求被企业所发现，而企业又满足了这种需求时，用户的数量就会呈级数般地增长。这就是说，企业首先得面对市场，这样才能发现用户。那么，企业如何面对市场呢？张瑞敏的做法是把员工们推向市场，为此他设计了"倒三角形"的组织结构。在说明什么是"倒三角形"组织结构之前，让我们先来说明一下什么是"三角形"的组织结构。

三角形的组织结构的底层是一般员工，其上面一层是工厂车间或各个部门的直接领导，通常是工段长、班组长、课题组长等，第三层是车间主任、科长、研究室主任等，第四层是处长、部长、部门经理等，再往上就是副总经理、总工程师、总会计师等，最后是董事长、总经理等。这是一种自上而下的命令系统。企业的规模越大，阶层就越多，而越往上去人数就越少，所以呈现出一个像金字塔一样的结构，勾画一下的话就像是一个三角形。同时，越往上去，职位越高，权限也越大，所以也被称之为"官僚型组织"。官僚型组织的理论始于德国经济学家和社会学家马克思·韦伯（Max Weber，1864—1929），至今都是世界上大多数企业的组织形态。但是，100多年后的今天，这种阶层化的组织结构的弊端也越来越明显，如生产和营业第一线的声音很难抵达高层，决策过程越来越复杂，越来越慢，难以及时应对市场的变化。为什么企业做大以后，就容易出现挑战精神减弱、节奏放慢、决策失误等所谓大企业病，其根本所在就是这种三角形的组织结构。

几乎所有的企业，都是这样一种三角形的组织结构，所以海尔也不例外。但是，海尔已经不是几十年前的中小企业，而是一家有着近10万名员工的大企业，如何避免大企业病，始终是张瑞敏的战略重心。于是，他设计了"倒三角形"的组织结构。在这种组织结构中，最底层是企业的最高层，即董事长和总经理，依次往上是副总经理、总工程师、总会计师等构成的经营层，然后是科长处长等构成的管理层，最上面的是"自主经营体"（SBU）。

SBU是Strategy Business Unit的略称，原来的意思是"战略业务部门"，即企业中承担中长期发展任务的部门，而不是研究和解决眼前面临的问题，如"人工智能在本公司的应用""大数据的实际意义"等。但是,张瑞敏在导入这个概念时,则把它定位在现在加未来上,即从现在开始做将来的事,现在不做,将来就不可能做。所以,他给SBU增加了一个内容,即"SBU经营"。张瑞敏对"SBU经营"的解释是:"上级提供市场空间,提供资源平台(现状水平,先进信息,问题解决渠道,支持流程),SBU自己根据用户的抱怨,创新解决问题,从用户的满意中获得激励。精神激励是用户的忠诚度,物质激励就是效益提成。"[7]而"自主经营体"的概念就是在SBU经营的基础上发展起来的。

自主经营体由员工自己结成,人数不等,少至几个人的,多则上百人,可以根据需要调整。自主经营体结成以后,员工就要去市场第一线发现用户,接订单,然后组织生产,销售,售后服务,整个环节都由他们自主地进行,包括每个人的收入,都由他们自己决定。在组织生产时,可以要求上级部门提供支援,而不是像过去那样等待上级下达工作指示。接到支援要求的部门必须全力以赴,不能阻挠或消极对待,如自己的力量不够,则可以要求上级部门提供支援,直至最高层。这样就出现了一种变化,原先的命令系统是自上而下,高层做出决策以后,按上下级的关系层层下达,最后抵达第一线的员工。如果高层的决策是正确的,其结果也基本上正确;如果高层的决策是错误的,那么执行下来只会出现错误的结果。自主经营的时候,是第一线的员下达生产任务,上级部门都成了后续支援者,而不是命令者,所谓倒三角的组织结构,就是这样形成的。便于读者理解,笔者根据张瑞敏2011年6月17日的讲演而绘制了图27-1。

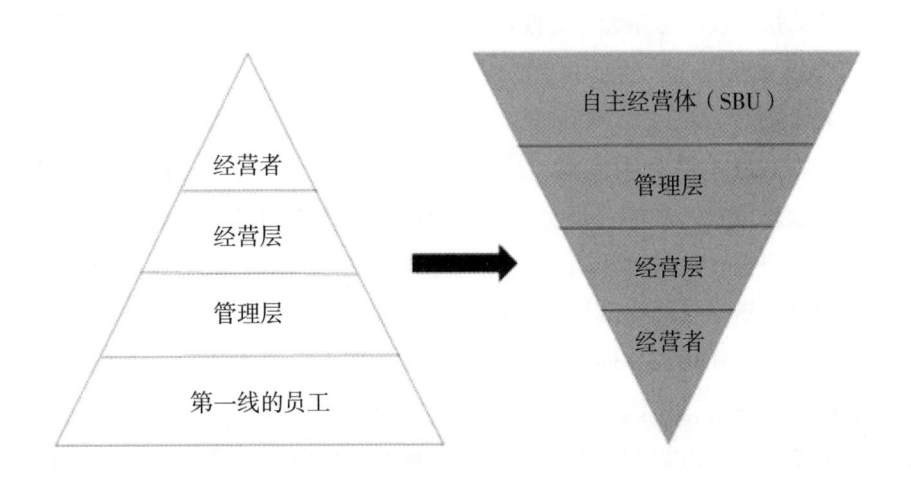

图27-1 海尔组织结构的变化示意图

2012年9月,当时的海尔有8万名员工,总共形成了2000多个自主经营体,平均一个自主经营体有40人。不言而喻,这是张瑞敏对企业的组织结构所做的一个非常大的变革,自然引起了国内外经营学家们的关注,哈佛商学院、沃顿商学院、瑞士的国际商学院（IMD）都有教授前去调研。张瑞敏将这一商业模式命名为"人单合一双赢模式"。

在2005年9月20日召开的海尔世界经营会议上，张瑞敏首次披露了"人单合一"的概念，以后边琢磨边实践，形成了相对成熟的"人单合一双赢模式"，到了2015年，他又提出了升级版"人单合一2.0"。其中，"人"指的是员工，"单"表示用户，"人单合一"就是把员工和用户连在一起，旨在建立一个员工和用户共创共赢的平台。这里，我们又可以看到张瑞敏的两个新的概念创新。首先，他强调的是员工和用户的双赢，而不是企业和用户或者企业与股东的双赢。如强调企业，那么员工的位置如何看待，如何体现以人为本的经营理念？张瑞敏有过一个非常形象的比喻，企业的"企"字由"人"和"止"构成，如企业里的"人"走了，企业就停止了。他的意思很明确，即海尔是一家以员工为本的企业。其实，很多企业都声称自己以人为本，但是，以什么人为本则大大不同。例如，美国企业以股东为优先，日本企业以顾客为上帝，中国企业以什么为优先呢？笔者去联想集团采访柳传志时，看见公司内部的墙上贴着"对社会负责，对股东负责，对员工负责"的标语[8]，可知他们对股东的重视先于员工。而海尔则把员工和用户放在同样重要的位置。

张瑞敏的另一个是概念创新，即明确区分了"用户"和"顾客"的不同。通常，在商业活动中，人们习惯于用"顾客"来代表消费者，但是，张瑞敏认为"顾客和用户有本质上的区别，顾客是一次性交易，他同意买了，就是钱和物的交易，而用户是不断交易，不断参与，要创造出最佳用户体验。"[9]事实上，现在国际消费市场的新动向正是创造用户体验，可见张瑞敏的思路经常是超前的，这与他的知识和经验是分不开的。

"人单合一双赢模式"经过多年的实践，证明方向是可行的，尽管还是进行时，但已经引起了国际经营学界的关注和评价，美国管理会计协会（IMA）尤其关注海尔的"战略损益表"，并于2011年12月向海尔授予海尔"管理会计学习企业奖"。"战略损益表"是"人单合一双赢模式"中的一环。每个企业在进行决算时，都要绘制几张表，其中的一张是损益表。但是，传统的损益表的绘制原则是"收入减去成本和费用等于利润"，是一种事后的财务活动，而张瑞敏想做的是事前的财务活动，要求每个自主经营体都要绘制，这就涉及员工和用户，还关注了表外资产，即人力资本和无形资产。这种大胆的创新，确实从未听说过，美国管理会计师协会之所以对此高度评价，就是因为管理会计他们做得太熟悉了，全世界的企业几乎都采用他们制定的会计原则，可是没有新意，今后如何发展连他们也摸不着方向，海尔的大胆创新，无疑开启了他们的思路，所以就主动与海尔合作，试图在理论化方面有所建树。说得难听一点，就是掌握学术上的制高点，继续称霸世界管理会计学界。

尽管"人单合一双赢模式"取得了一定的成果，但是，张瑞敏并没有停止挑战。最近几年，他又有了新的创新。

随着网络经济的发展，全世界的企业都面临一个严峻的现实，即如何与网络经济的发展同步前进，如安于现状，不主动与此融合并拓展自己的生存空间的话，那就只会被网络经济所淘汰。张瑞敏很早就关注到这个问题，并把它与进行中的商业模式创新结合在一起考虑。2015年12月4日，张瑞敏在国家发改委主办的"发展改革大家谈"论坛上，做了一次重要的讲演，我们可以从中看到他的思路。

互联网经济迅猛地发展起来以后，很多企业都在向互联网靠拢，并声称自己是互联网企业，但是，张瑞敏认为互联网企业必须融入互联网，而不仅仅是将一些互联网技术进行应用。为了把海尔转型为互联网企业，张瑞敏提出了"三化"，即企业平台化、员工创客化、用户个性化，其中，企业平台化对应商业模式的颠覆，员工创客化对应大规模定制，用户个性化对应体验经济。

互联网经济的特征是无中心、无边际、无时间和空间的制约，任何一个用户都可能成为供应者（生产者）和需求者（消费者），也可能成为某种消费大潮的策划者或起爆点。企业也不例外，以往是以自我为中心，现在只是互联网中的一个节点，原先有边际，现在无边际，原先是封闭的，现在必须开放，同时又存在无限的经营资源，于是谁能整合资源为我所用，谁就能赢得主动权。亚马逊、谷歌、淘宝不都是因为善于整合经营资源才称雄于网络经济的吗？当然，这些企业都是服务业，那么制造业能否做到呢？这是张瑞敏提出"三化"时首先考虑到的问题。

张瑞敏想把海尔打造成一个开放的平台，公司内部的经营资源放入平台自不用说，还期待外部的经营资源也能进入。当然，外部的经营资源能否进入，就要看海尔的平台是否有魅力，有魅力的话，自然就能吸引无数的外部资源。根据笔者十多年的持续性研究，海尔很早就开始实施的网上征集用户建议的做法，就是一种开放平台的雏形，也就是说，海尔在打造平台时并不是赤手空拳，而是积累了一定的经验。打造平台后，就颠覆了以往的阶层制，中间管理层没有了，员工都可以通过平台自主地决定干什么和怎么干，干得好坏都直接关系到自己的收入和职业的稳定性，而不用像以往那样需要有管理层来鉴定和评价。

企业建平台的时候，自然就要考虑员工怎么办的问题，张瑞敏的做法是员工创客化，他强调创客就是自主创业者。因为是自主创业，而不是每天来公司接受任务后认真工作的上班族。这对员工来说是一个巨大的变革，从前只要不迟到，按时上班，按要求完成任务，其他不用自己操心，按规定办就行。可现在不行了，不主动找活干思考怎么干才有效的话，不用说收入，连饭碗都难保了。所以，对员工来说，确实是压力山大。但是，另一方面，创客化又为员工提供了无限的可能性，会动脑子动手，有商业头脑，又能与他人合作的员工，就有可能成为一个成功的创业者，这在以往是不可想象的。这就是说，海尔为员工提供了广阔的发展空间，是否抓住这些机会就看员工个人了，而不能适应这种变化的人只得走人。

员工首先在平台上寻找工作机会，找到以后就在平台上呼吁志同道合者的加入，这样就形成了一个创业团队，而其本人则成了平台主。创业团队自己决定开发、制造、销售、售后服务等，在市场上创造价值，然后与企业分享。这时，他们不必局限于公司内部，可以在全世界寻找最合理的方法。例如，有人发现孕妇坐在沙发上看电视很累，就想到能否躺在床上看，于是招了几个同伴一起策划，通过平台在美国的硅谷找到了技术，从德州仪器公司采购了零部件，又在武汉光谷物色了代工的厂家，真的把开发新产品所需要的经营资源都整合起来了。在此基础上，他们决定创业，海尔为他们提供了70%的资金，其余的30%也通过网上众筹，很快聚集了大量的用户，而后续资金则找风险投资者，风险投资者看到这种气势后当然愿意加入，一个适应市场需求的新产品就这样实现了商业化，售价才1900多元，能够在墙上投影到100英寸那么大，不仅满足了孕妇的需求，还满足了商业上的需求。

截至2015年12月，海尔的平台上已经出现2000多个创业团队，其中的200多个创业团队已经从小微企发展成真正的企业，登记注册后成为正式的企业法人。

海尔从创业团队到成立法人的过程也是很有创造性的，即风险投资者进来以后，创业团队自己也要出资，这样就形成了利益共同体，真正做到与投资人有福同享，有难同当，而不是随意使用他人的钱，失败后一走了事。事实上，创业团队出资以后，就更有责任感，成功的概率也更大。对海尔来说，则培育了创业家，而创业家是海尔最宝贵的人才资源。张瑞敏曾经说过："创业家与企业家只有一字之差，其内涵和本质却有天壤之别。企业家是以企业为中心，而创业家却是以用户为中心。企业家以创造完美的产品和服务为使命，而创业家以创造用户最佳体验为中心。企业家以规模和利润为成就标尺，而创业家以用户资源和粉丝为荣耀北斗。企业家以管理和控制为权利之杖，而创业家以自组织为魔法宝盒。成千上万人成就一个企业家，而每一个创新的个体都可以成为一个创业家。"[10]这段话说得相当精辟，令我们再次感受到张瑞敏的哲学家风范。2019年，张瑞敏又有了新的动作，将集团的上市公司青岛海尔股份有限公司更名为海尔智家股份有限公司，我们从这一更名中可以看到他的气魄和高瞻远瞩。

日本有一位企业家，叫藤田田（Den Fujita, 1926—2004），东京大学法学院毕业，在校期间就自己创业，开办了一家销售进口商品的贸易公司。1971年他把美国的麦当劳引进日本，在东京最繁华的商业中心银座开了第一家门店，迅即在日本刮起了美国式快餐的旋风，被媒体称作"汉堡大王"。1996年，他出版了一本书，书名叫《胜者为王》[11]，暗指"败者为寇"。他给读者传递的信息是，只要你在激烈的商战上赢了，那么你就是正宗，说什么人家都会相信，反之则一钱不值。笔者觉得此观点有点过分，但也不无道理。所以，在研究张瑞敏时，也会关注海尔的业绩，如果业绩好，那么他的经营理念和经营战略都是正确的，能让人心服口服。所以，下面我们来看看海尔的经营业绩。图 27-2 是最近六年上市公司海尔智家（前身为青岛海尔，2019 年更名）的主要业绩的推移。另外，根据海尔集团披露的信息，海尔已经连续 11 年名列全球大型家电第一，2019 年的海外市场收入达 941 亿元，占总收入的 47%。海尔还在全球 160 个国家和地区中建设了 25 个工业园，有 10 个研发中心，66 个营销中心，122 个制造中心，员工总数达到 99757 人。这些数据足以证明海尔已经做大做强，世界第一当之无愧。有这样的数据为背景，张瑞敏就有足够的时间和精力去思考经营理念和经营战略，继续展示一个实践型经营大师的风范。

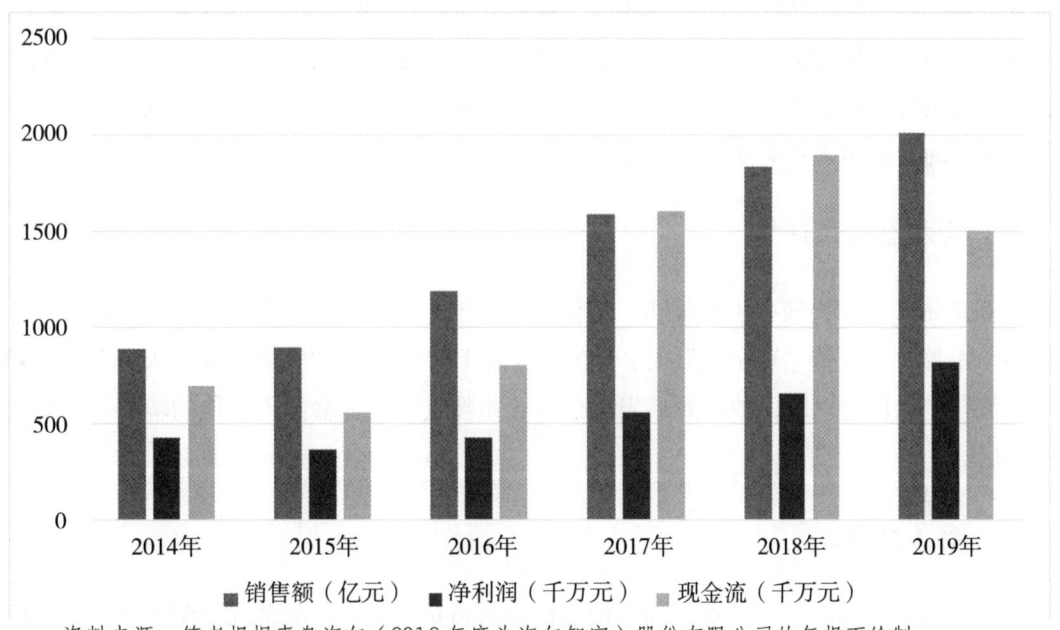

资料来源：笔者根据青岛海尔（2019 年度为海尔智家）股份有限公司的年报而绘制。

图 27-2 青岛海尔的主要业绩

三、我们应该向张瑞敏学什么

1. 要多见媒体

张瑞敏每天都要接待许多人，其中不乏国内外的媒体。他总是尽量满足媒体的要求，而且每次见媒体都很热情周到，绝对不会敷衍了事，给人留下深刻的印象。结果，记者们回去以后写的专访，大都对海尔和张瑞敏予以正面报道，这就等于在帮海尔和张瑞敏做免费宣传。

2. 要见学者

张瑞敏深知与学者尤其是著名学者打交道的好处,除了在公司内接待来访的国内外学者以外,外出访问时,总要抽时间去大学见一些著名学者,如美国哈佛商学院的罗沙贝斯·莫斯·坎特教授、沃顿商学院的马歇尔·梅耶教授、伦敦商学院的加里·哈默教授、牛津大学的丹娜·佐哈教授、IMD的比尔·菲舍尔教授,日本一桥大学的野中郁次郎教授,等等,这些世界著名的经营管理学的大师级人物,都与张瑞敏有着良好的合作关系。其实,企业家与学者交朋友只有好处,没有坏处,因为学者属于有识之士,去企业调研,见企业家,主要是为自己的研究提供案例,不会有什么经济上的考虑。而且,当学者找到一个能够验证自己的理论的企业以后,会通过论文、著作和讲演介绍这家企业,对提升该企业及其企业家的形象和知名度有很大的帮助。

3. 要有自己的语言

张瑞敏经常在讲演中引经据典,但他善于从他人的语言产生出自己的语言,如产业界和学术界大力宣传"现金流"时,他在海尔推行"商流""物流"和"人流"。当国际上流行"供应链"时,他得到启发后倡导"市场链"。你会觉得,他的境界是不是更高一层?

4. 要善待员工

可以说,无论哪个大企业,都会说自己是善待员工的,一般情况下听的人也都会相信,因为不善待员工的话,企业怎么能做大呢?因为不是内部员工,不可能知道详细情况,只能通过媒体的报道了解一些皮毛。是否善待员工不能光听企业的说辞,更要听听一般员工的感受,才能判断善待的程度。

5. 要上市

企业做大做强以后,上市就成了一个热门的话题。因为是大企业,为人类社会物质文明的进步做出了很大的贡献,同时也从社会大众中获得利润,这就要求承担更大的社会责任,接受社会的监督,而接受社会监督的一个合理的途径就是上市。上市是企业由封闭的公营或私营企业向开放的公众企业转换的一个标志。上市对企业和投资者都有好处,企业可以以较低的成本从社会大众中筹集资金用于今后的发展,投资者则通过自愿承担风险来争取经济上的回报。所以,上市是企业对社会大众的一种承诺,是一种愿意对投资人的资金负责使其增值的承诺。如做不到这一点,企业亏损了,办不下去了,那也只好退市，但退市也是在公众的监督下完成的。

注

[1] 自 2014 年以来，笔者也被邀请参与推荐。

[2] 见 Thinkers50 官网。

[3] 海尔官网，《记中国哲学家——海尔张瑞敏》，2014 年 11 月 14 日发布。

[4] 见 AOM 官网。

[5] 黄盛. 海尔集团：多远运用专利 打造创新品牌[N]. 中国知识产权报，2016-11-9(3).

[6] ＰＦドラッカー. マネジメント（上）：課題・責任・實践[M]. 野田一夫，村上恒夫監訳. 東京：ダイヤモンド社，1974:93.

[7] 海尔官网，《张瑞敏首席执政官关于 SBU 推进的最新声音》，2008 年 6 月 6 日发布。

[8] 徐方啓. 柳傳志：聯想をつくった男[M]. 京都：ナカニシヤ出版，2007:213.

[9] 海尔官网，《张瑞敏详解海尔人单合一 2.0》，2015 年 9 月 20 日发布。

[10] 海尔官网，《张瑞敏致创客的一封信》，2014 年 11 月 26 日发布。

[11] 藤田田. 勝てば官軍[M]. 東京：KK ベストセラーズ，1996.

本章主要参考文献

[1] 程书博，乔雨林，郝耕樵，等. 人单合一：海尔集团 CEO 张瑞敏的全球化竞争新思维[M]. 北京：中华工商联合出版社，2007.

[2] 孙林岩，何哲，李刚. 海尔 T 模式[M]. 北京：清华大学出版社，2008.

[3] 徐方啓. 日中企業の経営比較[M]. 京都：ナカニシヤ出版，2006.

[4] 徐方啓. 中国発グローバル企業の実像[M]. 東京：千倉書房，2015.

[5] 徐方啓. 中国発グローバル企業の実像 増補改訂版[M]. 東京：千倉書房，2020.

[6] 野中郁次郎，徐方啓，金顕哲. アジア最強の経営を考える[M]. 東京：ダイヤモンド社，2013.

[7] 海尔集团官网。

第二十八章　斯蒂夫·乔布斯与苹果（Steve Jobs and Apple）

一、乔布斯其人

如果在网上发起一项问卷调查，"谁是 21 世纪最具有创造力的企业家？"估计得票最多的是苹果公司的共同创始人斯蒂夫·乔布斯（Steve Jobs, 1955—2011）。但是，乔布斯又是一个最具争议的人，这也是事实。所以，撰写这一章对笔者来说是一个很大的挑战。为什么呢？因为乔布斯身上有太多的陋习，感情用事，其特异性超出一般人的想象，而且其本人并不在意他人的批评，我行我素。同时，说他是 21 世纪最具创造力的人也不会有人反对，因为在他的领导下，苹果公司推出了那么多的创造成果，不仅在商业蓝海中独占市场，还不断地在引导着消费者的需求导向，进而在信息产业和音乐产业等领域掀起了一场场革命。

所以，将乔布斯列为最具创造力的美国企业家的代表来加以研究，就需要把握以下两个原则：①关注他的创造力的形成过程和特征，同时将那些个性化的陋习区分开来。即他的陋习是在他的特殊家庭环境中形成的，并非创造型企业家的共性。②关注他的创造性领导力的表现，以及周围的工作环境对其决策过程的影响，而不是将他视为一个天才。明确这两个原则以后，笔者的心里就踏实了许多。

1. 简历

1955 年 2 月 24 日，乔布斯出生在加利福尼亚州旧金山市，父亲是叙利亚留美学生简达利（Abdulfattah Joha Jiandali），母亲是德裔美国人乔安娜，两人都是威斯康星大学的研究生，他俩都不想生这个意外怀孕的孩子，但是因为加州的法律禁止堕胎，不得已才生下非婚私生子。虽然加州的法律给了乔布斯生存权，但不能给他带来幸福。两个穷大学生并没有能力边学习边抚养这个孩子，只好送人，开始他们希望找一个受过高等教育的家庭，但没成功，想要这孩子的是结婚后多年仍没有孩子的蓝领工人保罗·乔布斯和他的妻子克拉拉·乔布斯。出于对孩子的内疚，两个大学生只要求乔布斯夫妇答应将来一定让孩子上大学，老实的乔布斯夫妇郑重地做出了承诺。当然，当时他们并没有认真想过这个承诺会给家庭带来多大的压力。

7岁的时候，当斯蒂夫·乔布斯得知自己是一个一出生就遭遗弃的孩子以后，就对生身父母怀恨在心，认为他们不负责任，即便几十年后，乔布斯通过律师找到了生母乔安娜，但至死都拒绝见生父一眼。同时，他也对养父母倍感报恩之心，一直声称保罗夫妇就是自己的亲生父母。

乔布斯的出生经历在他的性格形成上留下了很大的阴影，他有自卑感，不善与他人接触，喜欢沉浸在自己的世界中，同时，这种阴影也伴随他成长，成了他渴望主宰一切事物的动力和强烈的竞争心的源泉。当他想做成某件事时，就会不顾一切地执着，甚至可以说蛮横，而不在乎对方怎么想。例如，初出茅庐时，他想去某公司就业，就直闯该公司总经理办公室，连鞋子都没有穿，光着脚丫子，然后一屁股坐下来，大言不惭地说："今天你不雇用我的话，我就不走了。"出于无奈，也不想节外生枝的总经理只好雇用他，但为了避免乔布斯与其他员工发生冲突，就安排他做夜班，才算了事。

在与私生女莉莎的关系上也是这样。乔布斯23岁那年，交际中的女友布雷南生下了女儿莉莎，可是乔布斯不认为自己是这个孩子的父亲，当《时代》杂志的记者问起这孩子的父亲时，他坦然地说："我是这孩子的父亲的可能性只有美国男性中的百分之二十八。"[1] 言下之意是女友的风纪不正。由于乔布斯不承认与莉莎的父子关系，当然不会承担母女俩的生活费，结果女友只能去加州圣马提奥郡政府申请困难补助，结果圣马提奥郡政府将乔布斯告到了法院，要求他承认亲权和支付养育费。乔布斯也不买账，请了律师在法庭抗争。

一年以后，乔布斯终于同意做亲子鉴定，当时通过DNA鉴定的手法刚刚问世，担任鉴定的加利福尼亚州立大学洛杉矶分校出具的鉴定报告书上写着"是父亲的可能性为94.41%。"加州法院还做出了以下判决：①每月支付385美元的养育费；②在亲权认知书上签字；③归还马提奥郡已经支付的5856美元生活保护费。到了这一步，乔布斯才勉强接受。

从这件事上，我们也可以看到乔布斯被生父母遗弃所带来的后遗症，他之所以不承认与莉莎的父女关系，也许正是出于这个原因。不然的话，就比他的生父简达利有过之而无不及了。

2. 学历

在乔布斯的小学和初中阶段，自卑、妒忌、好胜等心理原因，决定了他不会是一个遵纪守法的孩子，还经常闯祸，没让保罗夫妇少操心。为此，保罗还搬过多次家，想让儿子有一个较好的学习环境。另一方面，乔布斯的智商（IQ）极高，小学4年级结束的时候，班主任希尔老师曾对乔布斯实施过一次智力测验，结果发现他的智商已经达到高二的水平，就建议学校让他跳两级，直接读初二，但是养父母担心儿子不适应，只同意跳一级。[2]

中学毕业以后，乔布斯进入霍姆斯泰德高级中学学习，这时他对电子工程产生了浓厚的兴趣，还参加了惠普公司组织的面向青少年的"探索俱乐部"。每个星期二的晚上，惠普公司都会派一位工程师来给青少年讲授新的科技成果，还会让学员们参观公司的各种实验室，而最引发乔布斯兴趣的是开发中的小型计算机，这是他有生以来第一次见到计算机，从此便一发而不可收，迷上了计算机。除此之外，乔布斯对音乐产生了兴趣，还经常阅读莎士比亚和柏拉图的著作。遗憾的是，受周围环境的影响，也是在这所高中，乔布斯染上了吸食大麻和觉醒剂等毒品的恶习。

对乔布斯来说，高中时代最大的收获是认识了学长斯蒂夫·沃兹尼亚克（爱称沃兹）。沃兹比乔布斯大5岁，早在小学4年级的时候，就成了远近闻名的"电波少年"，不仅对已有的电子仪器了如指掌，对处在萌芽阶段的电子计算机也比别人知道得多，甚至会编计算机程序。初二的时候，他就用100个半导体、200个二极管、200个阻抗焊接在10块电路板上，制作了一台二进法计算器，此作品一举夺得美国空军面向高三学生主办的地区科技节的最高奖。乔布斯对沃兹非常钦佩，所以一见面就成了好朋友，两人经常在一起交流对电子计算机的认识，想象将来的计算机能做些什么，而几年后诞生的苹果公司，就是在这样无拘无束的交谈中孕育而成的。

沃兹不善交际，话语不多，但很幽默，也喜欢做一些超常识的事情。有一次，他从杂志上读到一篇文章，其中涉及利用某种简单的技术就能免费拨打长途电话的内容，他非常感兴趣，当场给乔布斯打电话，邀请后者一起干。其实这是一种黑客行为，即通过侵入电话公司的控制室，利用相同的音频，达到自动接通的目的。毫无疑问，这是一种违法行为，但是，对这两个掌握电子技术并喜欢恶作剧的年轻人来说，并没有法律意识，只是觉得好玩，同时想证实自己的技术能力而已。为此，俩人说干就干，来到斯坦福大学图书馆，在无数的电子类杂志中找到了所需要的资料，然后分工制作。没过多久，他俩就合作完成了一个像护照那么大的盒子，命名为"蓝盒"。当天晚上，他俩在乔布斯家测试结果，第一次随便拨一个从电话簿上抄下的号码，果然打通了。这下来劲了，乔布斯冒充当时的尼克松总统特别助理基辛格，拨通远在欧洲的拜占庭天主教教皇的办公室，侍从接的电话，回答说早上5点半，教皇还没起来，请几小时再打。虽然没有能与教皇通话，但利用"蓝盒"能和全世界通话已经得到证实。乔布斯非常兴奋，他从中看到了商机。他让沃兹批量制作"蓝盒"，自己则负责向需要经常打长途电话的人推销，成本40美元的"蓝盒"，乔布斯的销售价是150美元。结果还真卖了不少，高中4年级的乔布斯和刚转入加州大学伯克利分校学习的沃兹当然也获利丰厚。让他们洗手不干的并非电话公司的控告，也非用户的举报，而是遇到了持枪抢劫的匪徒，在枪口的逼迫下，乔布斯将手中的"蓝盒"交给了对方。

通过这次合作，乔布斯深知沃兹的技术已经达到很高的水平，并想从技术中产生更大的效益，这是乔布斯结识沃兹后的最大收获。事实上，在此后的几十年中，沃兹一直是乔布斯商业灵感的最忠诚的实践者，他人认为不可能解决的技术问题，沃兹总能设法解决，但是他对技术以外的其他问题则不感兴趣，这样就奠定了他们合作创办苹果公司以后的经营模式，即沃兹专心负责产品开发，其他事务，如筹资、雇人、营销、寻求合作伙伴、与媒体打交道等等，都由乔布斯负责。

高中毕业以后必须上大学，这是养父母对生父母做出的承诺，所以老乔布斯一直在存钱，勉强凑满了上州立大学的学费。可是乔布斯对上大学的事不太感兴趣，这使他很伤脑筋，好不容易说服儿子接受自己的想法以后，没想到儿子却提出要上就上位于俄勒冈州里波特兰市的里德学院的想法。到州外去读书，就不能享受州民的待遇，加上里德学院又是以素质教育出名的私立大学，规模很小，在校生仅1000人，但学费很贵，老乔布斯非常为难，可是儿子的主意已定，只好满足他的要求，再去凑一些钱。就这样，1972年9月，乔布斯终于上了大学。

在里德学院，乔布斯发现要选很多必修课，不管自己是否喜欢，这对一向放荡不羁的他来说很难忍受，他就光选自己喜欢的课，而不在乎能否毕业。但比起选课来，更糟糕的是乔布斯花钱无节制，仅一个学期就把第二学期的学费也花光了，交不了学费就不能注册，选了课也拿不到学分，可是他不在乎，不能注册后反而觉得自由，想听什么课就跟任课教师打个招呼，于是他重点听了计算机及其软件、电子工程、书法等，还选了能与多数女生接触的舞蹈课。其中书法课对乔布斯的影响很大，之所以在以后创办的苹果公司的计算机中率先导入各种文体的字母，正是因为他具备这些知识。

这里，笔者认为应该对里德学院的宽容点赞，因为乔布斯交不起学费以后，就失去了住学生宿舍的资格，但是学校并没有把这个整天赤着脚东奔西跑的年轻人赶走，而是默认他白天听免费课，晚上挤在其他宿舍的行为。教授们也没有因为他没交学费听免费课而歧视他，老院长杰克·杜德曼教授更是对他无微不至的关怀。当乔布斯觉得走投无路的时候，杜德曼教授就会和他一起散步，然后往他的口袋里悄悄地塞入一张20美元的纸币，当散步后乔布斯才发现口袋里的纸币时，老院长已经离去。正是在这样的环境下，乔布斯变得越来越坚强，下决心要做有兴趣的事和改变世界的事。如不是这样，里德学院将失去一位伟大的校友，而世界也将因为不存在苹果公司而失去很多光彩。

1991年8月27日，应母校的邀请，时隔17年再次回到里德学院做讲演时，乔布斯深有感慨地说："我从杰克·杜德曼教授和这所学校的人那里学到了什么是宽宏大量，这比我在任何地方学到的还多。"[3]

3. 职历

在里德学院呆了一年半以后，乔布斯想去印度，但没有钱，所以决定先回家找工作。1974年2月，他从报纸上的招工信息中发现印有"愉快地挣钱"的广告词的游戏机制造商雅达利公司，觉得适合自己，便直接前去应聘，也不顾脚上还穿着拖鞋。他见到人事主管的第一句话竟是"今天如不聘我，我就不走了"。人事主管赶紧去向总经理布什内尔汇报："来了一个嬉皮士模样的小子，说什么不聘他就不走了，是报警还是留下？"总经理倒也爽快，"留吧。"这样，乔布斯就以他独特的方式顺利地完成了第一次求职，也是他人生的最后一次求职，成了一名每小时挣5美元的初级技术员。

人事主管将乔布斯安排在一位工程师手下，想让他在工程师的指导下学点东西，可是第二天一早，这位工程师就找到人事主管，诉说乔布斯的各种怪癖，并要求公司马上解雇此人。人事主管做不了主，只得请总经理出面解围，布什内尔的办法是让乔布斯一个人做夜班，这样就不和别人在一起工作了。其实，布什内尔还是很有眼光的，他似乎看到了乔布斯的潜在力，预料到这个与众不同的年轻人今后会有所作为的。

工作还不到三个月，乔布斯突然提出辞职，让雅达利公司的人事主管吃了一惊，当得知乔布斯想去印度求师以后，便有意助他一臂之力，他让乔布斯代表公司去德国的代理商那里解决一个技术问题，公司则承担乔布斯从美国飞往德国的旅费。这样，乔布斯就只需承担从德国飞往印度的旅费了，当然比从美国飞往印度要便宜得多。乔布斯到了德国以后，很快就解决了技术问题，然后飞往印度，在那里待了七八个月。

回国以后，乔布斯又来到雅达利公司，问人事主管是否还继续聘他。人事主管早已知道总经理布什内尔对乔布斯的赏识，便一口答应。这样，乔布斯又恢复了工作。没隔多久，布什内尔果然交给乔布斯一个任务，开发一个命名为"Breakout"的打砖块游戏，时间4天，成功后有报酬，附加条件是最多只能用50块芯片，如能节省的话，每减少一块芯片，另加一定的奖金。这是乔布斯第一次受命开发电子游戏，他非常兴奋，但4天的时间让他感到为难，便找到好友沃兹，以报酬平摊的条件邀请后者一起开发。对沃兹来说，用自己的技术开发直接为消费者服务的产品也是第一次，与其说想要报酬，不如说想检验自己的技术，所以也乐在其中。在这以后的4天中，沃兹废寝忘餐地承担了大部分工作，终于按要求完成了这项任务，使用的芯片仅为45个。"Breakout"一经销售，便受到消费者的欢迎，至今都是雅达利公司的热门产品。而乔布斯又从中获得了什么呢？那就是要像雅达利公司那样，开发受消费者欢迎的产品，然后在自己的公司里生产和销售。这个目标只要他和沃兹联手的话就能达到。

4. 其他

与大多数国民不同，乔布斯不信其他教派，而是对东方的宗教有着独自的偏爱。他之所以去南亚闯荡，就是想去拜访心目中的大师，以寻求心灵上的开悟。在南亚某国的7个月的时间内，也可以说是历经磨难，先是因喝了酒店里的自来水而患上了急性痢疾，躺了很多天以后，体重从70公斤一下降到了55公斤，后来又因同伴的行李被盗为帮助后者而极尽所能，结果自己也变得身无分文，不得不靠给人打工来换取食宿，而且找到心目中的大师的村子后，才知道大师早已去世，也没能达到开悟的目的，但是他的自我感觉很好，觉得开了眼界，从当地人那里学到了通过直觉和自身的体验来认识外部世界的思维方式。这一点我们可以从乔布斯创办苹果公司以后的经历中得到印证，因为直觉思维成了他的创造性思维的重要组成部分。

另外，乔布斯还偏爱禅宗，他不但自学打坐，还经常去参加各种学习班，甚至想去日本京都的禅寺修炼，以达到修身养性的目的。当他与禅宗学习班的讲师认识以后，就热心地拜对方为师，经常去导师那儿讨教，师徒之间结下了深厚的友情，十几年以后，当乔布斯结婚时，证婚人竟然是禅宗的导师，可见其友情之深厚。

受东方宗教的影响，乔布斯不吃肉，是彻底的素食主义者。这一点，是好事也是坏事，说好事是因为这样的话，乔布斯的一日三餐就很简单，不用花多少时间，从而能集中精力做他想做的事。说坏事是因为长期吃素，造成他的身体营养失衡，尤其是患了癌症并动了手术以后，素食主义就成了康复治疗的一种障碍，从而缩短了他的生命。

二、苹果公司

1. 前乔布斯时期

（1）创业。

1976年春，乔布斯终于按捺不住自己的创业欲望，开始行动起来，他首先辞掉在雅达利公司的工作，然后邀请好友沃兹一起干，他对沃兹说："经济上也许会有一些损失，但是拥有自己的公司，那可是终身难得的机会啊！"[4]沃兹听了也很兴奋，当时他已经从加州大学伯克利分校毕业，而且进了惠普公司，成了一名软件工程师，日子过得还可以，但还是感到不是自己想做的事。他欣然接受了乔布斯的邀请，便答应兼职一起干，即在保留惠普公司的工作的前提下，和乔布斯一起做一些事，而且，通过与乔布斯的几次合作，他对乔布斯的能力也有了充分的认识，这些能力正是自己所不具备的，所以一起干就能产生互补效应。沃兹尼亚克曾经这样评价与乔布斯的合作："每当我设计出精彩的东西，他就会找到用它来赚钱的方法。"[5]

要办公司，就得为公司取个名字，两个人都想了好几个名字，但都不理想，最后，乔布斯认定"苹果"的名字好听，易记，而且编入电话号码簿时能排在雅达利公司之前。据说乔布斯取名"苹果"与从前硅谷那一带有很多苹果园，乔布斯曾在那里帮助采摘有关。当然，比名字更重要的是资金。乔布斯卖了自己的座驾，沃兹也卖了当时还挺稀罕的惠普公司生产的电子计算器，一共凑了1300美元，完成了商业登记手续。

之后，两个人就在乔布斯家的车库里搭建了工作台，又采购了一些零件，开始研制自己的电脑。当然，至于电脑开发成功以后怎么办，不用说沃兹，就连乔布斯的心里也没有底，因为他在与客户打交道的过程中已经明白一个事实，那就是做什么都要钱，而且动辄几万、几十万美元，那是他俩无法承受的。乔布斯开始想以出卖制造权的方式行事，于是去找老东家雅达利，可老板一见到他那双搁在茶几上的赤脚，就把他赶了出去。这条路断了以后，他又在硅谷地区找了好几家风投公司，想请对方出资，可是没有谁认真地接待过他。原因很简单，乔布斯的年龄是那么的年轻，简历又那么单纯，商业计划也写不出什么亮点来，再加上嬉皮士样式的风貌，谁见了都不屑一顾。

不得已，乔布斯只能拜托熟人介绍一位能帮助解决资金问题的能人。有一天，乔布斯家的车库前停着一辆金色的豪车，车上下来一位西装革履的人，在确认自己没有走错以后，敲开了车库的门，然后拿出名片，向前来接应的乔布斯自我介绍。他叫迈克·马克拉（Mike Markkula），才33岁，曾经在仙童半导体公司和英特尔公司的市场营销部门工作，他设计过电子计算尺，担任过英特尔8088芯片的产品经理。除此以外，他还熟悉价格、物流、营销和财务，英特尔的股票上市以后，他将所持有的股票变现后成了百万富翁，后来以个人资产从事风险投资，已经在硅谷享有成功的风险投资家的声誉。经人介绍后，他特地来见乔布斯，想知道乔布斯是个什么样的人，在从事什么生意，然后判断有无投资的价值。毫无疑问，对西装革履的马克拉来说，见到乔布斯和沃兹尼亚克的第一印象是皱眉，就这么个车库和两个蓬头散发的年轻人，能做些什么呢？但是，当乔布斯打开话匣子以后，马克拉开始认真听起来，而且越听越感兴趣，终于被乔布斯投身电脑业的热情和改变世界的远大目标所感动。

在马克拉的提议下，开始了股份有限公司化作业。久经沙场的马克拉负责起草所有的文件，并提议三个人各占26%的股份，剩下22%的股份，留给将来的投资者。除此之外，马克拉还承诺25万美元的信用担保。三个人的分工则是，马克拉任董事长，乔布斯负责市场营销和对外联络等除技术以外的事务，沃兹尼亚克负责产品开发。1977年1月3日，新生苹果公司终于以股份有限公司的面目诞生在硅谷。

马克拉对公司的发展信心十足，甚至想在两年之内登陆纳斯达克市场，所以一心扑在公司的运营上，同时，像长辈一样经常向乔布斯传授与市场营销有关的知识。每当这种时候，乔布斯也总是听得很认真。他曾这样评价马克拉："马克拉对我的帮助很大，他的价值观与我的相似，他强调的是企业不能以挣钱为目的，而应以生产自己所相信的产品，创办能够长久生存的公司为真正的目的。"[6] 马克拉把自己的经验归纳在一张纸上，题为"苹果公司的市场营销理念"，内容有三条，即：①同感——本公司要比其他企业更深入理解顾客的需求；②聚焦——为了做好已经决定做的事情，要切割不重要的事情；③印象——公司及其产品所发出的各种信息给顾客带来的认识。这些理念对乔布斯的影响很大，他之所以对产品的包装非常重视，就是受益于马克拉的"印象理念"，即强调顾客在打开苹果产品市内的第一印象必须是最好的。

尽管如此，对于乔布斯的放荡不羁马克拉还是难以容忍，例如，当他发现乔布斯光着的脚很脏并要求他去洗洗时，乔布斯竟然把脚伸进马桶里晃一晃就了事。再比如，乔布斯会莫名其妙地斥责员工，弄得员工士气大落。对于这样的言行，马克拉实在看不下去，但又不便去——纠正，那将影响他与乔布斯的关系，也不利于公司的发展，于是他觉得需要一个代替他去管教乔布斯的人。麦克拉从自己的朋友圈中物色了一个人，名叫迈克·斯科特（Mike Scott），是他在仙童公司工作时的同事，年仅32岁，但被任命为苹果公司的第一任总经理。对经常打赤脚，也不经常洗澡的乔布斯来说，首先是权利的削弱，再加上要对自己的不拘小节加以阻止，所以心里也不是味道，没等多久就与斯科特产生了矛盾，斯科特凭着总经理的有利地位，当然也不买账，不得不经常对乔布斯下达马上改进的命令。尽管如此，斯科特还是驾驭不了乔布斯这匹烈马，没干多久，就以健康原因为由离开了苹果公司。

（2）捷报。

与此同时，沃兹尼亚克也在争分夺秒地开发新产品，1977年4月，被命名为"苹果Ⅱ"的样机终于完成。乔布斯决定策划一个豪华的新产品发布会，这一决定来自马克拉的市场营销经验中的印象理念。乔布斯抓住一个机会，在不久后召开的"西海岸电脑节"的主会场的正面租下了一块地盘，然后精心布置，尽管还只完成3台样机，但利用黑丝绒幕布做背景，加上聚光灯的照射，明显突出"苹果Ⅱ"的主角效果，还摆了许多空盒子，给参观者一个已经批量生产的感觉。为了改变公司经营层的形象，马克拉要求乔布斯和沃兹尼亚克都必须穿西装，一向以T恤衫和牛仔裤为伴的两人只好去服装店购买，第一次穿起了西装。

在各方面的精心准备和演示下，电脑节期间，"苹果Ⅱ"一举获得了300多份订单，还有客户要求做日本的总代理商。马克拉迅速调整生产体制，以满足不断增长的市场需求。事实上，1977年，"苹果Ⅱ"仅销售了2500台，但是到了1981年，就已经增加到21万台，这以后的两年也是以27.9万台和42万台的速度增长，而到了1984年的圣诞节，其销售额甚至占了苹果公司销售额的70%。

1980年12月12日，苹果公司的股票正式上市，上市价20美元，但交易开始后就一路飙升，直至29美元，25岁的乔布斯一下子成了拥有2.56亿美元的富翁。不用说，苹果公司的员工中也有许多人因此而得益。从在车库里开发电脑开始到股票上市，乔布斯仅用了5年时间，创下了新的纪录，成为硅谷众多创业企业的样板。

（3）扩张。

尽管"苹果Ⅱ"的前景不错，但乔布斯并不满意，因为从贡献上来说，沃兹尼亚克显然比他大得多，也就是说，"苹果Ⅱ"是沃兹尼亚克的作品。于是，他开始策划以自己为中心的产品开发。按理说，这样做违反了经营层的分工原则，但他并不在乎，我行我素，而心胸宽广的沃兹尼亚克也不放在心上。从公司的角度出发，乔布斯如能开发出与"苹果Ⅱ"相媲美的产品，当然是一件好事，所以马克拉也就默认了乔布斯的策划。

当时，硅谷有一家名气很大的研究所，那就是施乐公司的 Palo Alto Research Center（简称PARC），早在70年代就开始研究电脑，在学术界和产业界都享有盛名。近在咫尺的苹果公司当然知道这一点，乔布斯也一直在琢磨着如何获得PARC的知识和技术。1979年夏天，乔布斯开始与施乐公司交涉，想以出资方式换取PARC的技术，施乐公司接受了这个条件，并以每股10美元的价格，购买了10万股苹果公司的股票。施乐公司的100万美元的投资，在一年后苹果公司一上市就猛增到1760万美元，收获了高达17.6倍的投资回报。这样看来，施乐公司还是挺有眼光的。但是，熟悉硅谷发展史的人都知道，那仅仅是表面现象，苹果公司从这一合作中获得的东西远远超过这一价值。如上所说，乔布斯看中的是PARC的技术，接受出资的前提是公开所有的技术。在双方谈妥之后，乔布斯就带着几个技术骨干堂而皇之地进入PARC，而这些骨干都事先阅读了PARC的研究人员发表的与电脑有关的论文。所以在进行交流时，提出的问题都很有针对性，PARC的研究人员想避重就轻都很难，因为不明确回答或者不实际演示的话，乔布斯就拿起电话向施乐公司的高层诉苦，高层马上指示PARC的研究人员全都公开，弄得研究人员非常尴尬。其实，远在5000公里之外的纽约，施乐公司的经营层也不很清楚PARC有些什么研究成果及其价值，能对投资家看好的苹果公司出资并获得高额回报那就足够了。但是，通过前后两次的参观交流，乔布斯一行从PARC的研究成果中受到了很大的启示，并且萌发了更大的商业灵感，主要包括鼠标、图形用户界面（Graphical User Interface，简称GUI）和位图（Bitmap）显示等。

回到公司以后，乔布斯兴奋不已，立即集结公司里最优秀的技术骨干进行消化和改进。例如，PARC的鼠标有3个按钮，使用起来不太顺手，也不能在屏幕上自由移动，成本却高达300美元，乔布斯将它改进成只要一个按钮，后来又改成一个小圆球，不管放在哪都能用，可以在屏幕上自由移动，而且成本只要15美元。又比如电脑屏幕的背景颜色，PARC用的是黑色，乔布斯力排众议，坚持改成白色，从而引导了电脑行业的新潮流。

1981年8月，计算机行业的巨人IBM首次推出了个人电脑，在电脑世界引起了轰动，企业家们都知道IBM的参战将引发市场上的重新洗牌，同时担心自己的公司不知哪天被挤出市场。与大多数电脑企业的战战兢兢相比，苹果公司则高调欢迎IBM的参战。乔布斯甚至在"华尔街日报"上刊登了整版广告，而广告文只有短短的五个字："欢迎IBM"，摆出了明确的迎战姿态，尽管二者之间的力量悬殊是那么大。当时，IBM拥有十几万名员工，年销售额是290亿美元，利润33亿美元，企业价值为720亿美元，是世界上最大的企业[7]，而苹果公司只有区区数百人，销售额还不到IBM的零头。但是，乔布斯为什么信心十足呢？原来他将IBM的电脑拆开，一一分析以后，已经明白其不具备引导电脑业新潮流的实力，而自己正在开发的电脑才是最先进的，将会改变整个世界。

1983年年底，乔布斯的秘密武器"麦金塔电脑"（Macintosh）终于完成了销售前的各项准备，且等乔布斯的一声令下。此电脑由乔布斯一手策划，研发团队从开始的20人发展200多人，而所有的人都由乔布斯亲自面试，可以说集中了苹果公司的精华。同时，在乔布斯的不计成本研制最先进的电脑为优先的方针下，"麦金塔"集结了当时最先进的硬件和软件，售价则控制在5000美元左右。

为了造势，乔布斯从一年前就开始策划制作一部给人以强烈的视觉冲击的电视广告，从广告公司的指定到出场演员、内容创作、投放媒体、放映时间等所有的环节，都包含了他的创意和主见。出乎意料的是，在董事会审议此广告时，竟然没有人赞同，但是乔布斯坚持自己的观点，沃兹尼亚克看了也觉得令人震撼，并表示公司不拿钱的话，自己和乔布斯各出40万美元承担广告费也要投放此广告，最后董事会才放行。

1984年1月22日，在佛罗里达州坦帕市举行的第18届"超级碗"（Super Bowl）大赛上，洛杉矶突袭队与华盛顿红皮队的比赛进入休息时间时，大屏幕上出现了苹果公司的电视广告"1984"，广告的最后一句话是"1984年1月24日，本公司将销售'麦金塔'电脑。"60秒钟以后，全场先是静默，但一瞬间观众就兴奋起来，鼓掌，吹哨，欢呼，什么都有。可知此广告已被大多数人接受。"超级碗"大赛是美国职业橄榄球大联盟的年度冠军赛，是美国人最喜欢的体育赛事，全国三大电视网和50个地方台都进行转播，是美国电视收视率最高的节目。据媒体推测，当天美国全国有9600万观众看到了苹果公司的广告。

毫无疑问，1月24日早晨，各家销售"麦金塔"的苹果代理店的门前都排起了长队，对"麦金塔"充满期待的消费者都想在第一时间拥有一台当时最先进的电脑。乔布斯及其"麦金塔"团队前后4年多的努力终于见到了成果，无不欢欣鼓舞。美国《新闻周刊》还刊登了专题报道"开发'麦金塔'的人"，"麦金塔"真的如乔布斯所想象的那样，成了改变世界的个人电脑。

（4）挫折。

俗话说"天下没有不散的筵席"。"麦金塔"面市后不到半年，销售情况急转直下，原来消费者使用后发现了许多问题。例如，首先是处理能力不够导致减速，浪费消费者的时间。其次是存储能力太小，由于没有安装硬盘，只有一个光驱，保存数据时就很麻烦，得用两片光盘交替插入光驱。除此以外，没有风扇也是一个问题，因机器发热而带来的各种障碍也时有发生。对于这些问题，研究团队在开发的过程中都曾想到并向乔布斯做了汇报，但是乔布斯没有接受。

1984年底，"麦金塔"的月销售已不到1万台，1985年3月的销售额仅完成目标的10%。更糟糕的是"麦金塔"团队的骨干一个接一个地辞职，如果说当初"麦金塔"团队之所以被称为最优秀的团队，是因为乔布斯亲自面试挑选出来的精锐，那么，连这些人都前赴后继地辞职，可见苹果公司对他们的吸引力已经降低到不被他们看好的程度。人才都走的话，不用说"麦金塔"，就连公司本身都会受到很大的打击。果然，没隔多久，与乔布斯一起创业的沃兹尼亚克也悄悄地走了，连招呼也不打一声，乔布斯还是从"华尔街日报"上得知的，他甚感意外，但也不挽留，只是和沃兹尼亚克达成了一个协议，即兼职帮公司撑撑门面，有重大活动时露露脸就行，年薪2万美元。

1985年4月，苹果公司董事会终于接受了CEO约翰·斯卡利（John Sculley）的建议，解除了乔布斯的"麦金塔"项目负责人的职务。乔布斯突然从巅峰上摔了下来，仅保留董事长职务，成了不负责具体部门的光杆司令。

2. 无乔布斯时期

乔布斯被解除职务以后并不甘心，他去和斯卡利交涉，想让他改变决定，但斯卡利没有答应。一招不行，再来一招，乔布斯又去找董事会成员，想寻求更多的支持，可是也不见效。到了这一步，乔布斯终于明白公司已不需要他，他再次感到被遗弃的孤独和伤感。但是，年仅30岁且拥有上亿美元资产的乔布斯不想就此作罢，他还想做事，做改变世界的大事。

1985年9月，乔布斯决定辞去董事长的职务并退职，同时创办新的公司。乔布斯临走时，从公司挖了5个人，由于在这之前的董事会上，乔布斯只是轻描淡写地说带几个普通员工去做做帮手，所以没有引起董事会的注意，但名单公布以后，董事会才发现5个人都是骨干，感觉受骗的董事会决定起诉乔布斯。

乔布斯退职的消息一经媒体报道，证券市场就出现了波动，苹果公司的股票上涨了7%，似乎印证了他应该走的舆论导向，气得乔布斯将自己持有的650万股票（占发行股票总数的11%）都相继变现，仅保留1股，目的是想参加股东大会时派用场。

受禁止同行竞争的行业规则所约束，乔布斯不能明目张胆地从事与苹果公司相同的业务，但是他擅长的就是整合资源，开发更具先进性和实用性的电脑产品。所以业务上的部分重合必不可免，这也是乔布斯与苹果公司的法律纠纷的根源，好在此纠纷持续了5个月以后，双方达成了和解协议。协议的主要内容包括苹果公司撤销诉讼，不再要求赔偿损失，乔布斯的公司可以直接向大学销售工作站电脑，但不能早于1987年3月，以及乔布斯的公司的产品不能安装可与麦金塔通用的操作系统。

乔布斯将新公司命名为"NeXT"（后来人），主要从事面向大学和商业市场的工作站电脑的生产与销售。为了给人留下一个良好的第一印象，乔布斯以10万美元的代价聘请一流的工业产品设计大师保尔·兰德（Paul Rand）设计了一个公司图标，有人说太贵了，乔布斯则认为物有所值，这也是他的一贯方针，即，要创造完美的产品，那就要聘用一流的人才，追求一流的设计和一流的生产技术。我们只要看看在乔布斯领导下开发出来的产品的精致性，无论是外观，还是只有维修人员才会看到的机器内部，就能知道他的确是在这么做。

作为工作站电脑的后来者，乔布斯决定在差别化上做文章。他去拜访著名的牛津大学出版社，提出将《莎士比亚全集》电子化的建议，并开出了版权费2000美元外加每销售一台工作站电脑支付74美分的使用条件，出版社方面很高兴，总经理拜伦勋爵觉得这笔交易很有价值，不但有经济收入，还能引导出版界的新潮流。结果，乔布斯不仅拿下了《莎士比亚全集》的电子版权，还顺势取得了牛津大学出版社出版的3种辞典的电子版权。NeXT的工作站电脑尚未见到影子，但会受到大学图书馆的欢迎是显而易见的。这样，乔布斯又成了电子书籍的先驱。

研制先进的工作站电脑需要大量的资金，尽管乔布斯个人投下了700万美元，但也显得捉襟见肘，所以筹资的问题很快就摆在乔布斯的面前。1986年年底，乔布斯向多家风投公司投寄了信件，愿意出让10%的股份以换取对方300万美元的投资，这就是说，他把NeXT的企业价值定位3000万美元。遗憾的是，来访者除了公司的图标和内装时髦的办公室以外，什么产品都没有看到，当然没人愿意出资。但是，有一个人关注到了乔布斯，他就是著名的投资家罗斯·佩罗（Henry Ross Perot, 1930—2019）。佩罗是军人出身，退役后进入IBM，5年后退职并创办了数据服务系统公司（EDS），该公司过了一段时间的艰苦日子后于1968年上市。1984年，佩罗以24亿美元的价格把公司卖给了通用电气公司（GE）以后，专注风投，生意红红火火，成了世界著名的投资家。但是，佩罗有一个心病，那就是1979年，微软的比尔·盖茨曾找他出资，但他没有答应，之后微软公司上市，一举成为10亿美元的企业，这时他非常后悔，所以下决心找一家能与微软匹敌的IT公司投资，以挽回曾经的过失。所以，当他看到一档关于乔布斯的电视节目后，立即拿起电话对乔布斯说："需要找投资人时随时来电话。"一个星期以后，乔布斯真的前去拜访，佩罗的话很干脆，"我只选骑手，骑手去选马。我在你身上赌一把，好好干吧。"[8] 说完就答应出资 2000 万美元，换来的是 NeXT 公司 16% 的股票和董事一职[9]。有读者可能会感到疑问，前面不是提到乔布斯将公司的价值定在 3000 万美元，怎么出资 2000 万美元才拿到 16% 的股票呢？原来乔布斯去见这位著名投资人之前已经将公司的价值提高了 4 倍。可见乔布斯的胆量和冒险精神有多大。因为这不是由第三者认定的公认的企业价值，而是当事者自己定的，没有依据。好在佩罗也不在乎，你说多少就多少。

1989 年夏天，NeXT 的工作站电脑终于面市，售价 6500 美元，但销售前景并不乐观，虽然生产能力可达 1 万台，实际仅售出 400 台，亏损已不可避免。之后，经过不断的改进，功能和容量都有所改进，销售也有所增长，1992 年达到了 2 万台，但离目标还是相差很远。1996 年年底，乔布斯终于以 4.29 亿美元的价格把它卖给了老东家苹果公司，结束了短短 10 年的寿命。从商业角度上来说，NeXT 不能说是一个成功的案例，但至少在两个方面对乔布斯人生转变起了很大的作用。一是锻炼了乔布斯的独立创办和经营一家 IT 企业的能力。在这之前，他虽然是苹果公司的共同创始人并担任董事长，但只负责过产品开发项目，没有经营整个公司的知识和经验，而在 NeXT，从招聘人才、开发产品、开拓客户，到筹集资金、售后服务、员工福利，等等，一切都由他做主，让他充分体验了经营者的酸甜苦辣，为今后成为一个成功的企业家打下了基础。二是 NeXT 开发的产品虽然销售不好，但其专业化程度还是得到了用户的肯定。我们只要看看美国政府的多个部门都是其客户，就能知道其实力。例如海军研究实验室、国家安全局、国防部高级研究计划局、中央情报局、国家侦查局等。直到现在，苹果公司的许多新产品中还在应用 NeXT 开发的软件。至于苹果公司为什么收购老冤家乔布斯的 NeXT，将在下一节展开。

乔布斯离开苹果公司以后还做了一件事，那就是收购卢卡斯摄影公司的电脑动画部门。卢卡斯摄影公司创立于 1979 年，下设三个事业部门，即图像电脑部门、声音处理软件部门，以及电脑动画部门。其中的电脑动画部门一直处于亏损状态，所以公司决定寻找买家，早日脱手。在苹果公司任职期间，乔布斯曾应邀参观过该部门，对于将电脑技术和动画艺术结合在一起的大胆挑战印象深刻，为此曾向 CEO 斯卡利提过收购建议，但没有被采纳。所以，独立以后，他就想在这方面有所作为。

1986 年 1 月，乔布斯与卢卡斯公司达成了协议，以 1000 万美元的价格收购该部门，然后改制成独立的公司，公司的名称为皮克斯动画工作室（Pixar Animation Studios），乔布斯拥有 70% 的股份，其余 30% 的股份则由 40 多名员工分别认购。乔布斯任董事长，原公司的部门经理阿尔比·斯密斯等继续担任新公司的高管。

乔布斯之所以倾心于电脑动画，是因为他看到了电脑技术与动画艺术相结合后所产生的共振效应，并且相信，如果电脑处理图像和视频的能力更强大，那就能制作更逼真、更清晰、时间更长的动画，而这正是电影界所期待的，但是很少有人明白这一点并且能够付诸实施。

虽然乔布斯看准了方向，但前进的道路绝不平坦。制作动画犹如烧钱，制作人员有了新创意就想实施并申请费用，乔布斯也不犹豫，一再慷慨解囊，不知不觉地竟然投下了将近 5,000 万美元。这时，乔布斯有点坐不住了，他要求全体员工放弃股票期权，否则就不再追加出资，不用说员工们都感到意外，但比起公司倒闭自己也失业来说，每个人都承担一些风险还是可以接受的。

1987 年，皮克斯终于推出了第一部短篇动画 *Luxo Jr.*，该片获得了奥斯卡最佳动画短片提名，立即引起了影视界的关注。仅仅隔了一年，皮克斯又推出了第二部短篇动画 *Tin Toy*，一举夺得奥斯卡最佳短片动画奖。从此，皮克斯便一发而不可收，接连不断地推出新的作品，而每一部作品都会创造一些奇迹，如新的票房纪录，赢得奥斯卡的各种奖项，还有世界各国的电影节颁发的各种荣誉。新生皮克斯公司的辉煌业绩让动画界的世界霸主迪士尼公司非常尴尬，与皮克斯的动画相比，迪士尼的作品无论是内容还是制作技术都变得创意不足和技术落后。焦躁之下，迪士尼试图通过挖走皮克斯的关键人物来挽回败局，但没能成功，只好放下霸主的姿态向乔布斯寻求合作。出于资金实力、品牌知名度和市场占有率等多方面的考虑，乔布斯接受了迪士尼的要求，合作拍摄了几部动画片，但是在利润的分配上还是经常出现不愉快的事。迪士尼方面碍于乔布斯的影响力而不得不做出让步，但深知这并非长久之计，所以，2006 年，干脆以 74 亿美元的超高价格收购了皮克斯，成为企业收购史上的一大佳话。这次收购以后，乔布斯的个人资产一下子超过 10 亿美元，而且成了迪士尼公司的最大个人股东。

3. 乔布斯时期

乔布斯走了以后的苹果公司是怎么一个状态呢？本节将从好坏两个方面来做些论述。首先看好的方面。

乔布斯走的时候，苹果公司的销售额是 20 亿美元，有员工 4200 人。1992 年，销售额已经扩大至 71 亿美元，最高时达到了 100 亿美元。1993 年的世界电脑市场的份额最高时已达到 9.4%，[10] 在纽约证券交易所上市的苹果公司的股价则从 0.35 美元上升至 2.08 美元，这都可以视为 CEO 斯卡利的功劳。

然而，这些成就与后来的苹果的业绩相比就差得很远。相反，坏的方面则越来越多地暴露出来，笔者将它归纳为以下三个方面。

（1）精神支柱不在。

对一个员工平均年龄只有二十几岁的 IT 企业来说，乔布斯是大多数员工的精神支柱和追求的偶像，虽然他们都不喜欢乔布斯身上的各种缺点，但比起对偶像的崇拜程度来就显得微不足道。他们可以像乔布斯那样不拘小节，自由奔放地提出各种创意并期待受到乔布斯的青睐，一旦被乔布斯看中，那就意味着出人头地的概率大大上升，经济上一掷千金的可能性也有可能成为现实。所以，他们愿意忍受来自乔布斯的各种压力和训斥甚至辱骂，而有机会（如乔布斯的生日、产品开发成功、销售额增加等等）发泄时，就会开化装舞会，摇滚音乐演奏会，海外集体度假等，和乔布斯一起狂欢。但是，乔布斯走了以后，就变得冷冷清清，斯卡利的领导方式是规范化，不提倡个性化发展，所以，乔布斯的粉丝们的积极性大大减低，也影响到公司创造力发挥和竞争力的提升。

从企业文化的角度上去分析，苹果公司的企业文化离不开创始人。由于共同创始人沃兹尼亚克不善言辞，也对经营管理不感兴趣，在苹果公司的企业文化的形成上影响非常有限，所以乔布斯就成了唯一的关键人物。但是，乔布斯走了以后，企业文化的形成就出现了断层，而企业文化是支持企业可持续发展的强大动力，一旦出现断层，企业的创造力和竞争力的衰退就是必然的结果。

（2）主打产品劣化。

自从开发出"苹果Ⅱ"和"麦金塔"电脑以后，很长一段时间，这两个产品及其后续机型一直是苹果公司的主打产品，占了销售额的90%以上。乔布斯走了以后，在斯卡利的主导下，研发工作也没有停顿过，但研发费的投入却不多，与竞争对手相比更少得可怜。如1987至1989年的三年间，微软的研发费为5.5亿美元，而苹果公司的研发费只有7000万美元。1990年，微软和英特尔的研发费合计约为35亿美元，而苹果公司只投入了6.75亿美元[11]。研发费投入的多少，必然会影响到公司能否持续发展，一旦主打产品的销售出现问题，就会迅速陷入危机。CEO斯卡利较早地认识到了这一点，也在积极地鼓励员工们开发新产品，但营销出身的他没有乔布斯那样的热情，所以新产品开发迟迟不见效果，不是因为外部环境的变化而撤退，就是因为先天不足而夭折。如他积极推动的PDA项目（通称"牛顿"），前后数年投入的研发费也不少，可是在手写文字的识别功能还不成熟的情况下就仓促面市，结果一销售就受到消费者和媒体的攻击，大大损害了"苹果"的品牌形象，成为公司历史上最大的败笔。所以，收购乔布斯创办的NeXT，实在是出于无奈，想通过后者来改变一点形象。

（3）内部山头林立。

在美国企业界，当企业的业绩下滑而董事会认为现有的经营层难以挽回局势时，就会聘用外部人才，而一个新的CEO就任后，又会从过去的同事或合作者中挑选合适的人才前来辅佐。这样，新旧高管之间就容易形成不同的小集团，如果小集团之间通过交流和沟通，消除了误解并相互信任，那就能形成合力，不然的话，就会发展成山头。这种情况在日本很少出现，因为日本企业很少聘用外部人才任CEO，他们宁愿让一个平庸的经过论资排辈上来的内部人士担任一把手，也不愿将公司的最高职务交给一个优秀的外部人才。

那么，小集团和山头之间有什么区别呢？小集团是因工作关系而自然形成的集体，与其他小集团是平等关系，互不排斥，不以自我为中心。而山头则以自我为中心，排斥其他山头，是一种对立的关系。所以，当企业的高管们自立山头时，对企业的危害就很大，任何指令都会受到牵制，从外界看来，苹果公司已经失去了昔日的光彩，什么时候塌下来也不会见怪。

相对于乔布斯的风风火火，走投无路的苹果公司高层终于认识到他们必须召回乔布斯，只有乔布斯能够救公司。乔布斯在经过一番思想纠葛后，决定返回老巢。鉴于过去的教训，他比以前来得低调，只愿意接受暂定CEO的职务，给自己留了一条后路，万一不行的话，随时可以走人。但是，心底却有一种强烈的心愿，即必须做CEO和大股东，彻底掌控由自己创办的苹果公司。

乔布斯回来后做的第一件事是开发新产品，整合经营资源开发改变世界的产品是他一生的心愿，为此他付出了很多，也收获了很多。2001年，通过网络下载音乐的iPod终于问世，由于它的高性能和时代感，一举将称霸世界音乐市场几十年的"随身听"拉下了宝座而震惊世界。"随身听"是日本索尼公司的拳头产品，自1979年问世以后，至2010年停止生产为止，在世界市场累计销售了4亿台，其中，磁带型的占了55%[12]。纵观世界市场，单一产品能销售这么多的唯有"随身听"，可见其威力有多大。年轻时的乔布斯一直以索尼为标杆，想创办索尼那样的公司，为此，他认真研究索尼的产品以及生产那些优质产品的生产体制和管理手法，当然也抓住了"随身听"的短板。即，早期的磁带型"随身听"只能听十几首乐曲，后期的CD型也最多二十几首，其中还夹了一些不太好听的乐曲，而且不能更新，想听新的乐曲，必须买新的磁带或CD。iPod吸取了"随身听"的优点，同时又解决了"随身听"的短板问题，实现了硬件小巧玲珑，软件功能齐全，通过网络下载乐曲，想听什么就下载什么，价格又便宜。iPod一炮打响以后，已经没有人怀疑乔布斯的领导能力，所以他也名正言顺地成了苹果公司的首席执政官（CEO）。

这以后，在乔布斯的领导下，苹果公司又相继开发了iMac、iPad、iPhone，每开发一个就成功一个，不仅使苹果公司成为全世界市值最高的高科技公司，也使他自己成为全世界最受瞩目的企业家。

三、如何评价乔布斯

1. 乔布斯的创造力

乔布斯的创造力主要体现在对以下几个方面：
（1）开发新产品时的判断力。

作为一家高科技公司，苹果投放市场的产品种类并不多，但新颖性和质量则无可非议。其实，深入调查以后可以知道，在开发的初期阶段，科研人员提出了很多创意，但大多数都被乔布斯否决了。当一个创意被递交给乔布斯审查时，他的判断基准只有两条，要么是"非常好"，要么是"很糟糕"，没有中间选项，被定为"很糟糕"时也不给出具体的理由，让提案人自己去想，而且一旦被判定为"很糟糕"的创意，本人再怎么努力，试图让乔布斯改变想法的可能性非常小。所以，接受不了的研发人员就会因此而走人，而熟悉乔布斯这种凭直觉判断创意的研发人员才会留下来继续干。关于直觉，创造学家们有过不少研究，认为它对激发创造力有积极的推动作用。直觉属于形象思维，当逻辑思维遇到障碍时，形象思维往往能给我们带来启示，带来一些解决问题的线索。我们来看一个日本企业的例子。显像管时代的电视机又大又笨重，屏幕却不大，企业当然要求科研人员加以改进。在逻辑思维训练有素的科研人员通常都是先看线路图和设计图，但迟迟不知道从哪下手，但是，在对消费者所做的调查中则有许多对于重量大和屏幕小的不满，于是"重量"和"屏幕"这两个关键词就成了改进的目标，科研人员围绕着两个关键词去做，就找到了解决问题的入口。消费者并不懂技术，提出的不满都来自形象思维，靠的是直觉。

乔布斯的直觉力确实很锐利，我们不认为他的每一次判断都正确，但只要他没有看漏真正的创意，那么在总体上来说，他的判断就是正确的。其实，苹果公司的畅销产品问世前，在内部审查时有很多不同意见。以 iPhone 为例，与所有的手机不同，表面不设键盘，也没有电子笔，只有一个按钮，这些创意提出来时都遭到研发人员的反对，但乔布斯力排众议，一锤定音，有人要问原因时，他不会使用逻辑思维，而只是强调自己是 CEO。出人意料的是，最终的事实证明乔布斯的判断往往是正确的。

（2）对产品外观的审美力。

乔布斯对产品外观的审美力是有定论的。在苹果公司内部有一个只有乔布斯和总设计师等少数人才能进出的房间，里面陈列的都是正在开发中的产品的设计模型，而且对每个产品都制作了多种模型，供乔布斯选择。换言之，设计师们也拿不定主意，只好请乔布斯来定。乔布斯对产品的外观极为重视，这一点受益于原来的 CEO 斯卡利。百事可乐公司营销总监出身的斯卡利曾告诉他，消费者第一次见到某个新产品的印象对激发购买欲望非常重要。所以，乔布斯不仅对产品的外观，如形状、大小、颜色等非常讲究，还强调产品的材料、价格、生产工艺、使用时的手感，等等，只要是他想到的，就一定要做到最好。有时，他会因为某个产品的外观没有做到最佳而在半夜起来给总设计师打电话，要求对方立即改进。仍以 iPhone 为例，对于外壳屏用什么材料，研发人员提出了塑料和普通的铝合金，但乔布斯都不满意，他觉得塑料和普通的铝合金达不到所要求的亮度，最后改成了加工难度大但是能达到要求的高级铝合金。显示屏也一样，开始想用有机玻璃，但被乔布斯否决，因为有机玻璃时间一长就会出现刷屏后的痕迹，他要求部下去找到满足这些条件的材料，可是找遍全世界都没有，但他并不罢休，亲自去玻璃厂家交涉，并说服厂家购置新的设备，终于研制出了既能保持亮度又坚固的高级超薄玻璃。iPhone 之所以受到消费者的欢迎，第一印象起了决定性的作用，而其中凝聚了乔布斯超人一等的审美力。

（3）激励员工干劲的领导力。

在前乔布斯时期，乔布斯只有二三十岁，和其他员工差不多年纪，所以激励的方法也颇具年轻人的特色，如舞会、远足、派对等。当万圣节或圣诞节来临时，更会热闹一番。那年开发"麦金塔"时，为了显示自己的独立性，乔布斯把他的团队拉到外面，号称"海盗"，还容忍员工在室外树起海盗旗和 T 恤衫，上面都印有人的骷髅。虽然这样做让苹果公司的大多数人感到不快，但"麦金塔"团队却表现得超级团结且干劲冲天，不管加班多少时间，没有一个人发过怨言。产品开发成功以后，乔布斯还专门联系《新闻周刊》，让记者采访骨干成员，该刊后来以"开发'麦金塔'的人"为题做了报道。

到了后乔布斯时期，作为一个企业家，乔布斯已经相对成熟，所以激励的方法也变得多样化。首先导入了股权，让骨干员工以优惠的价格购买公司的股票，当股价飙升时，员工就能获得很大的收益。其次是委以重任。乔布斯选人时都是亲自面试，提问也直截了当。例如，"你是否认为自己很优秀？""你能担当什么职位？"一些对自己的能力缺乏信心的人自然被淘汰，也有的人出于谦虚也因此失去机会，而那些敢于说自己优秀和能够担任更高职位的人则受到青睐。乔布斯还有一个武器是他的眼睛，面试时他会要求对方看着他的眼睛回答问题，对方从他的眼睛里感受到一种威严时都不敢说谎，从而达到了乔布斯的目的。

（4）对外交涉时的谈判力。

乔布斯在与外界打交道时，大多数场合都占着优势。这倒不一定说是他口才好，而是一种自信和对对方的藐视。在前乔布斯时期，他的陋习常常给谈判带来了负面影响，但是到了无乔布斯时期，他的谈判力就有了突飞猛进的增强，无论是和投资人还是和合作企业的老总谈判，他都表现得胸有成竹，以压倒对方的气势说话。例如，当 NeXT 的业绩表现不佳时，虽然面临倒闭，他竟然能说服老巢苹果公司以 4.29 亿美元的价格收购。在一般情况下，老巢都把自己赶出来了，那就"老死不再相见"吧，而他却能以不计恩怨的姿态出现，甚至让斯卡利觉得那是一笔绝好的买卖，绝对不能错过机会。

在与迪士尼公司交涉时也是这样。迪士尼是动画片的世界老大，皮克斯再怎么开发获奖作品，毕竟还是个只有几百人的小公司，二者的规模之差距何其大谁都明白。可是，当对方想就收购一事派二把手去和皮克斯谈判时，乔布斯竟然拒绝，非要和一把手谈不可。这里我们可以看到乔布斯的底气，虽然自己是小公司，但也是 CEO，是一把手，所以不管对方的规模有多大，要谈的话就平起平坐，平等而谈。不得已，迪士尼只能派 CEO 出面。而谈的过程中，乔布斯始终掌握主动权，迪士尼方面则像做了亏心事似的，全面接受乔布斯的条件，最后竟然以 74 亿美元的天价签了收购协议。乔布斯不仅拥有了 10 亿美元的身价，还成了迪士尼最大的个人股东。

2. 乔布斯的创造人格

乔布斯的创造人格与众不同，尤其表现在强烈的创造欲望上。从小被生身父母遗弃的自卑，在他心里留下了深刻的阴影，同时也成为他一定要出人头地，做一番大事的动力。当他还在大一的时候，就萌发了要做有趣的事和改变世界的事的心愿。联系第十一章中恩田彰教授对创造人格所列举的 8 个心理特征，可知乔布斯在自主性、冲动性、固执性、好奇心等方面的表现非常突出，开放性、内省倾向、自控倾向和纯粹心方面低于一般的人。例如，他做的事，都是他自己想到的，然后去努力实现，在实现的过程中，有时需要他人的帮助，但他不会因此而失去主体性，反而表现出强烈的控制一切的欲望而不顾对方的立场。他做事带有冲动性也是很明显的，大学退学、找工作也好，去印度闯荡、信奉禅宗也好，都可以说是一时冲动的行为，但是从结果上来说，冲动性给他的人生带来的益处还是大于坏处。固执性可以说是他周围的人的一致看法，无论是对私生女的亲权认知，还是对产品开发的预测，哪怕他错了，他也不会承认，有时让人觉得不近人情。他的一个朋友很早就加入苹果公司，为公司的发展做出了很多贡献，但是因为没有得到任何股权，所以苹果公司上市以后也没有改变经济地位，这位朋友多次和他交涉，但乔布斯认为不符合自己所定的条件，最后朋友只得挥泪而去。周围的人都觉得乔布斯做得太过分了，哪怕像沃兹尼亚克那样，把自己的一部分股份无偿转让给手下的员工，都能给他的朋友一些安慰。但他没有这样做，而且丝毫没有感到有何不妥。好奇心对乔布斯来说是一生的财富。在好奇心的驱使下，他比同龄人有更多的体验，其中很多体验对他后来的人生有很大的影响，如从养父收购旧车修理后出售获利中学到了生意经；从养父认真制作每一个零件的姿态中理解到了必须把产品做到极致的重要性；从开发偷打免费长途电话的

"蓝盒"中悟出了市场需求与产品开发的关联性；等等。当然他的好奇心也导致他有过吸毒这种反社会的行为。总而言之，关于乔布斯的创造人格，我们应该多关注他的值得后人学习和借鉴的方面，而不必在他的不健康的心理特征上多花笔墨。

其实，关于创造性，乔布斯也有不少看法值得关注和评价。例如：

"我认为人是有创造性的，会找到连发明工具的人都没有想到的使用工具的巧妙方法，麦金塔的时候是这样，皮克斯的电脑也是这样。"[13]

斯卡利在自传中这样评价乔布斯："他知道经营者的作用不是通过组织结构和运营过程来抑制创造性，而是依靠不寻常的创新手段和思维来促进创造性。"[14]

美国商业杂志（Wired）记者在采访乔布斯时，提了一个有关创造性的问题，乔布斯的回答是："创造性就是将各种事物整合在一起。"[15] 这使笔者联想到采访张瑞敏时也听到过类似的说法，他认为"创新就是整合各种资源"。看来，创造性企业家对于创造和创新的看法是很一致的。

注

[1] Walter Isaacson. Steve Jobs[M]. New York: Simon & Schuster，2011:90.

[2] 见注 [1] 第 13 页。

[3] 原文源自里德学院官网。

[4] 见注 [1] 第 62 页。

[5] 见注 [4].

[6] 见注 [1] 第 178 页。

[7] リチャード・S・テドロー. 大いなる成功が招いた IBM の"敗北"[J]. 日経 BizGet, 2019（12）.

[8] 见注 [1] 第 227 页。

[9] 1991 年 6 月，罗斯·佩罗再次创办佩罗系统公司以后，为了专注于自己的公司，便辞去了 NeXT 董事一职。

[10] ジム・カールトン. アップル（上）[M]. 山﨑理仁, 訳. 東京：早川書房，1998：343.

[11] 见注 [10] 第 245 页。

[12] Fangqi Xu, Hideki Muneyoshi. Product Innovation Versus Business Model Innovation: The Case of the Walkman and the iPod[C]. The Prroceedings of the 4th International Conference on Innovation and Entrepreneurship, Ryeson University. Toronnto, Canada，2016: 281-285.

[13] 见注 [1] 第 241 页。

[14] ジョン・スカリー, ジョン・A・バーン. スカリー: 世界を動かす経営哲学（上）[M]. 会津泉, 訳. 東京: 早川書房, 1988: 293.

[15] リアンダー・ケイニー. スティーブ・ジョブスの流儀 [M]. 三木俊哉, 訳. 東京: ランダムハウス講談社, 2008: 232.

本章主要参考文献

[1] Walter Isaacson. Steve Jobs[M]. New York: Simon & Schuster, 2011.

[2] ジム・カールトン. アップル 世界を変えた天才たちの 20 年 [M]. 山﨑理仁, 訳. 東京: 早川書房, 1998.

[3] マイケル・モーリッツ. スティーブ・ジョブスの王国 [M]. 林信行, 監修, 青木榮一, 訳. 東京: プレジデント社, 2010.

[4] カーマイン・ガロ. スティーブ・ジョブス 驚異のイノベーション [M]. 井口耕二, 訳. 東京: 日経 BP, 2011.

[5] ジョン・スカリー, ジョン・A・バーン. スカリー. 世界を動かす経営哲学（上・下）[M]. 会津泉, 訳. 東京: 早川書房, 1988.

[6] スティーブ・レヴィ. iPod は何を変えたのか [M]. 上浦倫人, 訳. 東京: ソフトバンククリエイティブ, 2007.

[7] リアンダー・ケイニー. スティーブ・ジョブスの流儀 [M]. 三木俊哉, 訳. 東京: ランダムハウス講談社, 2008.

[8] ジェフリー・S・ヤング, ウィリアム・L・サイモン. スティーブ・ジョブス 偶像復活 [M]. 井口耕二, 訳. 東京: 東洋経済新報社, 2005.

后 记

对一个学者来说，恐怕没有什么比为专著写后记更开心的事了。写一本专著，通常需要几年的时间，因为学者不是职业作家，都是边工作（比如讲课，指导本科生和带硕士、博士研究生）边研究，等到形成一个比较成熟的理论或研究成果以后，才开始写书，途中遇到什么突发事件，又会耽误写作的进程。

大约 4 年前，我接到刚从《企业管理》杂志社的社长晋升到企业管理出版社社长的孙庆生先生的邮件，希望能为我服务，在国内出一些书，我被他强烈的工作热情和责任心所感动，便答应了他的要求。其实，早在 20 世纪 80 年代我就在国内出版过翻译著作，也出版过与他人共同编辑的创造学国际会议论文集，但是要说专著吧，虽然已经有几本，但以日文版为主，也出过韩文版和繁体中文版，但还没有出过简体中文版，这成了我的一个心病，一直放在心上，所以孙社长的邮件可谓正中下怀。

我和孙社长原来素不相识，后来成了作者与编者，或者说作者与出版者的关系。在国内的大学工作期间，为了帮所在院系增加在核心期刊上发表论文的数量，我为《企业管理》杂志写过《本田的同心多元化》《告别流水线》等 6 篇关于日本企业的经营战略或市场竞争方面的文章，其中 5 篇的题目出现在该杂志的封面上，因而引起了孙社长的关注。

记得我曾给孙社长提了拟出版三本书的建议，想请他根据国内市场需要从中挑选一本，没想到他说三本书都要，而且是越快越好。所以，我决定先写第一本，即酝酿了 20 多年的《创造经营学》。为什么呢？因为我涉足创造学始于 20 世纪 80 年代初期，从翻译日本学者的论著，到邀请日本学者讲学，然后自己到国有企业和学校去推广，在感觉到知识和能力的天花板以后，便通过国家考试公费赴日进修企业创造力开发，还历任日本创造学会理事长和会长，已经在此领域耕耘了几十年，到了应该写创造学专著的时候了。另一方面，来日本以后，为了深入理解企业的组织结构和行为，补学了经营管理学方面的知识，对经营管理的百年史有了一些了解以后，自然会想到能否将它与创造学研究结合起来。其实这本书的书名是日本著名创造学家恩田彰（Akira Onda, 1925—2015）教授帮着取的，记得我和他谈起这本书的构想时，他在我提议的"创造经营学"后面加了"序说"两个字，这样就更加如实地反映了此书的内容，而且显得比较低调，有抛砖引玉之意，在此对恩田教授深表谢意，尽管这一谢意没能在他生前实现。

原计划在2019年完成此书的，但是2018年近畿大学创造经营与创新研究所和日本创造学会共同主办了"国际创造与创新会议"（ICCI2018），因为我是两边的负责人，从会前的准备到会后的网页更新，要做的事很多，整整忙碌了一年。除此之外，还因健康问题耽误了几个月，所以比原计划晚了一年半。

在出版社进行选题论证时，孙社长建议我将书名稍做修改，便于读者理解，考虑到有副标题作陪衬，我接受了他的建议。

借此机会，愿向国内、外曾经对我的工作与研究有过帮助的人士表示感谢，但国内人士的所属单位和头衔均以当时为准。

江西省万年中学校长李国强（已故）、教导主任邵继尧（已故）、英语教研组长熊汉辉（已故），万年县委宣传部汪俊辉，江西日报上饶记者站站长龚乃旺，常州市人大常委会主任汤永安（已故），常州市政协副主席史绍熙，常州市委党校校长潘宗白，常州市科委主任周珥，常州市科协主席徐建华，江苏省科技局刘甦，以及常州创造力研究所所长潘涵英。

企业界人士：海尔集团董事局主席兼CEO张瑞敏，联想控股有限公司总裁柳传志，娃哈哈集团董事长兼总经理宗庆后，华为（日本）总经理阎力大，小松（中国）投资有限公司总经理兼CEO王子光，感谢他们在百忙中抽时间接受我的专访。

大学和中科院教授：江苏工业学院曾春九、浦建民、杨春、沈惠平、邹成效，中科院数学与系统科学研究院顾基发，清华大学经济管理学院陈剑、教育研究院李越，南京大学施建军，浙江大学管理学院吴晓波，复旦大学管理学院王其藩、姚凯，沈阳师范大学夏敏。

创造学界的同事和朋友：袁张度（已故）、温元凯、甘自恒、李嘉曾、谢燮正、罗玲玲、刘仲林、王续琨、黄友直、周耀烈、冷护基、徐凌志、王灿明、洪荣昭、吴静吉。

国际创造学界的同事和朋友：美国康奈尔大学教授罗伯特·斯滕伯格（Robert J. Sternberg），克莱蒙特大学教授米哈里·希克森特米哈伊（Mihaly Csikszentmihalyi），斯坦福大学名誉教授詹姆斯·亚当斯（James L. Adams），耶鲁大学教授乔纳森·费因斯坦（Jonathan Feinstein），阿拉巴马州立大学教授托马斯·瓦德（Thomas B. Ward），德克萨斯农工大学名誉教授威廉·奈什（William R. Nash），纽约州立大学教授杰拉德·普克肖（Gerard J. Puccio），威拉姆特大学教授斯图亚特·里德（Stuart Read），英国曼彻斯特大学名誉教授丘道尔·理查兹（Tudor Rickards），德国创造学会创始人豪斯特·戈舍卡（Horst Geschka）博士，理事长乔治·梅洪（Jörg Mehlhorn）博士，法国笛卡尔大学教授托德·鲁巴特（Todd I. Lubart），俄罗斯阿尔泰州立大学教授伊戈尔·杜比那（Igor N. Dubina），美国创造学会前会长佛雷德里克·雷丝蔓（Fredricka K. Reisman）教授，美国创造教育基金会执行主席贝丝·米勒（Beth Miller）女士，欧洲创造与创新协会理事长拉蒙·乌尔林斯（Ramon Vullings）先生，葡萄牙创造学会理事长费尔南多·苏萨（Fernando Cade Sousa）博士，南非创造基金会主席科布斯·尼斯林（Kobus Neethling）博士。

日本方面包括我的导师野中郁次郎一桥大学名誉教授、加护野忠男神户大学名誉教授、高橋誠创造开发研究所所长、渡边三枝子筑波大学名誉教授、比嘉佑典东洋大学名誉教授、国际大学原校长加濑公夫教授、大阪工业大学教授大鹿让（已故）、大阪工业大学名誉教授帆足辰雄，以及企业界人士资生堂顾问弦间明、小松公司顾问坂根正弘、小松（中国）投资有限公司董事长市原令之、堀场制作所最高顾问堀场雅夫（已故）、综研化学公司董事长中岛干。

除此以外，我必须感谢两位特殊的人物，一位是把我引入学术之路同时也是坚定的支援者的家兄徐方瞿，另一位是我的人生的见证人，几十年陪伴着我的发妻柴爱萍。

最后，谨向百忙中为拙著的出版而尽力的企业管理出版社孙庆生社长表示衷心感谢，他严谨而高效的工作作风给我留下了深刻的印象。

徐方启
2020年11月14日于日本东京寓所